맑스의 『자본』을 어떻게 읽을 것인가?

『자본』의 첫머리에 대한 독해 안내와 주해

맑스의 『자본』을 어떻게 읽을 것인가?

『자본』의 첫머리에 대한 독해 안내와 주해

미하엘 하인리히 지음
김원태 옮김

EDÍTUS

차례

일러두기

- 이 책은 다음을 우리말로 옮긴 것이다. Heinrich, Michael. 2016. *Wie das Marxsche 《Kapital》 lesen? Leseanleitung und Kommentar zum Anfang des 《Kapital》 Teil 1*. (3. durchgesehene Auflage). Schmetterling Verlag.

- 저자는 맑스·엥엘스 저작집 23권(MEW 23)에 실린 『자본』 1권의 단어, 문장, 문단을 하나씩 자세히 주해한다. 따라서 『자본』에서의 인용글이 나올 때, 기존의 번역을 사용할 수 없었고 새로 옮겼다. 채만수(노사과연)와 강신준(길출판사)의 『자본』 번역본에는 MEW 23의 쪽 번호가 병기되어 있어, 독자는 해당 구절을 큰 어려움 없이 찾을 수 있다.

- 『자본』 1권에 있는 소제목의 번호 표시 방식은 저자가 한 대로 MEW 23을 따랐다.

- 파란색으로 표시된 소제목과 본문은 이것이 MEW 23에 있거나 맑스가 썼다는 것을 저자가 강조한 것이다.

- 맑스가 자신의 글에서 인용이나 강조를 위해 삽입한 독일어식 큰따옴표(„ ")는 저자를 따라 〈 〉 표시로 바꾸었다.

- 맑스의 이탤릭체 강조는 굵게 표시했다.

- 주해에 있는 저자의 이탤릭체 강조는 굵게 표시했다.

- 글의 맥락을 명확하게 하기 위해서 옮긴이가 본문에서 덧붙인 말은 〔 〕로 표시했다. 또한 수식 관계를 정확히 드러내기 위해서 작은따옴표를 넣었다. 따라서 이것은 누구의 강조도 아니다.

- 옮긴이의 주 앞에는 '〔옮긴이〕'를 표시했다.

- 외래어와 외국어는 기본적으로 외래어 표기법과 외국어 전사법을 따랐으나, 예외적으로 Marx〔maʁks〕는 전통적으로 써왔고 발음도 그나마 유사한 '맑스'로 옮겼고, Engels〔'ɛŋɛls〕는 발음이 비슷하게 '엥엘스'로 실험적으로 옮겨 보았다.

한국어판 서문

이 책은 국제금융위기가 막 일어났을 때인 2008년 봄에 처음 출판되었다. 확립된 부르주아 경제학에게 이 위기는 극도로 놀랍게 다가왔다. 신고전학파의 관점에서 시장의 메커니즘들은 위기 없는 경제를 제공한다. 이틀에서 위기들은 언제나 단지 외부에서 오는 쇼크의 결과들로서만 이해된다. 그러나 이 금융위기에서 그런 외부의 쇼크는 없었다. 신고전학파와 달리 케인즈주의자들은 내생적인 경제위기들의 가능성을 보긴 하나, 그들은 그런 위기들이 적절한 경제정책을 통해 저지될 수 있다는 것을 출발점으로 삼는다. 위기 후에는 언제나, 케인즈주의자들은 어떤 조치들이 소홀히 되었는지 안다. 그러나 위기 전에는, 그들도 그렇게 자신하지 않는다. 이 때문에, 대부분의 케인즈주의적 경제학자들도 금융위기에 의해서 소스라치게 되었다는 것은 놀랍지 않다. 그러나 위기가 진행되면서 보수적인 저자들조차, 수년간 주장된 것처럼, 맑스가 자본주의경제에 내재한 위기 경향들을 강조할 때 그렇게 틀린 것 같지는 않다고 고백하지 않을 수 없었다. 위기와 더불어 많은 나라들에서, 특히 젊은이들에게서 맑스와 그의 가장 중요한 저작인 『자본』에 대한 관심이 현저히 증가했다.

지금 우리는 완전히 다른 상황에 있는 것처럼 보인다. 거의 전 세계가 코로나 바이러스에서 시작된 '감염병의 세계적 유행Pandemic'에 의해 지배되고 있다. 첫눈에 이 감염병의 세계적 유행은 자본주의적 가치증식 과정들과는 관련이 없는 외부의 쇼크처럼 보일 수 있다. 그러나 이미 세밀한 조사는 이 감염병의 세계적 유행 및 지난 20년간 있었던 그것의 선행 사례들이 자본주의적 농업의 구조들과 긴밀한 관계를 가지고 있다는 것을 보여 준다. 자본주의적 농업은 단종재배에 근거하고, 생물의 다양성을 축소시키며, 동물들의 준準산업적 생산과 동물 상거래를 통해, 그것들의 물려받은 서식 구역에서는 발견되기 힘든 동물종들을 빈번히 파괴시키는 것이다. 따라서 한 종으로부터 다른 종으로, 결국 인간들로 바이러스들이 전염되는 것 또한 인류사의 이전 어느 시기보다 훨씬 더 간단하고 훨씬 더 자주 발생하게 된다. 많은 나라들에서 의료 체계들이 감염병의 세계적 유행의 결과들을 극복하는 데 큰 어려움들을 가지고 있는 상황의 원인은 정부들이 자본주의적 가치증식 과정들을 꺼뜨릴 수 있다는 걱정 때문에 결정적인 조치들을 취하는 것에 번번이 너무 오랫동안 주저했다는 것에만 있지 않다. 그 이상의 이유는 의료 체계들이 대부분의 자본주의적 나라들이 수년 이래로 기꺼이 굴복한 신자유주의적 긴축정책의 첫 번째 희생 대상이 되었다는 것에서 확인될 수 있다.

이미 2008년처럼 오늘날의 위기 또한 지배적인 자본주의적 경제체제를 가리키고 있다. 우리가 이 체제를 이해하고자 한다면, 우리는 맑스의 『자본』을 비껴갈 수 없다. 맑스의 분석의 기본 특징들을 이해하기 위해서는, 예를 들어 『자본』 전 3권의 논증에 대한 조망을 제시한 나의 책 『정치경제학 비판 개론』[1]에서 제공했던 것과 같은 개론으로 족하다. 그러나 더 깊은 이해를 구하고 아마도 또한 스스로 맑스의 이론의 토대에서 과학적으로[2]

1　〔옮긴이〕한국어로는 『새로운 자본 읽기』(김강기명 옮김, 꾸리에, 2016)로 출판되었다.

작업하고자 하는 사람은『자본』에 대한 철저한 독해를 우회할 수 없다. 사람들은 이를 위한 첫 번째 지시를 나의『정치경제학 비판 개론』에서 추측할 수 있긴 하나, 맑스에 대한 학문적 몰두를 위해서는 더 많은 것이 필요하다. 교조적 맑스주의가 맑스에 대해 그린 많은 미화된 모습들과 반대로, 실제 맑스는 비판을 모든 과학의 영약靈藥으로 본 학자였다. 그리고 거기서 그는 그 자신의 결과들을 예외로 만들지 않았다. 맑스가『자본』1권 1판 서문에서 "과학적 비판에 근거한 어떤 의견도 나는 환영한다"(MEW 23: 17)라고 썼다면, 이것은 그 자신의 성찰과 비판적으로 씨름하라고 이야기한 진지한 요구였다. 그리고 정확히 이것이 또한, 맑스의 이론과 더불어 스스로 과학적으로 작업할 수 있기 위해 필요한 것이다.

이때, 맑스의『자본』을 단순히 수용하기만 하는 독해, 즉 우리가 맑스에게서 모든 문제들에 대한 옳은 답들을 발견할 것이라는 것을 항상 이미 출발점으로 삼는 독해는 그리 도움이 되지 않는다. 비판적으로 연구하는 독해, 즉 맑스의 논증, 상이한 추상 지평들, (전적으로 다양한) 증명 방법들을 재구성하고 비판적으로 조사하려고 시도하는 것이 필요하다. 게다가 한층 더 힘들게,『자본』이 미완성으로 남아 있다는 문제도 있다. 이것은『자본』2권과 3권뿐 아니라 1권에도 해당한다. 1881년 12월 13일 다니엘슨(Nikolai Danielson, 1844 - 1918)에게 보낸 편지에서 유추할 수 있는 것처럼, 맑스는 1권을 근본적으로 개정하고자 했다(MEW 35: 245 이하). 특히 1권의 1장에서, (두 번째) 맑스·엥엘스 전집(MEGA)을 통해 가능하게 된 것처럼, 〔맑스의〕 상이한 원고들에 대한 집중적인 몰두는 필수적이다.

이 책은『자본』1권의 1장과 2장에 대한 집중적인 텍스트 연구를 도울 것이다. 나는 이 책이『자본』의 책장을 처음으로 넘기는 이들에게 도움이

---

2   〔옮긴이〕이하에서 독일어 Wissenschaft, wissenschaftlich는 문맥에 따라 각각 '학문', '학문적' 혹은 '과학', '과학적'으로 옮겼다.

될 뿐만 아니라, 『자본』을 이미 읽은 이들에게 1장과 2장에는 처음 독해할 때 보통 눈에 띄는 것보다 훨씬 더 많은 것이 포함되어 있다는 것을 분명하게 할 수 있기를 바란다. 특히 한국 연구자들이 이미 오랫동안 MEGA로 작업을 했고 맑스의 텍스트를 지향하는 논의의 고유한 전통을 세웠기 때문에, 나는 이제 이 책의 한국어판이 나왔다는 것에 기쁘다. 나는 한국에서 이 책의 발행을 맡은 에디투스 출판사에 감사하며, 뛰어난 독일어 지식을 가졌을 뿐만 아니라 스스로 맑스의 이론에 대한 논쟁을 위해 중요한 논문들을 기고한 번역자 김원태에게 특별히 감사한다.

서문

　　1960년대 후반과 1970년대에 서유럽의 많은 나라들에서 학생운동의 결과로 맑스에 대한 새로운 관심이 있었다. 이때, 많은 사회주의당들과 공산주의당들이 추구한 닳아빠진 맑스-독해의 경로에 의문이 제기되었다. 『자본』만이 아니라, 『요강』 혹은 『잉여가치에 대한 이론들』[3]과 같은 아주 주목할 만한 원고들을 소화한 중요한 논문들이 나타났다. 사람들은 그때까지 지배적인 독해 방식들의 일면적인 경제학적 방향 설정을 극복한 "새로운 맑스-독해"에 대해 정당하게 말할 수 있게 되었다. 동시에 맑스에 대한 몰두는 거의 이미 대중 현상이 되었다. 특히 사회과학적이고 교육학적인 학과들에서 젊은 학자들과 대학생들에게, 맑스 없이는 어떤 것도 가능하지 않았다. 최소한 사람들에게 계몽되고 진보적인 사람으로 간주되고자 했다면 말이다. 수많은 학생들, 견습생들, 젊은 노동자들과 수많은 노동조합 활동가들도 이러한 상황의 전개에 의해 영향을 받았다. 서독과 서베를

3　〔옮긴이〕 맑스가 남긴 1861-1863년 수고로부터 카우츠키가 편집해 출판한 *Theorien über den Mehrwert*는 보통 『잉여가치 학설사』로 옮겨지나, 원문 그대로 옮기면 『잉여가치에 대한 이론들』이다.

린에 있는 많은 대학들에서 『자본』 강좌들이 생겼다. 그것이 공식적인 대학 강의든, 대학생들뿐 아니라 다른 사람도 자주 참여하는, 스스로 조직한 강독 모임이든 말이다. "사용가치와 가치 사이의 모순" 혹은 "자본의 과잉축적"이란 말은 곧 수많은 토론들에서 더 이상 빼놓고 생각될 수 없었다. 그러나 이러한 맑스 - 지식은 빈번히 아주 표면적인 것에 머물렀고, 『자본』 강좌의 참여자들의 다수는 그들의 강독에서 『자본』 1권의 어딘가에서 막혀 있었다. 맑스에 대한 몰두는 다만 유행 현상이었을 뿐이라고 할 수는 없으나, 그러나 어디까지나 유행 현상이었다.

동독에서 맑스를 원용하는 것은 공식적인 자기 이해에 속하기는 했다. 그러나 도처에 존재하는, 학교들과 대학들에서 가르친 "맑스주의 - 레닌주의"는, 무엇보다 "현실에 존재하는 사회주의"의 정당화 이데올로기로 사용된 "고전들"의 교과서적으로 축약된 서술들과 다소 알아듣기 쉬운 격언들로 이루어져 있었다. 『자본주의와 사회주의의 정치경제학』과 같은 교과서들뿐 아니라 맑스의 『자본』에 대한 실제로 집중적인 텍스트 토론은 작은 전문가 집단에서만 일어났다. 1970년대 시작한 MEGA(보존된 모든 글과 원고를 출판한 맑스와 엥엘스의 대전집)와 더불어, 이러한 토론들은 동독에서 점점 더 관심을 끌고 내용이 풍부하게 되었으나, 사회의 나머지에는 거의 영향력이 없었다.

맑스에 대한 폭넓은 몰두가 서구에서 그렇게 널리 유행할 수 있었던 것은 급속한 정치적이고 사회적인 변화들에 대한 믿음들과도 관련이 있었다. 1960년대 학생운동은 단지 수년 만에 발전했고, 잠에 취한 서독에서 적지 않게 소용돌이쳤다. 비슷한 일이 다른 나라들에서도 일어났다. 그리고 가령 베트콩처럼 지도적인 자본주의 열강인 미국과도 겨룬, 사회혁명적 요구를 가진 무장투쟁들이 소위 제3세계에서 일어났다. 맑스주의가 우선 무엇보다 대도시들의 노동자계급에서 퍼진다면, 쉽게 떠오르는 추측에 의하면, 거기에서도 혁명적 전망은 가능할 것이었다. 이내 "옳은" 노선으

로 인해 갈라진 상이한 "K-그룹들"(공산주의 서클들과 소정당들)의 '압도적
으로 학생들이었던 설립자들'만이 아니라, 다른 많은 이들도 1970년대 초
독일에서는 그렇게 되리라 믿었다.

그러나 1970년대 초에 지배적이었던 낙관주의적 희망들이 온전히 이루
어지지 않았다는 것이 1970년대 말경 분명하게 되었다. 베트콩, 크메르루
주, 북베트남군이 미군과 미국에 의해 유지된 정부들을 남베트남과 캄보
디아에서 몰아내는 데 성공하긴 했지만, 이제 지배를 획득한 "현실사회주
의적" 개발독재체제들이 어떤 해방적 전망도 제공하지 않았다는 것이 곧
바로 드러났다. 캄보디아의 크메르루주의 경우, 이들은 심지어 자신의 주
민에 대한 대량 학살을 저질렀다. 마찬가지로 대도시들에서 노동자계급의
혁명적 발전에 대한 희망들도 실망으로 귀결되었다. "맑스주의-레닌주의
적" 간부정당Kaderpartei의 건설이라는 전통주의적 길을 통해서든, 혹은 가령
"사회주의 사무소Sozialistischen Büros"와 같이 의식적으로 중앙집권적이지 않
게 결합시키는 조직화 제안들을 통해서든 상관없이, 계급투쟁들이 먼저
훨씬 많이 발전했던 다른 나라들에서처럼, 독일에서 혁명적 불꽃은 대중
에 옮겨붙을 낌새를 보이지 않았다. 오래전부터 정치가들과 미디어들도,
1960년대 후반에 여전히 그랬던 것처럼, 더 이상 '집회들'과 '물감을 채운
계란들'에 의해 그렇게 고무되거나 혹은 동요조차 될 수 없었다. 많은 좌파
들에게 자신의 정치적 기대들에 대한 실망은 지체 없이 "맑스주의의 위기"
로 간주되었다. 그 나라들에서 다른 사회적 조건들 하에서 발생한 진단, 프
랑스와 이탈리아에서 자주 무비판적으로 수용된 진단 말이다. 처음부터
과도했고, 이제는 실망을 낳은 기대들의 발생을 비판적으로 묻는 대신에,
따라서 맑스의 이론에 대한 자신의 학습과 적용 과정의 근거를 비판적으
로 묻는 대신에, 그러한 기대들은 이전의 활동가들 다수에 의해 무비판적
으로 맑스 이론의 본래의 결과로 이해되었고, 그들 자신의 실망으로부터
그 이론의 실패가 추론되었다.

서문

몇 해 전에 거대이론적 기획들에 대해 만족할 수 없었던 (그리고 이것을 자주 수사학적인 지배 수단으로 투입했던) 이들 중 많은 이들은 1970년대 후반 이래로 그리고 1980년대에, 일반적으로는 거대이론의, 그리고 특수하게는 맑스 이론의 종말을 선언했다. 맑스주의가 몇 년 전만 해도 큰 유행이었던 곳에서 이제 맑스주의가 거부되었는데, 이 거부는 술에서 깬 사람의 태도로 여겨졌다. 사람들은 자주 정통한‒명철한 구좌파 인물들과 마주쳤다. 그 자신 맑스를 자칭 정확히 알았으나, 노동자계급, 자본주의, 정치의 사정이 이 맑스가 항상 주장했던 것과 완전히 달랐다는 것을 이제 알게 된 그런 구좌파 말이다. 바로 1989/90년 "현실사회주의"의 붕괴 후에는 한층 더 맑스의 이론이 마침내 끝장난 것처럼 보였다. 자본주의를 넘어서는 사회적 대안에 대한 불신임은 이미 오래전부터 바로 맑스의 이론을 적용해서 소비에트 유형의 권위주의적 국가사회주의를 비판했던 그런 접근들 앞에서도 멈추지 않았다.

그러나 오랜 블록 대립의 종말은 더 평화적인 국가 체계로도, 더 안정적인 (혹은 심지어 더 사회적인) 자본주의로도 귀결되지 않았다. 전쟁들과 위기들은 수십 년 전보다 더 빈번히 출현했다. 그리고 "경제 기적"의 시대에 달성한 임금 의존자들의 사회보장의 수준에 대해 거의 영구적인 공격이 오늘날까지 진행 중이다. 그러나 1990년대 하반기 이래로 다양한 지평들에서, 이러한 전개에 대한 저항의 증가한 지표들도 존재한다. 저항의 대부분은 그것의 내용적 범위에서 제한되어 있긴 하다. 그리고 직접적인 악화들에 대한 거부, 혹은 자신의 시민을 자본의 부당한 요구들로부터 보호해야 할 국가의 "더 나은" 정치에 대한 요구만이 자주 문제로 제기될 뿐이다. 그러나 사회적 분위기에서 제한되고 느릴지라도 변화가 있고, 1980년대 초 이래로 존재하는, 시장과 경쟁을 우상화하는 "신자유주의적" 헤게모니에 전적으로 첫 번째 금이 간 것처럼 보인다.

1990년대 말 이래로 독일에서 (또한 다른 나라들에서도) 맑스의 이론에 대한 보다 강한 관심이 다시 확인될 수 있다. 논의는 그것이 1970년대 서구에서 가졌던 강도強度에 아직 도달하지 못하긴 하다. 그러나 바로 이때, 다양한 맥락을 가지고 있고 그들이 동독 출신인지 서독 출신인지에 좌우되지 않는, 정치적으로 활동적인 새로운 세대가 맑스의 정치경제학 비판을 학습하는 것처럼 보인다. 이러한 학습은 1970년대에서보다 훨씬 더 낮은 정치적 기대들을 동반하고, 이 때문에 또한 이전에 부분적으로 그랬던 것처럼 그렇게 거만하게 우위를 과시하면서 수행되지 않는다. 사람들은 맑스의 이론에 대해 모든 중요한 질문들에 대한 완결적인 대답들을 기대하지 않고, 동시에 열린 마음으로 관심을 기울이는 자세가 우세하다. 말하자면 진지한 몰두를 위한 나쁜 전제들이 존재하지 않는다.

그러나 한편 그러는 사이 더 큰 문제없이 맑스의 이론에 대한 보다 집중적인 몰두를 가능하게 할 인프라 구조는 결핍되어 있다. 오늘날 『자본』에 몰두하고자 하는 사람은 대학 혹은 대학 주변에서 해당 강의들을 찾는 데 의지할 수 없다. 그리고 가령 노동조합의 교육기관들과 같은 다른 곳들에서도 상황은 대체로 더 나아 보이지 않는다. 설립된 대학 기관들 안에서 맑스에 대한 몰두는 거의 더 이상 일어나지 않는다. 그러나 이것은 또한 그러한 몰두를 제도화된 강제에 좌우되지 않고 행할 기회를 제공한다. 이를 위해, 이 책은 관심 있는 이들을 위한 지원을 제공할 것이다. 이 책은 특별한 사전 지식을 가지고 있지 않은, 그리고 『자본』에 대한 집중적이고 정확한 독해를 독립적으로 시작하고자 하는 개인들 혹은 모임들을 위해 기획되었다.

특히 『자본』 1권 1장과 2장은 독자들이 큰 문제들에 직면케 한다. 왜냐하면 그것은 책 전체의 가장 어려운 부분들이기 때문이다. 동시에 이 첫머리에 있는 장들에게 그 이상의 논증을 위해 중요한 의미가 부여되는데, 그래서 바로 그것들의 이해가 결정적이다. 이 때문에, 이 장들이 이 책에서 상세하게 주해된다. 이것으로 한편으로 독해가 쉽게 될 것이고, 다른 한편으로 무엇이 이 장들에 들어 있고, 무엇이 첫 번째 독해에서 자주 간과되는지가 분명하게 될 것이다. 이 때문에 『자본』의 첫머리를 이미 읽은 이들도 아마 새로운 어떤 것을 알게 될 수 있을 것이다.

『자본』1권의 1장과 2장은 가치, 노동, 화폐의 관계를 다룬다. 맑스는 정치경제학 비판에 근본적인 이러한 문제틀Problematik을 여러 번에 걸쳐 다루었다. 그 문제틀은 『요강』(1857/58)의 첫머리에 있으며, 『정치경제학 비판을 위하여』(1859)의 내용을 형성하며, 『자본』1권 1판(1867)에 존재하고, 2판(1872/73)을 위해 현저하게 변경되었다. 이러한 상이한 원고들은 단순한 반복이 아니다. 그것들 사이의 차이들에서 부분적으로 인식의 진보가 표현된다. 그러나 부분적으로 또한, 문제가 많은 단순화가 일어나고, 부분적으로 각각의 중점이 변한다. 그런 한에서, 『자본』1권의 통용되는 판본들에 게재된 버전, 즉 시간적으로 마지막 발생한 버전〔즉 2판〕을 주해할 뿐만 아니라, 〔맑스의〕 그 이상의 원고들에 근거하는 것이 의미 있는 것으로 보인다. 이것은 이어지는 주해뿐 아니라 〔이 책에 실린〕 부록들에서도 수행된다. 그런 한에서, 『자본』독해를 지금 막 시작하는 이들을 위해서만이 아니라 이미 "고급반 사람"을 위해서도, 맑스의 가치론에 대한 집중적인 몰두가 가능할 것이다.

이것으로 또한 나의 『정치경제학 비판 개론』(Heinrich, 2004)과의 차이가 분명하게 된다. 거기에서는 『자본』전 3권에 대한 최초의 조망이 문제였다. 나는 『정치경제학 비판 개론』이 스스로의 『자본』독해를 대체할 수 없다고 여러 번 강조하긴 했었다. 『정치경제학 비판 개론』은 『자본』의 자립적인 독해를 위해서는 단지 제한적인 지원만을 제공했다. 그 책에서도 가치론은 중요한 역할을 하긴 했으나(그것에 해당하는 장이 책 전체의 가장 방대한 장이었다), 전체 맥락에 가장 중요한 지점들만 다루어질 수 있었다. 이와 달리 이제 『자본』이라는 **텍스트**에 대한 **상세한** 몰두가 문제이다.

남성적 형태가 동시에 남성과 여성을 모두 포괄하면서 사용됨으로써, 독일어가 여성들을 무시한다는 것을 나는 잘 알고 있다. 그럼에도 불구하고 나는 여기서 대문자 "I"를 포기했다. 이 책에서는 이러한 정서법을 알지 못하는 맑스의 텍스트에 대한 주해와 독해가 문제이다. 사람들이 '인용문들'과 '인용문들과의 관련들'을 변경하고자 한다면, 남성적 정서법과 성 중립적 정서법 사이에서 지속적으로 왔다 갔다 하는 것이 필수적일 것이다. 그리고 이것은 독해를 결코 더 이해하기 쉽게 만들지 못할 것이다. 대문자 "I"를 사용하는 대신, 나는 더 빈번하게 "Arbeiter und Arbeiterinnen", "Leser und Leserinnen" 등을 쓸 것이다.[4]

이 책을 퇴고할 때, 다른 이들이 이 텍스트의 이전 원고들을 비판적으로 토론했던 것이 나에게 큰 도움이 되었다. 부분적으로 여러 번에 걸친 독해에 대해서, 더할 수 없이 흥미로운 토론들과 유용한 논평들에 대해서, 나는 특히 Ingo Elbe, Andreas Hirt, Kolja Lindner, Urs Lindner, Hermann Lührs, Arno Netzbandt, Sabine Nuss, Paul Sandner, Oliver Schlaudt, Anne Steckner, Ingo Stützle, Wolfgang Veiglhuber에게 감사한다.

---

4 〔옮긴이〕 독일어에서 Arbeiter는 '남성 노동자'를 의미할 뿐만 아니라 '노동자' 자체를 의미한다. '여성 노동자'를 특별하게 지칭하기 위해서는 Arbeiter에 "in"을 붙여 Arbeiterin을 사용한다. 단수형과 형태가 같은 복수형으로서 Arbeiter도 마찬가지로 '남성 노동자들'을 의미할 뿐만 아니라 '노동자들' 자체를 의미한다. '여성 노동자들'을 특별하게 지칭하기 위해서는 Arbeiterinnen을 사용한다. 따라서 독일어에서 '노동자' 자체를 지칭하기 위해 남성적 형태인 Arbeiter가 사용되었고, '노동자들' 자체를 지칭하기 위해서도 남성적 형태인 Arbeiter가 사용되어 왔다. 즉, "남성적 형태가 동시에 남성과 여성을 모두 포괄하면서 사용"되었다(하인리히). 그러나 여성을 주변화하고 차별하는 이러한 언어 사용에 맞서, 여성을 동등하게 가시화하려는 대안이 제시되었다. 그래서 '노동자들'을 지칭하기 위해 여성 노동자들과 남성 노동자들을 동시에 써서 "Arbeiterinnen und Arbeiter" 혹은 "Arbeiter und Arbeiterinnen"을 사용한다. 그러나 이러한 대안은 문장을 길게 하는 단점이 있다. 그래서 더 축약적인 형태로 '노동자'를 지칭하기 위해 Arbeiter/in, ArbeiterIn 등을 사용하고, '노동자들'을 지칭하기 위해 Arbeiter/innen, ArbeiterInnen을 사용하기도 한다. 바로 ArbeiterIn과 ArbeiterInnen에서 하인리히가 말한 대문자 "I"를 볼 수 있다. 독자를 의미하는 Leser, 생산자를 의미하는 Produzent 등에 대해서도 마찬가지의 이야기를 할 수 있다.

서문

안내의 말

왜 오늘날 『자본』을 읽는가?

　사람들이 요즘 『자본』에 대한 집중적 독해를 하고 있다는 것은 결코 당연한 일이 아니다. 『자본』 1권은 1867년에, 따라서 140년 전에 출판됐다.[5] 『자본』에 포함된 분석들이 도대체 아직도 현실성이 있는지 하는 질문은 정당하다. 그 이후 많은 것이 변하지 않았는가? 『자본』이 오늘날 그 중요성 가운데 많은 것을 잃었다는 것은 맑스에 대한 우파적 비판가들뿐 아니라 자본주의에 대한 다수의 좌파적 비판가들에 의해서도 주장된다. 결국 사람들은 이 질문을 판단할 수 있기 위해서, 『자본』 자체를 읽어야 한다. 그러나 먼저, 『자본』 독해가 오늘날에도 의미가 있는 이유를 분명히 하는 몇 가지 논증들이 언급될 필요가 있다.

　맑스는 『자본』을 1860년대와 1870년대에 런던에서 썼다. 19세기 중반 무렵에 영국에서 자본주의적 생산양식은 가장 많이 진보했었다. 큰 간격

5　〔옮긴이〕하인리히의 이 책은 2008년 처음으로 발행되었다.

을 두고 프랑스, 독일, 미국이 겨우 그 뒤를 따랐었다. 당시 런던은 다름 아닌 **가장 중요한** 자본주의적 중심이었다. 세계적으로 가장 중요한 금융지가 여기에 있었고, 자본주의적 세계의 심장이 여기에서 뛰었다. 의회와 언론에서 경제적 질문들이 다른 나라들에서보다 훨씬 더 상세하고 더 집중적으로 토론되었다. "정치경제학"은, 이것은 경제에 대한 학문의 당시의 명칭인데, 19세기 상반기에 영국에서 가장 많이 발전해 있었다. 그리고 런던에 있는 대영박물관의 도서관에는 당시 경제학적 문헌이 세계적으로 가장 많이 축적되어 있었다. 그런 한에서, 맑스가 프로이센 정부의 교사敎唆로 파리를 떠나야만 했고 1849년 런던으로 이주했다는 것은 엄청난 행운이었다. 즉, 그는 세계의 다른 어떤 곳에서도 그곳에서보다 자본주의를 더 잘 연구할 수 없었을 것이다.

맑스는 이미 런던에 도착하기 전에도 경제학적 연구를 했었다. 그러나 맑스가 후에 회고하면서 쓴 것처럼, 그는 런던에서 그의 연구를 "완전히 처음부터 다시 시작"하기로 결정했다(MEW 13: 10 이하). 1851년 그는 그가 "5주 안에 전체 경제학적 엉터리를 끝장"낼 것으로 믿었다(1851년 4월 2일 엥겔스에게 보낸 편지, MEW 27: 228). 그러나 그것은 그의 큰 착각이었다. 맑스는 1883년 그의 임종까지 "경제학적 엉터리"에 몰두해야 했기 때문이다. 런던에서 시작된 연구는 우선 경제학적 문헌으로부터의 수많은 발췌를 낳았다. 그 후 1857년부터, 결국 『자본』이 되는 일련의 포괄적 수고手稿들이 생겼다.(부록 1은 맑스의 상이한 수고들에 대한 조망을 제공한다.)

맑스가 『자본』에서 사용한 예증의 다수는 그의 시대의 영국 자본주의로부터 얻은 것이다. 그러나 『자본』의 대상은 결코 영국 자본주의가 아니다. 그것은 또한 19세기 자본주의도 아니다. 맑스는 결코 특정한 자본주의 혹은 자본주의적 발전의 특정한 국면이 아니라—그가 『자본』 1권 1판 서문에서 강조한 것처럼—자본주의의 근본적 법칙들을 연구하려고 했다. 맑스가 서술하고자 하는 것은, 그가 『자본』 3권의 말미에서 말하는 것처럼,

"이상적ideal 평균"으로 존재하는 자본주의적 생산양식이다(MEW 25: 839). 자본주의를 자본주의로 만드는 것이 맑스에게 문제인 것이다. 우리가 19 세기 영국에서만이 아니라 21세기 초 독일에서도 자본주의가 존재한다고 말한다면, 여기에는 이 개념의 사용을 허락하는 공통적인 어떤 것이 존재해야 한다. 맑스의 서술은 정확히 우리가 **모든** 발전된 자본주의에서 만나는 이러한 공통적인 것을 목표로 한다.

따라서 맑스는 매우 높은 추상 수준에서 논증한다. 바로 이 때문에 그의 서술은 오늘날에도 관심을 끌고, 결코 19세기의 상황에 제한되지 않는다. 이것은 아직 이러한 서술이 어느 정도까지 적절한지에 대해 말하지 않는다. 그 적절성은 독해를 할 때 시험되어야 한다. 그러나 맑스가 논한 대상이 시대에 뒤떨어졌다고 말할 수는 없다. 어떤 점에서 보면, 『자본』은 심지어 19세기보다 20세기와 21세기에 더 잘 맞는다.(그것은 동시에 맑스의 분석적 강점을 가리킨다.) 왜냐하면 그의 분석에서 맑스는, 19세기에 우선 징조가 보였으나 오늘날 훨씬 더 분명하게 볼 수 있는 수많은 발전들이 완전히 성숙했다고 가정하기 때문이다.[6]

반면 맑스의 이론이 자본주의의 발전을 통해 직면하게 되었다고 하는 소위 반증들은 항상 다시 사라졌다. 자본주의가 마침내 위기 없이 기능하고 사회 전체의 복지를 끊임없이 높인다는 것이 1960년대의 "경제 기적" 동안에 확실한 사실로 간주되었다면, 그러한 진술은 오늘날 단지 우스꽝스러운 느낌을 줄 뿐이다. 1970년대 이래로 "1"세계에서만이 아니라 "3"세계에서도 자본주의는, 자본주의의 기능 방식에 대한 맑스의 분석이 100년보다 훨씬 이전에 밝혔던 것과 똑같이 위기적인 것으로 입증되었다. 그리

---

6 이 점은 여기서 그 이상 상세히 설명될 수 없다. 맑스의 이론의 토대에서 1960년대의 "경제 기적"에 대한 설명을 위한 몇 가지 논평은 나의 책 『정치경제학 비판 개론』에 있다 (Heinrich, 2004: 117 이하).

안내의 말

고 자본주의의 발전이 항상 다시―매우 다양한 단계들에서 그리고 매우 상이한 모습으로―빈곤의 생산과 결부되어 있다는 것은, 즉 맑스가 『자본』 1권의 말미에서 끌어낸 결론은 오늘날에도 마찬가지로 간과할 수 없다.

사람들이 『자본』의 내용을 실제로 아는 한에서, 물론 이것은 『자본』에 대한 비판가들의 경우는 아닌 것처럼 보이는데, 적어도 『자본』이 현실성을 결핍했다고 비난할 수는 없을 것이다. 오히려 다른 점에 주의해야 한다. 즉, 사람들이 『자본』의 분석적 범위를 또한 과대평가해서는 안 된다는 것이다. 각 자본주의는 역사적으로 착근되어einbetten 있다는 것을 잊어서는 안 된다. 각 자본주의는 "이상적 평균"으로 존재하는 것이 아니라, 특정한 역사적, 사회적, 문화적 맥락에서 존재한다. 이 때문에, 매우 추상적인 지평에 자리 잡고 있는 맑스의 논증은 그때그때 관심을 끄는 역사적 자본주의에 대해 이미 남김없이 파헤친 분석, 단지 몇몇의 최신 자료들을 통해 보충되어야 할 뿐일 분석일 수 없다. 현대자본주의의 발전 경향들을 이해하기 위해서는, 여전히 사람들이 『자본』에서 발견하는 것보다 훨씬 더 많은 것이 분석될 필요가 있다.

맑스의 분석들이 시대착오적인 것이 아닐지라도, 사람들이 『자본』을 실제로 원본으로 읽어야 하는지 하는 질문이 제기된다. 혹시 『자본』의 결과들을 요약한 것으로 충분하지 않을까? 그러한 종류의 요약들은 모두 그것이 지닌 강조와 생략 때문에 각 저자의 평가에 의해 각인되어 있다. 사람들은 자신의 독해를 근거로 해서만 원저작에 대해 자신의 판단을 내릴 수 있다. 게다가 더 나아가 최고의 안내문이라 해도 **결과들**만을 말할 수 있을 뿐이다. 이 결과들의 논증은 윤곽만 그려질 수 있을 뿐이다.

그러나 사람들이 결코 해당 주제들을 학문적으로 작업하지 않을지라도 〔그들에게〕 『자본』 독해가 중요한 이유를 항상 여전히 물을 수 있다. 『자본』은 "학문적인" 저작이긴 하나―이것은 우선 『자본』의 진술들이 다른 사람들에 의해 추체험될 수 있고 따라서 또한 비판될 수 있는 방식으로 **근거 지**

어진다는 것 이상을 말하지 않는다―그것은 전문 경제학적 연구는 아니다. 오히려 근본적인 지평에서, 자본주의적 "사회화"의 특수한 방식, 즉 사회적 연관의 항상 갈등적이고 위기적인 생산의 특수한 방식이 문제이다. 그러나 이러한 사회적 연관은 높은 정도로 "사물화되어", 사물들의 관계인 것으로 나타난다.[7] (가격, 이자, 주가 등은 자기 삶을 영위한다.) 지배관계들과 착취관계들은 "사물강제들Sachzwänge" 뒤로 사라진다. 일상 의식만이 아니라 정치경제학도 도대체 어떤 사회적 관계들 하에서 이러한 사물화가 발생할 수 있는지를 묻는 것 없이, 사물화를 출발점으로 삼는다. 맑스는 사회적 관계들의 이러한 사물화를 **물신주의**Fetischismus로 부른다. 맑스가 이러한 사회화 방식의 경제적 토대들을 분석하고 그 사회화 방식에 달라붙은 물신주의를 폭로함으로써, 그는 동시에 일상 의식의 즉흥적 형태들(우리 모두가 다소 지배를 받고 있는 형태들)뿐 아니라 물신주의적 형태들 내부에서 움직이는 학문, 즉 정치경제학을 비판한다. 이 때문에, 맑스는 또한 "정치경제학"이 아니라 『자본』의 부제가 강조하는 것처럼 "정치경제학 비판"을 수행한다.

맑스가 자본주의적 사회화의 근본 구조들을 발굴함으로써, 그는 그것들의 모순적이고 파괴적인 성격을 보여 줄 수 있었다. 즉, 한편에서 부의 축적은 다른 한편에서 (가장 상이한 형태들의) 빈곤의 축적과 결부되어 있고,

---

7 〔옮긴이〕 여기에서는 Ding, dinglich, Verdinglichung을 각각 물건, 물건적인, 물건화로 옮기고, Sache, sachlich, Versachlichung을 각각 사물, 사물적인, 사물화로 옮긴다. 독일어 Ding은 추상적인 의미가 없이 물질적 대상만을 의미하며, 따라서 '물건物件'으로 옮길 수 있다. 이와 달리, 독일어 Sache는 사람들이 만질 수 있는 물건Ding과 추상적인 용무, 일Angelegenheit을 모두 의미하며, 따라서 국어사전에 따르면 물건과 일을 아울러 이르는 말인 '사물事物'로 옮길 수 있다. 사물 혹은 사물적인 것은 인간의 주관성에 의존하지 않는데, 이런 맥락에서는 '객관적인 것'이라고 할 수 있다. **따라서 이하의 글에서 특히 '사물적sachlich'이란 말을 읽을 때, 단순히 물건만을 떠올려서는 안 되며, '객관적objektiv'이라는 의미가 포함되어 있음을 상기해야 한다.** 그러나 사물적인 것은 객관적인 것과 같은 것이 아니다. 사물적인 것은 어떤 것이 주관적인 것이 아닌 이유이고, 따라서 어떤 것이 객관적이게 하는 바탕이다. 이상은 하인리히와의 이메일 교환을 바탕으로 옮긴이가 정리한 것이다.

안내의 말

사회적 노동의 생산력의 발전은 인간과 자연의 파괴와 결부되어 있는 것이다. 그리고 이것은 자본가들의 "욕망" 혹은 "사슬이 풀린" 불충분하게 규제된 자본주의의 결과로서만 그러한 것이 아니라, 인간과 자연이 가치증식, 즉 이윤 획득의 단순한 수단들 외에 다른 것일 수 없는 자본주의적 "가치 증식 논리"의 결과로서 그러한 것이다.

자본주의는 다양한 사회적이고 정치적인 맥락들에서 존재하긴 하고, 자본 관계는 역사적으로 완전히 다양한 방식으로 정치적으로 규제되었긴 하다. 그러나 이러한 모든 규제 방식들, 달성된 모든 "계급 타협들"을 항상 다시 폭파시키는 것은 자본주의적 생산양식과 불가분하게 결합된 위기적 역동성이다. 자기결정적인 "좋은" 삶을 불가능하게 만드는 것은 이미 자본주의의 정상 상태이지, 단지 (그것의) 과도함이 아니다. 이 때문에, 존재하는 자본주의적 사회화 방식 내부에서의 다른 **분배**가 아니라, 그 사회화 방식의 **극복**이 맑스에게 문제이다. 『자본』에서 사회적 구조들의 근본적 변화를 위해 필수적인 기본 지식의 중심적 부분들이 제공된다. 이 때문에, 『자본』은 스스로 학문적으로 작업하고자 하는 사람들만이 아니라 이러한 구조들의 변화에 관심이 있는 모든 이들에게 흥미롭다.

『자본』 전 3권에서 제시되는 것은 하나의 연관되어 있는 전체를 나타낸다. 이 때문에, 사람들은 단순히 몇 가지 관심을 끄는 부분들을 떼어 내고 단지 그것들에만 몰두할 수는 없다. 사람들이 이때 설명하는 것은 번번이 다소 그릇된 것일 것이다. 마찬가지로 사람들은 『자본』 1권의 독해로만 만족해서는 안 될 것이다. 예를 들어, 이윤과 이자와 같은 자본주의 이해를 위해 필수적인 중심적인 범주들은 『자본』 3권에서야 서술된다.(이때 이러한 순서는 임의적이지 않다. 즉, 이러한 범주들을 다루는 것은 조응하는 사전 연구를 필요로 한다.) 사람들이 단지 1권만을 알면, 예를 들어 거기서 다뤄지는 "잉여가치"를 이윤 혹은 기업가 이득과 동일시할 위험이 존재한다. 그러나 그것은 명확히 잘못된 것이다. 결국 1권도, 뒤따라 나오는 2권과 3권의 배경에서야 비로소 완전히 이해할 수 있게 된다. 이것은 이미 맑스가 맨 먼저 분석한 상품형태에 대해서도 타당하다. 상품은 ("상품"이라는 제목을 지닌)『자본』1권 1장으로 결코 완전히 규정된 것이 아니다. 상품은『자본』3권 말미에서야 완전히 규정된다.『자본』전 3권에 있는 서술은 해체될 수 없는 통일, 사람들이 전 3권에 몰두할 때야 비로소 실제로 이해되고 이용될 수 있는 통일을 이룬다. 그러한 시도는 확실히 아주 힘들고 시간을 빼앗는다. 그러나 사람들이 그로부터 끌어낼 수 있는 모든 정치적 이용 말고도, 이러한 전 3권에 대한 몰두는 매력적인 지적 모험일 것이다.

독해의 어려움들

맑스의『자본』에 대한 독해는 간단하지 않다.『자본』1권의 첫머리는 그 저작 전체에서 가장 어려운 부분들에 속한다. 이것은 복잡한 용어 혹은 이해하기 어려운 전문 개념들 때문이 아니다. 서술된 연관들이 복잡한 것들이다. 표면적으로 독해할 경우, 아주 단순한 용어는 심지어 사람들이 모든 것을 이해했다고 성급하게 믿도록 유혹한다. 그러나 더 집중적으로 독해할 경우, 사람들은 자신들이 반드시 논증을 이해한 것은 아니라는 것을 깨닫게 될 것이다. 또한 사람들은 '읽은 텍스트'와 '자신이 알아차린 것'을 비교할 때 불가피하게 떠오르는 일련의 질문들에 대해서 반드시 만족스러운 대답들을 발견할 수 있는 것도 아니다.

그러한 어려움들과 관련해서 사람들은 내가 소용없는 것으로 간주하는 두 가지 완전히 상이한 조언을 자주 받는다. 한편으로 사람들은 맑스의 서술이 "변증법적"이라는 안내를 받는다. 맑스가 의미한 것을 실제로 이해하기 위해서는 우선 독일 철학자 게오르크 프리드리히 빌헬름 헤겔(Georg Freidrich Wilhelm Hegel, 1770‒1831)의 변증법에 몰두해야 한다는 것이 그것이다. 맑스는 여러 번 헤겔 철학에 비판적으로 몰두했고 그 철학을 통해 영향을 받긴 했다. 그러나 이러한 영향은 단순히, 맑스가 헤겔의 철학의 개별 요소들을 "넘겨받았"거나 "적용"했다는 것에 있지 않다. 그 때문에 사람들이 우선 헤겔에게서 다시 읽고 검토해야 하는 그런 요소들 말이다.『자본』1권의 2판 후기에서 맑스는 그가『자본』의 몇몇 곳에서 헤겔의 "고유한 표현 방식"을 "가지고 놀았다kokettieren"고 말했다(MEW 23: 27).[8] 맑스는 헤겔로부터 그의 해결책들을 넘겨받지 않긴 했으나, 과학적 서술에 대한 요구들과 관련해서 일정한 문제의식을 넘겨받았다. 헤겔의 표현 방식을 "가지고 노는" 것을 통해, 맑스는 헤겔을 상기시켰고, 헤겔에게 경의를 표했다. 그러나 어느 곳에서도 맑스는 사람들이 그를 이해하기 위해 우선 헤겔을 읽어야 한다는 가장 경미한 암시조차 남겨 두지 않는다. 사람들이 헤겔의 저작들에 몰두한다면, 아마 거기서 그들은『자본』에서보다 훨씬 더 큰 이해 문제들에 부딪힐 것이다. 그리고 헤겔이 맑스와 어떤 관계가 있는가는 사람들에게 더욱 분명하지 않게 될 것이다. 최초의 자신의『자본』독해를 헤겔 독해를 통해 **준비하는** 것은 추천할 만하지 않다.『자본』독해 **후**에서야, 비로소 헤겔을 독해하는 것과 맑스가 헤겔로부터 무엇을 배웠는가 하는 질문을 논의하는 것이 의미가 있을 수 있다.

　두 번째 조언에서는,『자본』독해를 맑스의 다른 저작들을 통해 준비할

8　〔옮긴이〕"나는 헤겔의 변증법의 신비적 측면을 거의 30년 전에, 그것이 아직 유행이었을 때 비판했다. 그러나 바로 내가『자본』1권을 퇴고했을 때, 이제 문명화된 독일에서 허풍을 떠는, 불쾌하고 오만하며 평범한 아류가 헤겔을, 용감한 모제스 멘델스존Moses Mendelssohn이 레싱Lessing의 시대에 스피노자Spinoza를 다루었던 것처럼, 즉 〈죽은 개〉로 다루며 우쭐댔다. 이 때문에 나는 내가 그 위대한 사상가의 제자임을 공개적으로 고백했고, 심지어 가치론에 대한 장의 여기저기서 헤겔에게 고유한 표현 방식을 가지고 놀았다kokettieren. 변증법이 헤겔의 손을 거쳐 갖게 된 신비화는 결코 헤겔이 변증법의 일반적인 운동 형태들을 최초로 포괄적이고 의식적인 방식으로 서술했다는 사실을 방해하지 않는다. 변증법은 헤겔에게는 머리로 서 있다. 신비한 외피 안에 있는 합리적 핵심을 발견하기 위해 사람들은 변증법을 뒤집어야 한다."(MEW 23: 27) 아울러 이 책에 있는 부록 3 참조.

것이 추천된다. 사람들에게 소위 "초기 저작들"(가령 맑스가 그의 "소외"론을 발전시킨 1844년의 『파리 수고』)이 추천되면, 그들은 여기에서도 큰 이해 문제들에 부딪힐 것이고, 그 영향이 여기서 매우 분명한 헤겔과 철학자 루드비히 포이어바흐(Ludwig Feuerbach, 1804-1872)와 재빨리 다시 맞닥뜨리게 될 것이다. 게다가 이러한 소외론이 도대체 『자본』에서 역할을 하는지, 혹은 맑스가 『자본』에서 완전히 다른 전제들을 출발점으로 삼는 것은 아닌지는 논쟁의 여지가 있다. 그러나 『임금노동과 자본』 혹은 『임금, 가격, 이윤』과 같은 맑스의 더 단순한 "경제학적" 글들도 『자본』 독해에 대한 준비로는 적합하지 않다. 『임금노동과 자본』은 강연문들에 근거하는데, 이 강연문들은 『자본』보다 오래 전에 작성되었고, 이 때문에 아직 『자본』의 인식 차원에서 논증하지 못한다. 『임금, 가격, 이윤』 역시 강연문을 내용으로 하는데, 이 강연문은 맑스가 이미 『자본』을 쓰는 동안에 적어 놓았던 것이다. 그러나 맑스는 문제가 있는 일련의 단순화들을 하지 않을 수 없다는 것을 알았기 때문에 이 강연문을 단지 아주 마지못해서 작성했을 뿐이다. 처음부터 그런 불충분한 서술들에 몰두하는 대신, 사람들은 차라리 우회로 없이 곧장 『자본』으로 시작해야 할 것이다.

『자본』을 독해할 때, 사람들은 또한 자신의 사전 이해로부터 오는 어려움들에 부딪힌다. 일상에서 우리는 가치, 화폐, 자본과 같은 개념들을 사용하고, 이 개념들을 특정한 표상들과 결합시킨다. '이 개념들이 맑스에게서 의미하는 것'과 동일할 필요가 없는 특정한 표상들 말이다. 게다가 사람들은 독해를 할 때, 그것을 알아채지 못한 채, 자명한 것으로 간주된 생각들을 맑스의 텍스트에 자주 투사한다. 사람들이 국민경제학[9]을 몇 학기 공부했고, 소위 "기초적인" 특정한 관련들이 항상 타당하다고 가정한다면, 특

---

9 〔옮긴이〕 "국민경제학"이란 이름에 대해서는 바로 뒤이어서 나오는 『자본』의 표제에 대한 주해 참조.

히 이러한 위험이 존재한다. 사람들이 그런 사고틀을 가지고 독해를 시작하면, 맑스 자신의 논증을 전반적으로 추체험하는 데 문제가 생길 것이다. 왜냐하면 사람들은 알려진 어떤 것을 발견하려고 항상 이미 기대할 것이기 때문이다.

뿐만 아니라 맑스에 **대한** 글들로부터 유래하는 (자칭) 맑스-지식도 문제가 있을 수 있다. 맑스의 사후 우선 19세기 후반의 독일 사회민주주의에서 형성되었고, 1차 세계대전 후에는 "맑스주의-레닌주의"로 계승된 전통적-세계관적 "맑스주의"의 대부분은 맑스의 논증들에 대한 축약되고 부분적으로 그릇된 이해에 근거한다.(세계관적 맑스주의에 대해서는 나의 『정치경제학 비판 개론』 1장 3절 참조. 상이한 맑스주의-독해 방식들에 대해서는 Elbe, 2006 참조.) 자주 이러한 축약된 "맑스주의"는 단순한 정식들을 일상적인 선전을 위해 제공하는 데, 그리고 사회주의적 혹은 공산주의적 정당들의 그때그때의 정책을 정당화하는 데 쓰였을 뿐이다. 그러한 맑스주의는 또한 교과서들과 미디어들의 (다시 한 번 계속해서 축약된) 서술의 근간을 이룬다. 그리고 이러한 서술은 또한 사람들이 맑스에 대한 불분명한 상식을 근거로 **알고 있다고 믿는** 것을 매우 강하게 규정한다. 그러나 맑스와 맑스주의에 대한 이러한 일상적인 표상들은 『자본』에 존재하는 논증과 정말로 거의 관계가 없다. 그러므로 사람들은 상당한 양의 불신을 가지고 자신의 사전 지식을 대해야 할 것이다.

『자본』을 어떻게 토론할 것인가?

사람들이 『자본』과 같은 텍스트를 읽을 때, 그들은 개별 개념들과 문장들의 의미를 분명히 알고, 이때 획득된 통찰들을 자본주의적 일상의 이해를 위해 이용하며, 정치적 결론들을 끌어내리는 것 등을 시도한다. 사람들이 어떠한 사전 지식도 가지고 있지 않을 때, 그들은 텍스트에 집중하고, 텍스트를 다시 한 번 정확히 읽음으로써 이해의 어려움들을 없애려고 시도한다. 혹은 그들은 이러한 문제들을 우선 보류한다. 이 문제들이 후에 그 이상의 텍스트 조각들을 읽을 때 해명될 것이라고 기대하면서 말이다. 텍스트를 지향하는 그런 접근은 원칙적으로,『자본』을 습득하는 최고의 방법이다.

그러나『자본』을 이미 약간 더 읽은 사람들, 그리고 또한 다른 철학적 혹은 경제학적 텍스트들, 또는『자본』에 대한 문헌을 읽은 사람들과 토론할 때, 사람들은 가령 "본질과 현상", "변증법", "소외", "이데올로기", "이데올로기 비판" 등과 같은 어떤 개념틀Begriffsraster들과 관련된 설명들에 직면하게 될 것이다. 그럴 때, 맑스가 "원래" 의미한 것, 맑스가 "근본적으로" 말하고자 한 것이 그런 개념화들의 도움으로 종종 재빨리 설명된다. 비슷한 방식으로『자본』에 대한 문헌들의 상당 부분 또한〔그런 식으로〕앞서간다.

하지만 이러한 토론들 중 다수에서,『자본』이라는 **텍스트**는 뒷전으로 밀리고, 이 텍스트는 표제어들과 인용문들의 공급자일 뿐이다. 사람들이 맑스의 텍스트에 대해 진술할 때 돕는 그러한 개념틀이 도대체 이 텍스트에 출현하는지, 그리고 어느 정도로 출현하는지는 종종 조사조차 되지 않는다. 그렇지만『자본』의 많은 곳에서 "현상하다", "현상" 혹은 "현상형태"가 이야기되긴 하나, 단지 드문 곳에서만 "본질"이 이야기된다.[10] 맑스는 "변증법"에 대해『자본』1권의 1판 서문과 2판 후기에서 언급하긴 하나, 본문 자체에서 이 개념은 매우 드물게 출현한다. "소외"는『자본』1권에 전혀 존재하지 않고(드문 곳에서 맑스는 "소외된"이란 형용사를 사용한다), 3권에서 역

---

10 〔옮긴이〕이 책에 있는 '1장 상품, 1. 상품의 두 요소, 3) 교환가치' 부분 및 '1장 상품, 3. 가치형태 혹은 교환가치, A) 단순한, 개별적인 혹은 우연한 가치형태, 3. 등가형태, 등가형태의 첫 번째 특성' 부분 참조.

안내의 말

시 드문 곳에서, 그리고 거기서는 매우 일반적인 의미로 존재한다. (1844년 『파리 수고』에서 매우 중요했던) "인간의 본질"은 『자본』의 어떤 곳에서도 이야기되지 않는다. 그리고 "이데올로기"란 단어는 단지 두 번 혹은 세 번 완전히 일반적이고 비전문적인 의미로 출현한다. 한 개념이 맑스에게 출현하지 않거나 드물게만 출현한다는 것이 이 개념이 텍스트 이해를 위해 어떤 것도 제공할 수 없을 것이라는 것을 자동적으로 말하지는 않는다. 그러나 그런 개념을 도입하는 해석자는 일단 그 개념이 해당 장소에서 전반적으로 적합하고 의미 있는 어떤 것을 표현한다는 것을 입증해야 할 책임을 가진다. 그러나 『자본』에 대한 많은 토론들에서 그리고 또한 그것에 대한 많은 책들에서, 텍스트에 대한 정확한 연관은 부족하다.

맑스는 항상 가능한 한 엄밀히 논증하려고 노력했다. 맑스의 텍스트들을 토론할 때도 사람들은 가능한 한 엄밀히 하려고 시도해야 할 것이다. 그러나 누군가 『자본』에서 "원래" 이것 혹은 저것이 문제이고, 그것은 이곳에서 명확하지 않긴 하나 전체 연관을 고려할 때 "분명"하다고 주장한다면, 사람들은 그 주장에 만족해서는 안 될 것이다. 사람들이 『자본』에 대한 몰두를 이제 겨우 시작했을지라도, 그들은 다른 이들의 실제적 혹은 허위의 지식을 통해 위축되어서는 안 되고, **제시된 테제들에 대한 정확한 논증을 항상 다시 요구**해야 할 것이다. 누군가 맑스의 『자본』에 대해 말한다면, 사람들은 항상 이러한 진술이 **텍스트의 몇 페이지**에 근거하는지 물어야 할 것이다. 그 페이지를 참작하여 해당 진술이 토론될 수 있을 것이다. 이에 반해, 막연한 "전체 연관", 혹은 '하지만 "원래 분명"한 어떤 것'은 토론될 수 없다.

사람들이 좌파들의 맑스 해석에 대해 텍스트 증거들을 질문할 때, 곧장 많은 좌파들은 종종 다음과 같이 이의를 제기한다. 즉, 그러나 맑스가 무엇을 "의미했는"가는 전혀 문제가 아니고, 사람들은 텍스트를 해석하길 원하지 않으며, "아카데미적" 몰두가 문제가 아니라 오히려 텍스트를 이용하길

원하며, 정치가 문제이고, 자본주의에 대한 비판이 문제라는 것이다. 그렇다면 이것은 자신의 진술의 논증을 회피하는 것에 다름 아니다. 그러한 회피 책략들에 영향을 받아서는 안 될 것이다. 사람들이 『자본』의 논증들과 분석들을 정치적 대결들에서 이용할 수 있다는 것은 그들이 이때 어떤 논증들과 분석들이 문제인지 안다는 것을 전제한다. 사람들은 이것을 개별적인 인용문들을 이리저리 추측하고 비판하는 것을 통해서가 아니라 단지 맑스의 텍스트에 대한 철저한 몰두를 통해서만 알게 될 수 있다.

『자본』을 토론할 때 텍스트에 대한 집중은 필수적이다. 독해할 때 사람들은 철저히 개념들과 논증들에 주의해야 할 것이다. 즉, 개념들이 맑스에 의해 설명되는지, 어떻게 그가 서술된 사태의 근거를 대는지, 어떤 표현들이 이용되는지(그리고 어떤 표현들이 이용되지 않는지), 어떤 전제들이 만들어지는지, 어떤 정보들이 **명백하게**(즉 직접적으로 표명되어) 텍스트에 포함되어 있는지, 어떤 정보들이 단지 **암시적으로만**(즉 간접적으로만) 텍스트에 포함되어 있는지에 주의해야 할 것이다. 또한 사람들은 맑스가 매우 신중하게 선택한 '장章들의 표제들'과 '장들의 부제들'에도 주의해야 할 것이다. 아울러 사람들은 각 장 및 절에서, 무엇이 이 장 및 절의 **통일**을 이루는지(따라서 왜 바로 이 내용이 여기서 요약되어 있는지), 그리고 그 장 및 절이 선행하는 장 및 절과 어떤 관계에 있는지를 숙고해야 할 것이다. 즉, 뒤따르는 장이 선행하는 장의 계속 발전인가, 아니면 새로운 논증 지평이 시작되는가 등을 숙고해야 할 것이다. 개별 논증들의 **내용**뿐 아니라 **논증의 구조**도 중요하다. 사람들은 이러한 구조를 각 장, 각 절, 각 권에 대해서 이해해야 할 것이다.

끝으로 사람들은 처음에 도입된 개념들을 곧장 우리가 알고 있는 자본주의적 현실에 관련시키려고 시도할 때 주의해야 하고, 그러한 관련이 그때그때의 지점에서 가능한 것인지를 항상 엄밀하게 조사해야 한다. 맑스는 자신의 논증을 전개하기 위해 일련의 중간 단계들을 요구한다. 그는 자본주의적 생산양식의 서술을 제시할 것을 요구하긴 하나, 이것은 『자본』의 세 개의 권들 **전체**에서만 그렇다. 맑스가 그의 서술을 상품에 대한 분석으로 시작할 때, 하지만 우선 화폐와 가격을 도외시할 때, 그가 분석하는 상품은 아직 우리가 진열창에서 보는 가격표를 달고 있는 상품과 동일한 것이 아니다.[11] 이 때문에 또한 이 분석의 **처음의 결과들**은 우리를 둘러싸고 있는 일상 현상들에 **직접적으로** 관련될 수 **없다.**

주해의 다양한 방식들

이 책은 『자본』에 집중적으로 몰두하고자 하는 개인들 혹은 모임들을 위한 참고서로 계획되었다. 자립적인 독해에 참여하는 것을 쉽게 하기 위해, 『자본』의 첫머리가 상세하게 주해된다. 주해는 맑스의 논증의 구조와 그럴 듯함을 분석한다. 이때 또한 처음으로 독해할 때 자주 발생하는 질문들과 이의異議들이 다루어진다. 주해의 상세함은 한편으로 첫머리에 있는 장들에서 다뤄지는 대상의 복잡성 때문이다. 또한 다른 한편으로 주해의 도움으로, 사람들이 **어떻게** 그런 종류의 텍스트를 읽고 토론해야 할 것인지, 사람들이 독해할 때 무엇에 주의해야 하는지가 분명하게 될 것이다.

『자본』과 같은 텍스트를 주해하는 두 가지 근본적으로 상이한 가능성이 존재한다. 주해자로서 사람들은 『자본』 전 3권과 맑스의 그 이상의 저작들에 대한 자신의 지식에 의지해서, 맑스가 그때그때 무슨 뜻으로 말하는지, 어떤 숨겨진 관련들이 텍스트 안에 존재하는지 등을 설명하려고 시도할 수 있다. 그에 따라 사람들은 '읽기 시작하고 따라서 아직 알지 못하는 이

---

11 〔옮긴이〕이 책에 있는 '1장 상품, 1. 상품의 두 요소, 3) 교환가치' 부분 참조.

들'에게 텍스트에 포함되어 있으나 거기에서 가시적이지 않은 것을 설명한다. 예를 들어, 맑스는『자본』1권의 첫 번째 문장에서 "부"라는 단어를 그것을 설명하지 않은 채 사용한다.[12] 좀 더 뒤따르는 논증들을 알고 있는 주해자는 지금 맑스가 부로 이해하는 것을 명확히 설명할 수 있다. 그런 접근은 독자들에게 개개의 경우 도움이 될 수 있긴 하나, 독자들은 주해자를 **믿는** 것에 의지한다. 독자들은 자신들이 독해의 시작 단계에 있기 때문에 뒤에 오는 논증들을 알지 못한다. 따라서 독자들은 주해자가 맑스가 부를 이런 저런 것으로 이해한다고 주장할 때 주해자가 옳은지 아닌지를 전혀 **판단할** 수 없다. 사람들이 그런 주해를 따르면, 주해자는 권위자가 된다. 사람들이『자본』자체를 읽었을 때야 비로소, 그들은 회고하면서 그 주해를 판단하고 그 주해와 내용적으로 대결할 수 있다. 그러나 그때까지 사람들이『자본』을 주해자의 안경을 통해 읽었을 위험이 매우 크다. 그리고 이 때문에 사람들이 또한 텍스트 안에서 바로 '주해자가 주장했던 것'을 다시 발견하게 된다고 믿을 위험이 매우 크다.

주해의 다른 방식은, 독해의 과제인 앞에 놓여 있는 텍스트를 배타적으로 논하며 이 텍스트를 철저히 조사하는, 즉 무엇이 이곳에서 그 근거가 밝혀지고 무엇이 아닌지, 어떤 암시적인 (직접적으로 표명되지 않은) 논증들이 거기에 포함되어 있는지 등을 연구하는 것이다. '해석을 위해 고려되는 유일한 그 외의 텍스트'는 '이미 읽은 선행하는 텍스트'이다. 따라서『자본』1권 1장의 첫 번째 문장에서 "부"가 더 상세한 설명 없이 출현한다면, 이러한 종류의 주해는 우리가 이곳에서는 '맑스가 부로 이해하는 것'을 아직 알 수 없다는 것을 지적할 것이다. 아울러 '맑스가 우리가 아마도 부로 부르는

---

12 〔옮긴이〕"자본주의적 생산양식이 지배하는 사회들의 부는 〈거대한 상품 집적〉으로 나타나고, 개별 상품은 부의 기초 형태로 나타난다. 따라서 우리의 연구는 상품의 분석으로 시작한다."(MEW 23:49)

안내의 말

것의 뜻으로 말하는지 아닌지'를 알지 못한다는 것을 지적할 것이다. 그러면 첫 번째 문장에 있는 부라는 단어는, 맑스의 논증의 계속된 진행에서 좀 더 채워져야 하는 빈자리를 표시한다. 그 후에 사람들은 맑스의 텍스트의 나중의 어느 지점에서 이 첫 번째 문장과 "부"라는 단어로 돌아올 수 있을 것이다. 그런 주해는 우선 몇 가지 문제들을 해결되지 않은 채로 두고, 사람들이 텍스트의 그때그때의 지점에서 일정한 질문에 아직 답할 수 없다는 것을 항상 다시 지적해야 한다. 그렇지만 이런 종류의 주해는 제시된 논증들이 독자들에 의해 직접적으로 그때그때의 텍스트에서 **조사될** 수 있다는 장점을 가진다. 사람들이 그 논증들을 믿을 필요가 없고, 주해자는 권위자가 되지 않는다.

내가 제시한 주해는 근본적으로 두 번째 유형을 지향한다. 단지 내가 독자들에게 나의 논증들에 대한 조사의 가능성을 제공하고자 한다는 것만이 이를 위해 결정적인 것은 아니다. 이를 통해 나는 무엇보다 **과학적** 저작을 제시하려는 맑스의 요구를 진지하게 받아들인다. 맑스가 독해를 위해 결코 다른 텍스트들에 대한 지식을 전제하지 않았던, 그런 과학적 저작 말이다. 이때, "과학적"이란 말은 단지 맑스가 그의 논증들을 가능한 한 아주 엄밀하게 그리고 명료하게 제시하려고 시도했다는 것을 의미할 뿐이다. 주의 깊은 독자들은 이러한 논증들을 직접적으로 추체험해야 할 것이고, 필요한 경우 또한 **비판**할 수 있어야 할 것이다. 사람들이 맑스의 저작을 알 때 머리에 떠오를 수 있는 관련들의 총체가 아니라, 우선 **논증의** 이러한 **추체험**, 사람들이 **그때그때의 텍스트 부분에서** 실제로 진술할 수 있는 것, 이것이 나에게는 이 주해에서 중요했다.

그러나 나는 이 두 번째 종류의 주해로 완전히 만족할 수 없었다. 더 정확히 말해서, 이것은 전반적으로 두 가지 이유에서 그렇다. 맑스가 『자본』을 썼을 때, 그는 특정한 논쟁들, 일반적으로 통용되는 개념들 혹은 경제학의 일정한 상태에서 출발했고, 그가 걸맞은 인식을 다소 전제할 수 있었던 동시대의 독자층을 대상으로 했다. 또한 일련의 문학적 풍자들이 존재하는데, 풍자를 할 때 맑스는 교양층이 그 풍자를 이해한다는 것에 근거할 수 있었다. 그러나 그 사이 다른 논쟁들이 진행되고, 개념들은 변했으며, 사람들이 오늘날의 독자들에게서 일상적인 배경 지식으로 전제할 수 있는 것은 19세기 후반에서와는 다른 어떤 것이다. 이 때문에, 오늘날의 독자에게는 일련의 설명을 제공하는 것이 적절하다. 예를 들어, 이미 『자본』의 부제에서 출현하는 "정치경제학"이란 명칭은 맑스의 시대에 널리 통용되는 말이었다. 오늘날 이것은 오히려 거의 사용되지 않고, 대부분 19세기에서와는 다른 의미로 사용된다. 이것은 맑스의 텍스트와만 관련이 있을 수는 없는 이 개념에 대한 설명을 필요로 한다.(『자본』의 표제에 대한 주해 참조.) 사람들은 『자본』의 맑스·엥엘스 저작집(MEW)본(아래 참조[13])에 있는 편집자 주들과 여러 색인들에서도 용어, 인물, 사항에 대한 다수의 설명들을 발견한다. 나는 보통 그런 설명들을 반복하지는 않았다.

　나에게—계속해서가 아니라 특정한 곳에서—그 이상의 주해가 의미 있는 것으로 나타나는 두 번째 이유는 맑스의 텍스트가 가진 어떤 불명료함들과 애매함들이다. 사람들이 모든 불명료함들을 주해하고자 한다면, 그들은 다시 첫 번째 유형의 주해에 다다를 것이다. 그러나 나에게는 맑스의 가치론의 독특한 불명료함들이 문제이다. 맑스가 『자본』 1권의 첫머리에 있는 장들에서 제시한 것은 항상 다시 새로운 서술들과 개정들을 초래한, 진저리나는 연구 과정의 결과이다.(이에 대해서 부록 1 참조.) 이때, 맑스는 **이중적** 문제에 직면했다. 즉, 한편으로 자본주의적 사회화의 일반적 형태를 상품, 노동, 가치, 화폐의 관계에 의거해 정확히 파악하는 문제가 있었고(이것은 경제학에 대한 근본적 비판을 포함했다), 다른 한편으로 이러한 관계를 엄

13　〔옮긴이〕다음 절에 나오는 '주해의 이용. 최초의 독서 계획' 부분 참조.

　　　　　　　　　　　　　　　　　　　　　　안내의 말

밀할 뿐만 아니라 이해할 수 있게 서술하는 문제가 있었다. 맑스가 두 가지 과제의 해결에 100퍼센트 성공했더라면, 그것은 기적에 가까울 것이다. 그가 『자본』 1권의 텍스트를 독일어 3판 및 영어 번역을 위해 계속해서 개작하려고 했기 때문에(맑스는 이것들을 〔생전에〕 더 이상 보지 못했다), 모든 문제들이 해결됐다는 것은 명백히 맑스에게조차 가정되지 않는다.

계속해서 주해를 할 때, 나는 '외관상 분명하지만, 맑스가 전혀 이용하지 않은 혹은 드물게만 이용하는 개념틀'이 아니라(이것은 내가 위의 『자본』을 어떻게 토론할 것인가?'에서 비판한 접근이다), '다루어지는 텍스트에 대해서 명확한 관련을 가진, **가치론적으로 중요한** 맑스의 **다른 텍스트들**'을 논했다. 훨씬 후에서야 뒤따르는 페이지들로부터, 혹은 주장된 철학적 배경으로부터, 혹은 심지어 모호한 "전체 연관"으로부터 『자본』의 첫머리를 설명하는 것은 나에게 중요한 것이 아니었다. 오히려 나는 『자본』 1권의 첫머리가 **앞에 놓여 있는 원고**[14]에서 가지는 불명료함들을, 이 첫머리의 다른 원고들을(무엇보다 『자본』의 1판으로부터, 그리고 2판을 위한 가필 원고[15]로부터) 고려하는 것을 통해 해결하려고 시도했다. 조응하는 텍스트 부분은 주해의 진행 중에 인용된다. 부록에서는, 상당히 긴 중요한 텍스트 조각들의 몇몇이 추가적으로 게재되고 짧게 주해된다.

끝으로 나는 드문 곳에서 『자본』에 대한 2차 문헌을 짧게 논한다. 방대한 2차 문헌에 대한 상세한 몰두는 이 주해에는 과부하일 것이다. 그럼에도 불구하고 "고전적인" 맑스 비판가들 혹은 특정한 해석들에 대한 지적이 특

---

14 〔옮긴이〕이것은 『자본』 1권 2판을 의미한다. 이 책은 『자본』 1권 독일어 4판이 실린 MEW 23을 주해의 대본으로 사용하나, 『자본』 1권의 첫머리와 관련해서 2판과 4판 사이에 큰 차이가 없다.

15 〔옮긴이〕이것은 「『자본』 1권에 대한 보충과 변경(1871년 12월 - 1872년 1월)」을 의미한다. 이 책에 있는 '부록 1' 부분 참조.

정한 곳에서는 나에게 합당한 것으로 보였다. 즉, 이것이 바로 다뤄지는 텍스트 부분의 더 나은 이해를 위해 기여할 수 있을 때 말이다.

따라서 이 주해는 〔이 책의〕 인쇄면에서도 시각적으로 구별되는 두 가지 상이한 영역들에서 논증한다.

1) 이어지는 주해글은 『자본』 1권에 있는 그때그때의 텍스트 부분의 영역에서 논증한다. 독자들은 이때 이용되는 모든 논증들을 그때그때 주해되는 텍스트에 의거해서 조사할 수 있다. 더 나아가, 몇몇의 인물들 혹은 개념들을 위해서는, 예를 들어 사람들이 백과사전에서 찾는 것 같은 일반적 성격의 정보들만 이용된다.
2) 그러나 이러한 일반적 성격을 가질 뿐만 아니라 특수한 방식으로 맑스 혹은 다른 저자들의 그 이상의 텍스트들과 관련되는 추가적 정보들이 이용될 때, 그런 페이지들에는 "보충"이라는 표제를 붙였다.

이러한 두 가지 영역들은 독해 모임에서 토론할 때도 항상 구별되어야 할 것이다. 즉, 사람들이 맑스가 **이곳에서** 쓴 것으로 (따라서 모두가 곧바로 조사할 수 있는 것으로) 논증의 근거를 대는지, 혹은 사람들이 (모두가 아는 것은 아닌) **다른 텍스트들**을 논하고, 자주 그 텍스트들 자체가 아직 해석을 필요로 하는지가 항상 분명하게 되어야 할 것이다.

주해의 이용. 처음의 독서 계획

사람들은 여기서 제시된 주해를 **결코** 맑스의 텍스트를 읽기 **전**에 읽어서는 안 될 것이다. 그러면 주해에 있는 많은 것이 불가해하게 남을 것이다.(왜냐하면 주해는 텍스트 독해를 전제하기 때문이다.) 게다가 사람들이 맑스

안내의 말

의 텍스트를 단지 주해의 안경을 통해서만 볼 위험이 있다. 주해는『자본』의 첫머리에 대한 신속한 조망이라는 목적을 가지지 **않는다**. 오히려 이 주해는 워크북workbook이다. 즉, 이것**과**『자본』을 함께 가지고 **공부**해야 한다. 독해할 때 다음의 세 단계의 조처를 취하는 것이 가장 좋다.

* 우선 사람들은『자본』의 작은 단락에 착수하고, 이 텍스트를 **꼼꼼히** 읽고, 이때 출현하는 모든 질문들과 불명료함들을 적어 두어야 할 것이다. 그런 메모들은 기억을 보조하는 것만이 아니다. 글로 쓴 메모들은 문제들을 명확히 정식화하도록 강제한다. 사람들이 한 문제를 그렇게 기술하려고 시도하고, 그 문제가 다른 사람들에 의해 이해된다면, 이것은 또한 이미 그들 자신을 위한 첫 번째 인식 획득을 의미한다.
* 이러한 자신의 노력 후에야 사람들은 조응하는 페이지에 대한 주해를 읽어야 할 것이다. 이때 주해가 논하는 것을 정확하게 추적할 수 있기 위해서, 그 곁에『자본』이 펼쳐진 채로 놓여 있어야 할 것이다.
* 그 후에 사람들은『자본』에 있는 조응하는 페이지를 다시 한 번 관련해서 읽어 검토하고, 거기서 언급된 문제들의 몇 가지가 해결되거나 혹은 새로운 문제들이 추가되어야 한다면, 첫 번째 단계의 자신의 메모들을 수정해야 할 것이다.

『자본』에 있는 주석에 대한 안내:『자본』1권은 천 개에 가까운 주석들을 포함한다. 이것은 오늘날 방대한 학문적 저작에서 결코 일반적이지 않은 것이 아니다. 그러나 맑스의 시대에 그 정도의 방대하고 수많은 출전을 제시한 주석 자료는 아주 이례적이었다. 그것으로 맑스는 그가『자본』1권의 1판 서문에서 학문적 성격을 가졌다고 강조한 '자신의 작업'의 면밀함을 역설했다. 많은 주석은 단지 보다 오래된 저자들의 인용문들만을 포함한다. 맑스는 이 인용문들을 더 이상 논평하지 않는다. 그런 주석으로 맑스는 그가 주장하는 생각이 이미 이전에도 표명되었다는 것을 지적한다. 혹은 맑스는 그가 텍스트에서 비판한 견해의 예를 제공한다. 그런 종류의 주석은 무엇보다 학문적 공론장을 향하는 것이다. 『자본』을 처음으로 독해할 때, 사람들은 인용문으로만 이루어진 주석들에 시간을 허비해서는 안 될 것이다. 특히 사람들은 맑스가 언급한 저자들을 읽고 검토하기 시작해서는 안 될 것이다. 그러면 『자본』을 끝내지 못할 것이다. 그러나 맑스가 계속해서 숙고하는 일련의 주석이 존재한다. 그것은 본문과 마찬가지로 집중적으로 토론되어야 할 것이다. 그런 종류의 주석은 본문과 마찬가지로 〔이 책에서〕 주해된다.

사람들은 『자본』 1권 1장의 1절, 2절, 3절에 대한 독해 후에서야 주해에 첨부된 부록들을 읽어야 할 것이다. 다만 부록 1은 이미 이전에도 읽을 수 있다. 부록들에서 다뤄지는 맑스의 텍스트들은 『자본』에 있는 특정한 지점들에 대한 보충적 논증을 제공한다. 이 때문에 이러한 추가적인 텍스트들을 주해할 때, 나는 〔독자들이〕 주해와 『자본』에 있는 해당 절들에 대해 알고 있다는 것을 전제했다.

사람들이 『자본』을 모임에서 읽는다면, 가능한 한 모두가 『자본』의 동일한 판본을 이용해야 할 것이다. 『자본』 1권의 표준본, 또한 대개 인용되는 판본은 베를린 디츠 출판사Dietz Verlag에서 나온 『칼 맑스·프리드리히 엥엘스 저작집Karl Marx-Friedrich Engels-Werke』 23권이다(줄여서 MEW 23). 이 판본에 있는 텍스트는 1890년의 『자본』 1권 독일어 4판을 따른다. 이하에서 MEW 23 옆에는 페이지 숫자를 표시했다.[16] 주해에서 또한 맑스의 그 이상의 저작들도 지시되는데, 이것들은 MEW가 아니라 1975년 이래 베를린

---

16 〔옮긴이〕 예를 들어, 'MEW 23: 27'은 MEW 23권 27쪽을 의미한다.

에서 나온『칼 맑스·프리드리히 엥엘스 전집Karl Marx-Friedrich Engels-Gesamtausgabe』
에 들어 있다(줄여서 MEGA). (MEGA 옆에 있는 로마 숫자는 부部를, 아라비아 숫
자는 권卷을 말한다.[17])

　(파란색) 인용문에서 나는 맑스가 한 모든 강조를 수용했다.[18] 주해의 목
차에서 나는 맑스의 모든 표제를 유지했으나(파란색으로 표시), 목차에서 그
이상의 세목을 삽입했다(검은색으로 표시).

　『자본』 독해는 (그리고 워킹그룹에서의 토론은) **매우 작은 단락**으로 시작하
는 것이 추천할 만할 것이다. 왜냐하면 바로 그 텍스트의 첫머리에서 많은
질문들이 제기되기 때문이다. 모임들에게는, 충분한 시간으로 작은 텍스트
조각을 토론하기 위해, '더 큰 시간 간격을 두고 만나서 더 긴 단락에 대해서
논의하는 것보다' 더 빈번히 만나는 것이 더 좋다.(일주일에 한 번이 가장 좋
다.) 나에게는 다음과 같이 나누는 것이 의미 있어 보인다.(이때, 모임에서 사
람들은 아래에서 제시된 페이지보다 많게가 아니라 오히려 적게 계획해야 할 것이다.)

　　1) 1판 서문 (MEW 23: 11 - 17),

　　　　1장 1절 첫머리 (MEW 23: 49 - 51)

　　2) 1장 1절 나머지 (MEW 23: 51, 마지막 문단 - 55)

　　3) 1장 2절 전체 (MEW 23: 56 - 61)

　　4) 1장 3절 첫머리 (MEW 62 - 67)

　　5) 1장 3절 가운데 (MEW 23: 67 - 76)

　　6) 1장 3절 나머지 (MEW 23: 77 - 85)

　　7) 1장 4절 첫머리 (MEW 23: 85 - 90)

---

17 〔옮긴이〕 예를 들어, 'MEGA Ⅱ / 5: 19'는 MEGA Ⅱ부(Abteilung) 5권(Band) 19쪽을 의미한
　　다.

18 〔옮긴이〕 강조는 굵게 표시했다.

8) 1장 4절 나머지 (MEW 23: 90, 마지막 문단 - 98)

9) 2장 전체 (MEW 23: 99 - 108)

10) 3장 1절 (MEW 23: 109 - 118)

11) 3장 2절 첫머리 (MEW 23: 118 - 1 28)

12) 3장 2절 나머지 (MEW 23: 128 - 143)

13) 3장 3절 (MEW 23: 143 - 160)

14) 4장 1절 (MEW 23: 161 - 170)

15) 4장 2절, 3절 (MEW 23: 170 - 191)

16) 5장 (MEW 23: 192 - 213)

17) 1장에서 5장까지 회고

10)에서 17)까지의 내용은 주해의 2부에서 다뤄진다.[19] 거기에는 이 지점에서 보충적인 독해로 추천할 만한, 『『정치경제학 비판을 위하여』 원문』 (MEGA Ⅱ/2: 63 이하)에 있는 "자본으로의 이행"[20]에 대한 부록도 있다. 사람들은 '[그 외의] 두 번째 부록'을 '17'에서 언급된 회고의 토론의 기초로 삼을 수 있을 것이다.

1장에서 5장까지 다룬 후에, 약간 더 큰 걸음으로 계속해서 나아갈 수 있다. 『자본』 1권의 말미에 지금까지의 논증에 대한 상세한 회고가 수행되어야 할 것이다. 이때, 맑스가 원래 『자본』 1권의 결론을 위해 계획했으나 후에 수용하지 않은 장*인 「직접적 생산과정의 결과들」(MEGA Ⅱ/4.1)이 보충적 독해로 안성맞춤이다. 이 장의 많은 논증들은 이미 『자본』 1권의 텍스트에 있으나, [「직접적 생산과정의 결과들」에는] 『자본』 1권에서 정식화되지

---

19 [옮긴이] 이 책에는 1부만 실려 있다.

20 [옮긴이] 이것은 『『정치경제학 비판을 위하여』 원문』의 "2장 화폐"에 있는 "6절 자본으로의 이행"을 의미한다.

않았거나 그렇게 분명하게 정식화되지 않은 몇몇 숙고들도 존재한다.

『자본』1권 후에 사람들은 무조건 2권(MEW 24)과 3권(MEW 25)도 읽어야 할 것이다. 『자본』전 3권에 있는 논증들은 하나의 통일을 이룬다. 이미 훨씬 앞에서 언급한 것처럼,[21] 1권을 독해한 후에도 [아직] 중요한 범주들이 결핍되어 있을 뿐만 아니라(예를 들어, 이윤, 이윤율, 이자, 신용은 1권에서 아직 전혀 다뤄지지 않는다), 사람들이 1권에서 알게 되는 가치, 화폐, 잉여가치 등도 또한, 전 3권의 내용을 알 때야 비로소 완전히 이해할 수 있게 된다.

---

21 〔옮긴이〕앞에 나오는 '왜 오늘날 『자본』을 읽는가?' 부분 참조.

『자본』의 첫머리에 대한 주해

『자본. 정치경제학 비판』

　"자본"이라는 표제는 맑스에게 일반적이고 초역사적인 견해에서 "경제"가 문제가 아니라 **역사적으로 특수한** 생산양식, 즉 자본주의적 생산양식이 문제라는 것을 분명하게 한다.

　곧잘 이 표제만 알려진 데 비해 "정치경제학 비판"이라는 부제는 그렇지 못했다. 여기서는 우선 "정치경제학"이라는 이름을 설명할 필요가 있다. 그것은 맑스에게서 나온 것이 아니며, 때때로 추측되듯이 모든 경제적인 것의 "정치적" 성격을 강조하는 것도 결코 아니다. 고대와 중세의 학문 규준Wissenschaftskanon에서 "경제Ökonomie"는 "가정경제"를 나타냈다.(그리스어 "오이코스oikos"는 가정을 말한다.) 공동체 전체의 경제는 초기 근대에서야 독립적인 주제가 되었다. 가정의 경제가 문제가 아니라는 것을 명확히 하기 위해서, 사람들은 17세기에 "정치경제학"에 대해 말하기 시작했다. 19세기 영국과 프랑스에서 이것은 사람들이 오늘날 〔독일에서〕 "국민경제학 Volkswirtschaftslehre"이란 말로 이해하는 것에 대한 통용되는 이름이었다. 19세기 말에서야 영국에서 "경제학Economics"이란 명칭이 관철되었다. 독일에서는 20세기 초에 들어와서까지 "민족경제학Nationalökonomie"이라고 불렀다.

　종종 한 책의 부제는 표제에서 언급된 대상을 간략히 설명한 것이거나 상술한 것이다. 맑스가 "정치경제학 비판"을 부제로 선택했을 때, 함축적으로 두 가지를 분명히 했다. 한편으로 그에게 자본주의적 관계들의 **서술**만이 아니라 **비판**이 문제였다. 다른 한편으로 개별 이론들 혹은 결론들에 대한 비판뿐 아니라 정치경제학에 "대한" 비판, 따라서 이러한 [자본주의적] 관계들을 표현하는 하나의 **전체 학문**에 대한 비판이 문제였다.

보충: '자본주의적 관계들의 서술'과 '경제학에 대한 비판'은 단순히 서로 나란히 존재하는 것이 아니다. 맑스에게 그것들은 서로 의존한다. 1858년 2월 22일 라살레(Ferdinand Lassalle, 1825 – 1864)에게 보낸 편지에서 맑스는 다음과 같이 자신의 시도를 특징지었다.

"우선 문제인 일은 **경제적 범주들의 비판**입니다. 혹은 괜찮다면, 부르주아 경제의 체계를 비판적으로 서술하는 것입니다. 그것은 체계의 서술이며, 동시에 이 서술을 통한 체계의 비판입니다."(MEW 29: 550)

하나의 전체 학문을 비판하려는 맑스의 요구는 또한 1862년 12월 28일 쿠겔만(Ludwig Kugelmann, 1828 – 1902)에게 보낸 편지에서 매우 명확히 나타난다. 이때 맑스는 『자본』을 "과학의 혁명화를 위한 **과학적** 시도"로 분류했다(MEW 30: 640, 강조는 맑스). 맑스는 여기서 그의 비판의 **과학적** 성격을 강조했다. 따라서 그에게 비판과 과학의 대립은 문제가 아니었다.

정치경제학은 19세기 하반기에 들어서까지 무엇보다 두 명의 영국 경제학자들인 아담 스미스(Adam Smith, 1723 – 1790)와 데이비드 리카도(David Ricardo, 1772 – 1823)의 저작에 의해 지배되었다. 맑스 또한 그들을 "고전" 정치경제학의 가장 중요한 대표자들로서 관심 있게 보았고, 『자본』에서 자주 그들을 다루었다. 그러나 1870년대 경제학에서 "한계혁명marginalistische Revolution"이 일어났다. 스미스와 리카도처럼 상품의 생산에 지출된 노동에서 상품의 가치를 근거 짓는 대신, 이제는 효용(더 정확히 말해서 "한계효용", 즉 사람들이 추가적인 재화를 통해 얻는 효용의 증가분, 혹은 "부수적인" 효용)이 중심적으로 고찰되었다. 19세기 말에 스미스와 리카도의 "고전" 정치경제학은 시대에 뒤떨어진 것으로 간주되었다. 오늘날 대학과 경제 연구 기관에서 지배적인 "신고전" 학파는 이러한 한계효용학파의 직접적인 속편이다. 맑스 또한 '가치'와 '지출된 노동' 사이의 관계를 인식했기 때문에, 신고전파는 맑스를 "고전" 정치경제학으로 분류했다. 이미 단지 이 때문에, 신고전파는 맑스를 과학적으로 시대에 뒤떨어진 것으로 간주했다. 맑스가 **전체** 경제학의 **비판**을 의도했다는 것은 전혀 인지되지 못했다. 게다가 이러한 비판이 고전 정치경제학에 제한된 것인지, 혹은 이 비판이 근본적인 것이어서 원리상 근대적인 이론들에도 해당하는 것은 아닌지 하는 질문 또한 검토되지 못했다.

그러나 맑스가 하나의 전체 학문을 비판하려는 그의 요구를 달성했는지, 어떻게 그랬는지, 맑스가 서술과 비판을 어떻게 결합했는지는 사전에 결정될 수 없다. 『자본』의 독해를 통해 이것이 밝혀져야 한다.[22]

나는 『자본』의 목차를 논할 때, 1권의 표제인 "자본의 생산과정"을 다룰 것이다.

---

22 〔옮긴이〕이 책에 있는 '1장 상품, 4. 상품의 물신성과 그것의 비밀, 8) 정치경제학에서 상품과 가치' 부분 참조.

『자본』의 첫머리에 대한 주해

1판 서문
(MEW 23: 11-17)

보통 서문에서 사람들은 아직 과학적 논증을 발견하는 것이 아니라, 무엇을 서술할 것인지, 그리고 이때 어떻게 접근할 것인지 저자의 의도에 관한 설명을 발견한다. 고립적으로 보면, 그러한 서문은 아직 어떤 것도 입증하지 못한다. 그것은 뒤따르는 글을 토대로 조사되어야 할 최초의 안내를 독자에게 제공할 뿐이다. 이 때문에 나는 적절한 곳에서 서문으로 되돌아올 것이다. 여기서 나는 단지 가장 중요한 점만 논할 것이다. **체계적** 주해는 『자본』1권 1장을 다룰 때 시작된다.

1) 첫머리의 어려움, "부르주아사회", 추상 (MEW 23: 11-12)

맑스는 우선 『자본』이 1859년 출판된 저작인 『정치경제학 비판을 위하여』(MEW 13: 3-160)의 속편이고, 『정치경제학 비판을 위하여』의 내용이 『자본』1권 1장에 요약되어 있다고 말한다. (이때 맑스는 『자본』1권 **1판**의 1장 "상품과 화폐"를 두고 말한 것이다. 이 1장은 『자본』1권 2판부터는 1, 2, 3장을 포괄하는 동일한 제목의 1편이 되었다.[23])

『자본』의 첫머리에 대한 주해

그 다음 맑스는 첫머리(상품의 서술)의 특별한 어려움에 대해 주의를 환기시켰다. 그에 의하면, 다 형성된 신체는 개별적인 신체 세포보다 쉽게 연구될 수 있다. 그리고 "부르주아사회"에게는 "노동생산물의 상품형태 혹은 상품의 가치형태"가 "경제적 세포 형태"이다(MEW 23: 12).

보충: 맑스는 여기서 그가 "부르주아사회"로 이해하는 것을 정확히 규정하지 않는다. 맑스는 『정치경제학 비판을 위하여』 서문에서 약간 더 상세하게 설명한다. 거기서 그는 "그 전체를 헤겔이 18세기 영국인과 프랑스인의 선례를 따라 〈부르주아사회〉라는 개념으로 요약한" 그러한 "물질적 생활 관계들"에 대해 말한다(MEW 13: 8). "18세기 영국인과 프랑스인"이 연구한 것은 각자가 시장에서 그들의 개인적인 경제적 이해를 추구하는 '발전하는 자본주의의 사회관계'이었다. 이러한 관계들을 헤겔은 그의 법철학에서, 한편으로 가족이라는 친밀한 영역과 다른 한편으로 국가라는 공적 – 정치적 영역 사이에 있는 "부르주아사회"로 표현했다(Hegel 1821: § 182). 맑스가 "부르주아사회"에 대해 말할 때, 이러한 근대적인 자본주의적 관계들을 의도했다. 맑스가 후에 "부르주아적" 생산조직(MEW 23: 93) 혹은 "부르주아적 생산양식"(MEW 23: 95, 주 32)에 대해 말할지라도, 이것은 마찬가지이다.

어떤 관점에서 상품형태가 부르주아사회의 "경제적 세포 형태"인지 하는 것은 맑스의 상품 분석을 안 후에야 논의될 수 있다.

---

23 〔옮긴이〕『자본』 1권 1판에서 "1장 상품과 화폐"는 "1) 상품", "2) 상품들의 교환과정", "3) 화폐와 상품유통"으로 구분되어 있다. 그 다음에 "2장 화폐의 자본으로의 전화"가 나온다. 이와 달리, 2판에서는 "1편 상품과 화폐" 아래(1판에는 "편" 구분이 없다) "1장 상품", "2장 교환과정", "3장 화폐 혹은 상품유통"이 구분되어 있다. 그 다음에 "2편 화폐의 자본으로의 전화"가 나온다.

맑스는 그 이상의 지점에도 주의를 환기시켰다.

"게다가 경제적 형태들을 분석할 때, 현미경도 화학적 시약도 도움이 되지 않는다. 추상력이 이 두 가지를 대체해야 한다."(MEW 23: 12)

이러한 진술은 직접적으로 볼 수 있는 자본주의의 현상의 묘사보다 훨씬 더한 것이 맑스에게 문제라는 것을 지시한다. 어떤 관점에서 추상이 그러한 중심적 역할을 하는지는 맑스의 논증에 의거해서 추적되어야 할 것이다. 우리는 곧 『자본』 1권 1장의 첫머리에서 이 문제로 되돌아올 것이다.

2) 연구 대상 (MEW 23: 12-15)

"내가 이 저작에서 연구한 것은 자본주의적 생산양식과 이것에 조응하는 생산관계들과 교류 관계들이다. 그것들의 전형적인 장소는 지금까지는 영국이다. 이것이 나의 이론적 전개의 주요한 예증으로 영국을 사용하는 이유이다."(MEW 23: 12)

맑스가 그의 연구 대상을 "자본주의적 생산양식"으로 규정하는 것은 "자본"이라는 표제를 고려할 때 놀랍지 않다. 맑스가 한 구분에 주목할 가치가 있다. 그는 그의 "이론적 전개"와 영국의 상황을 통한 "예증"을 대립시킨다. 맑스에게 영국 자본주의의 분석이 아니라, 이러한 "이론적 전개"가 문제인 것이다. 다음 문장에 그 내용이 나와 있다.

"자본주의적 생산의 자연법칙들로부터 발생하는 사회적 적대들의 더 높은 혹은 더 낮은 발전 정도가 기본적으로 문제인 것이 아니다. 이러한 법칙들 자체, 확고한 필연성으로 작용하고 관철되는 이러한 경향들이 문제이다."(MEW 23: 12)

그러므로 맑스에게 자본주의 발전의 한 역사적 국면이 문제가 아니고, 개별 발전 국면들의 역사적 연속도 문제가 아니다. 맑스에게는 자본주의

『자본』의 첫머리에 대한 주해

적 생산양식의 "법칙들"이 문제이다. 즉, 자본주의의 특정한 국면에 통용될 뿐만 아니라, 사람들이 지배적인 생산양식으로서 자본주의에 대해 일반적으로 말할 수 있을 때는 언제나 통용되는 "법칙들"이 문제이다. 따라서 맑스는 조금 후에 다음과 같이 간결하게 표현한다.

"**근대사회**의 경제적 운동법칙을 드러내는 것이 이 저작의 최종 목적"이다(MEW 23: 15, 강조는 하인리히).

〔여기서〕 내가 강조한 〔근대사회라는〕 단수는 어떤 특정한 사회가 아니라 (봉건사회 혹은 고대사회와 구별되는) 근대사회에 관련되는 맑스의 서술의 일반성 요구를 명확히 한다.

맑스가 그러한 종류의 일반적인 서술을 실제로 달성했는지, 혹은 때때로 자본주의적 생산양식의 특수하고 임시적인 특징들을 일반적인 법칙들과 혼동했는지는 『자본』을 독해할 때만 판단될 수 있다. 그러나 맑스의 **의도**는 명확하다.

보충: 과거에 널리 퍼졌던 『자본』의 두 가지 독해 방식은 『자본』의 대상을 이러한 맑스의 의도와 모순되는 방식으로 이해했고, 이러한 독해 방식의 옹호자들은 그러한 모순을 보지 못했다. 한 독해 방식은 프리드리히 엥엘스(Friedrich Engels, 1820‒1895)의 죽음 후에 사회민주당의 이론적 지도자로 간주된 칼 카우츠키(Karl Kautsky, 1854‒1938)에 연원한다. 카우츠키는 맑스가 특히 자본주의의 **역사적 발전**을 묘사하고자 했다는 이해를 대변했다. 다른 독해 방식은 특히 맑스주의‒레닌주의의 틀에서 널리 행해졌다. 여기서는 맑스가 19세기 **경쟁 자본주의**를 분석했고, 레닌(Vladimir Ilyich Lenin, 1870‒1924)은 (맑스의 분석을 이어서) 20세기 독점자본주의를 연구했다고 주장되었다. 첫 번째 이해에서 맑스는 자본주의의 역사가가 되었고, 두 번째 이해에서 맑스는 자본주의의 특정한 국면의 이론가가 되었다.

3) 경제적 범주들의 인격화로서의 인물들 (MEW 23: 16)

맑스는 그가 자본가와 토지 소유자를 "장밋빛"으로 표현하지는 않으나, 그에게 각 개인의 행동을 비판하는 것이 문제가 아니라는 것을 강조한다. 왜냐하면,

"그들이 경제적 범주들의 인격화Personifikation, 특정한 계급관계들과 이해 들의 담지자인 한에서만, 이 인물들Personen이 여기에서 문제가 된다. 경제 적 사회구성체의 발전을 자연사적 과정으로서 이해하는 나의 입장은 각 개인에게 관계들에 대한 책임을, 다른 모든 사람보다도 덜 지울 수 있다. 각 개인이 아무리 관계들에서 주관적으로 벗어나 있을 수 있을지라도, 각 개인은 이 관계들의 피조물로 사회적으로 머물러 있는 것이다."(MEW 23: 16)

맑스에게 개인적인 인물로서 자본가들이 문제인 것이 아니라, 인물이 어떤 것의 "인격화"인 한에서만, 즉 인물이 그의 행위에서 사회적 관계들을 통해 정해진 논리를 따르는 한에서만, 그 인물이 문제이다. 그것이 어떤 논리인지, 그리고 얼마나 인물들이 이 논리를 따르도록 강제되는지는 서술을 통해 드러나야 한다. 여기에서는 이에 대해 아직 말할 수 없다.

그러나 다른 점이 주목되어야 한다. 맑스는 인용된 구절에서 "범주들", "계급관계들" 그리고 단지 "관계들"에 대해 말한다. 그러나 (사회적 관계에 대한 과학적 표현인) "범주"와 사회적 관계 자체는 구별되어야 한다. 하나는 사회 속의 인간들의 사회적 관계들이고, 다른 하나는 (즉 범주들은) 이 관계들을 포착하기 위한 과학적 구성물들, 개념들이다. 사회는 **동시에** 존재하고 서로 영향을 미치는 다수의 사회적 관계들로 구성된다. 그러나 과학적 서술에서, 이러한 사회적 관계들을 포착하는 개별 범주들은 **순차적으로만** 전개될 수 있다. 이 때문에, 한 범주를 첫 번째로 다룰 때, 이 범주를 통해 표현되는 해당 사회적 관계를 포함하는 '모든 연관들'을 아직 고려할 수 없

『자본』의 첫머리에 대한 주해

다. 우리는 주해의 과정에서 '범주'와 '사회적 관계'의 연관으로 되돌아올 것이다.

위에서 인용한 구절에서 맑스의 표현 방식이 아주 명확한 것은 아니다. 인물들은 범주의 인격화가 아니라, (인물들이 사회적 관계에서 만들어진 행위 논리를 따르는 한에서) 사회적 관계의 인격화이다. 우리가 이러한 사회적 관계를 과학적으로 연구할 때, 사회적 관계 안에 숨어 있는 행위 논리를 해독할 때, 우리는 이 관계에 대한 범주 혹은 개념을 만든다.(맑스는 개념과 범주를 폭넓게 동의어로 사용한다.) 따라서 우리는 자본가가 자본이라는 범주에서 표현되는 사회적 관계의 인격화라고 더 명확하게 말해야 할 것이다. 범주와 사회적 관계의 구분을 분명히 안다면, "경제적 범주들의 인격화"로서의 "인물들"이라는 맑스의 표현을 축약적인 표현 방법으로 이해할 수 있다.

어쨌든 『자본』을 독해할 때, 언제 **경제적 범주들**이 문제인지, 따라서 (아직 행위하는 인물들에 대한 고려 없이) 사회적 관계들과 그 속에 포함된 행위 **논리들**이 문제인지, 그리고 언제 이러한 범주들의 "인격화"로서 **개인들의 행위들**에 대한 연구가 문제인지에 주목해야 한다.

4) 자본주의적 생산의 자연법칙 (MEW 23: 12-16)

'2) 연구 대상'에 대한 논의에 있는 두 번째 인용문에서 맑스는 "자본주의적 생산의 자연법칙들"에 대해 말했고, '3) 경제적 범주들의 인격화로서의 인물들'에 대한 논의에 있는 인용문에서 "자연사적 과정"으로서 "경제적 사회구성체의 발전"에 대해 말했다. 그러한 표현 방식은 어떤 견지에서 사회와 경제에서 일반적으로 "법칙들"에 대해 말할 수 있는지, 그리고 어느 정도로 맑스의 견해가 역사적 결정론으로 귀결되는지 하는 것에 대한 논쟁을 부른다. 실제로 그러한 질문들은 서문이 아니라 맑스의 분석 내용에 의거해서야 비로소 논의될 수 있다.

그러나 맑스가 이러한 문장들을 작성한 사회적이고 지성적인 맥락이 오늘날과는 완전히 다른 맥락이었다는 것을 고려해야 한다. 맑스가 이 문장들을 1867년에 적었을 때, 그것들은 역사에서 특히 위대한 남자들 혹은 위대한 이념들의 활동을 보았던 지배적인 역사 기술에 대항하는 것이었다. 지배적인 역사 기술에서, 남자들과 이념들에 비해 물질적, 경제적 관계들은 완전히 종속적인 역할을 수행했다. 주관적이고 이념적인 계기들을 강조하는 그러한 견해에 맞서, 맑스는 객관적, 구조적 계기들을 강조했고, 이 때문에 도발적인 방식으로 "자연사적인 과정"으로서 경제적 사회구성체의 발전에 대해, 혹은 "자본주의적 생산양식의 자연법칙들"에 대해 말한 것이었다.

인물에 초점을 맞추는 역사 이해는 오늘날 결코 사라지지 않긴 했으나, 그 정도가 상이할지라도 발전의 객관적인 물질적 요소들을 고려하는 것이 비#맑스주의적 역사 기술에서도 그러는 사이에 시민권을 부여받았다. 다른 한편으로 이러한 객관적 계기는 바로 전통적인 맑스주의, 세계관적 맑스주의weltanschaulicher Marxismus에 의해 자주 역사적 결정론으로 혹사되었다.(이러한 맑스주의는 특히 『정치경제학 비판을 위하여』 서문에 있는 맑스의 역사 이해에 대한 짧은 서술을 이용했다. 나는 "상품물신"에 대한 절을 주해할 때 이것에 대해 짧게 논할 것이다.) 그래서 오늘날 만약 상세한 설명 없이 사회적 발전의 "자연법칙성"에 대해 말한다면, 사람들은 이에 대해 신뢰하지 않게 된다. 그러나 현대의 논쟁 배경은 맑스의 시대에 중요했던 바로 그러한 배경이 아니다. 이 때문에, 우리는 맑스가 그러한 개념들을, 오늘날 우리가 그 개념들을 사용하는 것보다 본질적으로 더 선입견이 없이 그리고 비전문적으로unspezifisch 사용했다는 것을 출발점으로 삼아야 한다.[24]

『자본』의 첫머리에 대한 주해

5) 과학적 연구와 사회적 투쟁들 (MEW 23: 16-17)

서문 말미에, 맑스는 정치경제학의 영역에서 "자유로운 과학적 연구"가 그것의 통상적인 적들에게 대항할 뿐만 아니라, 그것의 내용 때문에 또한 "사적 이해라는 복수의 여신들Furien"에게 대항한다고 말한다(MEW 23: 16). 맑스는 그 자신의 시도를 명백히 "과학적 연구"로 간주한다. 이 연구는 특정한 이해를 변호하는 것과 동일한 것이 아니다.

보충: 이미 『자본』의 표제에 대해 해설할 때 인용된 쿠겔만에게 보낸 편지에서 나타나는 것처럼, 맑스에게는 그의 논증의 **과학적** 성격이 매우 중요하다. 맑스는 과학적 논증을 왜곡해서 이 논증이 특정한 이해를 돕도록 하는 것을 지독히 경멸한다. 『잉여가치에 대한 이론들』에서 그는 영국 경제학자 맬서스(Thomas Robert Malthus, 1766-1834)에 대해 쓰는데, 바로 이러한 이유로 맬서스를 비판했다.

"과학을 (그것이 언제나 틀릴 수도 있을지라도) 그것 자체로부터 도출된 입장이 아니라, 그것에 **낯선, 천박한, 외부의 이해들**로부터 도출된 입장에 순응시키려고 시도하는 사람을 나는 〈야비하다〉고 부른다."(MEW 26.2: 112)

맑스의 자기 이해에 따르면, 맑스는—자주 주장되는 것처럼—특정한 "입장"(프롤레타리아트의 입장 혹은 미래의 사회주의사회의 입장)을 취하고 그 후에 이러한 관점으로부터 자본주의적 생산양식을 분석하는 것이 **아니다**. 그러나 맑스가 요구한 과학적 객관성은 결코 과학을 비정치적으로 만들지는 않는다. 자본주의가 무엇인지, 자본주의적 생산양식이

---

24 〔옮긴이〕또한 이 책에 있는 '1장 상품. 4. 상품의 물신성과 그것의 비밀. 4) 자립화된 사회적 운동과 이 운동의 내용' 부분 참조.

다수의 인간에게 어떤 효과들을 가지는지 하는 등에 대한 결과의 획득은 정치적 투쟁에서 전적으로 무기로 이용될 수 있다. 이 때문에 1867년 4월 17일 편지에서 맑스는 『자본』을 또한 "(지주를 포함해서) 부르주아의 머리로 던져진 무시무시한 미사일Missile"로 묘사했다(MEW 31: 541).

맑스에게 변화는 자본주의의 제거로 비로소 시작하는 것이 아니다. 오히려 맑스는 다음과 같이 강조한다.
  "현재의 사회는 결코 견고한 결정結晶이 아니라, 변할 능력이 있고 항상 변화의 과정 속에 있는 유기체이다."(MEW 23: 16)
변화를 둘러싼 투쟁에서 "미사일"로 사용되는 〔연구의〕 결과들은 교조教條들이 아니라 **과학적 연구**의 성과들이다. 그러면 그 결과들이 근거하는 분석들은 간단히 받아들여져서는 안 되며, 토론되고 시험되어야 한다. 따라서 맑스는 서문의 말미에 다음과 같이 쓴다.
  "과학적 비판에 근거한 어떤 의견도 나는 환영한다."(MEW 23: 17)
따라서 맑스는 믿음이 두터운 독자를 전혀 기대하지 않았다!
동시에 그는 "소위 여론의 편견"을 용인하지 않는다고 강조하고, 단테(Dante Alighieri, 1265 - 1321)의 『신곡』에서 (변형시켜) 가져온 인용문을 자신의 좌우명으로 삼으며 서문을 마친다.
  "너의 길을 가라, 그리고 사람들이 말하도록 내버려 두어라!"(MEW 23: 17)

  보충: 여기서 맑스는 『정치경제학 비판을 위하여』(1859)의 서문의 결말을 잇고 있다. 거기서 맑스는 그의 연구의 진행을 약술했고, 그 약술이 보여 주는 것처럼 다음과 같이 말했다.
  "사람들이 나의 견해를 항상 비판할지라도, 나의 견해가 지배계급의

『자본』의 첫머리에 대한 주해

타산적인 편견에 일치하지 않을지라도, 나의 견해는 양심적이고 여러 해에 걸친 연구의 결과이다. 그러나 지옥의 입구와 마찬가지로 과학의 입구에서 다음의 요구가 제기되어야 한다.

여기에서 너는 모든 우유부단을 제거해야 한다.

여기에서는 앞으로 어떤 주저함도 어울리지 않는다.”(MEW 13: 11)

이 마무리 인용문은 마찬가지로 단테의『신곡』에 나오는 것이다. 로마 시인 베르길리우스(Vergil, BC 70 – 19)가 어떻게 저자 단테에게 지옥의 다양한 구역을 안내하는지를 묘사하는 곳 말이다. 과학의 입구에서 “제거”되어야 하는 “우유부단”과 “주저함”은 분석의 결과들을 다루는 것과 관련된다. 그 결과들이 진지한 연구의 성과라면, 얼마나 많은 “여론”의 편견 혹은 “지배계급”의 편견을 어기든지 상관없이, 그 결과들은 지지되어야 한다.

편견은 좌파들에게도 존재한다. 거기에서도 때때로, 상황에 대한 차차 익숙해진 편견들이 분석을 통해서 간단히 파괴될 수 없다는 것이 문제이다. 그와 반대로 맑스는『자본』1권의 더 뒷부분에서, 그에게 “현시대를 판단하고 유죄판결을 내리나, 이해할 수는 없는” 그런 비판이 문제인 것은 **아니**라고 강조한다(MEW 23: 528, 주 324). 이해의 결과들이 어떠할지 상관없이, 그 결과들을 두려워하지 않는 그러한 “이해” 없이, 실제적 비판은 전적으로 불가능하다.

6) 세 권으로 된『자본』(MEW 23: 17)

『자본』1권의 완전한 표제는 “첫 번째 권. 책 Ⅰ : 자본의 생산과정”이다. 맑스가 “권Band”만이 아니라 “책Buch”에 대해 말한다는 것이 눈에 띈다. 맑스가 서문의 말미에 알린 것처럼,『자본』은 네 개의 “책”으로 이루어질 것이었다(MEW 23: 17). 맑스는 이 네 개의 책을 세 "권"으로 출판하고자 했다.

맑스의 사후 엥엘스는 1885년에 '책 Ⅱ'를 『자본』의 두 번째 권으로, 1894년에 '책 Ⅲ'를 『자본』의 세 번째 권으로 출판했다. 그래서 오늘날 더 이상 "책"과 "권"의 차이가 존재하지 않는다. MEW의 26. 1권, 26. 2권, 26. 3권에서는 맑스의 수고로 편집된 『잉여가치에 대한 이론들』이 "『자본』의 네 번째 권"이란 부제로 출판되었다. 그러나 이 텍스트는 맑스가 계획한 '책 Ⅳ'와 동일하지 않고, '책 Ⅳ'를 위한 직접적인 준비 작업도 아니다. 거기서 맑스는 (자주 주제를 벗어나면서도) 한 범주, 즉 잉여가치의 역사만을 다루었다. 이 수고는 우선 『자본』으로 귀결될 연구 과정의 일부를 표현한다. 맑스가 계획한 '책 Ⅳ'는 존재하지 않는다.

출판된 세 책〔즉 『자본』 전 3권〕의 표제는 연관성이 있는 소재가 서술된다는 것을 분명하게 한다. 이 때문에 〔세 책으로 나누어진〕 이러한 서술은 또한 〔하나의〕 전체 저작으로 인식되어야 한다.

『자본』의 첫머리에 대한 주해

2판 후기
(MEW 23: 18-28)

맑스·엥엘스 저작집에서 1판 서문 다음에 오는 "2판 후기"는 있는 그대로 다루어져야 한다. 맑스는 **후기**Nachwort를 본문 뒤에 위치시켰고,[25] 후기를 읽는다는 것은 명백히 『자본』에 대한 지식을 전제한다. 후기는 정치경제학의 전개 및 맑스가 사용한 서술 방식에 대한 언급들을 포함하고 있다. 그러나 〔본문의〕 이러한 서술을 논하기 전에, 〔후기의〕 이러한 언급들에 대해 토론할 수 없다. 이 때문에 나는 주해되는 본문을 명료하게 하는 데 기여할 수 있는 곳에서만 후기를 논할 것이다.

---

25 〔옮긴이〕MEGA Ⅱ/6: 700 - 710 참조.

『자본』의 첫머리에 대한 주해

목차
(MEW 23: 949-955)

모든 과학적 저작에서처럼, 사람들은 독해 전에 목차의 도움으로〔글의〕구성에 대한 대략적인 조망을 얻을 것이다. 이때 사람들이 모든 것을 이해하지는 못할 것이긴 하나, 경우에 따라서는 그들이 보다 일찍 출현할 것으로 예견했던 몇 가지 주제들이 나중에서야 출현한다는 것을 (혹은 그 반대를) 알게 될 것이다.

『자본』1권은 "자본의 생산과정"이란 표제를 가지고 있다. 그리고 그것은 순수하게 언어적으로 이중적 의미를 가진다. 왜냐하면 "주격 속격 Genitivus subjectivus"이 문제일 수 있거나 "목적 속격Genitivus objectivus"이 문제일 수 있기 때문이다. 한편으로 그것은 자본에 의해 지배되는 생산과정을 의미할 수 있다.(따라서 자본은 생산과정의 주체로 간주될 것이다. 즉, 주격 속격이 문제이다.) 다른 한편으로 그것은 또한 자본을 생산하는 과정을 의미할 수 있다.(그러면 자본은 생산과정의 객체로 간주될 것이다. 즉, 목적 속격이 문제이다.) 우리는 두 가지 의미가 목차에서 고려된다는 것을 곧 볼 것이다.

『자본』1권은 **7개의 편들**Abschnitte로 나누어져 있고, 이 편들은 (2편을 예외로 하면) 각각 더 많은 장들Kapitel을 포함하고 있다. 1편은 "상품과 화폐"라는 이름이, 2편은 "화폐에서 자본으로의 전화"라는 이름이 붙어 있다. 따라

『자본』의 첫머리에 대한 주해

서 맑스가 곧장 자본에 대한 연구로 시작하는 것은 아니다. 3개의 계속되는 편들이 2편을 뒤따르는데, 그것들은 "잉여가치의 생산"을 다룬다. 이러한 3, 4, 5편에서 자본이 지배하는 생산과정에 대한 분석이 발견된다. 그 후에서야 "노동임금"이 6편으로 뒤따라온다. 이러한 순서를 특히 "노동력의 구매와 판매"가 문제인 2편을 독해할 때 유의해야 한다. 거기에서 노동임금에 대한 연구는 아직 수행되지 않았다.

마지막 편인 7편은 "자본의 축적 과정"을 다룬다. 7편의 두 번째 장(전체적으로는 22장)은 "잉여가치의 자본으로의 전화"라는 표제를 가지고 있다. 따라서 여기서 자본이 어떻게 생산하는지가 문제일 뿐만 아니라, **새로운** 자본이 어떻게 생산되는가가 문제이다. 24장은 "소위 본원적 축적"이다. 세부 항목이 보여 주는 것처럼, 여기에서는 자본주의적 생산양식의 역사적 형성이 다루어진다. 따라서 이미 『자본』의 구성은 1판 서문에서 언급된 이론적 전개와 역사적 과정 사이의 차이를 강조하고 있다.(위의 '1판 서문, 2) 연구 대상' 참조.)[26] 맑스는 자본주의적 생산의 역사적 형성에 대한 연구로 **시작하는 것이 아니라**, 그 연구를 그의 분석의 **끝**으로 배치한다. 역사적 개요는 이론적 전개를 **뒤따르고**, 이론적 전개를 전제한다.

독해가 1편으로 시작하기 때문에, 1편의 구조에 대한 더 정확한 일별이 유용할 것이다. 1편은 3개의 장으로 나누어져 있다.

1장: **상품**
2장: **교환과정**

---

26 〔옮긴이〕 또한 이 책에 있는 '1장 상품, 3. 가치형태 혹은 교환가치, 서론' 부분, '1장 상품, 3. 가치형태 혹은 교환가치, A) 단순한, 개별적인 혹은 우연한 가치형태 4. 단순한 가치형태의 전체, 전개된 가치형태로의 이행' 부분, '1장 상품, 3. 가치형태 혹은 교환가치, C) 일반적 가치형태, 1. 가치형태의 변화된 성격, 상품형태들의 역사적 출현' 부분, '2장. 교환과정, 4) 상품교환과 화폐의 역사적 발전' 부분 참조.

3장: **화폐 혹은 상품유통**

사람들은 이러한 구분을 이상하게 생각할 것이다. 상품은 항상 어느 정도 교환과 관련이 있고, 교환은 (적어도 자본주의적 생산양식에서, 그러나 바로 그것이 중요할 것인데) 항상 어느 정도 화폐와 관련이 있는 것 아닌가? 맑스의 구분이 얼마나 의미가 있는 것인지는 독해 전에는 판단될 수 없다. 그러나 사람들은 '독해를 할 때 개별 장들의 **내용**이 질문되어야 할 뿐만 아니라, 무엇이 한 장의 **통일**(즉 그 장의 소재의 연결고리) 및 한 장과 다음 장의 **차이**를 형성하는지가 질문되어야 한다는 것'을 분명히 할 수 있다. 그런 질문들을 그때그때 한 편의 말미에서 회고하면서 논의하는 것이 의미가 있다. 이때 또한 개별 장들이 서로 어떤 **논증 관계**에 있는지 숙고되어야 할 것이다. 즉, 앞장을 엄밀하게 하는 것, 완전하게 하는 것이 문제인지, 혹은 새로운 논증의 지평으로 들어서는지 하는 것 말이다.

『자본』의 첫머리에 대한 주해

1편 상품과 화폐

1장 상품
(MEW 23:49-98)

1. 상품의 두 요소: 사용가치와 가치 (가치실체, 가치크기)
(MEW 23: 49-55)

사용가치와 가치의 구분은 맑스에게서 유래하는 것이 아니라, 이미 아담 스미스에게 그리고 오래 전에 아리스토텔레스(Aristoteles, BC 384-322)에게 존재한다. 그러나 맑스는 이러한 구분을 받아들였을 뿐만 아니라, 철저하게 연구한 최초의 사람이다.

1) 도입 문단: 부와 상품 (정의와 분석) (MEW 23: 49, 첫 번째 문단)

"자본주의적 생산양식이 지배하는 사회들의 부는 〈거대한 상품 집적〉으로 나타나고, 개별 상품은 부의 기초 형태로 나타난다. 따라서 우리의 연구는 상품의 분석으로 시작한다."(MEW 23: 49)

많은 독자들은 이 문단에 시간을 오래 허비하고자 하지 않을 것이다. 왜냐하면 그것은 이상이 없는 것으로 보이기 때문이다. 즉, 맑스는 자본주의

『자본』의 첫머리에 대한 주해

사회들에서의 부가 상품 집적이고ist, 이 때문에 그가 상품의 분석으로 시작하고자 한다고 말하는 것으로 보인다.

그러나 사정은 그렇게 간단한 것이 전혀 아니다. 우선 이 진술의 첫 번째 부분(즉 상품 집적으로서의 부)은 결코 명백한 것이 아니다. 일상 경험으로부터 우리는 사람들이 특히 많은 화폐를 마음대로 사용하는 인물들을 "부유하다"고 지칭한다는 것을 알고 있다. 그리고 사람들은 보통 화폐를 "상품 집적"으로 생각하지 않는다. 여기서 맑스가 화폐를 그의 부 개념과 똑같이 다루는지는 불확실한 채로 있다.

또한 바로 단어 선택에 주의해야 한다. 이 문단을 내가 짧게 다시 서술할 때, 나는 부가 상품 집적"이다ist"라고 썼다. 그러나 맑스는 부가 상품 집적"으로 나타난다"고 썼다. "이다"와 "으로 나타난다"[27]의 차이는 무엇인가?

"이다"는 포함 관계를 표현한다. 즉, '사자는 동물이다'라는 말은 사자와는 다른 동물들이 존재할 수 있긴 하나, 사자는 언제나 동물이지, 가령 식물이 아니라는 것을 의미한다.

"으로 나타나다"는 대부분 "으로 등장하다", "으로 출현하다"라는 의미로 사용된다. 부가 정말로 상품 집적**인** 것이 아니라 상품 집적으로 **나타난다면**, 거기에는 부가 또한 여전히 다른 어떤 것으로 나타날 수 있는 가능성이 포함되어 있다.

---

27 〔옮긴이〕'으로 나타나다'는 'erscheinen als'를 옮긴 것이다. 이것은 또한 '으로 현상하다'로 옮길 수 있는데, 특히 erscheinen의 명사형인 Erscheinung은 '나타남'보다는 '현상'으로 더 자연스럽게 옮겨질 수 있다. 이하에서는 이를 따랐다. 그러나 Phänomen 또한 불가피하게 '현상'으로 옮긴 경우가 있는데, 이것은 내용과 현상Erscheinung 쌍과 관련이 없다. 독자는 글에서 그 맥락을 쉽게 파악할 수 있을 것이다. '나타나다erscheinen'와 '보이다scheinen'의 차이에 대해서는 본문의 바로 뒷부분 및 이 책에 있는 '1장 상품, 3. 가치형태 혹은 교환가치, A) 단순한, 개별적인 혹은 우연한 가치형태, 3. 등가형태, 등가형태의 첫 번째 특성' 부분 참조.

물론 이것은 현상(나타남)이 허구일 것이라는 것을 말하지 않는다. 사람들은 허구를 추정할 때, "나타나다erscheinen"가 아니라 "처럼 보이다scheinen"를 사용한다. 우리가 "이 동전은 금으로 된 것처럼 보인다"고 말할 때, 우리는 이 동전이 단지 금화인 것처럼 보일 뿐 금화가 아니라고 추정한다.(혹은 우리는 이 동전이 금화가 아니라는 것을 최소한 배제하고자 하지 않는다.)

부가 상품 집적"으로 나타난다"고 씀으로써, 맑스는 부가 또한 여전히 다른 어떤 것으로 나타날 수 있음을 암시한다. 본문의 첫 번째 문장을 다시 한 번 보자. 맑스는 "자본주의적 생산양식이 지배하는 사회들"이 문제라는 것을 강조한다. 모든 사회가 아니라 **이러한** 사회들에서 부가 상품 집적으로 "나타나는" 것이다.

맑스는 '자본주의적 생산양식이 단지 종속적 역할을 하는 사회들(혹은 자본주의적 생산양식이 전혀 존재하지 않는 사회들)'과 '여전히 다른 생산양식들이 존재할 수 있긴 하나 자본주의적 생산양식이 "지배적인" 생산양식인 그러한 사회들' 사이를 명백히 구분한다.(맑스는 자본주의적 생산양식이 지배적인 사회를 『자본』 1판 서문에서 "부르주아사회"로 부를 뿐만 아니라, 때때로 또한 짧게 "자본주의사회"로 부른다. 예를 들어, MEW 23: 28, 58, 552, 743 참조.) 그리고 단지 이러한 경우에 대해서만, 맑스는 부가 "상품 집적"으로 나타난다고 주장한다. 다른 생산양식들에서 또한 상품(교환되는 재화)이 존재할지도 모르긴 하나, 거기에서 부는 "상품 집적"으로 나타나지 않는다.(이것이 맑스의 함축적 주장이다.) 따라서 맑스는 다음을 함축적으로 주장한다. 상이한 생산양식들이 지배하는 사회들에서 부는 또한 **상이한 형태들**을 취한다는(상이한 모습으로 나타난다는) 것, 그리고 부가 자본주의사회들에서 "나타나는" 형태는 **상품**이라는 형태라는 것 말이다.

보충: 따라서 본문의 이 첫 문장은 1776년 출판된 아담 스미스의 경제학 주저인 『국민들의 부의 본질과 원인들에 대한 연구』에 대한 근본적

『자본』의 첫머리에 대한 주해

인 비판을 함축한다. 스미스는 "국민들의 부"를 노동의 생산물로, 각 사회형태와 완전히 독립적으로 파악한다. 그리고 그는 1장에서 그의 연구를 분업으로 시작한다. 이렇게 부를 사회와 독립적으로 파악하는 것은 스미스가 자본주의적 관계들을 "자연적" 관계들로 특징짓는 것을 용이하게 한다. 이에 반해, 맑스는 "자본주의적 생산양식이 지배하는 사회들"에서 부가 특수한 모습을 가진다고 밝힌다. 노동이나 분업 같은 (실제로 혹은 외관상) 사회형태와 독립적인 사태가 아니라 부의 특수한 모습(상품 집적으로서의 부)이 맑스의 서술의 출발점이다. 이것으로 자본주의사회에서 부가 또한 여전히 다른 모습들로 존재할 수도 있다는 것은 배제되지 않는다. 그러나 여기에서, 그리고 **여기에서만** 전형적인 부의 모습은 상품이라는 형태이다.

결론적으로 다음을 더 확인할 수 있다. 즉, 맑스는 "자본주의적 생산양식"(단수)이 지배하는 "사회들"(복수)에 말한다. 명백히 그는 〔여기서〕 자본주의적 생산양식만이 존재한다는 견해를 가진다. 그리고 『자본』 1판 서문의 설명에 따르면, 자본주의적 생산양식의 서술이 맑스의 연구의 대상이다. 그러나 〔또한〕 명백히 그는 이러한 자본주의적 생산양식이 지배하는 상이한 사회들이 존재한다는 견해를 가진다. 이로부터, 자본주의적 생산양식의 분석으로는 결코 모든 사회적 관계들이 포착되지 않는다고 추론할 수 있다.

위에서 인용된 두 번째 문장에서 "따라서"라는 말로, 맑스는 이미 자본주의사회들에서 부가 상품 집적으로 나타나고 개별 상품은 부의 기초 형태라는 진술로부터, '분석이 상품으로 시작해야 한다는 것'이 뒤따를 것이라고 암시한다. 그러나 이 두 번째 문장은 기껏해야 동기를 부여하는 것일 수 있을 뿐이다. 하지만 그것은 상품으로 시작하는 것에 대한 엄격한 논증을 제공하지는 않는다. 왜냐하면 첫 번째 문장이 설득력이 있을지라도, 우리는 왜 상품으로 시작하는 것이 가령 화폐로 시작하는 것보다 나을 것인지를 알지 못하기 때문이다.

기본적으로 본문의 첫 번째 문단은 맑스가 그의 서술을 상품으로 시작한다는 것, 그리고 그가 이에 대한 적합한 이유들을 가지고 있다고 생각한다는 것만을 말할 뿐이다. 이러한 이유들이 실제로 얼마나 적합한지는 나머지 서술의 진행에서야 비로소 드러날 수 있다. 2판 후기로부터 자주 인용되는 언급은 맑스의 서술뿐 아니라 모든 과학적 서술에 고유한 이러한 문제들을 겨냥한다.

"물론 서술 방식은 연구 방식과 형식적으로 구별되어야 한다. 연구는 소재를 상세하게 섭렵해야 하고, 소재의 상이한 발전 형태들을 분석해야 하며, 그것들의 내적 연관을 찾아내야 한다. 이러한 작업이 수행된 후에야, 실제적 운동이 그에 상응하게 서술될 수 있다. 이것이 성공하고, 이제 소재의 현실Leben이 관념적으로ideell 반영된다면, 마치 사람들이 선험적인a priori 구성과 관계하고 있는 것처럼 보일 수도 있다."(MEW 23: 27)

사태에 대한 모든 과학적 서술은 저자 측이 이러한 사태에 대한 지식을 가지고 있다는 것을 전제한다. 저자는 선행된 **연구 과정**을 통해 이 지식을 획득한다.(저자는 소재의 "내적 연관"을 찾아야 한다.) 그러나 이러한 지식은 우선 독자 측에 다다라야 한다. 저자가 자신이 인식한 것을 **서술하기** 시작할 때, 따라서 그가 소재의 내적 연관을 표현해야 하는 개념들을 제시할 때, 그는 독자보다 훨씬 더 많은 정보들을 가지고 있다. 그는 독자에게 이러한 정보들을 **곧장** 전체적으로 전할 수는 없다. 서술해야 하는 대상에 대한 지식에 근거해서, 저자는 독자에게는 맨 처음에 자의적인 것처럼 보일 수도 있는 (무엇으로 시작되는가, 어떻게 서술이 배열되는가 등과 관련된) 특정한 결정을 내려야 한다.(그것은 마치 "선험적인 구성"이 문제인 것처럼 보인다.) 우선 독자가 대상을 이해하는 정도에 따라, 독자는 서술이 적절한지 검토할 수 있다.

MEW 23의 49쪽에 있는 첫 번째 문단의 마지막 문장("따라서 우리의 연구

『자본』의 첫머리에 대한 주해

는 상품의 분석으로 시작한다")은 맑스에게 결코 상품의 **정의**가 아니라 상품의 **분석**이 문제라는 것을 분명히 한다. 맑스는 그가 상품으로 이해하고자 하는 것을 단순히 정의하는 것이 아니라, 상품을 경험상 주어진 대상으로 취하고, 상품을 분석한다. 즉, 맑스는 상품을 단순히 묘사하는 것이 아니다. 그는 상품을 해부하고, 상품의 개별 측면들을 추적한다. 이때, 그는 이러한 상이한 측면들을 표현하기 위해서 개념들 혹은 "범주들"을 만들어 낸다.(1판 서문에 대한 3번 주해 참조.)

이러한 본문의 첫 번째 문단으로부터 그 이상의 사태가 더 추론될 수 있다. 즉, 맑스가 자신의 연구를 시작하는 상품은 **자본주의에 있는** 상품이다. 교환, 상품, 화폐는 상이한 생산양식들에, 중세 봉건제와 마찬가지로 고대의 노예제에 근거한 생산양식에 존재한다. 그러나 여기서 바로 맑스는 상품을 일반적인 어떤 것, 상이한 생산양식들에 존재하는 어떤 것으로가 **아니라**, "자본주의적 생산양식이 지배할" 때의 부의 기초 형태로 간주한다. 그러나 여기서 아직 자본주의에 대해 명확히 언급되지 않는다. 그리고 우리가 『자본』 1권 목차의 독해를 통해 아는 것처럼, 자본 자체가 대상이 되는 것은 4장에서이다. 이로부터 우리는 맑스가 **자본주의**경제에서 생산된 상품을 우선 **자본을 추상한 상태에서** 분석한다고 추론할 수 있다. 즉, '자본주의적 생산과정으로서 상품의 생산과정의 성격'과 '자본의 유통과정(자본에 의해 규정된 구매와 판매)의 부분으로서 상품의 판매'는 우선 아직 논의의 대상이 아니다. 따라서 우리는 이미 완전히 분석의 시작에서, 맑스가 서문의 앞부분(MEW 23: 12)에서 말한 그런 추상력이 작동하는 것을 보고 있다.

2) 사용가치 (MEW 23: 49, 두 번째 문단–MEW 23: 50, 끝에서 두 번째 문단)

맑스는 다음을 상품의 첫 번째 속성으로 밝힌다.

"상품은 우선 자신의 속성들을 통해 그 어떤 종류의 인간 욕구들을 충족하는 물건Ding, 외적 대상이다."(MEW 23: 49)[28]

인간의 욕구들을 충족하는 모든 물건이 상품은 아니다. 그러나 어떤 것이 상품이라면, 그 상품은 또한 그 어떤 욕구들을 충족해야만 한다. 이러한 욕구 충족은 이제 두 가지 견지에서 정확하게 규정된다. 첫째,

"이러한 욕구들의 성격은, 그것이 예를 들어 위胃에서 발생하든 상상에서 발생하든, 어떤 것도 변화시키지 않는다."(MEW 23: 49)

즉, 유용성에 있어서는, **욕구들의 종류**는 중요하지 않다. 내가 특정한 돌이 악령으로부터 나를 보호해 준다고 가정하면, 이 돌은 나에게 유용하다. 따라서 맑스는 "진정한" 욕구들과 "거짓" 욕구들을 구분하지 않는다.

두 번째 규정은 욕구들의 **충족의 종류**와 관계된다.

"여기서 사물Sache이 인간의 욕구를 어떻게 충족하는지, 직접적으로 생활수단으로, 즉 향유의 대상으로 충족하는지, 혹은 우회로를 통해 생산수단으로서 충족하는지는 문제가 아니다."(MEW 23: 49)

뒤따르는 문단에서, 유용한 물건들은 **질**과 **양**에 따라 구분된다는 것, 그리고 물건들의 사용 방식들을 발견하는 것이 "역사적 업적"이라는 것이 밝혀진다. 즉, 물건들의 유용성은 간단히 존재하는 것이 아니다. 어떤 것을 유용한 것으로 파악하기 위해서, 우리는 한편으로 상응하는 욕구(직접적 소비뿐 아니라 생산에도 기원할 수 있는 욕구)를 지녀야 하고, 다른 한편으로 물건들의 속성들에 대해 다소 알아야 한다. 물건들에 대한 우리의 지식뿐 아니라 소비적이고 생산적인 욕구들은 역사적으로 발전한다.

뒤따르는 문단은 "사용가치" 개념을 도입한다.

---

28 〔옮긴이〕 Ding, dinglich, Verdinglichung을 각각 물건, 물건적인, 물건화로 옮기고, Sache, sachlich, Versachlichung을 각각 사물, 사물적인, 사물화로 옮겼다. 그 이유는 이 책의 '안내의 말, 왜 오늘날『자본』을 읽는가?'에 있는 옮긴이 주 참조.

『자본』의 첫머리에 대한 주해

"물건의 유용성이 물건을 사용가치로 만든다."(MEW 23: 50)

물건의 유용성에 대해 맑스가 말한 것, 즉 물건의 유용성이 욕구의 종류 뿐 아니라 욕구 충족의 종류로부터도 독립적이라는 것은 사용가치에도 타당하다. 추가적으로 이 문단에서 사용가치에 대한 네 가지 그 이상의 규정이 제시된다.

* 유용성은 "공중에 부유하는 것이 아니다." 그것은 "상품체의 속성"을 통해 "조건 지어진다." 이로부터 맑스는 다음과 같이 결론짓는다.
"이 때문에 철, 밀, 다이아몬드 등과 같은 상품체 자체는 사용가치 혹은 재화이다."(MEW 23: 50)
* 사용가치는 인간이 한 사물의 사용 속성들을 얻는 데 많은 노동을 들이는지 혹은 적은 노동을 들이는지에 의존하지 않는다.
* 사용가치들은 양적으로 규정되어 있다. 사용가치는 단순히 "밀"이 아니라(밀은 특정한 **종류**의 사용가치이다), 예를 들어 10킬로그램의 밀이다.
* 그리고 결국 맑스는 다음과 같이 밝힌다.
"사용가치는 단지 사용 혹은 소비에서만 실현된다."(MEW 23: 50)

우리는 한 사물의 **사용**에는 항상 그 사물의 더 빠르거나 더 느린 **소모**가 포함되어 있다고 보충할 수 있다.

마지막으로 이 문단에서 "교환가치" 개념이 나타난다.

"사용가치들은 부의 사회적 형태가 무엇이든 부의 소재적 내용을 형성한다. 우리에 의해 고찰되어야 하는 사회형태에서 사용가치들은 동시에 교환가치의 소재적 담지자들이다."(MEW 23: 50)

이 두 문장은 다시 많은 함축적 정보를 포함하고 있다. 우선, 맑스는 1장의 첫 번째 문장에서처럼 여기서 더 이상 "부"에 대해 무차별적으로 말하는 것이 아니라, 부의 "소재적 내용"을 부의 "사회적 형태"와 구별한다. 부의 **소재적 내용**에서 보면, 부는 모든 사회에서 사용가치들, 유용한 물건들로 이루어진다. 자본주의사회에서 부의 **사회적 형태**는―우리는『자본』1권의 첫 문장을 이제 그렇게 이해할 수 있는데―**상품형태**이다.

인간이 단순한 대상을 보고 그것이 사회적 형태라고 알지 못하는 한, 부의 사용가치 측면은 부의 사회적 형태와 독립적이다. 즉, 밀이 자본주의적으로 생산되고 시장에서 팔리는 상품인지, 혹은 지주에게 바치는 농노의 공납인지를 인간이 보지 못하고 감지하지 못하는 한에서 말이다.

물론 생산의 사회적 형태가 '생산된 사용가치들의 **종류**와 **범위**'에 영향을 미친다. 이미 위에서 "역사적 업적"으로서 물건들의 사용 방식들의 발견에 대해 말한 바 있다. "소재적 내용"은 결코 사회적으로 관계가 없는 어떤 것이 아니다. 그럼에도 불구하고 소재적 내용과 사회적 형태는 분석에서 엄밀히 구분될 수 있다.

물건은 그것의 소재적 속성 때문에 사용가치**이다**. 그러나 그것은 이와 같은 방식으로는 교환가치가 아니다. 물건은 간단히 교환가치인 것이 아니라, 맑스가 밝힌 것처럼―정확히 말하면 특정한 사회관계들 하에서―교환가치의 **"담지자"이다**. 다이아몬드는 그것의 강도強度를 항상 지닌다. 그것은 단지 교환 사회에서만 교환가치를 지닌다. 사용가치들이 부의 **각 형태**의 소재적 내용을 형성하기 때문에, 우리는 여기서 연구되어야 할 **특수한 형태**, 즉 **상품형태**에 관하여 듣게 된다. 우리가 단지 상품들의 사용가치만을 고찰한다면, 그렇게 듣지 못할 것이다. 이제 교환가치가 연구되어야 한다.

덧붙여서, 바로 위의 인용문의 두 번째 문장에서도, 교환가치에 대한 뒤따르는 연구에서 상품 일반 혹은 전前 자본주의사회의 상품이 **아니라**, "우리에 의해 고찰되어야 할 사회형태", 따라서 자본주의사회의 상품이 문제라는 것이 다시 한 번 분명해진다.

　　　　　　　　　　　『자본』의 첫머리에 대한 주해

3) 교환가치 (분석과 구성)
(MEW 23: 50, 마지막 문단—MEW 23: 51, 끝에서 두 번째 문단)

이제 맑스는 상이한 다른 상품들에 대한 한 상품의 교환관계에 의거해서 교환가치를 분석한다. 사람들은 아마 이곳에서 멈칫할 것이다. 도입 문단에서 맑스가 **자본주의에 있는** 상품을 분석할 것이라는 것이 언급되었다. 그러나 거기에서〔즉 자본주의에서〕보통 두 상품이 직접적으로 서로 교환되지 않는다. 오히려 상품은 화폐를 받고 팔리고, 이 화폐로 다른 상품이 구매된다. 한 생산물과 다른 생산물 사이의 '화폐로 매개되지 않는 직접적인 교환'은 예외적이다. 그리고 전 자본주의사회에서조차, 교환이 더 빈번하게 일어나는 한에서, 화폐가 또한 존재한다. 그럼 맑스는 무엇을 고찰하는가? 어쨌든 자본주의에 **전형적인** 현상은 아니다.

이곳에서 맑스는 상품이 한편으로 사용가치를 가지고, 다른 한편으로 상품이 화폐와 교환된다고 간단히 논증할 수 없다. 왜냐하면 화폐는 아직 전혀 **범주**로서 도입되지 않았기 때문이다. 우리는 화폐에 대한 일상적 이해를 가지고 있긴 하나, 아직 과학적 개념을 가지고 있지는 않다.

따라서 맑스는 자본주의적으로 생산된, 보통의 경우 화폐와 교환되는 상품을 우선 **자본뿐 아니라 화폐도 추상한 상태**에서 분석한다. 이 때문에 여기서는 아직 **가격**에 대해서도 말하지 않는다. 우리가 일상에서 아는 화폐 가격이 교환가치와 관련이 있다는 것은 우선 더 해명되어야 한다. 우리는 다시 서문에서 말한 추상력이 작동하는 것을 본다. 연구 대상인 "상품"은 간단히 경험에서 **끌어내지는** 것이 아니라, 우선 추상력의 도움으로, 경험적으로 주어진 것으로부터 **구성된다**.[29]

---

29 레닌이 발췌 노트에서 다음과 같이 적을 때, 그는 이것을 오인했다. "맑스는 『자본』에서 우선 가장 단순하고, 가장 평범하고, 가장 기초적이고, 가장 다수이고, 가장 일상적이고, 10억

그런 구성은 왜 불가피한가? 경제적 관계들은 서로를 전제한다. 자본주의적 조건들 하에서, 우리는 '화폐와 교환되는 상품', '상품을 구매하는 화폐', '한편으로 상품으로서의 생산수단을 구매하고 다른 한편으로 상품을 생산하는 자본' 등을 발견한다. 서술이 이러한 관계들 중 하나의 관계로 시작한다면, 이 관계는 그것이 다른 모든 관계들과 가지는 연관으로부터 분리되어야 한다. 따라서 이 관계에 보통 부합하는 수많은 규정들이 필연적으로 추상된다. 그러면 그 이상의 서술을 진행하면서 잇따른 규정이 제시되어야 한다. 처음에 추상된 것은 만회되어야 한다. 교환가치와 상품에 대한 연구는 이미 『자본』 1권의 첫 페이지들에서 끝나 버리는 것이 아니다.

새로운 대상(여기서는 가격이 규정되지 않은 상품)을 구성하는 수단인 추상은 일반적으로 서술을 시작할 수 있기 위해서 필수적이다. 그러나 모든 추상에서, 바로 **이러한** 추상이 정당화되었는지가 질문될 수 있다. 무엇이 'x량의 구두약과 바꾸는 1크바르트의 밀'과 같은 교환관계들[30], 자본주의경제에서 보통 일어나지 않는 교환관계들을 교환가치의 분석의 출발점으로 만드는 것을 정당화하는가? 화폐가 매개한 교환에서는 1크바르트의 밀은

배로 관찰될 수 있는 부르주아적 (상품) 사회의 관계, 즉 상품교환을 분석한다."(LW 38: 340) 화폐를 통해 매개되지 않은 상품교환은 부르주아사회에서 바로 일상적인 것이 아니다. 레닌에게는 급히 메모된 논평이었던 것이 볼프강 프리츠 하욱(Wolfgang Fritz Haug, 1936 -)에 의해서 『자본』 1권의 첫머리에 대한 독해의 토대로 확장된다(Haug, 2005: 48). 하욱은 맑스가 분석의 시작으로 삼은 상품을 "쇼핑 투어의 관점"에서 나타나는 것과 같은, 가격이 결정된 상품으로 파악한다(Haug, 2005: 49). 그리고 그는 곧장 화폐에 대해 첫 번째 고려를 시작한다(Haug, 2005: 50f.). 이것은 『자본』 1권의 첫머리에 있는 맑스의 논증과 관련이 없다. 하욱은 그의 관점의 지지를 위해 맑스의 인용문들을 제시함으로써, 의도치 않게 이것을 명확히 한다. 그 인용문들은 바로 『자본』 1권의 첫머리에 있는 것이 아니라, 서술의 더 늦은 단계에서야 존재한다. 맑스가 『자본』 1권의 맨 앞 페이지들에서 분석한 것은 (하욱이 믿는 것처럼) "모두가 아는 것"이 아니라, 바로 이러한 일반적으로 알려진 것이 **추상되어** 있는 상황Kostellation이다.

30 〔옮긴이〕 크바르트Quart는 액체, 말린 것, 가루 등의 양을 측정했던 독일의 옛 단위이다. 영미권에서는 쿼터quarter로 쓰나, 양에서 차이가 있다.

『자본』의 첫머리에 대한 주해

우선 일정한 화폐액을 받고 팔리고, 그러면 예를 들어 이 화폐로 x량의 구두약이 구매된다. 맑스가 고찰하는 것은 자의적인 추상이 아니라, 화폐가 매개한 교환의 **결과**이다. 그 이상의 논증은 이러한 출발점이 적절한지 보여 주어야 한다.

"교환가치는 우선 양적 관계, 한 종류의 사용가치들이 다른 종류의 사용가치들과 교환되는 비율, 시간과 장소에 따라 항상 변하는 관계로 나타난다. 이 때문에 교환가치는 우연적이고 순전히 상대적인 어떤 것처럼 보이고, 따라서 상품에 내부적인, 내재적인 교환가치(내적 가치)는 형용모순 contradictio in adjecto인 것처럼 보인다."(MEW 23: 50~51)

여기서 다시 정확히 〔맑스의〕 표현에 주의해야 한다. 첫 번째 문장에서 맑스는 "나타나다erscheinen"라는 동사를 사용한다.[31] 두 번째 문장에서 그는 "보이다scheinen"라는 동사를 사용한다. "교환가치는 **우선** …… **나타난다.**" 따라서 여기서 교환가치에 대한 첫 번째 조망만이 문제일 뿐이고, 그래서 교환가치라는 주제는 아직 해결되지 않았다는 것이 암시된다. 사람들은 첫 번째 조망에서 무엇을 보는가? 상품의 교환가치는 정확히, 사람들이 교환에서 이 상품 대신에 얻는 것이다. 1크바르트의 밀이 x량의 구두약과 교환되면, x량의 구두약은 1크바르트의 밀의 교환가치이다.

MEW 23의 50쪽에 의하면, "우리에 의해 고찰되어야 하는 사회형태에서" 사용가치들은 또한 교환가치의 "소재적 담지자들"을 형성한다. 이제 우리는 '사용가치들이 그 자신의 교환가치의 소재적 담지자들이 아니라 다른 상품의 교환가치의 소재적 담지자들'이라고 정확하게 규정할 수 있다. 우리의 예에서, "x량의 구두약"이라는 사용가치는 1크바르트의 밀의 교환가치의 소재적 담지자이다.

---

31 〔옮긴이〕이 책의 '1장 상품, 1. 상품의 두 요소, 1) 도입 문단'에 있는 옮긴이 주 참조.

그러므로 한 상품은 그것이 어떤 다른 상품들과 교환되는 여하에 따라, **수많은 상이한** 교환가치들을 가진다. 게다가 양적인 교환관계들은 장소와 시간에 따라 변한다. 이 때문에 교환가치는 "우연적이고 순전히 상대적인 어떤 것"처럼 "보인다." 상품에 "내재적인"(내적인) 교환가치는 심지어 "형용모순"인 것처럼 보인다. MEW 23의 외국어 색인은 이 표현을 "부조리 Widersinn"로 번역한다(MEW 23: 918). 말 그대로 번역해서, 이 표현은 "부가어Beifügung에서의 모순"을 의미한다. 교환가치가 실제로 외적이고 우연적인 어떤 것이라면, "내재적인"이라는 형용사는 그것에 모순된다.

여기서 말하는 외관Schein, 즉 교환가치의 우연성은 사람들이 〔위에서 말한〕 첫 번째 조망에서 보는 것이 아니라, 쉽게 떠오르는 추정이다. 그러나 이 추정은 또한 틀린 것일 수 있는 것이다. "보이다scheinen"라는 말을 사용함으로써, 맑스는 이러한 추정과 거리를 둔다.

다음 문단에서 그는 이러한 쉽게 떠오르는 추정이 실제로는 틀렸다는 것을 명확히 하려고 노력한다. 이를 위해, 그는 1크바르트의 밀의 수많은 상이한 (이 말을 보충해야 할 것인데, '동시적인') 교환가치들, 즉 x량의 구두약, y량의 비단, z량의 금 등을 고찰한다. 그리고 1크바르트의 밀의 이러한 상이한 교환가치들이 "서로 대체될 수 있거나 혹은 서로 동일한 크기의 교환가치들"이어야 한다고 추론한다(MEW 23: 51).

이 문장은 무엇을 의미하는가? 두 가지 상이한 진술이 "혹은"이란 말을 통해 결합되어 있다. 그리고 명백히 이러한 "혹은"이란 말은 (양자택일의 의미에서) 배타적인 의미에서 사용된 것이 아니라, 포괄적인 의미에서 사용된 것이다. 즉, 사람들은 후자처럼 전자도 진술할 수 있다. 그러나 이것이 맞는가? 이러한 교환가치들이 "서로 대체될 수 있는" 것이라는 것은 분명하다. 즉, 1크바르트의 밀의 교환가치로서 x량의 구두약은 y량의 비단에 의해 대체될 수 있다. 왜냐하면 y량의 비단은 마찬가지로 1크바르트의 밀의 교환가치이기 때문이다.

그러나 여기서 "서로 동일한 크기의 교환가치들"이 문제라는 것은 무엇을 의미하는가? x량의 구두약과 y량의 비단은 1크바르트의 밀의 두 가지 교환가치들이다. 그러나 그것들은 이제 또한 "서로 동일한 크기의" 교환가치들이어야 한다. 즉, y량의 비단은 또한 x량의 구두약의 교환가치여야 하고, x량의 구두약은 또한 y량의 비단이어야 한다. 1크바르트의 밀이 x량의 구두약과, 또한 y량의 비단과 교환된다면 — 본문에서 더 이상 상술되지 않은 추론에 의하면 — x량의 구두약은 (가령 y량 두 배의 비단이 아니라) y량의 비단과 교환되어야 한다.

이것은 왜 그러해야 하는가? 단지 우연적이고 개별적인 교환 행위들에서, 1크바르트의 밀이 x량의 구두약 혹은 y량의 비단과 교환되긴 하나, x량의 구두약이 y량보다 더 많은 비단과 교환되는 것은 전적으로 일어날 수 있다. 그러나 교환이 경제적 교류의 **지배적인** 형태라면(그리고 이것은 자본주의에서 그렇다), 〔방금 언급한〕 그런 경우는 단지 교환 행위들의 능숙한 연속 때문에 곧장 이익을 초래할 것이다. 즉, y량의 비단은 1크바르트의 밀과 교환되고, 1크바르트의 밀은 x량의 구두약과 교환되며, x량의 구두약은 y량보다 많은 비단과 교환된다. 단지 능숙한 교환 연쇄를 통해서 y량의 비단은 y량보다 많은 비단으로 바뀔 것이다. 사람들은 그런 종류의 교환관계들이 잠깐 동안 존재할 수 있다는 것을 처음부터 배제할 수는 없다. 그러나 그 교환관계들이 지속적으로 존재할 것이라고 한다면, 사람들은 어떤 특수한 사회적 구조들 때문에(권력관계들, 구조적 정보 결핍 혹은 그 비슷한 것 때문에) 그것들이 유지될 것인지를 설명해야만 할 것이다. 즉, 우리가 그러한 특수한 구조들을 제시할 수 없다면, 왜 **모든** 교환자들이 유리한 교환 연쇄를 선택하는 것은 아닌지, 그리고 불리한 교환 연쇄를 피하는 것은 아닌지가 이해될 수 없다. 그러나 그것은 '유리한 교환 연쇄가 또한 더 이상 존재할 수 없는 결과'가 될 것이다. 왜냐하면 누구도 불리한 양을 떠맡을 용의가 없을 것이기 때문이다. 현실에서 특정한 경우들에 그런 구조들이 존재할 수도 있다. 그러나 우리는 분석의 시작에 있고, 자본주의적 생산관계를 단지 이 생산양식의 **가장 일반적인** 측면에서 고찰한다. 즉, 이 생산양식의 생산물들은 상품이라는 형태를 가지고 있고, 사회적 재생산은 교환을 통해 매개된다. 우리는 위에서 묘사된 교환 연쇄를 만들어 낼 수 있을 특수한 상황들을 알지 못한다. 이 때문에 한 상품의 상이한 교환가치들이 "서로 동일한 크기"라는 진술은 전적으로 그럴듯하다.

특수한 상황들이 없을 때, 개별적인 교환관계들이 〔위에서〕 묘사된 조건 (A가 B 혹은 C와 교환된다면, B는 C와 교환되어야 한다는 것)을 충족해야만 한다는 확언은 현대 경제학자들에 의해서도 이의제기 되지 않는다.(이러한 사태는 대부분 수학적으로 형식적인 방법들로 묘사된다. 즉, 교환이 소위 등가관계의 조건들을 충족한다는 것이 드러난다.) 그러나 우리가 곧 볼 것처럼, 맑스는 어느 정도 교환관계들 "뒤에" 있는 어떤 것을 추구함으로써, 한 걸음 더 나아간다. 동일한 상품의 교환가치들이 "서로 동일한 크기"라는 확언으로부터, 우선 두 가지 추론이 나온다.

"동일한 상품의 유효한 교환가치들은 하나의 동일한 것을 표현한다."

그리고,

"교환가치는 일반적으로 그 자신과 구별될 수 있는 내용Gehalt의 〈현상형태Erscheinungsform〉, 표현 방식일 수 있을 뿐이다."(MEW 23: 51)[32]

한 상품의 상이한 **교환가치들**의 담지자들은 그 자체 우선 특정한 **사용가치들**이다. 사용가치들로서 **질적으로 상이한** 사용가치들 말이다. 그러나 동일한 상품의 "유효한" 교환가치들로서 그러한 교환가치들은 이 상품의 교환가치들을 표현할 뿐만 아니라, 그것들은 또한 **서로에게** 교환가치들이

---

32 〔옮긴이〕 Gehalt와 Inhalt를 모두 '내용'으로 옮겼다. 예를 들어, 이 책에 있는 '1장 상품, 1. 상품의 두 요소: 사용가치와 가치, 7) 1절의 논증에 대한 주해, 다섯 번째 주해: 가치론의 증거?' 부분에서 하인리히는 "소재적 내용Inhalt과 사회적 형태의 구별"을 말한다.

『자본』의 첫머리에 대한 주해

기도 하고, 그런 한에서 또한 하나의 "동일한 것"을 표현한다. 즉, **그것의 관점에서** 교환가치들 모두가 **동일한 크기**인 '그러한 어떤 것'을 표현한다. 그 어떤 관점에서 1크바르트의 밀, x량의 구두약, y량의 비단은 하나의 "동일한 것"의 표현이다.(이것이 맑스의 첫 번째 추론이었다.)

개별적인 교환가치들이 그것의 소재적 내용에 따라 질적으로 상이한 교환가치들이기 때문에(x량의 구두약은 y량의 비단과 완전히 다른 어떤 것이다), 그렇지만 이러한 상이한 사용가치들이 교환가치들로서 모두 동일한 것을 표현하기 때문에, 맑스는 "교환가치"(따라서 특정한 상품과 교환되는 그러한 사용가치의 양)는 일반적으로 "그 자신과 구별될 수 있는 내용"의 "현상형태" 혹은 "표현 방식"일 수 있을 뿐이라고 추론한다.(이것이 맑스의 두 번째 추론이었다.)

따라서 교환가치는 이제 더 이상 단지 '한 종류의 사용가치들이 다른 종류의 사용가치들과 교환되는 그러한 **양적 관계**'(교환가치가 "우선" 나타난 것으로서 그러한 양적 관계)로 규정되지 않는다. 이제 교환가치는—우리에게 아직 알려지지 않은—**"내용"**의 **"현상형태"**로 규정된다.

"현상형태"라는 말은 **차이**를 암시한다. 즉, 우리는 직접적으로 볼 수 없는 **"내용"**을 가진다. 내용은 오히려 **다른** 어떤 것에서 **표현된다.** 따라서 이 다른 것은 그 내용의 현상형태가 된다. 현상형태와 내용은 동일하지 않다. 그러나 그것들은 또한 우연히 나란히 있는 것이 아니다. 다음에서는 내용의 규정에 주의해야 할 뿐만 아니라, **왜** 이러한 내용이 일반적으로 그 자신과 구별되는 현상형태를 필요로 하는지에도 주의해야 한다.(1장 3절이 그 답을 제시한다.)

철학적 사전 지식을 가진 독자는 현상형태와 내용이라는 말에서 아마도 "본질"과 "현상"의 구별을 생각할 것이다. 이 구별은 특히 헤겔의 철학에서 중요한 역할을 한다. 그러나 맑스는 (또한 1장 전체에서처럼) 이곳에서 바로 "본질Wesen"에 대해 말하지는 **않는다.** 즉, 겉보기에 그는—최소한 여기서―그러한 철학적 관련을 의식적으로 피하고자 한다. 그러나 많은 해석가들은 정확히 그러한 철학적 관련을 맑스의 글에 부여한다. 맑스는 "본질"과 "본질적인"이라는 표현을 자주 일반적이고 일상어적인 의미(일에서 중요한 것, 근본적인 것이라는 의미)에서 사용한다. 그러나 또한 때때로 더 특수한 의미에서 사용한다. 그때그때의 의미는 그 개념이 출현하는 텍스트의 부분에서 설명되어야 하고, 미리 만들어진 개념틀의 이용을 통해 외부로부터 맑스의 글에 부여되어서는 안 된다. 특히 『자본』 1권에서 맑스는 (많은 맑스 해석가들과 완전히 반대로!) "본질"이라는 개념을 매우 적게 사용한다. 즉, 그 개념은 359쪽에서 처음으로 나온다.[33]

다음 문단에서 맑스는 그러한 직접적으로 볼 수 없는 "내용"이 존재한다는 동일한 생각을 개별 교환 방정식Tauschgleichung(1크바르트의 밀 = a첸트너의 철)에 근거해 증명하려고 시도한다.[34] 상이한 사용가치들은 교환에서 동일시된다. 이러한 동일시가 순전한 우연을 넘어서는 의미를 가진다면(교환에 근거하는 사회에서 이러한 동일시가 그러한 의미를 가진다), 교환가치들인 '동일시된 두 개의 물건들'은 양적으로 "공통적인" 어떤 것, 즉 그것들을 일반적으로 **비교할 수 있게** 만드는 공통적인 **질**을 지녀야 한다. **등식**에 대해 말할 수 있기 위해서, 이 두 개의 물건들은 이러한 "공통적인 것"을 동일한 양으

---

33 〔옮긴이〕 "결국 분업은 협업의 특수한 종류이고, 분업의 장점의 많은 부분은 협업의 이러한 특수한 형태가 아니라 일반적인 본질로부터 발생한다."(MEW 23: 359) 『자본』 1권보다 시간적으로 앞서 작성된 『자본』 3권에서는 본질이란 말이 다음과 같이 더 자주 등장한다. "상대적으로 잉여가치와 잉여가치율은 비가시적인 것이고 연구되어야 할 본질적인 것das Wesentliche이다. 반면 이윤율, 따라서 이윤이라는 잉여가치의 형태는 현상들의 표면에서 나타난다."(MEW 25: 53) "물건들의 본질과 현상형태가 직접적으로 일치한다면, 모든 과학은 불필요할 것이다."(MEW 25: 825) 또한 이 책에 있는 '안내의 말, 『자본』을 어떻게 토론할 것인가?' 부분 및 '1장 상품, 3. 가치형태 혹은 교환가치, A) 단순한, 개별적인 혹은 우연한 가치형태, 3. 등가형태, 등가형태의 첫 번째 특성' 부분 참조.

34 〔옮긴이〕 첸트너Zentner는 독일의 옛 중량 단위로 50킬로그램이다.

『자본』의 첫머리에 대한 주해

로 지녀야 한다. 그러므로 1크바르트의 밀과 a첸트너의 철은 그 어떤 견지에서 그 자체 밀도 아니고 철도 아닌 "제3자"에게 동일해야 한다. 그러면 이러한 "제3자"는 앞선 문단에서 말한 그러한 "내용"이다.

　　보충: 『자본』1권 1판에서 맑스는 이미 이 자리에서 공통적인 제3자를 "가치"로 지칭했다. 즉, 1크바르트의 밀과 a첸트너의 철은 그것들이 동일한 **가치**를 지니기 때문에 서로 교환된다. 우리는 다음과 같이 추론할 수 있는데, 그러므로 이러한 가치가 교환가치에 의해 단지 **표현**될 뿐인 **내용**이다. 교환가치는 가치의 "현상형태"이다. 물론 가치는 여기서 우선 어떻든 이름일 뿐이다. 우리는 이러한 가치(혹은 "공통적인 것", "제3자")에서 무엇이 문제인지를 아직 알지 못한다. 이제 이것이 설명되어야 한다.

4) 가치와 가치실체 (MEW 23: 51, 마지막 문단–MEW 23: 53, 첫 번째 문단)

　　맑스는 이러한 "공통적인 것"(혹은 가치)을 세 단계를 통해 더 상세히 규정한다. 우선 그는 이러한 공통적인 것에 대한 후보들인 '상품들의 모든 자연적인 속성들'을 배제한다(MEW 23: 51 이하). 그 다음 그는 상품들에게 단지 하나의 속성, 즉 노동생산물이라는 속성만이 남아 있다고 밝힌다. 결국 그는 노동, 정확히 말하면 "추상적인 인간 노동"을 가치의 "실체"로 제시한다(MEW 23: 52). 세 가지 모든 논증 단계에 대해 이의들이 제기되었다. 우리는 인쇄된 것으로는 2페이지도 채 안 되는 맑스의 논증을 상세히 연구할 것이다.

첫 번째 논증 단계: 상품들의 공통적인 것은 자연적 속성이 아니다

"이러한 공통적인 것은 기하학적, 물리학적, 화학적, 혹은 그 밖의 자연적 속성일 수 없다."(MEW 23: 51)

왜 맑스가 찾는 공통적인 것은 상품들의 그 어떤 자연적인 속성들에 존재할 수 없는가? 맑스의 대답: 사용가치들이 고찰되는 한에서만, 그러한 자연적 속성들이 고려되기 때문에 그렇다. 그러나 공통적인 것은,

"바로 상품들의 사용가치들에 대한 추상, 상품들의 교환관계를 명백히 특징짓는 추상"이라는 것이다(MEW 23: 51 이하).

교환관계에서 상품들의 사용가치들이 추상된다는 것을 사람들은 무엇에서 아는가? 맑스의 대답: "각 사용가치가 단지 적당한 비율로 존재할 때만", 각 사용가치(구두약, 비단 등)는 (예를 들어 1크바르트의 밀과 같은) 다른 사용가치와 교환될 수 있다(MEW 23: 52). 교환관계에서 각 사용가치는 대체될 수 있기 때문에 ─ 맑스는 그렇게 생각했는데 ─ 또한 특정한 사용가치의 그 어떤 속성들이 문제일 수 없다. 이 때문에 맑스는 다음과 같이 요약했다.

"사용가치들로서 상품들은 무엇보다 상이한 질의 상품들이고, 교환가치들로서 그것들은 단지 상이한 양의 상품들일 수 있을 뿐이다. 따라서 그것들은 티끌만큼의 사용가치도 포함하지 않는다."(MEW 23: 52)

우리가 바로 이러한 논거에 대한 이의들을 다루고 그 다음 맑스의 논증을 계속해서 뒤따라가기 전에, 아직 한 가지 사정에 유의해야 한다. 맑스는 상품들에게 공통적인 것(상품들의 가치)을 규정하려고 시도한다. 이를 위해 그는 **개별 상품의 생산과정**이 아니라, 우선 **두 상품의 교환관계**를 고찰한다. 그리고 단지 교환관계 **안**에서만 맑스는 상품의 사용가치가 추상된다고 말할 수 있다. 이것은 맑스에게 그 이상의 추론을 위한 토대로 복무하는 것이다. 나는 이러한 사정을 강조한다. 왜냐하면 상품들의 가치가 이미 생

『자본』의 첫머리에 대한 주해

산과정 안에서 규정되는지, 혹은 우선 생산과 유통의 통일로서 규정되는지 하는 질문에 대한 오랜 논쟁이 있기 때문이다.(이에 대해서는 나의 『정치경제학 비판 개론』 3장 4절 참조.[35]) 따라서 맑스가 가치에 대해 **무엇을** 말하는지에 유의해야 할 뿐만 아니라, 맑스가 **어떤 토대에서** 어떤 진술에 도달하는지에 유의해야 한다.

상품들의 사용가치 측면이 맑스가 찾는 공통적인 것에 대한 후보로서 고려의 대상이 되어서는 안 된다는 것은 두 가지 상이한 논거로 비판된다.

첫 번째 이의

첫 번째 이의에 의하면, 사용가치를 추상하는 것은 설득력이 없다. 그 이유는 다음과 같다. 즉, 상품들이 '상품 소유자들이 필요로 하지 않는 사용가치'를 지니기 때문에만, 상품 소유자들은 그들 자신의 상품들을 교환한다. 반면 상품 소유자들은 '그들 자신의 상품들이 지니지 않은 다른 사용가치'를 가지고자 한다. 그러나 그런 한에서, 바로 사용가치가 교환의 동인이라는 것이다.

여기서 상품 소유자들의 생각에 대해 말한 것은 전적으로 옳다. 그러나 맑스는 단지 다른 문제를 다룰 뿐이다. 우리가 『자본』 1권의 본문을 추적했던 한에서, 상품 **소유자들** 및 교환할 때의 그들의 **표상들과 동기들**이 이야기된 것이 아니라, 단지 교환**관계**에서 서로 마주 서 있는 **상품들**만이 이

---

35 〔옮긴이〕 이 책에 있는 '1장 상품, 1. 상품의 두 요소, 4) 가치와 가치실체, 세 번째 논증 단계' 부분, '1장 상품, 3. 가치형태 혹은 교환가치, 서론' 부분, '1장 상품, 3. 가치형태 혹은 교환가치, A) 단순한, 개별적인 혹은 우연한 가치형태, 2. 상대적 가치형태, b) 상대적 가치형태의 양적 규정성' 부분, '1장 상품, 3. 가치형태 혹은 교환가치, A) 단순한, 개별적인 혹은 우연한 가치형태, 4. 단순한 가치형태의 전체' 부분, '1장 상품, 3. 가치형태 혹은 교환가치, B) 총체적 혹은 전개된 가치형태, 1. 전개된 상대적 가치형태' 부분, '1장 상품, 4. 상품의 물신성과 그것의 비밀, 2) "상품들을 생산하는 노동의 고유한 사회적 성격"' 부분 참조.

야기되었다. 명백히 맑스는 우선 상품 소유자들과 그들의 의도들을 추상한다.

　사람들은 그런 접근이 정당한지 물을 수 있다. 우연히 사막에서 만난 두 명의 여행자가 서로 물과 다이아몬드를 바꾸는 고립적 교환을 고찰하면, 그 교환관계는 양자 중의 한 명이 마침 목말라 죽을지 아닌지에 의해 결정되어 있을 것이다. 여기서 상품 소유자들을 추상하는 것은 정당하지 않을 것이다. 그러나 맑스가 이미 1장의 맨 처음 문단에서 명확히 한 것처럼, 그는 상품을 "자본주의적 생산양식이 지배하는" 사회들에서의 부의 형태로 연구하고자 한다. 여기서 교환은 우연히 일어나는 것이 아니라, 경제적 교류의 지배적인 형태로서 일어난다. 이것은 개별 상품 소유자들에게 특히 다음에서 타당하다. 즉, 상이한 사용가치들의 효용에 대한 그들 자신의 평가들이 어떤 것인지와 완전히 독립적으로, 개별 상품 소유자들이 보통 양적인 교환관계들을 미리 발견한다는 것에서 말이다. 우선 '상품 소유자들'과 '사용가치들에 대한 그들의 관계'를 추상하는 맑스의 접근이 가능하게 하는, 그러한 교환관계들의 **객관성**Objektivität이 자본주의적 조건들 하에서 존재한다.

> **보충**: 2장 "교환과정"이 비로소 명백히 상품 **소유자들**을 다룬다. 그러면 거기에서 또한 '그들 자신의 상품 및 다른 사람의 상품의 사용가치'에 대한 '상품 소유자들'의 관계가 문제다.(거기에 있는 주해 '3) 교환과정에서의 모순적인 요구들과 이 요구들의 해결'을 보라.)

두 번째 이의

　맑스는 교환되는 상품들이 가진 공통적인 것을 찾는다. 그것이 **특수한** 사용가치 속성일 수 없다는 것은 분명하다. 왜냐하면 상품들의 교환관계

　　　　　　　　　　　　　　『자본』의 첫머리에 대한 주해

에서 **특수한** 사용가치들이 문제인 것이 아니기 때문이다.(각 사용가치는 대체될 수 있다.) 그러나 교환되는 사용가치들이 **통틀어** 문제이지 않을 수 없다. 이 때문에 또한, '교환되는 재화들이 **사용가치들로서**, 유용한 물건들로서 **현존**한다는 사실'이 교환되는 재화들에게 **공통적**이다. 맑스의 논증에 반대해서 이제 다음과 같은 이의가 제기된다. 즉, 맑스는 '**한 상황의 특수한 방식들**Modaitäten**에 대한**, 교환에서 발생하는 **추상**'을 '**상황 일반에 대한 추상**'과 혼동한다는 것이다. '사용가치들의 특수성들이 문제가 아니라는 것'은 '재화들이 사용가치들로서 현존한다는 사실이 일반적으로 문제가 아니라는 것'과 동일한 의미를 가진 것이 아니라는 것이다.[36/37]

맑스도 교환되는 물건들이 사용가치들로서 현존하는 것이 교환의 전제라는 것을 안다. 그의 분석은 바로 **각** 상품이 사용가치라는 확언으로 시작했다. 그러나 질문은 상품의 가치를 규정하기 위해서 **이러한** 일반적 전제가 **충분한지** 하는 것이다. 일반적인 전제들은 특수한 경우에 대해 대부분

---

36 〔옮긴이〕옮긴이의 요청으로 하인리히가 더 자세히 설명한 것을 요약하면 다음과 같다. 뵘-바베르크에 의하면, 맑스는 교환에서 '한 상황의 특수한 방식들'(사용가치의 특수성들)이 추상된다고 밝힌다. 뵘-바베르크는 이에 동의한다. 그러나 이와 더불어, 맑스는 교환에서 '상황 일반'(재화들이 사용가치들로서 현존한다는 사실)도 추상되며 사용가치가 전혀 문제가 아니라고 밝힌다. 뵘-바베르크는 바로 이 부분에서 맑스의 논의가 틀렸다고 주장한다. 뵘-바베르크에 의하면, 오히려 사용가치가 거기에서 문제인 것이다. 하인리히는 이러한 뵘-바베르크의 논의를 비판한다. 왜냐하면 맑스가 교환에서 사용가치가 문제가 아니라고 주장했다는 것은 사실이 아니기 때문이다. 맑스 또한 사용가치가 일반적 전제라는 것을 안다. 맑스는 단지 이러한 전제가 가치를 규정하는 데 도움이 되지 않는다고 말할 뿐인 것이다.

37 『자본』3권의 출판 후에 맑스의 논증에 대한 포괄적 비판을 최초로 시도했던 뵘-바베르크(Eugen von Böhm-Bawerk, 1851-1914)는 이미 그렇게 논증했다(Böhm-Bawerk, 1896: 77 이하, 87 이하). 루돌프 힐퍼딩(Rudolf Hilferding, 1877-1941)은 1904년 "고전적" 응답을 제출했다. 그러나 그는 맑스를 부분적으로 아주 문제가 있는 방식으로 방어했다. 『자본』의 독해 **후에**, 이러한 논쟁에 몰두하는 것은 이중적인 견지에서 추천할 가치가 있다. 즉, 사람들은 맑스의 글에 대한 그 자신의 이해를 시험할 수 있다. 그리고 그들은 현재 논쟁들로 입장하게 된다. 왜냐하면 맑스에 대한 오늘날의 비판의 상당 부분이 아직 뵘-바베르크의 논거들에 근거하기 때문이다.

어떤 것도 말하지 않는다. 한 가지 예가 이를 명료하게 할 수 있다. 모든 인간 사회는 그 속에서 사는 인간들로 이루어진다. 살기 위해서 인간은 숨을 쉬어야 한다. 따라서 숨쉬기는 모든 사회의 전제이다. 그러나 사람들이 인간들의 숨쉬기를 다룬다면, 특정한 사회와 이 사회의 기능에 대해 어떤 것도 이해하지 못할 것이다.

19세기의 마지막 1/3에 발생한 신고전파 경제학은(『자본』의 표제에 대한 주해 참조) 바로 위의 이의에서 개요가 그려진 길을 걸으려고 시도했고, 재화의 효용 내지 한계효용(즉 재화의 추가적 단위가 가지는 추가적 효용)에 의거해 교환을 규정하려고 시도했다. 각주에서 언급된 뵘-바베르크는 이 학파의 대표자들의 하나이다. 그러나 효용과 한계효용은 순전히 주관적인 평가이기 때문에, 신고전파에게 개별 상품 소유자와 그의 동기는 그들의 고찰의 더 이상 질문되지 않는 자명한 출발점이다.

여기서 우리는 중요한 결론을 끌어낼 수 있다. 즉, 맑스는 우선 상품 소유자들을 도외시하는 그의 분석으로, 명백히 사회적 구조화의 지평을 겨냥한다. 개별자의 행위에 항상 이미 **선행**하고, 이 때문에 또한 행위하는 인물들과 관련 없이 분석되어야 하는 사회적 구조화의 지평 말이다.[단지 그런 지평이 존재할 때만, 인물들이 "경제적 범주들의 인격화"로서만 문제라는 서문에서의 그의 발언이 의미를 가진다(MEW 23: 16).] 사용가치가 맑스가 찾는 공통적인 것에 대한 후보로 고려되지 않는 것은 단순히 개별 교환 방정식에 대한 엄밀한 고찰의 결과인 것이 **아니다**. 사용가치를 이렇게 배제하는 것에서 오히려 특정한 **전략**이 표현된다. **어떻게** 교환 방정식이 분석되어야 하는지, 즉 (고전 정치경제학과 신고전파가 하는 것처럼) 사람들이 행위자의 **동기들**에 우위를 시인하는지, 혹은 사람들이 무엇보다 '그 속에서 일반적으로 행위들이 발생하고 동기들이 형성되는 그러한 **형태들**'을 연구하는지와 관련되는 전략 말이다.[38] 우리는 본문의 이곳에서 단지 맑스가 이러한 전략을 따랐다고만 밝힐 수 있다. 이 전략이 정당한지는 그 이상의 서술에 의거

『자본』의 첫머리에 대한 주해

해서 비로소 판단될 수 있다.

두 번째 논증 단계: 노동생산물이라는 속성만이 남아 있다

"이제 상품체들의 사용가치를 도외시하면, 그것들에는 단지 하나의 속
성, 노동생산물의 속성만이 남는다."(MEW 23: 52)

이 문장은 문제적이다. 예를 들어, 경작되지 않은 토지와 같은 비노동생
산물들도 교환된다. 그런데 맑스는 상품들의 세계를 노동생산물들로 제한
한다. 그것은 결코 자명한 것이 아니다.

> **보충**: 맑스는 **우선** 노동생산물들인 상품들의 세계를 분석하고, 그 다
> 음 이러한 토대에서 비노동생산물의 상품형태를 연구하고자 한다. 그
> 래서 경작되지 않은 토지의 가격은 『자본』 3권에 있는 지대에 대한 편
> 에서 다루어진다. 이러한 논증 구조가 성공적인지는 엄격히 말해서 우
> 리가 비노동생산물들의 상품형태를 다루는 것에 도달했을 때야 비로
> 소 판단될 수 있다. 그러나 맑스가 『자본』 1권의 첫머리에서 이 점을
> 명확하게 지시하지 않았다고 비판할 수 있다. 이와 달리, 『정치경제학
> 비판을 위하여』에서 맑스는 어떤 노동도 포함하지 않는 상품들의 교
> 환가치를 더 설명하는 일이 남아 있다는 것을 명확히 했다(MEW 13:

---

38 『가치학Die Wissenschaft vom Wert』(Heinrich, 1999)에서 나는 정치경제학에 대한 맑스의
비판이 정치경제학의 "이론장theoretisches Feld"과의 **단절**을 표현한다는 것을 명확히 하려
고 시도했다. 즉, 맑스의 경제학 비판은 완전히 상이한 경제학파들에 의해 자명한 것으로 수
용된, 경제와 사회에 대한 기본 가정들과 단절한다. 이러한 이론장이 가진 함축적 가정들 중
하나는 사회와 경제가 개인들(내지 개인적인 단위들)로 구성되어 있다는 표상, 그리고 이 때
문에 또한 개인들이 분석을 위한 가장 근본적인 지평을 형성한다는 표상이다.

맑스의 『자본』을 어떻게 읽을 것인가?

48).

세 번째 논증 단계: 가치의 실체는 추상적인 인간 노동이다

상품들이 가진 공통적인 것이 '상품들에게서 노동생산물들이 문제라는 사실' 속에 존재한다 할지라도, 노동생산물들은 완전히 **상이하고 구체적인** 노동들의 생산물들이다.(탁자는 목공 노동의 생산물이고, 빵은 제빵 노동의 생산물이다 등.) 그러나 상품들이 교환에서 동일시될 때, 상품들의 사용가치는 추상된다. 사용가치에 대한 이러한 추상은 상품을 생산하는 노동에 대해서도〔다음과 같은〕결과를 초래한다.

"노동생산물들의 유용한 성격과 함께, 그것들에 표현되어 있는 노동들의 유용한 성격도 사라진다. 따라서 이러한 노동들의 상이한 구체적 형태들도 사라진다. 그것들은 더 이상 구별되는 것이 아니라, 모두 다 동등한 인간 노동, 추상적인 인간 노동으로 환원되어 있다."(MEW 23:52)

여기서 처음으로 언급된 이러한 "추상적인 인간 노동"은 모든 구체적 - 유용한 노동과 구별된다. 추상적인 인간 노동에서 일반적으로, 다른 노동 지출과 구별될 수 있을 **특정한 종류의** 노동 지출이 문제가 아니다. 맑스는 추상적인 인간 노동에 대해 말한다. 왜냐하면 상품들이 **교환에서 동일시될** 때, 특정한 **환원**이 발생하기 때문이다. 즉, 상이한 종류의 유용한 노동들이 "동등한 인간 노동으로 환원된다."

(추상적인 인간 노동으로 귀결되는) 이러한 환원에 대해 맑스는 어떤 곳에서도 이 환원이 상품 소유자들에 의해 **의식적으로** 수행된다고 주장하지 않는다. 이미 보다 앞서 말한 것처럼, 지금까지 아직 일반적으로 상품 소유자들이 문제인 것이 아니라, 단지 상품들의 교환관계가 문제이다. 따라서 교환자들이 **아는 것 없이 실제로** 교환관계에서 일어나는, 그리고 비로소 **과**

『자본』의 첫머리에 대한 주해

학적 분석을 통해서 가시적으로 되는 환원(과 추상)이 문제이다.[39]

"이제 노동생산물들에 있는 나머지를 고찰하자. 유령 같은 동일한 대상성Gegenständlichkeit, 구별 없는 인간 노동의 단순한 젤라틴Gallerte, 즉 그것의 지출의 형태에 대한 고려 없는 인간 노동력의 지출의 단순한 젤라틴 이외의 어떤 것도 노동생산물들에 남아 있지 않다."(MEW 23: 52)

노동생산물들의 사용가치들을 추상한 **후에** 노동생산물들에 남아 있는 것("나머지")을 맑스는 "유령 같은 대상성"으로 지칭한다. 처음 읽을 때, 사람들은 그런 표현을 간과하거나, 그것을 문체적 특징으로 간주할 수도 있다. 사람들이 맑스의 글을 진지하게 취한다면, 그런 표현의 의미에 대해서도 물어야 할 것이다. 노동생산물들의 사용가치 속성들을 추상한 후에도, 노동생산물들에게 "대상적인" 어떤 것이 문제이다. 그러나 이러한 대상성은 더 이상 **감각적인**sinnlich 것으로 이해되어서는 안 된다. 우리가 대상성을 어떤 것에 — 무게에, 색에, 형태에, 혹은 그 밖의 어떤 성질에 — 고정시키고자 하는지 상관없이, 우리는 항상 다시 사용가치 속성에 도달한다. 그러나 그것은 우리가 방금 추상했던 것이다. 그런 한에서 이러한 대상성은 존재하긴 하나, 유령처럼 거의 포착될 수 없다. 따라서 "유령 같은 대상성"이다. 문장의 계속되는 부분, 즉 이러한 나머지가 "구별 없는 인간 노동의 단순한 젤라틴"으로 불리는 부분도 유사한 방향을 향한다. "젤라틴"도 한편으로 대상적인 어떤 것이긴 하나, 인간이 정확히 포착할 수 없는 어떤 것이다.

그러나 도대체 이러한 "유령 같은 대상성", 이러한 "젤라틴"은 무슨 뜻인가? 맑스는 교환되는 상품들이 가진 "공통적인 것"을 찾는 중이다. 모든 사용

---

39 의식적인 사고 과정이 아니라 특정한 관계(여기에서는 상품들의 교환관계)에 근거하는 그러한 추상을 사람들은 사고추상Denkabstraktion과 구별해서 "실재추상Realabstraktion"으로 지칭한다. 존-레텔(Alfred Sohn-Rethel, 1899-1990)은 이러한 구분을 맑스의 가치론의 해석을 위해 쓸모 있게 만든 최초의 사람이다(Sohn-Rethel, 1973).

가치 속성들에 대한 교환에서 실제로 일어나는 추상 후에, 아직 그런 "유령 같은 대상성"만이 남아 있다. 맑스는 통상적으로 "가치"로 지칭되는 '이러한 공통적인 것'이 이러한 대상성에서 문제라고 추론한다. "유령 같은 대상성"은 상품들의 사용 대상성과 구별되는 상품들의 **가치대상성**Wertgegenständlichkeit에 다름 아니다.

"이러한 물건들은 그것들의 생산에서 인간 노동력이 지출되었다는 것, 인간 노동이 쌓였다는 것만을 표현할 뿐이다. 물건들에게 공동적이고 사회적인 이러한 실체의 결정結晶들로서, 물건들은 가치들, 상품가치들이다."(MEW 23: 52)

MEW 23의 52쪽에 있는 이러한 마지막 문단에서 처음으로 "노동"만이 아니라 "노동력"이 언급된다.(방금 인용된 곳에서만이 아니라, 그보다 바로 앞에서 인용된 문장에서도 그렇다.) 말 그대로 이해해서, 노동력Arbeitskraft은 노동할 "힘Kraft"이다. 그러나 이때 육체적인 힘만이 문제인 것이 아니다. 노동력은 노동할 힘Vermögen, **능력**Fähigkeit을 의미한다. 맑스가 여기서 말하는 노동력의 "지출"은 이러한 능력의 사용, 노동 자체이다. 생산물은 이러한 노동의 결과로 발생한다. 이 때문에 생산물 속에 노동이 "쌓여" 있다고 말할 수 있다. 노동은 역동적인, 과정에 있는 어떤 것이다. 그러나 완료된 생산물에서 이러한 과정은 중단되어 있고, 유동하는 노동은 굳어져 있다. 이 때문에 맑스는 다음 문장에서 "결정"을 언급한다. 즉, 이러한 실체(노동)의 결정으로서 상품들은 "가치"들이다.

맑스가 여기서 매우 압축적인 형태로 논의를 전개하는데, 이것은 자주 노동이 가치의 실체라는 문장으로 요약된다. 그러면 이러한 진술은 맑스의 가치론의 개요로 간주된다. 그러나 어떤 의미에서 "노동"과 "실체"를 말하는지에 대해 아주 세심히 주의해야 한다.

어떤 노동이 가치의 실체인가? 맑스는 결코 노동이 항상 그리고 어디에서나 가치실체라고 말하지 않는다. 그는 오히려 **동등한 인간 노동** 혹은 **추**

『자본』의 첫머리에 대한 주해

상적인 인간 노동을 가치실체로 말한다. 그러나 예를 들어 목수가 탁자를 혹은 재단사가 상의를 만들 때, 추상적인 인간 노동은 간단히 존재하는 것이 아니다. **교환관계에서** 교환되는 생산물들의 사용가치들이 추상될 때, 따라서 또한 각 노동들의 유용한 성격이 추상될 때서야, 우리는 **추상 과정의** 결과로 이러한 추상적인 인간 노동을 얻는다. 즉, 추상적인 노동[40]은 모든 사회가 아니라 단지 **특정한** 사회적 연관 속에서만 존재한다. 추상적인 인간 노동은 '교환에 근거하는 사회에서만 존재하는 노동'에 대한 순수하게 **사회적인** 규정을 표현한다.

어떤 의미에서 맑스는 **실체**Substanz를 말하는가? 실체 개념은 철학사적으로 상당히 격론을 불렀다. 이미 아리스토텔레스는 실체를 사물의 우연적이고 변화하는 속성들과 구별되는, 사물의 본질적이고 지속적인 것으로 이해한다. 실체는 말하자면 사물의 "내적인 것"이다. 사물의 규정들의 담지자이다. 그러나 맑스는 "공동적인 사회적 실체gemeinschaftliche gesellschaftliche Substanz"를 말한다. 따라서 첫째로 "사회적인gesellschaftlich" 실체가 문제이고, 둘째로 교환되는 상품들에 "공동으로gemeinschaftlich" 부여되는 실체가 문제이다. 여기서 "사회적인"과 "공동적인"란 말로 의미하는 것은 더 정확히 연구되어야 한다.

언급된 실체에서, **추상적인 인간 노동**, 따라서 순수하게 **사회적으로** 규정된 어떤 것이 문제이다. 그런 한에서, 사람들은 이러한 실체가 그 자체 **사회적인** 실체라고 말할 수 있다. 즉, 이러한 실체는 그 어떤 자연적 속성들이 아니라, 특정한 **사회적 관련**을 표현한다.

보충: 『자본』 1권 1판에서 맑스는 언급한 것처럼 이미 보다 일찍 "가

40　〔옮긴이〕'추상적인 노동'은 전문적 의미를 살리기 위해 앞으로 '추상노동'으로 줄여서 옮긴다. '구체적인 노동'도 마찬가지로 '구체노동'으로 옮긴다.

치"를 말했다.[41] 아직 그가 가치실체를 다루기 전에, 그는 거기에서 다음과 같이 명확하게 표현했다.

"사용 대상들 혹은 재화들로서 상품들은 **몸체적으로 상이한** 물건들이다. 이와 달리 그것들의 **가치존재**Werthsein는 그것들의 **통일**Einheit을 형성한다. 이러한 통일은 자연이 아니라 사회로부터 발생한다."(MEGA Ⅱ /5: 19)

가치존재는 사회적인 어떤 것이기 때문에, 가치실체 또한 사회적인 어떤 것일 수 있을 뿐이다.

게다가 맑스는 이러한 사회적 실체가 상품들에 "공동으로" 부여된다고 강조한다. 이러한 진술은 이미 순전히 언어상으로도 이중적 의미를 가진다. "공동으로"란 말은 교환되는 생산물들 양자가 **각각 홀로** 이러한 실체를 지닌다는 것(그리고 이 양자가 그것에 상응하게 또한 각각 홀로 가치대상이라는 것)을 의미하는가? 그리고 우리가 교환되는 생산물들 양자를 나란히 놓을 때, 우리는 그것들이 거기에서 어떤 것을 (가령 두 인물이―각각 홀로―자동차를 소유하며, 그들의 공통성Gemeinsamkeit이 그들 모두가 자동차 소유자라는 사실에 있다고 말할 수 있는 것과 같은 의미에서) 공통으로gemeinsam 가진다고 말할 수 있는가? 아니면, "공동으로"란 말은 (두 인물이 공통으로 자동차 **한 대**를 소유할 수 있으며, 누구도 자동차를 혼자 가지지 않는 것과 같은 의미에서) 두 생산물들이 단지 **관계**Gemeinschaft, 즉 **그것들 서로 간의 관련**에서만 이러한 실체를 공유한다는 것을 의미하는가?

논증 과정의 요점을 반복해서 설명해 보자. 두 상품의 교환관계로부터 시작했고, 그 다음 사용가치에 대한 추상이 교환관계에서 일어난다는 것

---

41 〔옮긴이〕이 책에 있는 '1장 상품, 1. 상품의 두 요소, 3) 교환가치' 부분 참조.

『자본』의 첫머리에 대한 주해

이 밝혀졌고, 상이한 유용한 노동들이 동등한 인간 노동 혹은 추상적인 인간 노동으로 환원되는 것이 이러한 추상에 포함되어 있다는 것이 밝혀졌다. 상품가치들의 실체로서 추상적인 인간 노동은 **개별** 상품이 아니라, 한 상품과 다른 상품의 교환관계에 의거해서만 규정되었다. 단지 하나의 개별 생산물, 따라서 단지 한 종류의 노동 지출만을 고찰하면, "동등한" 인간 노동을 아직 전혀 말할 수 없다. 왜냐하면 이러한 동등성은 '**상이한** 유용한 종류의 노동들에게 동등한 어떤 것'과 관련이 있기 때문이다. 이것은 실체의 "공동성Gemeinschaftlichkeit"이 두 번째 의미에서 이해되어야 한다는 것을 시사한다. 즉, 추상적인 인간 노동은 한 **개별** 생산물의 가치실체가 아니다. 생산물들이 서로 특정한 관련, 즉 교환관계에 있을 때만, 그것들은 상품들이고 가치대상성들이다. 그런 경우에 추상적인 인간 노동이 그것들의 "공동적인" 실체이다.

보충: 가치가 이미 교환과 독립적으로 개별 생산자들에 의해 생산에서 "창조"되는지[42], 혹은 가치가 노동생산물들의 교환에서 발생하는 환원의 결과로서 비로소 존재하는지는 맑스주의자들 사이에서 전적으로 논쟁적이다.[43] 지금까지의 논증 과정은 두 번째 견해를 시사한다. 1871/72년 『자본』 1권 2판을 준비할 때 작성한 원고에서 맑스는 명확

---

42 이러한 견해는 전통적 맑스주의에서만 우세한 것이 아니다. 그것은 예를 들어 로베르트 쿠르츠(Robert Kurz, 1943-2012) 혹은 노르베르트 트렌클레(Norbert Trenkle, 1959-)와 같은 저자들에게서도 존재한다. 다른 경우에 그들이 전통적 맑스주의의 비판가로서 행동할지라도 말이다.(이에 대해서는 잡지 『Streifzüge』 1998/99에 있는 트렌클레와 나의 논쟁을 참조.)

43 〔옮긴이〕 이 책에 있는 '1장 상품, 1. 상품의 두 요소, 4) 가치와 가치실체, 첫 번째 논증 단계' 부분, '1장 상품, 3. 가치형태 혹은 교환가치, 서론' 부분, '1장 상품, 3. 가치형태 혹은 교환가치, A) 단순한, 개별적인 혹은 우연한 가치형태, 2. 상대적 가치형태, b) 상대적 가치형태의 양적 규정성' 부분, '1장 상품, 3. 가치형태 혹은 교환가치, A) 단순한, 개별적인 혹은 우연한 가치형태, 4. 단순한 가치형태의 전체' 부분, '1장 상품, 3. 가치형태 혹은 교환가치, B) 총

히 이 점에 관심을 기울이고, 교환되는 생산물들에 대해서 다음과 같이 밝힌다.

"어떤 것도 홀로 **그런 가치대상성**인 것이 아니다. 그런 가치대상성이 그것들(상의와 아마포)에 **공통적인 대상성**인 한에서만, 그것들(상의와 아마포)은 가치대상성이다. 그것들의 서로에 대한 관련—그것들이 동일한 것으로 간주되는 관련—밖에서, 상의도 아마포도 **가치대상성**을 지니지 않는다. 혹은 인간 노동 자체의 단순한 젤라틴으로서의 그것들의 **대상성**을 지니지 않는다."(MEGA Ⅱ/6: 30)

여기서 맑스는 정확히 위에서 언급된 "공동적인gemeinschaftlich"이란 말의 두 번째 의미에서 "공통적인gemeinsam" 대상성을 말한다.(맑스의 이 원고에 대해서는 부록 4 참조.)

이렇게 해서 우리는 세 가지 논증 단계의 마지막에, 상품들에게 "공통적인" 것을 규정하는 데 도달했다. 다음 문단(MEW 23: 53, 위)에서 맑스는 지금까지의 서술 과정을 짧게 개괄하고, "가치"라는 말이 들어간 세 가지 개념들을 제시한다. 즉, "사용가치"로부터 독립적인 어떤 것으로서의 "교환가치"가 그것이고, "상품의 교환가치 혹은 교환관계에서 표현"되는 상품들에 공통적인 것(MEW 23의 51쪽에서 말한 그런 "내용", "제3자")으로서의 "가치"가 그것이다. 맑스는 그가 "가치의 필수적인 표현 방식 혹은 현상형태로서의" 교환가치로 되돌아올 것이라고, 그러나 가치가 우선 "이러한 형태와 독립적으로"(MEW 23: 53) 고찰되어야 한다고 알린다.

교환가치와 **가치**의 차이를 확인하는 것이 중요하다. 한 상품, 예를 들어 1크바르트의 밀의 **교환가치**는 사람들이 교환에서 얻는 **사용가치**들의 그

체적 혹은 전개된 가치형태, 1. 전개된 상대적 가치형태' 부분, '1장 상품, 4. 상품의 물신성과 그것의 비밀, 2) "상품들을 생산하는 노동의 고유한 사회적 성격" 부분 참조.

러한 양(예를 들어 a첸트너의 철)이다. 이와 달리, 한 상품의 **가치**는 (교환에서) 이러한 **추상적인 인간 노동의 육화**로서의 상품이 가지는 "유령 같은 대상성"이다. 교환가치는 이러한 가치의 "현상형태", "표현 방식"이다. 즉, a첸트너와의 동일시에서, 1크바르트의 밀의 가치는 가시적으로 된다.

교환가치가 가치의 **현상형태**라는 것은 교환가치가 가치보다 덜 중요할 것이라는 것을 말하지 않는다.(그리고 그것은 그 밖에 『자본』에서 언급되는 다른 현상형태들에도 적용된다.) 교환가치는 심지어 중요해서, 『자본』 1권 1장 3절 전체가 교환가치에 바쳐진다.

5) 가치크기와 생산력 (MEW 23: 53, 두 번째 문단 - MEW 23: 55, 첫 번째 문단)

지금까지의 논증에서 가치는 양적으로 규정된 것으로 **전제**되었기는 하나(MEW 23의 51쪽에서 보듯이, '1크바르트의 밀＝a첸트라의 철'은 "동일한 크기의 공통적인 것"이 두 사물들에 존재한다는 것을 말한다), 이러한 양적 규정 자체는 아직 **설명**되지 않았다. 지금까지 단지 가치의 현상형태(교환가치)와 실체(추상적인 인간 노동)만이 문제였다. 이 때문에 **가치크기**가 더 연구되어야 한다.

"따라서 추상적인 인간 노동이 그것에 대상화 혹은 구체화materialisiert 되어 있기 때문에만, 사용가치 혹은 재화는 가치를 가진다. 이제 이러한 가치의 크기를 어떻게 측정하는가? 그것에 포함된 〈가치를 형성하는 실체〉, 노동의 양을 통해서이다. 노동의 양 자체는 그것의 기간에서 측정된다. 그리고 노동시간은 다시 자신의 척도를 시간, 일ǁ 등과 같은 특정한 시간 구분에서 가진다."(MEW 23: 53)

가치크기를 노동시간의 양으로 이렇게 소급하는 것은 외관상 자명하다. 즉, 노동이 가치의 실체라면, 가치의 크기는 노동의 양에 의존하지 않을 수 없다. 그리고 노동량은 그것의 기간을 통해 측정된다.

그러나 사태는 그렇게 간단치 않다. 즉, 가치실체는 단순히 "노동"이 아니라—맑스가 이 문단의 첫째 문장에서 다시 한 번 명확히 밝힌 것처럼—"추상적인 인간 노동"이다. 그러나 이제 **추상적인 인간 노동**이 어떻게 측정되어야 하는가를 우리는 알지 못한다. 우선 사람들이 간단히 시계로 측정할 수 있는 것은 **특정한 개인이 특정하고 유용한 노동**에 사용하는 시간일 뿐이다. 즉, 목수 X는 오늘날 평범한 식탁의 생산을 위해 두 시간의 노동을 필요로 한다. 따라서 우리는 **개인적으로 지출된 구체적으로 유용**한 노동의 양에 대해 간단히 얼마간 말할 수 있다. 그러나 이로부터 가치를 형성하는 **추상적인 인간** 노동의 양에 대해 어떤 결론이 나오는가? 이 식탁이 교환될 때, '목수가 지출한 구체노동의 두 시간'이 동시에 '가치를 형성하는 추상적인 인간 노동의 두 시간'으로서 유효하다zählen고 추론할 수 있는가? 사람들이 그렇게 간단히 이것에 의거할 수 없다는 것을 맑스는 다음 문단에서 분명히 한다.

맑스는 가치를 형성하는 것은 **개별 생산자가 실제로** 필요로 하는 노동시간이 **아니**라고 강조한다. 그는 다음과 같은 근거를 제시한다.

"그러나 가치의 실체를 형성하는 노동은 동등한 인간 노동, 동등한 인간 노동력의 지출이다. 상품세계의 가치들에서 표현되는 사회의 전체 노동력은, 그것이 무수한 개인적인 노동력들로 이루어져 있을지라도, 여기서 하나의 그리고 동등한 인간 노동력으로 간주된다."(MEW 23:53)

지금까지 가치를 형성하는, 즉 "동등한 인간 노동"은 사람들이 노동의 구체적-유용한 성격을 교환에서 추상할 때, 구체적으로 유용한 노동 외에 남아 있는 것으로서만 규정되었을 뿐이다. 지금까지 항상 단지 두 가지 상이한 유용한 노동들만 언급되었다. 이 노동들은 그것들이 만들어 낸 생산물들이 교환될 때 동등한 인간 노동으로 "환원"되는 것이다. 이와 달리, 이제 맑스는 "사회의 전체 노동력"을 말한다. 물론 "상품세계의 가치들에서

　　　　　　　　　　　　　　『자본』의 첫머리에 대한 주해

표현되는"이라는 제한을 덧붙인다. 왜 이제 상품들을 생산하는 노동력의 전체를 언급하는가?

이미 '3) 교환가치'에서, 교환은 자본주의적 생산양식에서 드문 현상이 아니라 경제적 교류의 지배적인 형태라는 것을 강조했다. 그리고 '동일한 상품의 상이한 교환가치들이 서로 동일한 크기인 그러한 방식'으로 개별적인 교환 행위가 상호 간에 결합되어 있다는 것을 강조했다. 개별적인 교환 행위에서는 '생산자 A가 그의 개인적인 노동력으로 생산한 **이** 밀'과 '생산자 U가 그녀의 개인적인 노동력으로 생산한 **이** 비단'만이 서로 맞서 있을 뿐이다. 그러나 상품으로서 이 밀과 이 비단은 **전체** 상품세계의 일부이고, 교환관계들 전부를 통해서 전체 상품세계와 결합되어 있다. 밀이 농부 A나 B에 의해 생산되는지는 상품으로서의 밀에게 어떤 역할도 하지 않는다. 비단이 견방적공絹紡績工 U나 V에 의해 생산되는지는 상품으로서의 비단에게 어떤 역할도 하지 않는다. 게다가 상품으로서의 밀에게는 그것이 비단과 교환되는지 혹은 구두약과 교환되는지는 중요치 않다. 자본주의경제에서 개별 교환 행위는 서로 결합된 교환 행위들 전체의 일부이다. 그리고 교환 행위들의 이러한 전체에서, 자신의 생산물들이 교환되는 그러한 **모든** 유용한 노동들은 동등한 인간 노동으로 환원된다. 따라서 (예를 들어 한 생산자는 다른 생산자보다 더 빨리 노동할 수 있고, 더 힘이 세거나 더 숙련되었을 수 있는데) 노동력들 사이의 개인적인 차이들은 지워진다. 이 때문에 맑스는 "상품세계의 가치들에서 표현되는 사회의 전체 노동력"이 "하나의 그리고 동등한 인간 노동력", 즉 "동등한 인간 노동"을 지출하는 노동력으로 간주된다고 말할 수 있었다. 수많은 개인적인 노동력들이 **하나의** 노동력으로 간주되는 것은 결코 모든 사회에서 그런 것이 아니라, 상품들을 생산하는 사회에서만 그러하다. 그리고 또한 거기에서 이것은 상품들을 생산하기 위해서 노동력들이 지출되는 한에서만 해당된다.

상품의 생산을 위해 지출된 개인적인 노동력은 "그것이 사회적인 평균 - 노동력의 성격을 지니고, 그러한 사회적 평균 - 노동력으로서 작용하는 한에서"(MEW 23:53)만 유효하다ᶻählen. 따라서 '개인적으로 필요한 노동시간'이 아니라 '평균 - 노동력이 보통 상품의 생산을 위해 필요한 그러한 노동시간'이 "가치를 형성하는 것"이다. 맑스는 이러한 노동시간을 "사회적으로 필요한 노동시간"으로 부른다.

"사회적으로 필요한 노동시간은 존재하는 사회적 - 정상적 생산조건들로, 그리고 노동의 강도와 숙련의 사회적인 평균 정도로 그 어떤 사용가치를 만들기ᵈarstellen 위해 필요한 노동시간이다."(MEW 23:53)

그러니까 "사회적으로 필요한 노동시간"은 두 가지 요소에 의존한다.

* "사회적 - 정상적 생산조건들"에, 따라서 정상적인 것으로 간주되는 '기술, 과학, 인프라 구조의 상태'에 의존한다.
* "노동의 강도와 숙련의 사회적인 평균 정도"에, 따라서 노동력들의 정상적인 자격과 정상적인 노동 강도에 의존한다.

다음 문단에서 맑스는 그의 고찰을 요약한다.

"따라서 사용가치의 가치크기를 규정하는 것은 단지 사회적으로 필요한 노동의 양, 혹은 그 사용가치의 생산을 위해 사회적으로 필요한 노동시간뿐이다. 여기서 개별 상품은 일반적으로 단지 그 상품이 속한 유ᴬ의 평균 표본으로만 간주된다."(MEW 23:54)

(우리는 계속해서 아래에서 이것으로 돌아올 것인데) 상품의 가치크기가 사회적으로 필요한 노동의 양에 의존하는 **한에**서, 맑스는 다음과 같이 추론할 수 있었다.

"한 상품의 가치와 각 다른 상품의 가치 사이의 관계는 한 상품의 생산을 위해 필요한 노동시간과 다른 상품의 생산을 위해 필요한 노동시간 사이의 관계와 같다."(MEW 23:54)

마지막에 제시된 두 인용문들은 가치크기가 이미 생산에서, 따라서 또한 교환 이전에 규정되어 있다고 자주 그렇게 이해되었다. 그러나 생산에서 실제로 지출된 개인적인 노동시간이 아니라 생산을 위해 "사회적으로 필요한 노동시간"만이 가치를 규정하는 것이다. 그리고 맑스 또한 그렇게 썼다. 이러한 사회적으로 필요한 노동시간은 무엇이 그때그때 "정상적인" 생산조건들인가에 의존하는 "평균 크기"이다. 그러나 무엇이 기술과 자격의 정상적인 상태인가는 시장에서 교환할 때야 비로소 규정된다. 무엇이 "정상적인"가는 어떤 생산자들이 실제로 시장에서 나타나는가에 의존한다. 실을 손으로 짜는 것은 시장에 공급되는 대부분의 실이 손으로 짜지는 한에서만 "정상적인" 생산조건이다. 그러나 공급된 대부분의 실이 기계로 짜진다면, 실을 손으로 짜는 것은 더 이상 정상적인 생산조건이 아니다. 그래서 사회적으로 필요한 노동시간은 생산조건들에 의존하긴 하나, 사회적으로 필요한 노동시간을 규정하는 그러한 평균은 교환에서야 **존재한다**. 생산물들의 교환에서야, 개인적으로 지출된 노동시간이 가치를 형성하는 사회적으로 필요한 노동시간으로 **실제로** 환원될 수 있다.

> **보충**: "사회적으로 필요한 노동시간"이 정말로 관철되는 실제적 과정은 개별적인 자본들의 경쟁이다. 이 과정은 여기서 아직 다루어질 수 없다. 왜냐하면 자본 범주가 아직 전혀 전개되지 않았기 때문이다. 상품 소유자들의 경쟁은 『자본』 1권 3장, MEW 23의 121쪽 이하에서 암시된다. 사회적으로 필요한 노동시간의 관철의 과정으로서 자본들의 경쟁에 대한 최초의 예견은 『자본』 1권 10장에 존재한다. 맑스는 『자본』 3권에서야 경쟁을 체계적으로 다룰 수 있었다.

물론 "사회적으로 필요한 노동시간"으로의 이러한 환원으로 가치의 양적 규정이 이미 완전히 해명되었는지 하는 질문은 남아 있다. 특히 두 가지 질문이 이 자리에서 항상 다시 제기된다. **첫째**, 구체노동의 상이한 종류들은 어떻게 되는가? (사회적으로 필요한 노동시간이 문제인 한에서) 그것들은 동일한 수준에서 "동등한 인간 노동"으로 환원되는가? 예를 들어, **자격을 요구하지 않는**, 바람에 떨어진 과실을 모으는 노동의 한 시간은 **높은 자격을 요구하는**, 금세공의 한 시간과 똑같이 가치를 형성하는 추상적인 인간 노동의 한 시간으로 간주되는가? "단순한" 노동과 "복잡한" 노동의 이러한 관계를 맑스는 1장 2절에서 언급한다. 2절을 다룰 때, 우리는 이러한 관계로 되돌아올 것이다. **둘째**, 공급과 수요의 관계는 일반적으로 가치크기의 규정에 어떤 역할도 하지 않는가? 『자본』1장 1절에 대한 나의 주해는 곧 이것에 다다를 것이다.

여기서 또한 그 이상의 질문 하나가 언급되어야 한다. 지금까지 단지 생산에서 직접적으로 지출된 노동시간만을 말했다. 그러나 각 생산과정에서 자연 그대로의 원료들, 중간 생산물들Vorprodukte, 도구들이 사용된다. 완성된 생산물의 가치크기는 그로부터 어떤 영향을 받는가? 맑스는 이러한 질문을 5장 2절에서야 상세히 다룬다. 그러나 그 대답은 또한 이미 여기에서 간결하게 표현될 수 있다. 마지막 생산과정에서 지출된 노동(예를 들어, 목화를 방추의 도움을 받아 실로 짜는 방적공의 노동)뿐 아니라, 중간 생산물들(목화)과 생산수단들(방추)을 생산하기 위해 (사회적으로 필요한) 노동도 특정한 생산물의 생산을 위해서 사회적으로 필요하다. 그러면, 실로 짜지는 목화의 가치는 완전히 실의 가치에 들어가고, 방추의 가치는 그것의 소모에 따라서 실의 가치에 들어간다. 즉, 방추 하나로 1,000파운드의 실이 생산될 수 있다면, 방추의 가치의 1/1000이 1파운드의 실에 들어간다.

이어지는 문단(MEW 23: 54-55)에서, 맑스는 상품들의 가치크기를 규정하는 사회적으로 필요한 노동시간이 불변인 채로 머물러 있는 것이 아니라고 밝힌다. 왜냐하면 생산이 이루어지는 사회적 조건들이, 그리고 노동자들의 숙련(그들의 자격)이 또한 시간에 따라 변하기 때문이다. 이 때문에,

『자본』의 첫머리에 대한 주해

노동의 생산력, 즉 일정한 시간 단위에 노동자가 생산할 수 있는 생산물들의 양이 변한다.

특정한 상품의 생산에서 생산력의 변화는 이러한 상품의 생산을 위해 사회적으로 필요한 노동량을 변화시키고, 따라서 이러한 상품의 가치크기를 변화시킨다. 즉, 생산력이 오르면(즉 동일한 시간에 더 많은 생산물들이 생산될 수 있다면), 개별 상품의 가치크기는 떨어진다(이 상품의 생산을 위해 이제는 더 적은 노동시간이 필요하다). 이와 달리, 노동의 생산력이 떨어지면, 해당 상품의 가치크기는 오른다.

이 문단에서 또한 맑스는 다이아몬드가 매우 희귀해서 이미 그것을 찾는 데 많은 노동시간이 필요하다고 언급하고, 다이아몬드가 일찍이 자신의 가치대로 지불되었었다는 것에 대해 의심한다. 따라서 맑스는 상품들의 가치를 "희소성"으로 소급하는 견해에 함축적으로 반대한다. 즉, 다이아몬드가 희귀하다는 것은 바로 그것을 얻기 위해 많은 노동이 사용되어야 한다는 것을 의미하는 것이다.

희소성의 특수한 경우는 예술 작품들에 있다.(이것은 이곳에서 자주 제기되는 질문이다.) 즉, 그것들은 **단 한 번만** 존재한다. 유일한 사물들에게서는 "평균 표본"이 문제가 아니기 때문에, "사회적으로 필요한 노동시간"과 "가치크기"란 말은 여기에서 어떤 의미도 가지지 않는다. 그러한 유일한 대상들은 판매에서 다음을 수반한다. 즉, 구매자들은 그것을 위해 지불할 각오가 되어 있다. 여기서 그 어떤 종류의 가치론도 적격이 아니다.

6) 결어: 사용가치와 가치 (MEW 23: 55, 마지막 문단)

마지막 문단에서 우리는 사용가치와 가치에 대한 요약적 규정들을 발견한다. 우선 맑스는 다음과 같이 밝힌다.

"물건은 가치가 아니면서도 사용가치일 수 있다. 이것은 인간들에게 그 물건의 효용이 노동을 통해 매개되지 않는 그러한 경우이다. 공기, 처녀지, 자연적인 초원, 야생 나무 등이 그러하다."(MEW 23: 55)

공기를 예외로 하면, 여기에서 예로 열거된 모든 사용가치들은 또한 판매된다. 그러니까 그것들은 가치가 아니면서도 교환가치를 지닌다. 이것은 가능하다. 왜냐하면 그것들은 사적 소유로서 전유되어 있고, 따라서 또한 팔릴 수 있기 때문이다. 그러나 어떻게 그것들의 교환가치가 규정되는지가 해명되지 않았다. 이것은 이미 '4) 가치와 가치실체'에서 주해한 것처럼, 『자본』 3권에서야 설명된다.

"물건은 상품이 아니면서도 유용할 수 있고 인간 노동의 생산물일 수 있다. 자신의 생산물을 통해 자기 자신의 욕구를 충족시키는 자는 사용가치를 창조하기는 하나, 상품을 창조하지는 않는다. 상품을 생산하기 위해, 그는 사용가치를 생산해야 할 뿐만 아니라, 다른 이를 위한 사용가치, 사회적 사용가치를 생산해야 한다."(MEW 23: 55)

인간 노동의 모든 유용한 생산물이 또한 이미 상품인 것은 아니다. 엥엘스는 '다른 이를 위한 사용가치를 생산하는 것'은 생산물이 상품이라는 성격을 가지는 데 충분치 않다는 지적을 첨가한다. 다른 이들이 이러한 사용가치를 또한 **교환**을 통해서 얻었어야 한다는 것이다. 내가 나 자신의 생산물을 소비한다면, 이러한 생산물은 **사용가치**였기는 하나 **상품**은 아니었다. 동일한 것이 나의 생산물이 다른 사람에 의해 소비될 때, 그러나—내가 그에게 나의 생산물을 선물했든, 혹은 (가령 중세 농부에게서처럼 현물 공납으로서) 내가 그 어떤 방식으로 그에게 나의 생산물을 양도할 의무가 있었든—이 다른 사람이 교환을 통해서 그 생산물을 획득한 것이 아닐 때 해당된다. 상품이라는 형태는 항상 **교환**에 결합되어 있다. 생산물이 상품일 때, 따라서 생산물이 **교환**될 때만, 생산물은 **가치**를 가진다. 따라서 노동의 일정한 지출이 가치를 생산하는지 아닌지는 이러한 노동의 **내용**에 의존하지 않는

『자본』의 첫머리에 대한 주해

다. 가령 그것은 이러한 노동의 생산물이 얼마나 "의미가 있는지", 얼마나 "중요한지"에 의존하지 않는다. 그것은 단지 이러한 생산물이 **교환**되는지, 아니면 되지 않는지에만 의존한다. 특정한 노동(예를 들어, 아픈 가족 구성원을 보수 없이 돌보는 것)이 〔그 노동의〕 생산물이 판매되지 않기 때문에 어떤 가치도 형성하지 않는다는 진술은 결코 이러한 노동이 중요하지 않다는 것을 의미하지 않는다.

생산물이 교환되거나 판매되기 위해서, 생산물은 구매자들에게 사용가치를 가져야 한다. 이 때문에, 맑스는 문단 마지막에 다음과 같이 쓴다.

"결국 어떤 물건도 사용 대상이 아니면서도 가치일 수 없다."(MEW 23: 55)

7) 1절의 논증에 대한 주해

다음의 주해는 1절 전체의 논증과 관련해서 자주 제기되는 질문들을 논한다.

첫 번째 주해: 서비스들의 상품성

곧바로 1절의 첫머리에서, 즉 사용가치를 연구할 때, 맑스는 상품이 "우선, 자신의 속성들을 통해 그 어떤 종류의 인간 욕구들을 충족하는 물건, 외적 대상"이라고 말한다(MEW 23: 49). 그리고 요약적인 결론 문단에서도 여러 번 "물건"을 언급한다. 이 때문에 마치 맑스가 상품들로, 이발, 피아노 수업 혹은 배우의 출연과 같은 서비스들 또한 의미하는 것이 아니라, 단지 손에 쥘 수 있는 물건들, 밀, 철, 구두약과 같은 대상들만을 의미하는 것처럼 보일 수 있다. 그러나 서비스들도 상품들의 영역에서 명시적으로 배제되는 것은 아니다.

서비스들의 상품성(그리고 서비스들의 가치 규정)에 대한 질문은 전적으로 중요하다. "산업사회에서 서비스 사회로"의 이행이 자본주의를 완전히 변화시킬 것이고, 특히 맑스가 분석한 가치규정을 지양할 것이라는 견해가 가끔 주장된다. 『자본』 2권(MEW 24: 60이하)에서 맑스는 서비스들의 상품성에 몰두한다. 그러나 이 질문은 또한 이미 지금까지 전개된 논증들에 의거해서 논의될 수 있다.

대상적인 노동생산물들과 서비스들 사이의 차이는 순전히 **소재적인** stofflich 차이이다. 자립적인 생산물은 어느 정도의 견고성을 가지며, 곧바로 소비될 필요가 없다. 물론 이때〔자립적인 생산물들 사이에는〕현저한 차이가 존재한다. 즉, 내가 옷장을 이용하기 전에, 그것은 목수가 그것을 생산한 후에 일 년 동안 창고에 있었을 수 있다. 나는 제빵사가 구운 빵을 그 당일에 다 먹어야 한다. 여기서 **생산과 소비가 시간적으로 동시에 발생하는** 한에서만, 서비스는 그것〔대상적인 노동생산물〕으로부터 구별된다. 즉, 택시 운전사는 장소 변화를 생산하는데, 이것을 나는 동일한 순간에 소비한다. 이발사는 내 외모의 미화美化를 생산하는데, 이 미화의 소비는 그것의 생산 행위로 시작한다.

그러나 **상품이라는 형태**는 사물의 소재적 특수성들과 관련이 없다. 그것은 사회적 속성이다. 이 사회적 속성의 존재는 사회적 연관의 종류에 의존한다. 즉, 사용가치는 그것이 다른 사람에게 교환을 통해 양도될 때 상품이 된다. 내가 나의 초대 손님들을 위해 굽는 케이크는 내가 그들에게 공연하는 마술 묘기와 같이 상품이 아니다. 이와 달리, 내가 케이크를 시장에서 팔고, (입장을 대가로) 거기에서 마술사로서 무대에 등장한다면, 양자는 상품이 된다. 사물 혹은 실행의 양도가 교환을 통해 일어나는지 아닌지가 **상품이라는 형태**에서 결정적이다. 이 때문에 서비스는 소재적 생산물처럼

111

정확히 상품이 될 수 있다.

서비스의 판매는 **임금노동**과 구별될 수 있다. 내가 임금을 대가로 노동자를 고용한다면, 나는 노동자의 **노동력**(일할 능력)을 구매하고, 그것을 내 생각대로 사용한다. 그 다음에 나는 이러한 노동력의 지출을 통해 발생하는 생산물을 판매할 수 있다. 택시 운전사의 **고객**으로서 나는 서비스(장소 변화)를 구매한다. 택시 운전사의 **사장**으로서 나는 택시 운전사의 노동력(노동할 능력, 이 경우는 자동차 운전)을 구매하고, 택시 운전사에게 임금을 지불하며, 고객들에게 장소 변화라는 서비스를 판매한다. 노동력의 구매와 판매는 4장의 대상이다.

두 번째 주해: 공급과 수요

공급과 수요의 중요성에 대해서 자주 질문된다. 즉, 특정한 생산물이 평균적인 숙련과 평균적인 생산조건들 하에서 생산되었을 때, 그러나 이러한 생산물의 총량이 (지불 능력이 있는) 욕구를 넘어서면, 따라서 공급이 수요보다 더 크다면 어떤가? 이 경우는 가치크기에 영향을 미치는가?

명확히 맑스는 이 문제를 여기서 논의하지 않는다. 그러나 그는 1절 마지막 문단에서, 생산물이 상품이라는 형태를 취하기 위한 **전제**는 사람들이 "다른 이를 위한 사용가치, 사회적 사용가치"(MEW 23: 55)를 창조하는 것이라고 강조했다. 물건이 쓸모없다면, "그것 속에 포함된 노동 또한 쓸모없고, 노동으로서 의미가 없고, 따라서 또한 가치를 형성하지 않는다."(MEW 23: 55) 이것에 의거해서, 사람들은 공급과 수요의 문제를 토론할 수 있다. 특정한 생산물이 사회적으로 필요한 노동시간으로 생산되었기는 하나, **지불 능력이 있는 사회적 수요**를 넘어서는 양으로 생산되었다면, 이 양의 일부는 (상품생산의 조건들 하에서는) **쓸모가 없고**, 어떤 "사회적 사용가치"도

표현하지 않는다. 그러면 잉여량의 생산을 위해 소모된 노동은 마찬가지로 쓸모가 없고, 이 때문에 또한 어떤 가치도 형성하지 않는다. 교환에 대해서 이것은 생산물들의 일부가 교환되지 않고, 생산물들의 나머지 부분이 자신에 포함된 (기술, 조직, 자격의 상태를 통해 규정된) 사회적으로 필요한 노동시간에 따라서 교환된다는 것을 의미한다. 혹은 전체 생산물들이 팔릴 수 있다는 것, 그러나 각 개별 상품(위에서 강조한 것처럼, 항상 단지 그것이 속한 유의 평균 표본으로만 간주되는 그러한 개별 상품)이 상응하는 더 작은 가치 크기만을 표현한다는 것을 의미한다. 그런 한에서, 한 부문에서 지출된 총 노동이 어느 정도로 가치를 형성하는지는 수요에도 의존한다. 맑스는 이러한 생각을 3장에서 상세히 전개한다. MEW 23의 121/122쪽을 보라.[44] (이에 대해서 또한 나의 『정치경제학 비판 개론』 49쪽 이하를 참조.)

세 번째 주해: 교환하는 사람들의 의식적 행위?

지금까지의 서술로부터, 맑스가 상품 소유자들, 그들의 동기들과 행위들이 아니라 (1장의 표제가 명확히 표현하는 것처럼) "상품"을 연구한다는 것이 명확해지긴 했다. 그러나 가치들로서의 상품들이 추상적인 인간 노동에 다름 아닌 것을 표현한다는 '획득된 결과'는 다음과 같은 질문을 시사한다. 즉, 교환하는 사람들이 이것을 **아는지** 하는 질문, 그들이 이러저러하게 많은 노동이 생산을 위해 필요한지 알기 때문에, 그들이 그들의 상품들을 특정한 비율들로 교환하는지 하는 질문 말이다. 지금까지 다룬 1장 1절에서, 맑스는 어느 곳에서도 이 문제에 대해 입장을 밝히지 않았다. 1장 4절에서

---

44 〔옮긴이〕또한 이 책에 있는 '1장 상품, 4. 상품의 물신성과 그것의 비밀, 4) 자립화된 사회적 운동과 이 운동의 내용' 부분 참조.

『자본』의 첫머리에 대한 주해

맑스는 상품 소유자들이 하는 것에 대해 그들 스스로가 알지 못한다고 명확히 말한다(MEW 23: 88). 1장 4절을 다룰 때, 우리는 이 문제로 되돌아올 것이다.

네 번째 주해: 노동과 전유

사람들이 노동만이 가치를 형성한다고 강조한다면, 이것이 또한 '노동자들만이 창조된 생산물을 전유할 권리를 가진다는 것'을 의미하는지 하는 질문이 떠오른다. 사람들이 이 질문에 '예'라고 답한다면, 그들은 당장 자본 수익의 분배에서 "부당한" 상황에 처해 있다[고 할 수 있다].(더 정확히 말하자면, 이러한 자본 수익이 자본가 자신의 노동 실행에 근거하지 않는 한에서 말이다.) 맑스가 노동과 정당한 전유 사이의 그런 연관을 만들었는가? 지금까지 논평된 1장에서 그런 종류의 암시는 존재하지 않는다.

맑스 이전에 아담 스미스와 데이비드 리카도가 정식화한 노동가치론으로부터 그러한 추론이 도출되었다. "좌파 리카도주의자들"은 1830년대에 다음과 같이 논증했다. 즉, 모든 가치를 형성하는 것이 노동자들의 노동이라면, 이러한 가치가 또한 노동자들에게 속해야 한다는 것이다. 1860년대 독일 노동자 운동에서는 페르디난트 라살레가 내세운 "완전한 노동 수익"에 대한 요구가 인기를 끌었다. 이후에 노동자 운동에서 맑스의 노동가치론은 종종 자본의 이윤을 부당한 것으로, 심지어 노동자에 대한 "강탈"로 입증하는 시도로 이해되었다. 설립된 경제학이 19세기의 마지막 1/3 이래로 모든 노동가치론을 격렬히 거부한 것은 무엇보다 노동가치론으로부터 도출된 이러한 결론들에서 연원한다. 그 후, 노동뿐 아니라 자본도 가치를 형성한다는 증거로, 자본가들을 통한 이윤의 전유가 정당화될 것이었다.

보충: 그러나 맑스에게 이윤을 "부당한 것"으로 비판하는 것이 문제가 아니다. 4장에서 맑스는 자본의 가치 증식이 결코 상품교환의 법칙들의 침해를 전제하는 것이 아니라, 전적으로 이 법칙들의 준수와 함께 발생한다는 것을 입증한다. 그리고 『자본』 1권 22장에서 "소유 법칙들의 전환"이라는 표제〔1절〕 하에, (이 비판이 단지 짧고 자주 오해될지라도) 노동과 전유의 연관에 관한 관념들에 대한 근본적인 비판이 존재한다.(이에 대해 Heinrich, 1999: 375 이하 참조.) 맑스는 가령 「고타강령 비판」에서 "완전한 노동 수익"에 대한 라살레의 요구를 또한 상세히 비판했다(MEW 19: 11 -31). 마찬가지로 맑스는 자본가가 전유하는 잉여가치가 노동자에 대한 "강탈"이라는 라살레가 가정한 견해도 비판했다(MEW 19: 359, 382). 맑스에게는 자본주의적 상품생산 내의 분배를 비판하는 것이 문제가 아니라, 이 생산양식을 폐지하는 목적을 가지고 생산양식을 비판하는 것이 문제였다.

다섯 번째 주해: 가치론의 증거?

가치에서 표현되는 것이 **노동**이라는 것은 맑스에 의해 불충분하게 설명된다. 엄밀히 말하면, 단지 MEW 23의 52쪽에서만 설명된다. 이 때문에, 맑스가 "노동가치론"의 "증거"를 제출하는 데 성공했는지 하는 것에 대해 이미 많이 논쟁되었다.(노동가치론은 맑스 스스로는 결코 사용하지 않은 명칭이다.) 그러나 우선 맑스가 도대체 그런 증거를 위해 노력했는지 하는 것이 질문되어야 한다.

이미 서문을 논의할 때 '4) 자본주의적 생산의 자연법칙'에서 말한 것처럼, 이때 학문적 맥락의 변화가 고려되어야 한다. 맑스가 그의 가치론을 정식화했을 때, 스미스와 리카도의 "노동가치론"은 여전히 지배적인 이론이

『자본』의 첫머리에 대한 주해

었다. 따라서 상품의 생산을 위해 필요한 노동시간이 가치에서 표현된다는 것은 맑스의 시대에 결코 특별히 놀라운 명제가 아니었다. 이 때문에, 맑스는 노동이 배타적으로 가치의 실체라는 것에 대한 상세한 "증거"를 제시할 어떤 필요성도 보지 못했다. 오히려 그는 자신의 가치론과 고전 정치경제학의 가치론 사이의 차이들을 강조했다.

오늘날 학문적 맥락은 근본적으로 변했다. 즉, 지배적인 경제이론, 신고전파에서는 가격 상황들 뒤에 있는 가치와 가치의 실체에 대해서 더 이상전혀 질문되지 않는다. '오직 흥미를 불러일으키는 가격 상황들'이 효용 관계들 및 한계효용 관계들을 통해서 설명된다. 모든 종류의 "노동가치론"은과학적으로 시대착오적인 것으로 간주되고, 이 때문에 오히려 별도로 증명될 필요가 있는 것으로 간주된다.

맑스가 『자본』의 첫머리에서 "노동가치설"의 "증거"를 제시했는지 하는질문은 자주 맑스의 논증에 대한 오해에 근거한다. 즉, 맑스가 '1크바르트의 밀 대₩ x첸트너의 철'과 같은 임의의 개별적인 교환쌍을 골라내고, 그다음 이러한 개별적인 교환쌍에서 '교환에서 가치로서 동일시되는 것이추상적인 인간 노동'이라는 것을 밝힌다고 가정된다. 맑스가 그런 식으로논증하지 않는다는 것이 분명하게 되어야 한다.

보충: 맑스가 그렇게 논증한다면, 그는 경험적으로 확인할 수 있는 교환관계들이 최소한 평균적으로, 따라서 단기적인 변동을 도외시한 채로, 교환되는 상품들의 가치크기들에 조응한다고 가정해야 할 것이다. 서술의 그 이상의 진행에서, 맑스는 이것이 바로 그렇지 **않다**는 것을 강조한다. 4장에 있는 주석에서 그는 "평균 가격들은 직접적으로 상품들의 가치크기들에 일치하는 것이 아니다"고 말한다(MEW 23: 181, 주 37, 유사하게 또한 MEW 23: 234, 주 31a). 그러나 상품들이 전혀 그 가치들로 교환되지 않는다면, 사람들은 또한 경험적인 교환 행위들의 관찰로

부터 나타나는 증거를 찾아낼 수 없다. 맑스가 처음부터 자본주의에 있는 상품을 연구하기는 하나, 우선 자본을 추상하고 그렇게 한다. 그러나 "평균 가격들"의 규정은 자본에 대한 발전된 분석을 전제한다. 이러한 규정은 우선 이윤과 평균이윤에 대한 서술과의 관련에서 가능하고, 『자본』 3권에서 "가치들의 생산가격들로의 전화"라는 표제 하에서 〔9장에서〕 행해진다. 그때까지는 맑스는 교환관계들이 상품들의 가치 크기들을 통해 규정되어 있다는 **가정**Unterstellung, 상품들이 자신의 가치들로 교환된다는 **가정**으로 작업한다.(맑스도 자주 이것을 가정이라고 강조했다.) 가치대로의 교환이 자본주의경제에서 일반적으로 일어나지 **않는다**는 것은 맑스에 의해 결코 부인되지 않는다. 그러나 그는 자본주의적 관계들이 단지 가치론에 의거해서만 적절하게 서술될 수 있다는 견해를 가진다. 이것이 옳은지는 기본적으로 『자본』 3권의 끝에서야, 사람들이 전체 논증을 다룰 때 논의될 수 있다.

맑스가 이 1절에서 노동가치설의 "증거"를 전혀 제시하고자 하지 않는다면, 그의 논증은 무엇을 목표로 하는가?

여기서 그는 단지 상품의 분석만을 개시하고, 특히 몇 가지 지점들을 지적한다. 맑스의 가치론이 고전 정치경제학의 노동가치설에 대한 비판을 형성하는 그러한 지점들 말이다. 이러한 지점들은 서술의 첫머리에서 단지 암시될 수 있을 뿐이다. 그러나 후에 그것들은 다시 수용된다. 이때 특히 다음이 문제이다.

* **소재적 내용**과 **사회적 형태**의 구별. 이것은 상품에게 중요할 뿐만 아니라, 정치경제학에서 거의 완전히 무시되었던 것이다.
* **노동**이 아니라 **추상적인 인간 노동**이 가치를 형성한다. 『자본』 1권 1장 2절은 정치경제학이 알지 못하는 구체적인 유용노동konkret nützliche

『자본』의 첫머리에 대한 주해

Arbeit[45]과 추상적인 인간 노동의 차이를 더 상세히 논한다.

* 가치실체는 단지 교환에서 상품들에게 공통적으로 부여되는 **공동적인** 실체이다. 그것의 결과들은 3절에서 가치형태Wertform에 대한 분석의 틀에서 분명하게 된다.

* 맑스는 가치대상성을 "유령 같은" 것으로 묘사했다. 그리고 그것은 약간 놀랍다. 즉, 유령이 경제와 무슨 관계가 있는가? 상품의 물신성에 대한 4절에서 이것은 더 분명하게 된다. 정치경제학이 이러한 "유령 같은" 틀에 구속되어 있다는 것도 4절에서 밝혀진다.

맑스의 『자본』에 대한 많은 개론들과 요약들에서, 가치론에 대한 모든 본질적인 것이 이미 1절에 포함되어 있다고 가정된다. 이러한 본질적인 것은 "노동이 가치를 형성한다"는 것에서 드러났다는 것이다. 따라서 사람들은 맑스의 가치론을 정말로 그것의 단순한 **출발점**, 즉 고전 정치경제학의 논의 수준으로 환원시켰다. 사람들이 그런 이해에 의거한다면, 1절에서 아직 암시적으로 머물러 있고 이어지는 절들에서 상세히 설명되는, 고전 정치경제학에 대한 그러한 **비판**의 방금 언급된 지점들을 전혀 인지하지 못할 것이다. 그러나 이러한 비판에서 전문 경제학적 세부 질문들이 문제가 아니라, 자본주의사회를 전반적으로 이해하고 분석하는 근본적인 방식이 문제이다.

---

45 〔옮긴이〕'구체적인' 등과 같이 앞에 수식어가 있어 단어를 더 간결하게 표현할 필요가 있을 때, '유용한 노동nützliche Arbeit'을 '유용노동'으로 줄여서 옮긴다.

2. '상품들에서 표현된 노동'의 이중성 (MEW 23: 56–61)

표제를 정확히 읽어야 한다. 즉, "노동의" 이중성Doppelcharakter이 아니라, "상품들에서 표현된 노동의" 이중성이다. 맑스는 노동의 특수하게 역사적인 형태에 대해 말한다.

1) 도입 문단: 이해의 "도약점" (MEW 23: 56, 첫 번째 문단)

상품이 본래 "이중적인zwieschlächtig" 어떤 것, "사용가치이자 교환가치"(MEW 23: 56)로 나타났다는 것은 1절의 서술에 연결된다. 여기서 맑스가 (그가 1절의 표제에서 한 것처럼) 사용가치와 **가치**를 말한다면, 그것이 더 정확할 것이다. 그러나 다음 문장에서 더 정확하게 다음과 같이 말한다.

"노동이 가치에서 표현된 한에서, 노동은 더 이상 사용가치들의 생산자로서 그것에게 부여된 동일한 특징들을 지니지 않는다."(MEW 23: 56)

문제인 지점은 이미 1절에서 서술되었다. 여기서 그것은 단지 "더 상세하게 해명된다."(MEW 23: 56) 따라서 '논증의 새로운 지평' 혹은 '새로운 개념들Begrifflichkeiten'이 아니라, 1절의 심화가 문제이다.

왜 그러한 심화인가? 맑스는 "상품에 포함된 노동의 이중적 본성"이 "정치경제학의 이해가 맴도는 …… 도약점"이라고 강조한다. 이것은 정확히 무엇을 의미하는가? 순전히 언어적으로, "정치경제학의 이해"는 이중적인 의미를 가진다. 여기서 (『자본』의 목차를 주해할 때 이야기된 『자본』 1권의 제목, "자본의 생산과정"에서와 마찬가지로) **주격 속격**이 문제일 수 있거나, 아니면 **목적 속격**이 문제일 수 있다. 그것은 한편으로 정치경제학 스스로가 어떤 것(자신의 연구 대상)에 대해 가지는 이해를 의미할 수 있으며, 다른 한편으

　　　　　　　　　　　　　　　　　　『자본』의 첫머리에 대한 주해

로 사람들이 정치경제학에 대해 가지는 이해를 의미할 수 있다. 맑스가 1절에서 상품에 대한 과학에 깊게 몰두한 것이 아니라, 우선 상품에 대한 그 자신의 분석을 서술하는 것으로 시작했기 때문에, 그가 주격 속격을 의미했다는 것은 그럴 듯하다. 즉, 정치경제학이 이해하고자 하는 것, 즉 상품, 화폐, 자본 등을 이해하기 위해서는, 상품들을 생산하는 노동의 "이중성"이 "도약점"이다.

게다가 맑스가 자신이 이러한 지점을 "비판적으로 입증한" 최초의 사람이었다고 강조하기 때문에, 이것은 맑스 **이전의** 정치경제학에게는 상품에 대한 분석 및 그것에 의존하는 그 이상의 분석들이 성공할 수 없었거나 완전히 성공할 수는 없었다는 것을 말한다. 왜냐하면 그런 정치경제학에게 이러한 도약점이 분명하지 않았기 때문이다. 계속된 독해에서 사람들은 다음에 유의해야 할 것이다. 즉, 아래에서 상세하게 논의되는, 상품들을 생산하는 노동의 "이중성"이 실제로 이해의 그런 "도약점"인지 아닌지에 유의해야 하고, 정치경제학이 어디에서 이러한 도약점의 무시 때문에 실패하는가가 분명하게 되는지 아닌지에 유의해야 할 것이다.

2) 구체적인, 유용한 노동 (MEW 23: 56, 두 번째 문단-MEW 23: 58, 첫 번째 문단)

다음의 고찰들의 출발점은 두 개의 상품이다. 즉, 하나의 상의와 10엘레의 아마포가 그것이다.[46] 양자는 특수한 욕구들을 충족하는 사용가치들이다. 사용가치는 특정한 생산적 활동을 통해 산출된다. 특정한 사용가치를 생산하는 노동을 맑스는 "유용한 노동"으로 부른다.

---

46 〔옮긴이〕엘레Elle는 독일의 옛 치수 단위로 약 66센티미터이다.

질적으로 상이한 사용가치들은 질적으로 상이한 유용노동들에 의해 산출된다. 상이한 유용노동들의 전체에서 **사회적 분업**Teilung der Arbeit이 드러난다. 이러한 사회적 분업Arbeitsteilung에 대해 맑스는 다음과 같이 밝힌다.

"그것은 상품생산의 존재 조건이다. 상품생산이 거꾸로 사회적 분업의 존재 조건인 것은 아닐지라도 말이다."(MEW 23: 56)

사회적 분업은 상품생산을 위한 **필요**조건이나, **충분**조건은 아니다. 즉, 맑스가 여러 가지 역사적 예 및 공장 내의 분업에 대한 참조 지시를 통해 강조한 것처럼, 생산물들이 서로 교환되는 것 없이 사회적 분업이 존재할 수 있다.

"단지 자립적이고 서로 독립적인 사적 노동들의 생산물만이 서로 상품으로서 맞선다."(MEW 23: 57)

여기서 맑스는 상품교환의 가장 일반적인 사회적 전제에 이름을 붙이고, 처음으로 이것에 특징적인 개념을 이용한다. 즉, 노동은 서로 독립적인 **사적 노동**들의 모습으로 지출되어야 한다는 것이다.

사회적 분업은 상이한 노동들 사이에 **사물적인**sachlich **종속**이 존재한다는 것을 의미하기는 한다.[47](상의를 생산하는 재단사는 다른 사람들이 '필요한 천', '바늘' 등을 생산하는 것에 의존한다.) 그러나 상품생산에서 개별적인 노동들은 **서로 독립적으로** 지출된다. 시장에서야 이러한 노동들의 생산물들이 〖서로〗 맞선다. 개별 생산자는 그가 시장에서 무엇을 판매할 수 있을지 어림잡으려고 시도하긴 한다. 그러나 그가 무엇을 그리고 얼마나 많이 생산하는지는 다른 사람들로부터 독립적인 그의 **사적인** 결정이다. 그리고 시장에서 그의 상품들을 교환할 때서야, 그는 자신의 결정이 옳았는지 알게 된다.

1장 1절에서는 "개인적인 노동력"을, 그리고 "개인적인 노동시간"의 생

---

47 〔옮긴이〕sachlich의 보다 분명한 뜻에 대해서는 이 책의 '안내의 말, 왜 오늘날 『자본』을 읽는가?'에 있는 옮긴이 주 참조.

『자본』의 첫머리에 대한 주해

산물을 말한다(MEW 23: 53). 이러한 "개인적인individuell" 노동 지출은 "사적 노동Privatarbeit"과 혼동되어서는 안 된다. 개인적인 노동 지출을 말할 때, 개인 A와 개인 B의 차이가 문제다. 예를 들어, A는 B보다 더 빨리 노동한다. 이와 달리, "사적 노동"은 노동들의 특정한 사회적 연관을 지칭한다. 즉, 개별적인einzeln 노동들이 "사적"이라는 것은 그것들이 가령 조정되어 수행되는 것이 아니라 서로 독립적으로 수행된다는 것을 의미한다. 개별적인 노동들이 조정된다면, 더 이상 사적 소유가 문제가 아니다. 반면 조정되고 개인적인 차이들을 나타내는 것은 여전히 개인적인 노동들이다.

그밖에 결론적으로, 지금까지 자본이 추상되긴 했으나, 연구된 것은 자본주의적으로 생산된 상품이라는 것을 고려해야 한다.(MEW 23의 49쪽 첫 번째 문단에 대한 주해 참조.) 그러면 "생산자들"은 개별 인물들일 뿐만 아니라 **자본주의적인 기업들** 전체이다. 이러한 기업들은 "사적으로", 즉 다른 자본주의적 기업들과 독립적으로 생산한다. 그리고 이러한 기업들은 "개인적인" 차이들을 나타낸다. 예를 들어, 한 기업은 다른 기업보다 더 최신의 기술로 생산한다. 그러면 그 기업은 동일한 생산물의 양을 더 짧은 시간에 생산할 수 있다.

다음 문단에서(MEW 23의 57쪽 두 번째 문단에서) 맑스는 일정한 사회적 분업이 상품생산의 전제라는 것, 상품생산의 일반화와 더불어 이러한 분업이 점점 심화된다는 것을 밝힌다. 이어지는 문단에서 맑스는 그러나 상의의 사용가치에게는 상의가 교환되는지 혹은 아닌지는 상관이 없다고 말한다. 마찬가지로 사용가치에게는 재단이 자영업인지 혹은 아닌지는 상관이 없다. 여기서 사람들은 분업의 진행과 더불어서 생산물들의 질도 개선되며, 따라서 분업이 사용가치에 영향을 미친다고 이의를 제기할 수 있을 것이다. 그러나 맑스는 단지 상의의 사용가치가 분업이 있든 없든, 교환이 있든 없든, 항상 특정한 유용노동의 결과라는 것을 의도할 뿐이다. 이러한 유용노동에 대해 다음과 같이 말한다.

"이 때문에, 사용가치들의 형성자로서, 유용한 노동으로서 노동은 모든 사회형태들로부터 독립적인 인간의 생존조건이고, 인간과 자연 사이의 물질대사Stoffwechsel를, 따라서 인간의 삶을 매개하기 위한 영원한 자연필연성이다."(MEW 23 : 57)

사용가치들을 생산하는 유용노동들이 모든 사회에서 필수적이라는 것은 우리에게 오늘날 당연하게 들린다. 그러나 이 문장의 표현은 전혀 자명하지 않다. 전 자본주의사회들에서 상이한 유용노동들은 자주, 완전히 상이한 사회적이고 문화적인 관련들을 지녔다. 오늘날에도 오히려 기피된 노동들이 존재하고, 오히려 인기 있는 다른 노동들이 존재한다. 그러나 중세 봉건제와 고대에, 개별 활동들은 사회적 명예 관념들 및 개별 인물 집단들의 "신분"에 밀접히 결합되었었다. 이 신분은 인물 집단들이 특정한 노동들을 수행하도록 허락하거나 금지하는 그러한 것이었다. 이제 모든 이러한 상이한 활동들이 "유용한 노동"이라는 하나의 유일한 개념 아래 총괄된다면, 이것은 '개별 노동들이 이러한 상이한 문화적 관련들을 거의 잃어버린 사회'에서야 가능하게 되는 사고추상gedankliche Abstraktion이다. 즉, '모든 사회형태들로부터 독립적인 인간의 존재 조건으로서의 유용한 노동'에 대한 이러한 외관상 간단하고 통속적인 문장은 근대적인 자본주의사회의 조건들 하에서 비로소 작성될 수 있는 것이다.

상응하는 것을 "사용가치" 개념에 대해서도 말할 수 있다. 즉, 완전히 상이한 재화들, 생산물들, 서비스들을 "사용가치"로 사고적으로gedanklich 요약하는 것은 '이러한 물건들과 실행들이 그것들의 구체적인 내용과 관계가 없는 공통적인 **형태**를 지니는 그런 사회'에서야 가능하다. 내용과 관계가 없는 이러한 형태는 자본주의사회들에서 물건들과 실행들의 지배적인 사회적 형태인 '상품들의 가치대상성'이다. 대부분의 물건들과 실행들이 상품들로서 존재할 때야 비로소, 사람들은 이러한 상이한 대상들과 실행들을 전반적으로 총괄할 수 있고, 그것들이 도대체 상품이라는 형태를 넘어서 무엇을 공통적으로 가지는지 하는 질문을 제기할 수 있으며, 〔거기에서〕 "사용가치"가 문제라는 것을 밝힐 수 있다.

> **보충:** 맑스는 1857년의 「서설」[48]에서 '특정한 추상들을 형성할 가능성'이 사회적 조건들에 결합되어 있다는 것을 노동이라는 예에서 논의했다.(MEW 42의 38쪽 이하 참조. 이 「서설」은 또한 MEW 13에 포함되어 있다. MEW 13의 634쪽 이하 참조.)

마지막 문단(MEW 23: 57/58)에서 마침내 맑스는 도대체 무엇이 가치와 부의 형성에 기여하는지, 이것이 단지 노동인지, 혹은 노동과 자연이 문제인지 하는 질문을 더 논한다. 대답하기 위해서는, 사람들이 사용가치를 말하는지, 혹은 교환에 존재하는 가치를 말하는지를 정확히 말할 필요가 있다.

사용가치들로서 물건들은 "두 가지 요소들, 천연재료와 노동의" 결합이다(MEW 23: 57). 이 때문에 맑스는 다음과 같이 강조한다.〔그러나 그가 페티(William Petty, 1623 – 1687)를 가리킨 것이 보여 주는 것처럼, 그는 결코 이런 강조를 한 첫 번째 사람은 아니다.〕

"따라서 노동은 노동이 생산하는 사용가치들, 소재적 부의 유일한 원천이 아니다."(MEW 23: 58)

자연은 **사용가치**의 형성에 관계하나, 가치의 형성에는 그렇지 않다. 사용가치와 달리 **가치**는 순수하게 사회적인 속성이다. 가치는 단지 교환에 근거하는 사회에서만 존재한다. 이 때문에 자연은 가치의 형성에 관계할

---

48 〔옮긴이〕 이것은 흔히 『정치경제학 비판 요강Grundrisse der Kritik der politischen Ökonomie』(1857/58)의 서설로 알려져 있으나, 하인리히는 이 서설을 『요강』이 아니라 맑스의 정치경제학 비판 프로젝트 '전체'의 서설로 보며, 따라서 "1857년의 「서설」"이라고 부른다. 이 책에 있는 부록 1 참조.

수 없다.

3) 추상적인 인간 노동, 단순한 노동, 복잡한 노동
(MEW 23: 58, 두 번째 문단–MEW 23: 61, 첫 번째 문단)

우선 맑스는 이미 1장 1절(MEW 23: 52)에서 전개된 것을 요약한다. 즉, 사용가치들로서 상의와 아마포는 질적으로 상이하다. "가치들"로서 "상의와 아마포는 동일한 실체의 물건들, 동종의 노동의 객관적objektiv 표현들이다."(MEW 23: 58) 하지만 재단과 직조織造는 질적으로 상이한 노동들이다. 그것들의 상이함을 추상할 때만, 그것들은 동종이다. 그러면 두 노동들은 단지 인간 노동력의 지출일 뿐이다. 그것에 뒤이어서 새로운 생각이 나타난다.

"재단과 직조는 그것들이 질적으로 상이한 생산적 활동들일지라도, 둘 다 인간의 뇌, 근육, 신경, 손 등의 생산적인 지출이다. 그리고 이러한 의미에서 둘 다 인간 노동이다."(MEW 23: 58)

이 문장이 가치에서 표현되는 "동종의 노동"이 무엇을 의미하는가를 분명히 설명한다고 한다. 그러나 이 진술은 두 가지 견지에서 문제가 있다. 첫째, 사람들이 노동을 뇌, 근육, 신경 등의 지출로 환원한다면, 그 노동은 동종과는 거리가 멀다. 개별적인 노동들은 바로 그것들이 뇌, 근육, 신경을 필요로 하는 그러한 정도와 혼합 상태에서 서로 구별되기 때문이다. 둘째, 2절의 제목과 첫머리에서, 맑스는 자신에게 "상품들에서 표현된 노동"의 이중성이 문제라고 여러 번 강조했다. 그러나 여기서 실행하는 것, 노동을 뇌, 근육 등의 지출로 환원하는 것은 **모든** 종류의 노동에 적용되는 것이다. 노동이 상품들에서 표현되는지 안 되는지 상관없이 말이다. 우리는 이 절의 결론 문단을 논의할 때, 이러한 문제가 있는 진술로 돌아올 것이다.

『자본』의 첫머리에 대한 주해

동일한 문단에서 그 이상의 사태가 도입된다. 맑스는 "단순한 평균 노동"을 "복잡한 노동komplizierte Arbeit"과 구별한다. 단순한 평균 노동은 단순한 노동력의 지출이다.

단순한 노동력은 "특별한 발달 없이 모든 보통의 인간이 그의 신체적 유기체에 평균적으로 갖고 있는" 것이다(MEW 23: 59).

이것은 우선 '인간의 생물학적 구성Ausstattung을 근거로 해서만 주어진 노동력'을 표현하는 것처럼 들린다. 그러나 이미 다음 문장은 단순한 노동력이 생물학적으로 주어진 노동력이 아니라 사회적으로 생산된 노동력을 의미한다는 것을 분명히 한다. 즉, 맑스는 이러한 단순한 평균 노동이 "상이한 나라들과 문화 시기들"에서 "자신의 성격"을 바꾸나, 현존하는 사회에서는 항상 주어져 있다고 첨언한다.

단순한 노동력은 주어진 사회에서 그 사회의 구성원들이 보통 기대하는 모든 능력들을 포함한다. 예를 들어, 오늘날 자본주의의 중심지들에서 사람들은 가장 일반적인 노동자가 읽고 쓸 수 있다는 것을 근거로 삼을 수 있다. 200년 전에 이것은 단지 소수만이 지녔던, 훨씬 더 높은 자격들이었다. 맑스는 대다수에게 존재하는 이러한 능력만을 요구하는 모든 노동들을 "단순한 평균 노동"으로 부른다. 맑스는 그것을 넘어서는 자격들을 요구하는 활동들을 "복잡한 노동"으로 부른다.

단순한 평균 노동의 생산물들은 교환에서 복잡한 노동의 생산물들과 가치들로서 동일시된다. 단순한 평균 노동뿐 아니라 복잡한 노동도 가치를 형성하는 동일한 인간 노동으로 환원된다. 그러나 양자는 상이한 정도로, 가치를 형성하는 추상적인 인간 노동으로 환원된다.

"더 복잡한 노동은 단지 **제곱된**potenziert 혹은 오히려 **배가된**multipliziert 단순한 노동으로만 간주되어서, 작은 양의 복잡한 노동은 더 큰 양의 단순한 노동과 같다."(MEW 23: 59)

특정한 더 복잡한 노동 종류(예를 들어 금세공)의 한 시간은 아마도 단순한 노동의 한 시간의 세 배만큼, 추상적인 인간 노동으로 환원될 수도 있다. 그러면 금세공의 한 시간의 생산물은 교환에서 단순한 노동의 세 시간의 생산물과 동일한 가치를 가진다.(그런 경우에, 사람들은 금세공의 한 시간은 단순한 노동의 한 시간의 세 배만큼 가치를 형성한다고 자주 줄여서 말한다. 그러나 그것은 엄밀히 말해서 틀렸다. 왜냐하면 구체적인 유용노동으로서 금세공은 단순한 노동으로서 낙과 줍기가 그런 것처럼 어떤 가치도 형성하지 않기 때문이다. 금세공과 낙과 줍기는 사용가치를 생산하는 것이고, 추상적인 인간 노동만이 가치를 형성하는 것이다. 단지 '금세공이 추상적인 인간 노동으로 환원되는 양적 관계'가 '낙과 줍기가 추상적인 인간 노동으로 환원되는 양적 관계'와 다를 뿐이다.)

주 15에서 맑스는 이러한 동일시에서 다양한 영역들에서 지불되는 상이한 임금이 문제인 것이 아니라, 지출된 노동이 대상화되는 [상품의] 가치가 문제라고 강조한다. 맑스는 다음과 같이 첨언한다.

"노동임금이라는 범주는 우리의 서술의 이 단계에서 아직 존재하지 않는다."(MEW 23: 59)

이 문장의 표현에 매우 주의해야 한다. 맑스는 가령 '우리가 임금노동이 존재하지 않고 따라서 자본주의적 생산양식에 선행하는 그런 사회관계들을 조사한다'고 쓰지 않는다. 오히려 그는 노동임금이라는 "범주"가 서술의 이 **단계**에서 아직 존재하지 않는다고 강조한다. 이미 1판 서문을 주해할 때, 즉 '3) 경제적 범주들의 인격화로서의 인물들'에서, 우리가 '사회관계들'과 '이러한 관계들을 파악하는 범주들' 사이를 구분해야 한다고 주의를 환기시킨 바 있다. 이러한 구분이 여기서 중요하다. 맑스가 이미 MEW 23의 49쪽에서, 즉 1절 첫 번째 문단에서 분명히 한 것처럼, 맑스에게는 처음부터 자본주의적 생산양식의 서술이 문제이다. 임금노동, 자본, 상품, 화폐 등의 사회적 관계들과 사태들은 여기서 항상 이미 동시에 존재한다. 그러나 이러한 관계들을 표현하는 **범주들**은 하나씩 차례차례로 서술되어야 한다. 맑스는 "상품"이라는 범주로 자신의 서술을 시작했다. 예를 들어, 노동임금과 같은 다른 범주들은 **서술**의 이 **단계**에서 아직 존재하지 않는다. 즉, 이러한 범주들이 벌써 논증에 사용될 수는 없다. 또한 우리는 아직 이 범주들에 대해서 무언가를 말할 수 없다.

복잡한 종류의 노동이 교환에서 단순한 노동과 특정한 비율로 동일시된다면, 이러한 비율이 어떻게 결정되는지가 관심을 끈다. 그러나 맑스는 이러한 비율이 의식적인 방식으로 결정되는 것은 아니라고 밝힐 뿐이다.

"상이한 종류의 노동들이 그것의 측정 단위인 단순한 노동으로 환원될 때의 상이한 비율들은 생산자들의 등 뒤에서 사회적 과정을 통해 결정되고, 이 때문에 생산자들에게는 관습을 통해 주어진 것처럼 보인다."(MEW 23:59)

맑스가 말한 것처럼, 이어지는 서술에서 그는 지출된 노동에서 항상 단순한 노동이 문제라는 것, 그리고 단순한 노동으로의 복잡한 노동의 환산을 [더 이상] 고려하지 않는다는 것을 출발점으로 삼는다.

앞서 언급한 뵘-바베르크와 같은 비판가들은 맑스가 이러한 비율들을 더 정확하게 규정할 수 없다고 비난했다. 그러나 이러한 비율들이 도대체 맑스가 논증하는 일반적인 지평에서 결정될 수 있는지가 의심스럽다.(이러한 일반적인 지평에 대해서는 1판 서문에 대한 주해, 즉 '2) 연구 대상' 참조.)

보충: 5장에서 맑스는 다시 한 번 단순한 노동과 복잡한 노동의 관계를 짧게 논하고, "우연한" 요소들의 영향을 밝힌다.

"더 고도의 노동과 단순한 노동 사이의 구분, 〈숙련노동〉과 〈미숙련노동〉의 구분은 부분적으로 단순한 환상들에 근거하거나, 최소한 오래 전에 사실이 아니고 단지 아직 전통적 관습으로만 지속되는 구분들에 근거한다. 즉, 부분적으로 …… 노동자계급의 어떤 층의 곤궁한 상황에 근거한다. 이때 우연적인 상황들이 큰 역할을 해서, 동일한 종류의 노동들이 [서로] 자리를 바꾼다."(MEW 23:212, 주18)[49]

이미 무엇을 복잡한 노동으로 간주할 것인지를 결정하는 데에, 사회적 편견들과 권력관계들이 개입하고, 특정한 집단들의 전통적으로 강한 지위 또는 약한 지위가 중요한 역할을 한다. 맑스가 언급한 점들을 보충하면서, 비대칭적인 성관계들 또한 언급할 수 있다. 이것은 압도적으로 여성이 수행하는 활동들이 "단순한" 노동으로 평가되게 한다. 압도적으로 남성이 수행하는 유사한 활동들은 그렇지 않은 반면에 말이다. 그러나 단순한 노동과 복잡한 노동의 위계의 구체적 모습은 나라마다 상이하고, 한 나라 안에서도 그것은 시간에 따라 변한다. 그러면 복잡한 노동이 단순한 노동으로 환원될 때의 정확한 비율은 그때그때 교환에서 나타난다.(교환에서 발생하는 세 가지 환원―개인적으로 지출된 노동이 사회적으로 필요한 노동으로 환원되는 것, 복잡한 노동이 단순한 노동으로의 환원되는 것, 실제로 한 영역에서 지출된 노동이 '지불 능력이 있는 사회적 수요에 조응해서 실제로 요구되는 노동'으로 환원되는 것―에 대해서는 나의『정치경제학 비판 개론』3장 3절 참조.)

이어지는 세 문단들(MEW 23: 59, 마지막 문단―MEW 23: 60, 세 번째 문단)에서, 맑스는 구체적인 유용노동과 추상적인 인간 노동에 대한 규정들을 요약해서 제시한다. 맑스는 상이한 노동들이 그것들의 **상이한 질** 때문에 상이한 **사용가치**들을 산출한다고 밝힌다. 그러나 단지 이러한 상이한 질들이 추상되고 상이한 노동들이 **동일한 질**의 노동으로 간주됨으로써만, 이러한 상이한 노동들은 **가치실체**이다. 가치**크기**는 동일한 질의 이러한

---

49 〔옮긴이〕이해를 돕기 위해 계속 인용해 보자면 다음과 같다. "예를 들어, 자본주의적 생산이 발전된 모든 나라들에서처럼, 노동자계급의 육체가 쇠약하고 상대적으로 고갈된 곳에서는, 근육의 힘을 많이 요구하는 조야한 노동들은 훨씬 더 정교한 노동들에 비해 더 고도의 노동들로 역전된다. 훨씬 더 정교한 노동들은 단순한 노동의 지위로 전락한다. 예를 들어, 잉글랜드에서 벽돌공의 노동은 문직물紋織物 직조공의 노동보다 훨씬 더 높은 지위를 차지한다. 다른 한편으로 무명 벨벳 직공의 노동은, 그것이 많은 육체적 수고를 필요로 하고 게다가 매우 건강에 해로울 지라도, 〈단순한〉 노동의 지위를 가진다."(MEW 23: 212, 주 18)

『자본』의 첫머리에 대한 주해

노동의 **양**이 얼마나 상품 속에 포함되어 있는지에 의존한다.

다음 두 문단들(MEW 23: 60, 네 번째 문단 - MEW 23: 61, 첫 번째 문단)에서는, 구체적인 유용노동과 추상적인 인간 노동이 노동의 생산력과 맺는 관계가 문제이다. 우선 맑스는 이미 1절(MEW 23: 54 이하 참조)에서 얻은 결과를 반복한다. 즉, 특정한 물품의 생산에서 노동의 생산력이 상승하면, 이 물품은 더 적은 양의 사회적으로 필요한 노동시간으로 생산될 수 있다. 나머지 모든 상황이 동일하다면, 이 물품의 가치크기는 감소한다(MEW 23: 60).

다음 문단에서 맑스는 그 이상의 측면에 대해 주의를 환기시킨다. 더 작은 양의 사용가치보다 더 큰 양의 사용가치는 더 큰 **소재적** 부를 형성한다. 노동의 생산력이 상승하면, 동일한 시간에 더 큰 소재적 부가 생산될 수 있다. 생산력은 "항상 유용하고 구체적인 노동의 생산력"이다(MEW 23: 60). 노동의 유용한 성격을 추상하면, 생산력도 더 이상 문제가 되지 않는다. 추상적인 인간 노동은 "이 때문에 동일한 기간에 항상 동일한 가치크기가 된다. 생산력이 얼마나 변하든지 말이다."(MEW 23: 61) 상품들에서 표현된 노동의 이중성은 '사용가치량의 증가가 가치의 하락을 표현할 수 있다'는 외관상의 역설을 해명한다. 즉, 생산력의 상승으로 인해서, 증가된 사용가치량이 원래의 사용가치량이 생산되는 노동시간보다 더 적은 (사회적으로 필요한) 노동시간으로 생산될 수 있다면, 그런 일이 발생할 수 있다.

MEW 23의 59쪽부터 61쪽까지 맑스는 다양한 관점에서 구체적인 유용노동과 추상적인 인간 노동을 서로 비교했다. 그러나 57쪽의 세 번째 문단에서 언급한 지점은 계속해서 추구되지는 않았다. 거기에서 맑스는 유용한 노동이 "모든 사회형태들로부터 독립적인 인간의 존재 조건"이라고 강조했다. 그것에 이어서, 사람들은 그럼 추상적인 인간 노동은 어떻게 되는 것인지 질문할 수 있다. 여기에서 맑스는 그것을 논하지 않는다.

보충: 이 점에서, 맑스는 『자본』에서보다 『정치경제학 비판을 위하여』 (1859)에서 유용노동과 추상노동을 훨씬 더 분명하게 대립시킨다. 맑스가 유용노동을 여기에서와 비슷한 방식으로 인간의 존재 조건으로 표현한 후에, 그는 다음과 같이 계속한다.(이때 『정치경제학 비판을 위하여』에서 맑스가 교환가치와 가치를 아직 용어상 구별하지 못했다는 것을 고려해야 한다.)

"이와 달리, 교환가치를 정립하는 노동Tauschwert setzende Arbeit은 특수하게 사회적인 형태의 노동이다.(교환가치를 정립하는 노동은 『자본』의 용어로는 '가치를 형성하는 노동'이어야 할 것이다. ─ 하인리히) 예를 들어, 재단 노동은 그것의 소재적 규정성에서 특수한 생산적 활동이고, 이것은 상의를 생산하지, 상의의 교환가치를 생산하는 것이 아니다. 재단 노동은 재단 노동으로서가 아니라 추상적으로 일반적인 노동으로서 상의의 교환가치를 생산한다. 그리고 이러한 추상적으로 일반적인 노동은 재단사가 꿰매지 않은 사회관계에 속한다."(MEW 13: 24)

가치를 형성하는 노동이 "특수하게 사회적인 형태의 노동"이라는 것은 1장 1절 후에는 전혀 놀랍지 않다. 왜냐하면 "추상적인 인간 노동"이라는 가치실체가 "사회적" 실체이지, 결코 자연적 실체가 아니라는 것이 거기에서 이미 분명하게 되었기 때문이다. 가치실체는 특수한 사회관계, 상품생산의 사회관계에 속한다.

그러나 여기서 이러한 차이를 밝히는 것이 중요하다. 2절의 첫머리에서 맑스는 상품을 생산하는 노동의 이중성을 이해의 "도약점"으로 불렀다. 그는 자신이 노동의 이중성을 최초로 입증했기 때문에 정치경제학이 이러한 도약점을 가지지 못했다고 간접적으로 비판했다. 그러나 유용노동이 사회 형태로부터 **독립적인** 인간 생활의 존재 조건이고, 추상적인 인간 노동이 **특수하게 사회적인 형태**라면, 이러한 차이를 명확히 하지 못하는 것은 '특

『자본』의 첫머리에 대한 주해

수하게 사회적인 것'을 '사회형태와 독립적인 것'과 혼동하게 한다. 즉, 특수하게 사회적인 것이 자연적인 어떤 것, 불가피한 어떤 것으로 이해되는 것이다.

4) 결어: 생리학 (MEW 23: 61, 마지막 문단)

"모든 노동은 한편으로 생리학적 의미에서 인간 노동력의 지출이고, 동일한 인간 노동 혹은 추상적인 인간 노동이라는 이러한 속성에서 그것은 상품의 가치를 형성한다. 다른 한편으로 모든 노동은 목적이 정해진 특수한 형태의 인간 노동력의 지출이고, 구체적인 유용노동이라는 이러한 속성에서 그것은 사용가치들을 생산한다."(MEW 23: 61)

외관상 맑스는 이미 획득된 규정들을 요약할 뿐이다. 그러나 맑스가 사용한 표현들을 조금 더 정확히 고찰하면, 문제에 부딪힌다. 여기서 맑스는 한편으로 그 이상의 조건 없이, 추상적인 인간 노동으로서 가치를 형성하고 구체적인 유용노동으로서 사용가치들을 생산하는 그러한 "모든" 노동에 대해 말한다. 그러나 **상품들**을 생산하는 노동만이 가치를 형성한다. 2절의 표제에서뿐 아니라 첫 번째 도입 문단에서도, 맑스는 **상품들에서 표현되는** 노동이 문제라는 것을 분명히 했다. 그런 한에서, 우리가 "모든 노동"이라는 여기서 사용된 표현을 "**상품들에서 표현되는** 모든 노동"에 대한 약어로 이해해야 한다는 것이 그럴 듯하다.

그러나 맑스가 지금 가치를 형성하는 성격을 부여하는 '노동의 속성', 즉 **생리학적** 의미에서 노동력의 지출은 결코 상품생산과 결합되어 있지 않다. 노예의 노동이든 혹은 외딴 섬에 있는 로빈슨의 노동이든[50], 모든 노동은 항상 한편으로 생리학적 의미에서 노동력의 지출(혹은 이미 58쪽에서 말하는 것처럼, "뇌, 근육, 신경, 손"의 지출)이고, 다른 한편으로 구체적으로 유용한 활동이다. 맑스가 추상적인 인간 노동을 표현하기 위해 노동의 그러한 초‡역사적인 속성을 끌어오는 것은 문제가 있다.

추상적인 인간 노동은 1장 1절에서 교환관계를 특징짓는 환원, 상이한 구체적 유용노동들의 동종의 노동으로의 환원의 결과로서 도입되었다. 이러한 환원은 개인적인 상품 소유자들의 행위가 아니라, 교환에서 일어나는 사회적 과정이다. 이러한 **사회적 환원 과정**으로서 추상적인 인간 노동은 노동의 생리학적 속성이 아니라 순수하게 **사회적인** 속성을 표현한다. 물론 모든 노동 지출에 대해서도, 그것이 생리학적 과정들, "뇌, 근육, 신경, 손"의 지출에 근거한다고 말할 수 있다. 그러한 추상으로는[51] 여기서 문제인 추상, 사회적 과정에서 발생하는 추상에 대해서 어떤 것도 말할 수 없다. 비슷한 방식으로 나는 모든 인간들에 대해서도, 그들이 숨 쉬는 한에서 모든 인간들이 "동등"하다고 말할 수 있다. 그러나 이러한 생리학적 동등함을 근거로 해서는, 나는 사회적 관계들에 대해, 또한 인간들을 "동등한 사람들"로 간주하는 법적 관계들에 대해 어떤 것도 알 수 없다. '생리학적 공통성을 도출하는 추상들'과 '사회적으로 "동등한 것으로 간주되는 것"을 표현하는 추상들'은 완전히 상이한 어떤 것이다.

보충: 뒤따르는 장‡들에서 맑스는 추상적인 인간 노동에 대한 이러한 "생리학적" 규정으로 더 이상 되돌아오지 않는다. 이 규정은 맑스의 논증의 중심적인 요소가 아니다.(1장 4절에서만 아직 이에 대한 암시가 존재

---

50 〔옮긴이〕맑스는 MEW 23의 90쪽에서 (고전) 정치경제학이 원시사회의 예로서 로빈슨 쿠르소를 즐겨 사용한다고 말한다. 이 책에 있는 '1장 상품, 4. 상품의 물신성과 그것의 비밀, 6) 상품생산에 근거하지 않는 생산형태들' 부분 참조.

51 〔옮긴이〕하인리히가 위에서 언급했듯이, 이것은 '사고추상'이다. 이 책에 있는 '1장 상품, 2. 상품들에서 표현된 노동의 이중성, 2) 구체적인, 유용한 노동' 부분 참조.

한다.[52] 1867년의 『자본』 1권 1판에서도 맑스에게 생리학에 대한 이러한 관련은 필요치 않았다. 거기서는 요약으로 다음과 같이 말한다.

"지금까지 말한 것으로부터, 상품에 두 가지 상이한 종류의 노동이 들어 있는 것이 아니긴 하나, 동일한 노동이 다음과 같이 규정되어 있다는 결론이 나온다. 즉, 동일한 노동이 그것의 **생산물**로서 상품의 **사용가치**에 관련되는지, 혹은 노동의 단순한 **대상적** 표현으로서 **상품-가치**에 관련되는지에 따라서, **동일한** 노동은 상이하게 그리고 자기 대립적으로 규정되어 있다. 상품이 가치이기 위해서 무엇보다 사용 대상이어야 하는 것처럼, 노동은 **인간 노동력의 지출**로서 그리고 이 때문에 **인간 노동** 자체로서 간주되기 위해서 무엇보다 유용노동, 목적이 정해진 생산적 활동이어야 한다."(MEGA Ⅱ/5: 26 이하)

생리학에 대한 이러한 관련이 『자본』 1권 2판에서 출현한다는 것은 가장 호의적인 경우에 미숙한 서술로 이해될 수 있고, 호의적이지 않은 경우에는 맑스의 논증에 포함된 특정한 양가성들Ambivalenzen의 표현으로 이해될 수 있다.[53]

2절 마지막 문단에 붙어 있는 주 16에서, 맑스는 아담 스미스가 제시한 노동가치론에 대한 논증을 짧게 검토한다. 스미스에 의하면, 동일한 양의 노동들은 노동자들에게 항상 동일한 가치를 가진다. 맑스는 스미스가 "상

---

52 〔옮긴이〕 이 책에 있는 '1장 상품, 4. 상품의 물신성과 그것의 비밀, 1) "노동생산물이 상품형태를 취하자마자, 노동생산물의 수수께끼 같은 성격"은 어디에서 나오는가?' 부분 참조.

53 이미 1920년대에 러시아 저자 이사크 일리치 루빈(Isaak Iljitsch Rubin, 1886 - 1937)은 오늘날에도 여전히 읽어서 도움을 받을 수 있는 가치론에 대한 저작에서, 추상노동의 "사회적" 규정과 "생리학적" 규정 사이의 차이에 주의를 기울였다. 그러나 거기에서 그는 무엇보다 서술이 문제라고 보았다(Rubin 1973: 99 이하). 나는 맑스의 정치경제학 비판에서 서술의 문제들만이 아니라 근본적인 양가성들이 존재한다는 것을 밝힌 바 있다(Heinrich 1999).

품의 생산에 지출된 노동량을 통한 〔상품〕가치의 규정을 노동의 가치를 통한 상품가치의 규정과" 혼동한다고 비판한다(MEW 23: 61, 주 16). 한 상품의 생산을 위해 (사회적으로 필요한) 노동시간에 대해 이미 이야기했으나, "노동의 가치"에 대해서는 아직 이야기하지 않았다. 맑스가 수행한 대조로부터 우리는 그가 "가치를 형성하는 노동"과 "노동의 가치" 사이를 엄격히 구별한다는 것을 알아챌 수 있다. 그러나 어디에 이 차이가 있는지는 아직 언급되지 않는다.

보충: 맑스는 17장, 즉 노동임금을 다룰 때야 비로소, "노동의 가치"라는 표현, 그리고 특히 이러한 표현에 대한 비판에 몰두한다. 임금노동자는 특정한 생산물을 파는 것이 아니라—어쨌든 그렇게 보이는데—자신의 "노동"을 판다. 그래서 사람들은 "노동의 가치"가 어떻게 결정되는지 질문할 수 있다. 그러나 4장에서 맑스는 임금노동자가 자신의 "노동"이 아니라 자신의 "노동력"(즉 노동할 수 있는 능력)을 판다는 것을 보여 준다. 그 후에 17장에서는 일상생활을 지배하는 외관이 다뤄진다. "노동"이 팔리고 임금으로 "노동의 가치"가 지불받는다는 외관 말이다.

맑스는 스미스의 익명의 선배를 인용한다. 스미스처럼 가치를 형성하는 노동의 양을 "노동의 가치"와 혼동하는 대신, 그 선배는 사람들이 교환에서 "무엇이 실제로 등가인지를 '자신에게 동일한 정도의 노동과 시간이 필요한지 계산하는 것을 통해서'보다 더 적절하게 평가할 수는 없다"고 썼다(MEW 23: 61, 주 16).

이 선배는 스미스와 같은 혼동에 빠지지 않긴 했으나—이 관점에서 완전히 스미스처럼 —교환하는 사람들의 **주관적 평가**로부터 교환관계를 설명한다. 즉, 교환하는 사람들이 두 생산물들에 동일한 노동량이 포함되어

　　　　　　　　　　　　　『자본』의 첫머리에 대한 주해

있다는 것을 **알기** 때문에, 그들은 이러한 양의 두 생산물들을 교환할 용의가 있다는 것이다. 그러나 이러한 종류의 논증은 문제가 있다. 교환하는 사람들은 기껏해야 생산에 필요했던 구체노동의 양을 알 뿐이다. 그러나 이것은 가치를 형성하는 추상적인 인간 노동과 동일한 것이 아니다. 그런 한에서, 맑스가 주 16에서 스미스뿐 아니라 그의 선배에게서도 나타나는 관념, 즉 교환하는 사람들이 자신들이 무엇을 하는지 안다는 관념을 주해 없이 그대도 둔 것은 문제가 있다.(그러나 상품물신에 대한 4절에서 맑스는 바로 교환하는 사람들의 "알지 못함Nicht-Wissen"을 강조한다.[54])

> **보충**: 이미 1859년의 『정치경제학 비판을 위하여』에서 맑스는 바로 주 16에서 인용한 스미스의 글을 다룬 바 있다. 거기서 그는 마찬가지로 스미스가 가치를 형성하는 노동과 노동의 가치를 혼동한다고 비판했다. 그러나 또한 비판적인 의도로 다음과 같이 첨언했다.
> 스미스는 "사회과정이 동일하지 않은 노동들 사이에서 폭력적으로 수행하는 객관적objektiv 동등화를 개인적 노동들이 가지는 주관적으로 동등한 권리로 오인한다."(MEW 13:45)
> 따라서 맑스는 스미스가 사회과정에서 객관적으로 그리고 행위자들의 "등 뒤에서" 일어나는 것을 이러한 행위자들의 주관적 의도의 표현으로 이해한다고 밝힌다.

---

54 〔옮긴이〕 "그들은 그것을 알지 못하나, 그것을 행한다."(MEW 23:88) 이 책에 있는 '1장 상품, 4. 상품의 물신성과 그것의 비밀, 3) 가치에 대한 지식과 "대상적 외관" 부분 참조.

3. 가치형태 혹은 교환가치 (MEW 23 : 62 –85)

이미 1절의 첫머리에서 교환가치를 이야기했다. 거기서 교환가치는 우선 두 가지 사용가치들 사이의 양적 교환관계로(MEW 23: 50), 그리고 그 후에는 가치의 현상형태로 규정되었었다(MEW 23: 51, 53). 그러나 맑스는 아직 가치형태Wertform 개념을 사용하지 않았다.(단지 서문에서만 사용했다.) 3절의 표제는 맑스가 교환가치와 가치형태를 동의어로 사용한다는 것을 시사한다. 물론 이때 가치형태라는 말은 가치의 형상, 형태가 문제라는 것을 더 강하게 표현한다.[55]

3절은 1, 2절보다 현저히 더 길다. 맑스는 3절을 계속해서 관款들과 조條들로 나눈다.[56] 이미 『자본』 1권 1판 서문에서 그는 첫머리의 어려움, 특히 가치형태의 연구할 때의 어려움을 지적했다.

---

55 〔옮긴이〕 여기서 '가치라는 형태Form des Wertes'와 '가치형태Wertform'을 구별해야 한다. 노동생산물이 교환에서 가치라는 사회적 형태를 취한다는 의미에서, '(사회적) 형태로서의 가치', '가치라는 (사회적) 형태'를 말할 수 있다. 이와 달리, '가치형태'는 가치가 취하는 형태, 가치가 표현되는 형태, 혹은 가치의 현상형태를 의미한다. 일반적으로 사용되는 '가치의 형태'라는 번역어는 위에서 말한 두 용어의 차이를 드러내지 못하기 때문에 문제가 있다. 그런데 맑스 스스로가 이 두 가지 용어를 항상 명확히 구별해 사용한 것은 아니며—MEW 23의 95쪽에 있는 주 32에서 맑스는 '가치형태'를 의미하는 말로 'Form des Wertes'를 사용한다—이 때문에 『자본』 독해에서 많은 문제가 초래되었다. 따라서 『자본』이 전개하는 논증을 명확히 드러내기 위해서, 여기에서는 두 용어의 차이를 강조해 번역하기로 한다. 옮긴이의 견해와 완전히 일치하지는 않지만, 루빈 또한 두 용어의 의미 차이를 지적한 바 있다.(Rubin, Isaak Iljitsch. 1990. *Essays on Marx's Theory of Value*. Black Rose Books. p. 68 주 1, p. 112 주 1, p. 113, 114 참조.) 옮긴이의 물음에 하인리히는 옮긴이의 이러한 용어 구분에 동의한다고 밝혔고, 그 또한 이에 대해 논의했으나 정확히 어디에서 논의했는지는 당장 기억나지는 않는다고 전했다.

56 〔옮긴이〕 맑스는 3절을 'A. 단순한, 개별적인 혹은 우연한 가치형태', 'B. 총체적 혹은 전개된 가치형태', 'C. 일반적 가치형태', 'D. 화폐형태'로 구분하며, 이 각각은 다시 세분화되어 서술된다.

『자본』의 첫머리에 대한 주해

"배우지 못한 이에게 그것들의 분석은 지나친 세세함을 쫓는 것처럼 보일 것이다.[57] 이때 실제로 지나친 세세함이 중요하다. 그러나 이것은 단지 미시적 해부학에서 지나친 세세함이 중요한 것과 마찬가지로 그러하다. 이 때문에 가치형태에 대한 절을 예외로 하면, 사람들은 이 책을 이해하기 어렵다는 이유로 비난할 수는 없을 것이다."(MEW 23: 12)

프리드리히 엥엘스와 루드비히 쿠겔만도 1867년『자본』1권 1판의 출판을 위한 교정쇄를 읽었다. 이들은 가치형태의 서술을 단순하게 할 것을 맑스에게 권했다.『자본』1권이 계속해서 식자植字되고 교정되는 동안에, 맑스는 "가치형태"라는 표제를 가진 부록을 작성했다(MEGA II/5: 626-649). 이 부록에 대해 맑스는 다음과 같이 썼다. 즉, 거기에서 그 주제가 "아주 단순하고 그 자체 아주 선생티를 내게" 서술되어 있다는 것이다(MEGA II/5: 12).[58] 1872/73년에 출판되는『자본』1권 2판을 위해서, 맑스는 이러한 이중적 서술을 고쳤다.(이때 내가 이미 인용한 원고인「『자본』1권에 대한 보충과 변경(1871년 12월-1872년 1월)」이 생겼다.[59] 이 책에 딸린 부록 4 참조.) 이때 2판에서 가치형태에 대한 분석은 1판 1장보다는 1판의 "단순한" 부록을 훨씬 더 많이 따랐다. 그러나 그것은 이 부록과 동일하지 않다. 결국 가치형태 분석에 대한 세 가지 상이한 원고가 존재한다. 이 주해는『자본』1권 2판에

---

57 〔옮긴이〕여기서 "그것들의 분석"은 바로 이전 문장에 있는 "노동생산물의 상품형태Warenform des Arbeitsprodukts 혹은 상품의 가치형태Wertform der Ware"에 대한 분석을 의미한다(MEW 23: 12). 위의 옮긴이 주에서 말한 것처럼 오해를 줄이기 위해서, '노동생산물의 상품형태'는 '노동생산물이 취하는 상품이라는 형태'로 이해될 필요가 있고, '상품의 가치형태'는 '상품의 가치가 취하는 혹은 표현되는 형태'로 이해할 필요가 있다.

58 〔옮긴이〕다시 말해,『자본』1권 1판에서 가치형태에 대한 서술은 '본문 1장'과 '책 맨 뒤에 위치하는 부록'에 각각 존재한다.

59 〔옮긴이〕하인리히는 이미 '1장 상품, 1. 상품의 두 요소, 4) 가치와 가치실체'에서 이 원고의 일부(MEGA II/6: 30)를 인용했다.

있는 개정된 원고, 즉 MEW 23에 재현되어 있는 원고를 따르기는 하나,[60]
두 가지 다른 원고들을 고려하는 것이 몇 곳에서는 도움이 될 것이다. 이
책의 부록 3은 그 이후의 원고들에서는 완전히 대체된 최초의 원고[61]의 마
지막 부분을 포함하고 있다.

서론: 화폐의 수수께끼 (MEW 23: 62)

첫째 쪽(MEW 23: 62)은 3절 전체의 서론이다. 첫 번째 문단은 다음과 같
이 말한다.

"상품들은 …… 사용가치들의 형태로 세상에 나온다. …… 그러나 그것
들은 이중적인 것, 즉 사용 대상들이자 동시에 가치의 담지자이기 때문에
만 상품들이다. 이 때문에 그것들은 그것들이 이중적 형태, 즉 현물형태와
가치형태Wertform를 지니는 한에서만, 상품들로 나타나거나 상품이라는 형
태를 지닌다."(MEW 23: 62)

맑스는 여기서 1절의 결과를 요약한다. 상품들은 이중적인 것, 즉 사용
가치이자 가치이다. 그런 한에서 새로운 것은 없다. 그러나 그는 다음과 같
이 특히 강조한다. "그것들은 그것들이 이중적인 것 …… 이기 때문에**만** 상
품들이다."(MEW 23: 62, 강조는 하인리히) 따라서 사용가치들이 실제로 가치
형태, 자신의 가치형상을 가질 때**만**, 상품들이 문제인 것이다.

이것은 "나타나다erscheinen"라는 동사를 사용하는 방식에서도 표현된다.(1
장의 첫 번째 문단에 대한 주해도 참조.) 즉, "나타나다"라는 동사는 "지니다

---

60 〔옮긴이〕MEW 23에는 사실『자본』1권 독일어 4판이 재현되어 있다. 그러나 그것은 가치
    형태에 대한 절과 관련해서는 독일어 2판과 차이가 거의 없다.

61 〔옮긴이〕이것은『자본』1권 1판의 본문 1장에 있는 가치형태에 대한 서술을 말한다.

『자본』의 첫머리에 대한 주해

besitzen"라는 동사와 같은 것으로 취급된다. "이 때문에 그것들은 …… 상품들로 **나타나**거나 상품이라는 형태를 **지닌다**."(MEW 23: 62, 강조는 하인리히) 따라서 여기서 "나타나다"라는 동사는 다음을 의미한다. 즉, 그것들이 이중적인 것인 한에서만, 그것들은 상품들로 등장하고, 상품들인 것이다.

두 번째 문단에서 맑스는 상품들의 "가치대상성"에 대해 요약한다. "티끌만큼의 자연 소재도" 가치대상성에 들어가지 않는다. 이미 1장 1절에서 상품의 가치는 상품의 모든 사용가치 속성을 추상할 때 사람들이 얻는 "나머지"로 규정되었다. 그리고 "유령 같은 대상성"이 문제라는 것을 밝혔다(MEW 23: 52). 1절에서보다 이제 더 분명하게 다음처럼 강조된다.

"이 때문에, 사람들은 마음껏 **개별** 상품을 돌려보고 뒤집을 수도 있다. 〔그러나〕 상품은 가치물Wertding로는 이해 불가능하게 남아 있다."(MEW 23: 62, 강조는 하인리히)62

그러나 왜 가치대상성은 개별 상품에서는 파악될 수 없는가? 이것은 1

---

62 본문의 이곳에서 갑작스럽게 "과부 빨리(Wittib Hurtig)"를 이야기 한다. Wittib는 〔과부란 뜻을 가진〕 Witwe의 중세 독일어 표현이다. 여기서 맑스는 셰익스피어(William Shakespeare, 1564-1616)의 희곡 『하인리히 4세(헨리 4세)』에 나오는 인물을 불러들인다. 거기에서 폴스태프(Falstaff, 극중 인물)는 '여주인 빨리(Wirtin Quickly, Mistress Quickly)'에게 〔맑스는 '여주인 빨리'로부터 '과부 빨리(Wittib Hurtig)'라는 말을 만들어 낸다.〕 그녀가 물고기도 아니고 육고기Fleisch도 아니라서, "그녀를 어디에서 가져야 할지 모른다(a man knows not where to have her)"고 단언한다. 그녀는 그에게 빈정거리면서 이에 대해 다음과 같이 대답한다. "누구라도 나를 어디에서 가져야 할지 알아요(any man knows where to have me)."(1부 3막 3장) 맑스가 셰익스피어에 열광했다는 것에 대해서는 맑스의 사위 폴 라파르그(Paul Lafargue, 1842-1911)가 다음과 같이 쓴 바 있다. "맑스는 그가 한없이 숭배한 셰익스피어를 〔자신의〕 철저한 연구의 대상으로 삼았다. 그는 가장 하찮은 극중 인물도 알았다. 맑스의 가족 전체가 그 위대한 영국 극작가를 숭배했다. 그의 세 딸들도 셰익스피어〔의 작품〕를 외울 정도였다."(Lafargue, 1890/91: 291)
〔옮긴이〕 『자본』 1권 본문에서 맑스는 다음과 같이 말한다. "상품들의 가치대상성은 사람들이 그것을 어디에서 가져야 할지(wo sie zu haben ist)를 모른다는 점에서, 과부 빨리(Wittib Hurtig)와 구별된다."(MEW 23: 62) 하인리히가 위에서 언급한 것처럼, 상품들의 가치대상성과 달리, "누구라도" 빨리 부인을 "어디에서 가져야 할지 안다."

절에서 제시한 가치실체의 "공동적" 성격에 달려 있다. 즉, 추상노동이라는 가치실체는 **개별** 상품의 속성이 아니라, 서로 교환되는 **두** 상품들의 공동적 실체이다. 이러한 생각은 여기서 다음과 같이 요약된다.

"그러나 우리가 상품들이 동일한 사회적 통일Einheit의 표현들, 인간 노동의 표현들인 한에서만 가치대상성을 지닌다는 것을 상기한다면, 따라서 상품들의 가치대상성이 순수하게 사회적이라는 것을 상기한다면, ……"(MEW 23:62)

특수한 생산물로서 **개별** 상품은 단지 특수하고 유용하며 개인적인 노동의 결과일 뿐이다.(이 탁자는 특수한 노동, 목공 노동의 결과이고, 예를 들어 유달리 느린 목공 X의 개인적인 노동의 표현이다.) 탁자가 다른 상품에 마주서고, 상이하고 특수하며 개인적인 노동들이 동일한 인간 노동으로 환원될 때만, 탁자는 교환에서 **동등한 인간** 노동의 표현이 될 수 있다. 가치대상성의 이러한 "순수하게 사회적인" 성격으로부터 맑스는 다음과 같이 결론을 내린다.

"가치대상성이 상품과 상품의 사회적 관계에서만 나타날 수 있다는 것이 …… 자명하다."(MEW 23:62)

고립적으로 고찰해서, 사람들은 이 문장을 또한 다음과 같이 이해할 수 있을 것이다. 즉, 상품의 가치대상성은 이미 교환 이전에 그리고 교환 외부에 존재하고, 다만 교환에서 (가시적으로 된다는 의미에서) "나타난다"는 것이다. 그러나 맑스가 이것을 의미한 것은 명백히 아니다. 맑스가 가치대상성이 "순수하게 사회적"이라고 강조함으로써, 그는 바로 **개별** 사물의 속성이 문제일 수는 없다는 것을 강조했다. 맑스는 이것을 1871/72년의 가필 원고에서 명시적으로 썼다.(MEW 23의 52쪽에 대한 주해 및 이 책의 부록 4 참조.) 3절의 첫 번째 문단에서 맑스는 "~으로 나타나다"와 "지니다"를 동의어로 사용했다. 이것은 여기에서도 의미가 있다. 즉, 상품들은 상품과 상품의 사회적 관계에서**만** 가치대상성을 **지닌다**. 이 때문에 가치대상성은 또한 여기에서만 드러날 수 있다. 이러한 관계 이전에 그리고 이 관계 밖에서는,

『자본』의 첫머리에 대한 주해

'상품들이 될 것이나 아직 상품들이 아닌 그런 사용가치들'만이 문제일 뿐이다. 맑스가 **개별** 상품의 가치와 가치크기에 대해 말한다면, 이때는 항상 **다른 상품들에 대한 가치관계**가 **가정되어** 있다. 개별 상품은 이 가치관계의 부분이다.[63]

그 다음에, 두 번째 문단의 마지막은 다음과 같이 말한다.

"우리는 사실 상품들의 교환가치 혹은 교환관계를 출발점으로 삼았다. 거기에 숨겨진 상품의 가치를 밝혀내기 위해서 말이다. 이제 우리는 가치의 이러한 현상형태로 '되돌아와야 한다.'(MEW 23: 62)

1절에서 교환가치는 한 상품이 다른 상품과 교환되는 양적 관계로 도입되었다(MEW 23: 50-51). 교환가치에 대한 연구로부터, 맑스는 교환가치가 '교환가치와 구별되는 내용, 즉 가치'의 현상형태일 수 있을 뿐이라고 추론했다. 그는 가치의 실체로서 추상적인 인간 노동을 발견했다. 〔3절에서〕 이제 맑스가 우리가 가치를 밝혀내기 위해서 교환가치를 출발점으로 삼았다고 쓸 때, 〔1절의〕 이러한 맥락의 뜻이 있다. 교환가치로 "되돌아"간다는 말은 3절이 '다만 이미 1절에서 언급된 지점을 심화시킨 2절'을 잇는 것이 아니라, '1절'을 잇는다는 것을 분명히 한다. 또한 맑스가 3절로 완전히 새로운 연구 지평으로 들어서는 것이 아니라는 것도 분명히 해야 한다. 그가 1절에서 가치의 **실체**와 **크기**를 규정한 후에, 거기서 단지 언급되었으나 분석되지는 않은 가치의 현상형태, 즉 가치**형태**[64]가 이제 문제인 것이다.

---

63 〔옮긴이〕이 책에 있는 '1장 상품, 1. 상품의 두 요소, 4) 가치와 가치실체, 첫 번째 논증 단계' 부분, '1장 상품, 1. 상품의 두 요소, 4) 가치와 가치실체, 세 번째 논증 단계' 부분, '1장 상품, 3. 가치형태 혹은 교환가치, A) 단순한, 개별적인 혹은 우연한 가치형태, 2. 상대적 가치형태, b) 상대적 가치형태의 양적 규정성' 부분, '1장 상품, 3. 가치형태 혹은 교환가치, A) 단순한, 개별적인 혹은 우연한 가치형태, 4. 단순한 가치형태의 전체' 부분, '1장 상품, 3. 가치형태 혹은 교환가치, B) 총체적 혹은 전개된 가치형태, 1. 전개된 상대적 가치형태' 부분, '1장 상품, 4. 상품의 물신성과 그것의 비밀, 2) "상품들을 생산하는 노동의 고유한 사회적 성격"' 부분 참조.

그 다음, 세 번째 문단에서 3절의 대상이 다음과 같이 정확하게 표현된다.

"누구도 상품들이 그것들의 사용가치들의 갖가지 현물형태들과 아주 현저하게 대조를 이루는 공통적인 가치형태[65], 즉 화폐형태Geldform[66]를 취한다는 것을 안다. 그가 그밖에는 어떤 것도 알지 못할지라도 말이다. 그러나 여기서 부르주아 경제학이 한 번도 시도하지 않는 것을 수행할, 즉 이러한 화폐형태의 발생을 입증할 필요가 있다. 따라서 상품들의 가치관계에 포함된 가치표현의 발전을, 그 가치표현의 가장 단순하고 가장 수수한 형상으로부터 현란한 화폐형태에 이르기까지 추적할 필요가 있다. 이렇게 해서 동시에 화폐의 수수께끼가 사라진다."(MEW 23: 62)

이 문단에 많은 정보가 들어 있다. 이 때문에 우리는 이 문단을 상세히 논의해야 한다. 우선 여기서 최초로 화폐가 문제라는 것이 확인되어야 한다. 그러나 정확하게 독해해야 한다. 즉, 맑스는 **화폐**가 아니라 화폐**형태**에 대해 말한다. 그는 '특정한 가치형태로서의, 따라서 가치를 표현하는 특정한 종류로서의 **화폐형태**'와 '이러한 가치표현의 물질적 형상으로서의 **화폐**'를 구별한다. 그러나 그는 이것을 계속해서 상세히 설명하지는 않는다.

---

64 〔옮긴이〕이 책의 독일어 3판에는 "가치의 형태Form des Werts"로 적혀 있다. 그러나 옮긴이와의 질의응답 과정에서, 저자는 더 정확하게 표현하기 위해 이것을 "가치의 현상형태, 즉 가치형태(Erscheinungsform des Werts, die Wertform)"로 고쳤다. 이와 관련해서, 이 책에 있는 '1장 상품, 3. 가치형태 혹은 교환가치'에 있는 첫 번째 옮긴이 주 참조.

65 〔옮긴이〕여기서 "공통적인 가치형태gemeinsame Wertform"는 '노동생산물이 교환에서 취하는 가치라는 공통적인 형태'를 의미하는 것이 아니라, '가치가 취하는 혹은 표현되는 공통적인 형태'를 의미한다. 왜냐하면, 맑스는 "누구도 상품들이 …… 공통적인 가치형태를 …… 취한다는 것을 안다"고 쓰기 때문이다. 여기서 누구도 아는 것은 '가치라는 공통적인 사회적 형태'일 수 없다. '가치라는 공통적인 사회적 형태'는 오로지 맑스만이 소위 제3자 논증을 통해 분석해 낸 결과이며, 누구도 아는 것, 누구에게나 보이는 것은 '가치'가 아니라 교환가치, 가격과 같은 '가치가 취하는 형태', 즉 가치형태이다. 가치형태와 관련된 위의 옮긴이 주 참조.

66 〔옮긴이〕여기서 화폐형태는 '화폐가 취하는 형태'가 아니라 '화폐라는 형태'를 의미한다.

『자본』의 첫머리에 대한 주해

보충: 1장 3절에서 **화폐형태**가 이야기된다. 그 다음 2장에서 **화폐**가 다루어진다. 그 후에서야 3장에서 **화폐의 기능들**이 이야기된다. 맑스와 달리 다양한 경제이론들의 화폐 분석은 보통 이러한 화폐의 기능들로 시작한다. 그런 한에서, 이미 맑스의 논증 구조에서 지배적인 경제이론들에 대한 근본적인 비판이 드러난다. 지배적인 경제이론들은 그 자체 우선 설명되어야 하는 어떤 것을 자명한 출발점으로 여긴다.

첫 번째 문장에서 맑스는 "누구도" 화폐형태를 안다고 강조한다. 이제 "이러한 화폐형태의 발생"이 연구되어야 한다. "누구도" 이러한 발생을 알지 못할 뿐만 아니라, "부르주아 경제학"도 그렇다. 여기서 "부르주아 경제학"이란 명칭이 최초로 사용된다. 이 명칭을 맑스는 지배적인 경제학이란 뜻으로 말한다.("부르주아 경제학"에 대한 더 정확한 규정은 "물신성"에 대한 4절에서 이루어진다. '1장 상품, 4. 상품의 물신성과 그것의 비밀, 5) "객관적 사고 형태"'에 있는 주해 참조.) 맑스는 부르주아 경제학이 이러한 "발생"을 잘못 혹은 불충분하게 서술했다고 비판하는 것이 아니라, 그것이 그러한 서술을 "한 번도 시도하지 않"았다고 비판한다. 명백히 부르주아 경제학에게는, 여기서 도대체 어떤 것이 서술되어야 할지가 분명하지 않다. 따라서 맑스는 이론적인 완전한 미개척 분야에 들어설 것을 요구한다.

그러나 이러한 "화폐형태의 발생Genesis"을 맑스는 무슨 뜻으로 말하는가? 발생은 생성Entstehung 혹은 발전Entwicklung을 의미한다.[67] 문제는 여기서 어떤 의미로 발전이 이야기되는가 하는 것이다. 외관상 당연한 해석은 "역사적 발전"이다. 가령 맑스가 근대적 화폐로 귀결된 역사적 발전을 간략히 모사模寫하고자 한다는 것과 같은 의미로 말이다. 전통적인 맑스주의에서

---

67 〔옮긴이〕'Genesis', 'Entstehung', 'Entstehung의 동사형인 entstehen'은 경우에 따라 모두 '발생, 발생하다'로 옮겼다. 즉, 양자 사이에 엄격한 의미 차이를 두지 않았다.

그런 이해가 매우 유포되어 있다.(예를 들어 Mandel, 1968:79 이하 참조.)

그러나 이미 텍스트에서 분명하게 된 몇몇 지점들이 "발생"을 이와 같이 역사적 발전으로 해석하는 것에 대립한다. **첫째**, 맑스 스스로 어디에서도 그가 여기에서 화폐의 어떤 **역사적** 발생사를 제시하고자 한다고 말하지 않는다. **둘째**, 화폐의 역사는 전 자본주의 시대에 시작한다. 그러나 맑스는 그의 대상이 **자본주의 내의** 상품이라고 여러 번 강조한다. 그리고 우리는 여기서 여전히 이러한 상품을 분석 중이다. **셋째**, 맑스는 "부르주아 경제학"이 한 번도 시도하지 않은 "이러한 화폐형태의 발생이 입증"되어야 한다고 쓴다. "화폐형태의 발생"에서 맑스에게 화폐의 역사에 대한 요약이 문제였다면, 부르주아 경제학에 대한 이러한 진술은 완전히 잘못일 것이다. 화폐의 발전에 대한 역사적 개요는 이미 오랫동안 존재했다. 그리고 맑스는 그러한 문헌을 매우 잘 알고 있었다. 실제로 그의 이론사적인 분석, 예를 들어 『잉여가치에 대한 이론들』(MEW 26.1 - 26.3)에서, 맑스는 어디에서도 화폐의 역사적 형성에 대한 결핍된 서술 혹은 불충분한 서술 때문에 부르주아 경제학자들을 비판하지 않았다. 실제로 맑스가 부르주아 경제학에 **전혀** 존재하지 않는 어떤 것을 입증하고자 한다면, 그것은 화폐의 역사적 형성과는 다른 어떤 것이지 않을 수 없다.[68]

이 문단에서 언급된 마지막 개념, 즉 "화폐의 수수께끼" 또한 이러한 다른 것을 지시한다. 맑스는 "화폐형태의 발생"의 입증으로 "화폐의 수수께끼" 또한 사라진다고 쓴다. 그러나 이러한 화폐의 수수께끼가 어디에 존재할 것인지는 설명되지 않는다. 일상에서는, 화폐에서 수수께끼 같은 어떤

---

68 〔옮긴이〕이 책에 있는 '목차' 부분, '1장 상품, 3. 가치형태 혹은 교환가치, A) 단순한, 개별적인 혹은 우연한 가치형태, 4. 단순한 가치형태의 전체, 전개된 가치형태로의 이행' 부분, '1장 상품, 3. 가치형태 혹은 교환가치, C) 일반적 가치형태, 1. 가치형태의 변화된 성격, 상품형태들의 역사적 출현' 부분, '2장 교환과정, 4) 상품교환과 화폐의 역사적 발전' 부분 참조.

것도 없는 것처럼 보인다. 즉, 화폐는 우리가 모든 상품들을 구매할 수 있는 수단이다. 그러나 **왜** 우리가 화폐로 모든 것을 구매할 수 있는가는 전적으로 분명한 것이 아니다. 이에 대해서, 화폐가 가치를 지닌다는 것은 충분하지 않다. 다른 상품들도 가치를 지닌다. 그럼에도 불구하고 우리는 장 보러 가서 간단히 임의의 상품으로 지불할 수는 없다. 이 문제에 대해서, 화폐 재료(예를 들어 금)의 속성들이 존재한다는 사실도 아주 그럴 듯한 것은 아니다. 즉, 역사적으로 화폐 **재료**는 여러 번 바뀌었다. 맑스의 위의 표현은 '왜 우리가 화폐로 모든 상품들을 구매할 수 있는가'에 대한 설명을 화폐**형태**에서 발견할 것이라는 것을 암시한다.

3절의 도입 부분, 즉 첫 번째 쪽(MEW 23: 62)에서 **가치형태**, **가치표현**, **가치관계**라는 세 가지 새로운 개념들이 사용된다. 3절의 표제는 맑스가 교환가치와 가치형태를 동의어로 사용한다는 것을 명백히 한다. 가치표현과 가치관계라는 개념은 맑스에 의해 자세히 정의되지 않는다. 그것들은 이러한 3절의 도입 부분, 첫 번째 쪽의 마지막 두 문단들에서 출현한다. 거기에서 "가치표현"은 명백히 교환가치와 가치형태에 대한 동의어로 사용된다. 반면, "가치관계"는 약간 더 일반적으로 두 상품들의 관련을 '그것들의 가치와 관련해서' 말하는 것이다. 그러나 이때 우리는 단순한 **교환관계**를 **가치관계**와 구별해야 한다. 1절에서는 두 상품들의 "교환관계"를 조사했고, 두 상품들에서 동일한 크기의 "공통적인 것", 가치가 존재한다고 추론했다(MEW 23: 51 이하). 〔이제〕 우리가 두 상품들의 "가치관계"에 대해 말한다면, 교환관계에 대한 연구의 결과로서의 가치가 이미 전제된다. 즉, 교환관계가 '그 속에 포함된 상품가치들의 관계를 고려해서' 조사된다. 이 때문에 맑스는 "**두** 상품들의 가치관계가 한 상품에 대한 가장 단순한 가치표현을 제공한다"고 쓸 수 있었다(MEW 23: 62, 강조는 하인리히). 그러나 맑스는 이후 "가치관계"라는 말의 사용에 매우 엄격하지는 않았다. 때때로 그것은 또한 "가치표현"과 동의어로 사용된다.

A) 단순한, 개별적인 혹은 우연한 가치형태 (MEW 23: 63-76)

x량의 상품 A = y량의 상품 B 혹은

x량의 상품 A는 y량의 상품 B의 가치가 있다.

(20엘레의 아마포 = 1벌의 상의 혹은

20엘레의 아마포는 1벌의 상의의 가치가 있다.)

맑스는 왜 이러한 가치형태를 "단순한, 개별적인 혹은 우연한" 것으로 부르는가? 가치형태는 **단순**하다. 왜냐하면 그것은 두 상품들 외에 어떤 것도 전제하지 않기 때문이다. 가치형태는 **개별적**이다. 왜냐하면 이러한 가치형태가 다른 가치관계들과의 연관을 포함하지 않기 때문이다. 가치형태는 **우연**하다. 왜냐하면 상호 간에 연관을 맺는 상품들이 우연하게 선택되기 때문이다. 아마포와 상의 대신에, 여기서 또한 밀과 철, 혹은 비단과 구두약 등이 있을 수 있을 것이다.

맑스는 'A)'의 부속 표제에서 이러한 가치형태를 "혹은"이란 말로 묶은, 두 가지 표현들을 통해 묘사한다. 즉, 등식의 표현과 "~의 가치가 있다"는 **양극** 관계의 표현 말이다.(양극 관계에 대해서는 뒤에서 더 설명한다.) 이 부속 표제로 무엇이 표현되는가에 대해서 이미 일련의 논쟁이 있었다. 특히 비판가들은 맑스가 여기서 등식Gleichheit과 양극성Polarität을 잘못 동일시한다고 비판했다. 그러나 이러한 부속 표제는 선행하는 도입 부분의 마지막 문단에서 표현된 생각들을 도식적으로 표현할 뿐이다. 즉, 두 상품들의 가치관계(x량의 상품 A = y량의 상품 B)는 한 상품의 가장 단순한 가치표현(x량의 상품 A는 y량의 상품 B의 가치가 있다)을 제공할 뿐이다.

『자본』의 첫머리에 대한 주해

1. 가치표현의 두 극: 상대적 가치형태와 등가형태

"모든 가치형태들의 비밀은 이러한 단순한 가치형태에 들어 있다. 이 때문에 단순한 가치형태의 분석은 고유한 어려움을 보여 준다."(MEW 23: 63)

"…… 사회들의 부는 ……"(MEW 23: 49)이라고 쓴 1장의 첫 번째 문장에서와 유사하게, 맑스는 여기서 자신의 연구 과정의 **결과**를 보고한다. 즉, 가치형태들의 파악을 위한 결정적인 정보들은 이미 단순한 가치형태에 포함되어 있는 것이다. 이것이 실제로 그런지는 독자들이 가치형태들의 분석의 말미에 판단할 수 있다.

그러나 이 문장은 "화폐의 수수께끼"의 의미에 대한 탐색과 관련해 하나의 지시를 제공한다. "모든 가치형태들의 비밀", 따라서 또한 화폐형태의 비밀이 이미 이러한 단순한 가치형태에 들어 있다면, (비로소 화폐형태 자체를 다룰 때가 아니라) 여기서 이미 화폐의 수수께끼의 해답도 분명하게 되어야 할 것이다.

1절에서 교환가치의 도입 이후에, 두 상품들이 "공통적으로" 가지는 것을 추적하기 위해 그것들의 교환관계가 고찰되었다. 이러한 두 상품들의 **교환관계**에서 두 상품들은 동일한 역할을 한다. 즉, 동일한 가치의 두 상품들이 서로 교환된다. 이러한 가치 등식은 대칭관계이다.

〔그러나〕 **가치형**태(혹은 **가치표현**)에서 두 상품들은 각각 상이한 역할을 한다. 그 관계는 대칭적이지 않다. 즉, 첫 번째 상품(20엘레의 아마포)은 **능동적인** 역할을 한다. 그것은 자신의 가치를 두 번째 상품(1벌의 상의)에서 표현한다. 그 두 번째 상품은 **수동적** 역할을 한다. 그것은 단지 가치표현의 재료이다. 『자본』 1권 1판 서문에서 이야기된 "지나친 세세함"이 이러한 구별로 분명히 시작하고 있다. 이하에서 우리는 이러한 지나친 세세함이 무엇 때문에 좋은 것인지 유의해야 할 것이다.

첫 번째 상품의 가치는 "상대적 가치"로 표현되어 있다. 첫 번째 상품은

상대적 가치형태로 존재하고, 두 번째 상품은 **등가형태**로 존재한다. 이미 맑스 이전에도 "상대적 가치"와 "등가물"이 이야기되었다. 맑스가 도입한 **형태** 개념들과 이러한 형태들에 대한 상세한 분석이 새로운 것이다.

맑스는 상대적 가치형태와 등가형태의 근본적인 속성들을 밝힌다.

* 그것들은 서로를 조건으로 한다. 즉, 전자의 형태는 후자의 형태 없이 존재할 수 없다.
* 그것들은 서로를 배제한다. 즉, 동일한 상품이 동시에 두 형태들을 취할 수 없다.

이러한 두 가지 속성들 때문에 맑스는 두 "극"에 대해 말할 수 있었다. 상호 의존과 배제와 관련하여, "상대적 가치형태"와 "등가형태"의 사정은 북극의 자성과 남극의 자성의 사정과 똑같다.

계속해서 맑스는 "20엘레의 아마포가 1벌의 상의의 가치가 있다"는 가치표현이 또한 "1벌의 상의가 20엘레의 아마포의 가치가 있다"는 역관계를 포함한다고 밝힌다. 이것은 왜 그러한가? 이 가치표현의 근간을 이루는 것은 **20엘레의 아마포가 1벌의 상의와 교환된다**는 그런 교환관계이다. 동일한 가치의 두 상품들이 교환된다는 것만을 표현하는 이러한 교환관계는 대칭적이다. 즉, 그 교환관계를 뒤집을 수 있다. **1벌의 상의가 20엘레의 아마포와 교환된다.** 그러면 이러한 뒤집힌 교환관계로부터 "1벌의 상의는 20엘레의 아마포의 가치가 있다"는 가치표현이 뒤따라온다.

2 상대적 가치형태

a) 상대적 가치형태의 내용

『자본』의 첫머리에 대한 주해

여기서 바로 하위 표제에 유의해야 한다. 맑스는 특정한 **형태**의 **내용**Gehalt을 연구하고자 한다.

보충: 가치형태에 대한 절 전체에서 각 형태들의 내용이 중요하다. 『자본』 1권 1판 1장에서 맑스는 이러한 형태 분석이 근본적으로 새로운 종류의 것이라고 지시했다. 거기에서 그는 "경제학자들은 온통 소재에 대한 관심의 영향 아래에서, 상대적인 가치표현의 형태내용Formgehalt을 간과했다"고 쓴다(MEGA Ⅱ/5: 32, 주 20).

첫 번째 문단의 첫 번째 문장에서, 맑스는 여기서 그에게 문제인 것에 대해 말한다. 즉, 그는 "한 상품의 단순한 가치표현이 어떻게 두 상품들의 가치관계에 들어 있는지" 찾아내고자 한다(MEW 23: 64).[69] 그러나 우리는 그것을 이미 아는 것이 아닌가? "20엘레의 아마포 = 1벌의 상의"라는 가치관계가 존재한다면, 그 속에 "20엘레의 아마포는 1벌의 상의의 가치가 있다"는 가치표현이 포함되어 있다. 이제 와서 무엇을 발견해야 하는가?

첫 번째 문단과 두 번째 문단에서 맑스는 가치관계의 **양적인** 면과 **질적인** 면을 구별한다. 즉, 각 가치관계에서 두 상품들은 일정한 양적 비율로 서로 마주선다. 그러나 맑스는 바로 이러한 양적 관계를 추상하고자 한다.(다음에 나오는 'b) 상대적 가치형태의 양적 규정성'에서 양적 관계가 다뤄진다.) 일반적으로 두 물건들 사이에 가치관계가 존재한다는 것은 그것이 어떤 양적 비율이든지, 이러한 두 물건들이 **공통적인 질**을 지닌다는 것을 전제한다. 그것들이 비교될 수 있도록 하는 그러한 공통적인 질 말이다. 맑스가 첫 번째 문단에서 강조한 것처럼, "통약할 수 있는(비교할 수 있는―

---

69 〔옮긴이〕 이전에 나왔던 표현으로 말하자면, "두 상품들의 가치관계가 한 상품에 대한 가장 단순한 가치표현을 제공한다."(MEW 23: 62)

하인리히) 크기"가 문제이지 않을 수 없다(MEW 23: 64). 아마포와 상의는 **사용가치들**로서 질적으로 상이하다. 그것들은 **가치들**로서 양적으로 동일하다.

주 17에서 또한 맑스는 한편으로 '명백히 가치형태에 몰두한 경제학자들'이 가치와 가치형태를 혼동했다고 비판한다. 그 차이를 확인하자. **가치들**은 '추상적인 인간 노동의 대상화로서의 상품들'이다. **가치형태**(교환가치)는 다른 상품의 일정한 양을 통한 한 상품의 가치의 표현이다. 다른 한편으로 맑스는 **질적인** 면을 간과하고 언제나 **양적**인 면에 몰두한 경제학자들을 비판한다. 바로 3절에서는 이러한 질적인 면, 그 경제학자들이 간과한 면이 문제이다.

보충: 주 17에서 특히 사무엘 베일리(Samuel Bailey, 1791 - 1870)가 언급된다. 부수적인 것처럼 들리는 이 언급은 특수한 배경을 가지고 있다. 『정치경제학 비판을 위하여. 1분책』(1859)에서 맑스는 가치형태를 단지 매우 짧게 분석했다. 거기에서 그는 가치형태를 이제 『자본』 1권 2장의 대상을 이루게 되는 '교환과정'과 분리해서 분석하지 않았다. 『자본』을 위해서 맑스가 가치형태에 대한 부분을 현저히 확장했고, 그것을 교환과정의 분석과 분리한 것은 특히 다음의 사실 때문이었다. 즉, 맑스는 그 사이에(1861 - 1863년의 『잉여가치에 대한 이론들』에서) 리카도의 노동가치론에 대한 베일리의 비판과 집중적으로 씨름했고, 이때 맑스에게 또한 자신의 서술의 불충분함이 분명하게 되었던 것이다.[70]

첫 번째 문단과 두 번째 문단에서 맑스는 '**양적인 비교 가능성**은 두 사물

---

70 〔옮긴이〕이 책에 있는 부록 3 참조.

들이 **동일한 단위**Einheit로 환원됨을 전제한다는 것'을 밝힌다. 그 후에 그는 MEW 23의 64/65쪽에 있는 문단에서, 아마포와 상의라는 두 상품들이 가치표현에서 **상이한** 역할을 하는 것에 대해 주의를 환기시킨다. 아마포의 가치가 표현된다. 이것은 어떻게 가능한가? 맑스의 대답은 다음과 같다. 즉, 상의가 가치의 현존형태Existenzform, 가치물로 "간주gelten"됨으로써 그러하다. 여기서 다시 철저히 표현에 유의해야 한다. 즉, 상의는 간단히 가치물인 것이 아니다. 그것은 오히려 상의, 즉 사용가치이다. 단지 특정한 관계에서만 상의는 가치물로 **간주된다.**

이 문단에서의 논증은 '교환관계에서 두 상품들의 동일시'와 '다른 상품을 통한 한 상품의 가치의 표현' 사이의 근본적 차이를 지시한다. 이 차이는 다음 문단에서 분명하게 언급된다.

"우리가 가치들로서 상품들이 인간 노동의 단순한 젤라틴이라고 말한다면, 우리의 분석은 상품들을 가치추상Wertabstraktion으로 환원시키나, 상품들에게 그것들의 현물형태와 상이한 가치형태를 부여하지는 않는다. 한 상품과 다른 상품의 가치관계에서는 다르다. 여기에서 한 상품의 가치성격은 다른 상품에 대한 그 상품 자신의 관계를 통해 드러난다."(MEW 23:65)

우리는 이 문단을 더 상세하게 다루어야 한다. 여기서 두 가지 상이한 지평들이 서로 대립된다.(이 지평들은 인용문에서 "다르다"라는 말을 통해 분리된다.) 이때 맑스의 표현 방식은 우리를 약간 그릇된 길로 이끄는 성격이 있다. 즉, 첫 번째 문장에서 "우리의 분석"이 이야기되고, 두 번째 문장과 세 번째 문장에서는 "가치관계"가 문제이다. 이 때문에, 마치 맑스가 '분석'을 (따라서 개념들의 분해, 구성 등을) '특정한 관계들'과 대조하고자 하는 것처럼 보인다. 그러나 가치관계도 특정한 분석의 결과로서만 파악할 수 있다. 여기서 서로 대조되는 것은 **상품의 분석의 두 가지 상이한 지평**들이다.

위에서 인용된 첫 번째 문장에서 상품들의 교환관계에 대한 분석이 문제이다. 1장 1절에서 한 것처럼 말이다. 1절에서 맑스는 '1크바르트의 밀

＝a첸트라의 철'이라는 교환관계에서 출발했고, 두 물건들이 동일한 크기의 "공통적인 것"을 포함한다고 결론 내렸다(MEW 23: 51). 그 후에 이러한 공통적인 것이 가치로 규정되었다. 위에서 인용한 문단의 첫 번째 문장은 맑스가 약간 변화시켜 스스로를 인용한 문장이다. MEW 23의 52쪽에서 맑스는 다음과 같이 논증했다. 즉, 노동생산물들의 유용한 성격을 추상하면, 그것들에게 "유령 같은 대상성, 구별 없는 인간 노동의 단순한 젤라틴" 외에 다른 어떤 것도 남아 있지 않다. 그리고 이러한 "그것들에게 공통적이고 사회적인 실체"의 결정結晶들로서 그러한 노동생산물들은 **가치**들이다.

이제 맑스는 이러한 분석으로는 상품들이 "가치추상"으로만 환원되었다고 강조한다. "가치추상"은 맑스가 지금까지 아직 사용하지 않은 개념이다. 이것은 무엇을 의미하는가? 추상은 가치의 근간을 이룬다. 즉, 상품들의 사용가치 속성들에 대한 추상 말이다. 그리고 이 말에 포함된 것인데, 이러한 상품을 생산한 노동의 구체적으로 유용한 속성들에 대한 추상 말이다. 가치들로서 상품들은 구별 없는 인간 노동의 "젤라틴"이다. 그러나 그것은 개별 상품에서는 파악될 수 없다. "상품들은 가치들이다"라고 사람들이 말한다면, 그들은 상품들을 **추상**으로 환원한 것이다. 그것은 '개, 고양이, 호랑이는 동물이다'라고 사람들이 말할 때와 유사하다.

맑스는 교환관계에 대한 분석의 결과로서 획득된 이러한 "가치추상"에 "가치형태"를 대립시킨다. 교환관계에 대한 분석으로는 아직 획득되지 못한 가치형태 말이다.

MEW 23의 65쪽에 있는, 위에서 인용한 문단에서 말하는 두 번째 지평은 **가치관계에 대한 분석**이다. "다른 상품에 대한 한 상품의 가치관계"에서 도대체 무엇이 "다른"가? 우선 가치관계에 대한 분석이 교환관계에 대한 분석에 근거를 둔다는 것을 확인해야 한다. 즉, 교환관계에 대한 분석으로부터 획득된 가치추상이 여기서 전제된다. "다른" 것은〔한 상품의〕"가치성격"이 **다른** 상품에 대한〔그 상품 자신의〕관계로서 드러난다는 것이다.

즉, 가치관계에 대한 분석은 가치를 이제 더 이상 단지 추상으로, "유령 같은 대상성"으로 보여 주지 않는다(MEW 23: 52). 오히려 그 분석은 한 상품(아마포)의 가치가 다른 상품(상의)을 통해 **표현**된다는 것을 보여 준다. 아마포는 **그것의 현물형태와 구별되는 가치형태**, 결코 유령 같은 것이 아니라 감각적으로 파악할 수 있는 가치형태를 얻는다. 다음 문단은 가치를 형성하는 노동의 특수한 성격이 어떻게 다른 상품에 대한 관계에서 표현되는지를 분명히 한다.

상의와 아마포는 갖가지 구체노동들의 생산물들이다. "상의"가 "아마포의 가치물로 동일시"된다면, 이러한 갖가지 노동들이 서로 동일시된다.

이러한 동일시 혹은, 맑스가 이제 쓰는 것처럼, "갖가지 상품들의 등가표현은 가치를 형성하는 노동의 특수한 성격을 드러나게 한다. 이것은 갖가지 상품들의 등가표현이 갖가지 상품들에 들어 있는 갖가지 노동들을 **실제로** 그 노동들의 공통점으로 환원함으로써, 즉 인간 노동 일반으로 환원함으로써 그러하다."(MEW 23: 63, 강조는 하인리히)

우리는 두 가지 지평에 대해 다음과 같이 요약해서 밝힐 수 있다. **교환관계**에서 우선 "우리의" 분석의 결과였던 것은, 가치들로서의 상품들이 동일한 인간 노동의 젤라틴으로 환원되어 있다는 것은, **가치관계**에서는 이미 **구성 요소**이다. 즉, 분석되는 관계(가치관계) 자체의 구성 요소이다. 갖가지 상품들이 가치물들로 동일시되는 것을 통해, 갖가지 구체노동들은 **실제로** 동일한 추상적인 인간 노동으로 환원된다.

이미 1장 2절에서 맑스는 자신이 '상품을 생산하는 노동의 이러한 이중성'을 최초로 "비판적으로 입증"했다고 주장했다(MEW 23: 56).[71] 그러나 맑스가 주 17a에서 분명히 하는 것처럼, 그는 그것(그 이중성)을 결코 최초

---

71 〔옮긴이〕 "상품에 들어 있는 노동의 이중적zwieschlächtig 본성은 나에 의해 처음으로zuerst 비판적으로 입증되었다."(MEW 23: 56)

맑스의 『자본』을 어떻게 읽을 것인가?   154

로 말하지는 않았다. 경제학자가 아니라 오히려 자연과학자(피뢰침 발명가)와 정치가(미국독립선언의 공동 작성자)로 유명한 벤자민 프랭클린(Benjamin Franklin, 1706-1790)은 상업을 **한 노동**과 **다른 노동**의 교환으로 이해했고, 가치가 **노동으로** 평가되어야 한다고 추론했다. 따라서 맑스에 의하면, 프랭클린은 분명한 인식 없이 개별 노동들의 특수성들을 추상했다. 맑스가 계속하길, "그러나 그는 그가 알지 못하는 것을 말한 것이다."(MEW 23: 65, 주 17a) 따라서 프랭클린의 글의 내용은 프랭클린의 지식 혹은 의도를 훨씬 넘어선다. 경제학적 문헌에 대한 맑스의 수용에서 '그러한 의미의 잉여분'에 대한 해독이 다른 곳에서도 중요한 역할을 한다.

그러나 프랭클린이 말한 것과 맑스가 말한 것 사이의 차이는 도대체 무엇인가? 명백한 차이는, 맑스는 자신이 말한 것을 알고 이것(이해의 도약점으로서의 노동의 이중성)을 또한 강조하는 반면, 프랭클린은 그것을 알지 못한다는 것이다. 그러나 차이는 여전히 더 깊은 곳에 있다. 맑스는 상품을 생산하는 노동의 이중성을 **교환관계에 대한 분석**으로부터 전개했다. 프랭클린은 노동의 이중성이 상품들의 **가치관계**에 의해 "실제로" 표현되는 대로 그렇게 그 이중성을 다만 수용할 뿐이다. 그가 무엇이 거기서 표현되는지 정말로 아는 것 없이 말이다. 그리고 프랭클린은 왜 이것을 알지 못하는가? 왜냐하면 그는 교환관계에 대한 분석의 결과로서 "가치추상"을 개념적으로 다루지 못하기 때문이다.

다음 문단은 (여기서 다음과 같은 말을 추가해야 할 것인데, "아마포의 가치를 표현하기 위해서") "아마포의 가치를 이루는 노동의 특수한 성격을 표현하는" 것으로는 충분치 않다는 확인으로 시작한다.[72]

---

72 〔옮긴이〕『자본』1권에는 다음과 같이 적혀 있다. "그럼에도 불구하고, 아마포의 가치를 이루는 노동의 특수한 성격을 표현하는 것으로는 충분치 않다."(MEW 23: 65) 즉, "아마포의 가치를 표현하기 위해서"라는 말은 하인리히가 문장의 명확한 이해를 위해 추가한 것이다.

『자본』의 첫머리에 대한 주해

왜냐하면 "인간 노동은 가치를 형성하나, 가치인 것은 아니기" 때문이다. "그것은 응고된 상태로, 대상적인 형태로 가치가 된다."(MEW 23: 65)

이로부터 다음과 같은 결론이 나온다.

"아마포의 가치를 인간 노동의 젤라틴으로 표현하기 위해, 그 가치는 〈대상성〉으로 표현되어야 한다. 아마포 자체와 물건적으로dinglich 상이하고, 동시에 다른 상품과 아마포에 공통적인 그러한 대상성 말이다."(MEW 23: 65 이하)

맑스가 덧붙이길, "그 과제는 이미 해결되어 있다." 그리고 다음 문단에서 그는 해결을 제시한다. 아마포는 자신의 가치의 "대상적인" 모습을 바로 상의에서 발견한다. 아마포와 상의의 가치관계에서 상의는

"가치를 나타나게 하는 물건으로서, 혹은 자신의 분명한 현물형태로 가치를 표현하는 그러한 물건으로서 간주된다."(MEW 23: 66)

여기를 읽을 때 사람들은 주춤할 것이다. 가치가 개별 상품에서 파악될 수 없다는 것은 여러 번 강조되었다. 이전 문단에서 맑스는 아마포의 가치가 '아마포와 물건적으로 상이한 대상성'으로 표현되어야 한다고 썼었다. 그 모든 것은 상의에게는 효력이 없는 것처럼 보인다. 상의는 자신의 "분명한 현물형태"로 이미 가치를 표현한다고 하기 때문이다. 맑스가 다음과 같이 쓸 때, 그 스스로 이 점을 거론한다.

"1벌의 상의는 임의의 아마포 조각과 마찬가지로 가치를 표현하지 않는다."(MEW 23: 66)

그러나 방금 막 맑스는 정확히, 상의가 가치를 표현한다는 것을 주장했었다. 이러한 상이한 진술들은 어떻게 일치될 수 있는가? 맑스는 이 수수께끼의 해결을 곧장 제시한다.

"이것은 단지 그것(상의─하인리히)이 아마포와의 가치관계 밖에서보다 안에서, 더 중요한 의미를 갖는다는 것을 입증할 뿐이다."(MEW 23: 66)

아마포와 상의를 **고립적으로** 고찰하면, 양자는 단지 사용가치들일 뿐이

다. 양자 중에 어떤 것도 가치를 표현하지 않는다. 상의가 **자신의 현물형태**로 가치를 표현한다는 것은 상의의 내재적 속성이 아니다. 상의는 이러한 속성을 아마포와 상의의 가치관계 **내에서만** 지닌다. 그런 한에서 맑스가 "간주되다gelten"라는 말을 자주 사용하는 것은 매우 정확한 것이다. 즉, 상의는 가치의 현존형태"인" 것이 아니며, 오히려 상의는 가치의 현존형태로 "간주된다."[73](예를 들어, MEW 23의 64쪽 네 번째 문단, 66쪽 두 번째 문단과 세 번째 문단 참조.) 여기서 **효력관계**Geltungsverhältnis가 문제이다.[74]

가치관계 내에서 왜 그런 효력관계가 존재하는지 맑스는 다음 문단에서 설명한다. 상의는 "가치의 담지자"이다. 이때, 상의 자체를 보고 이것을 알아차릴 수는 없다. 그러나 "20엘레의 아마포는 1벌의 상의의 가치가 있다"는 가치표현에서, 상의는 **단지** 가치로만 간주된다. 이로부터 다음과 같은 결론이 나온다.

"그러나 아마포에게 동시에 가치가 상의의 형태를 취하는 것 없이는, 상의는 그것(아마포─하인리히)에 대해 가치를 표현할 수 없다."(MEW 23: 66)[75]

---

73 〔옮긴이〕 하인리히의 설명을 다시 요약하면 다음과 같다. 한 상품의 가치는 '그 상품이 아닌 다른 대상성'을 통해 표현되어야 한다. 예를 들어, 아마포는 자신의 가치를 표현할 수 없고, 아마포와 교환되는 상의가 '아마포의 가치'를 표현할 수 있다. 이때, 한 상품의 가치가 '그 상품이 아닌 다른 대상성'을 통해 표현되어야 한다는 맑스의 전제가 상의에게는 효력이 없는 것처럼 보일 수 있다. 그러나 이것은 상의가 '아마포의 가치'가 아니라 '상의 자체의 가치'를 직접 표현할 수 있다고 오해할 때만 발생하는 것이다.

74 〔옮긴이〕 Geltung은 gelten의 명사형이다. 이 두 단어의 관계를 보다 강조하고자 한다면, Geltungsverhältnis는 '간주관계'로도 옮길 수 있다. '이다sein'와 '간주되다gelten'의 차이에 대해서는 또한 이 책에 있는 '1장 상품, 3. 가치형태 혹은 교환가치, A) 단순한, 개별적인 혹은 우연한 가치형태, 3. 등가형태, 등가형태의 첫 번째 특성' 부분 참조.

75 〔옮긴이〕 직역의 경직성을 피해 옮기면 다음과 같다. "그러나 아마포의 가치가 동시에 상의의 형태를 취하는 것 없이는, 상의는 그것〔아마포〕의 가치를 표현할 수 없다."

『자본』의 첫머리에 대한 주해

따라서 여기서 문제인 효력Geltung은 교환하는 사람들이 협정한 효력도 아니고, 국가가 부과한 효력도 아니다. 그것은 오히려 교환에 근거하는 경제에 의해 주어진 관계이다.

다음 문단에서 맑스는 다시 한 번 요약한다.

"따라서 상의가 아마포의 등가물을 이루는 가치관계에서, 상의 형태는 가치형태로 간주된다."(MEW 23: 66)

이로부터 이제 새로운 관점이 따라 나온다.

"이 때문에 아마포라는 상품의 가치는 상의라는 상품의 몸체에서 표현된다. 한 상품의 가치는 **다른 상품의 사용가치**에서 표현된다."(MEW 23: 66, 강조는 하인리히)

따라서 보다 앞서 (MEW 23의 65쪽과 66쪽에 걸친 문단에서) 부과된 과제, 아마포의 가치를 아마포와 물건적으로 상이한 "대상성"으로 표현하는 과제는 해결되었다. 즉, 아마포는 상의 안에서 '자신의 현물형태와 상이한 가치형태'를 얻는다.

그리고 나서 다음 문단은 다음과 같이 말한다.

"사람들은 아마포가 다른 상품, 즉 상의와 관계 맺자마자, 아마포 스스로 '상품가치에 대한 분석이 우리에게 이전에 말했던 모든 것'을 말한다는 것을 본다. 아마포는 자신에게만 친숙한 언어로, 즉 상품 언어로 자신의 생각을 누설할 뿐이다."(MEW 23: 66)

맑스가 여기서 약간 서정적으로 말을 돌려서 묘사하고 있는 것은 다시, '이미 MEW 23의 65쪽에 있는 두 번째 문단("우리가 …… 말한다면 ……")에서 지적된 분석'이 가진 두 지평들 사이의 비교이다. 1장 1절에서 "상품가치에 대한 분석"이 문제였다. 그 분석은 "가치추상"으로 귀결되었다(MEW 23: 65). 여기 3절에서는 가치의 "대상적" 표현으로서 가치형태가 문제이다. 이때 동일한 규정들의 새로운 지평이 나타난다. 그것이 "상품 언어"(즉 상품들 상호 간의 관계)를 통해 표현되는 특수한 모습에서일지라도 말이다.

그 후에 마지막 문단은 다시 한 번 상대적 가치형태의 "내용"에 대한 가장 농축되고 가장 추상적인 요약을 제공한다.

"상품 A가 '가치체로서의, 인간 노동의 물질화Materiatur로서의 상품 B'에 관계함으로써, 그것은 사용가치 B를 그 자신의 가치표현의 재료로 만든다."(MEW 23:67)

b) 상대적 가치형태의 양적 규정성

'a) 상대적 가치형태의 내용'에서 완전히 의식적으로 추상된 것이 이제 서술의 대상이다. 첫 번째 문단에서 맑스는 가치형태가 "가치 일반뿐 아니라 양적으로 규정된 가치 혹은 가치크기"를 표현한다고 밝히며 시작한다(MEW 23:67). 그 후에 두 번째 문단에서, 가치표현의 두 상품들에는 동일한 양의 "가치실체"가 들어 있다고, "따라서 두 상품의 양은 동일한 양의 노동 혹은 동일한 크기의 노동시간을 필요로 한다"고 말한다(MEW 23:67).

여기서 맑스는 단순히 **노동**에 대해 말할 뿐이다. 그러나 이전에 가치실체에 대해 이야기되었기 때문에, 맑스가 **가치를 형성하는 노동**, 즉 **추상적인 인간 노동**의 뜻으로 말한다는 것은 분명하다. 개인적으로 지출된 노동시간이 아니라 단지 "사회적으로 필요한 노동시간"만이 가치를 형성한다.('1장 상품, 1. 상품의 두 요소, 5) 가치크기와 생산력' 참조.) 그리고 이것은 또한 〔생산물의 총량이〕 "사회적 욕구"를 충족시키는 한에서만 그렇다.('1장 상품, 1. 상품의 두 요소, 7) 1절의 논증에 대한 주해' 중에서 '두 번째 주해: 공급과 수요' 참조.)

맑스는 이제 두 상품들의 가치 변동이 가치표현에 미치는 영향을 연구하고자 한다. 이 연구를 위해, 무엇이 가치 변동을 초래했는지, 즉 노동의 생산력에서의 변동이 가치 변동을 초래했는지(맑스는 MEW 23의 68쪽에서 이 경우를 언급한다) 혹은 사회적 욕구의 변동이 그랬는지는 중요하지 않다.

주 19에서 맑스는 이후로 그가 "가치"라는 말을 가치라는 "질"을 표시하기 위해서 이용할 뿐만 아니라(가령 '상품은 사용가치일 뿐만 아니라 가치이다'라고 말할 때 그렇다), 이러한 질을 포함하는 "양", 따라서 그때그때의 **가치크기**를 위해서도 이용한다고 주의를 환기시킨다.

맑스는 이제 한 상품 혹은 두 상품들의 가치크기의 변동이 가지는 네 가지 경우들을 구별하고, 가치표현에 대한 효과들을 고찰한다. 여기서 사람들은 잠깐 숙고해야 할 것이다. 가치대상성이 개별 생산물의 속성이 아니라는 것, 따로따로 떼어 놓은 상품과 같은 그런 어떤 것은 존재하지 않는다는 것은 위에서 여러 번 강조되었다. 그러나 이제 따로따로 떼어 놓은 상품의 가치가 문제인 것이 아닌가? 〔하지만〕 우리는 여전히 **두** 상품의 가치관계에 포함되어 있는 가치형태를 연구 중이다. 가치관계 **내**에서 우리는 전적으로 **한** 상품과 그것의 가치에 대해 말할 수 있다. 그러나 그런 가치관계와 독립적으로 그렇게 말할 수는 없다.

맑스가 이제 고찰하는 것은 두 상이한 시점時點에서의 가치형태이다. 그는 사회적 생산조건들의 임시적인 변동들이 맺는 상이한 조합들을 가정하고, 그것이 상대적인 가치표현에 미치는 영향을 고찰한다. 그러나 '한 상품의 가치의 변동'과 '그 상품의 가치표현의 변화'는 시간적으로 차례차례가 일어나는 것이 아니라 동시에 일어난다. 즉, 예를 들어, 아마포의 생산에서 사회적으로 필요한 노동시간이 변했다는 것, 그리고 그것이 변한 정도는 교환에서야 드러난다. 거기〔교환〕에서야 우리는 아마포의 가치 변동에 대해 말할 수 있다.[76]

---

76 〔옮긴이〕 이 책에 있는 '1장 상품, 1. 상품의 두 요소, 4) 가치와 가치실체, 첫 번째 논증 단계' 부분, '1장 상품, 1. 상품의 두 요소, 4) 가치와 가치실체, 세 번째 논증 단계' 부분, '1장 상품, 3. 가치형태 혹은 교환가치, 서론' 부분, '1장 상품, 3. 가치형태 혹은 교환가치, A) 단순한,

이제 네 가지 경우들을 보자.

1. 아마포의 가치가 변동하고 상의의 가치는 변하지 않은 경우. 이때 "상대적 가치"(즉 상의들에서 표현된 아마포의 가치)는 아마포의 가치 변동에 따라서 변한다.[77]

2. 아마포의 가치가 변하지 않고 상의의 가치는 변동하는 경우. 이때는 아마포의 상대적 가치는 상의의 가치와 반대로 변동한다.[78]

   첫 번째 경우와 두 번째 경우를 비교하면, 상대적 가치의 변동을 보고 그것이 아마포의 가치크기에서의 변동에서 발생하는 것인지 혹은 상의의 가치크기에서의 대비되는 변동에서 발생하는 것인지 알아차릴 수 없다는 것이 확인된다.

3. 아마포의 가치크기와 상의의 가치크기가 둘 다 변동하는데, 동일한 방향으로 그리고 "동일한 비율"(즉 같은 퍼센트)로 변동하는 경우. 이때는 아마포의 상대적 가치는 변하지 않는다.

4. 아마포의 가치크기와 상의의 가치크기가 둘 다 변동하는데, 동일한

개별적인 혹은 우연한 가치형태, 4. 단순한 가치형태의 전체' 부분, '1장 상품, 3. 가치형태 혹은 교환가치, B) 총체적 혹은 전개된 가치형태, 1. 전개된 상대적 가치형태' 부분, '1장 상품, 4. 상품의 물신성과 그것의 비밀, 2) "상품들을 생산하는 노동의 고유한 사회적 성격" 부분 참조.

77 〔옮긴이〕하인리히의 기대와 달리 『자본』 1권이 옆에 없는 독자를 위해 MEW 23의 68쪽에 나온 대로 예를 들자면, 아마포의 생산에 필요한 노동시간이 두 배로 늘어 아마포의 가치가 두 배로 상승하고 상의의 가치가 불변일 때, 20엘레의 아마포는 1벌의 상의의 가치 대신 2벌의 상의의 가치가 있게 된다. 즉, 아마포의 상대적 가치가 두 배로 상승한다. 거꾸로 아마포의 가치가 1/2이 되면, 아마포의 상대적 가치는 1/2로 하락한다.

78 〔옮긴이〕마찬가지로 예를 들자면, 상의의 생산에 필요한 노동시간이 두 배로 늘어 상의의 가치가 두 배로 상승하고 아마포의 가치가 불변일 때, 20엘레의 아마포는 1벌의 상의의 가치 대신 1/2벌의 상의의 가치가 있게 된다. 즉, 아마포의 상대적 가치가 하락한다. 거꾸로 상의의 가치가 1/2이 되면, 아마포의 상대적 가치는 두 배가 된다.

방향으로 변동하지 않는 경우든지, 아니면 동일한 비율로 변동하지 않는 경우. 다수의 가능한 조합들은 첫 번째 경우부터 세 번째 경우까지 있는 여러 상황들의 반복 응용에 조응한다.

이렇게 해서 '아마포와 상의의 모든 일반적으로 생각할 수 있는 가치 변동들'과 '이러한 변동들이 아마포의 상대적 가치에 미치는 영향'이 다루어졌다. 맑스는 결과의 요약으로 다음과 같이 밝힌다.

"따라서 가치크기의 실제적인 변동은 가치크기의 상대적 표현에서 혹은 상대적 가치의 크기에서 명료하게 반영되지도 않고, 남김없이 반영되지도 않는다."(MEW 23: 69)

주 20에서 맑스는 이러한 부조응을 "가치크기와 가치크기의 상대적 표현 사이의 불일치"로 부른다(MEW 23: 69). 우리는 화폐형태에 대한 부분('D) 화폐형태')에서 다시 한 번 이러한 불일치로 돌아올 것이다.

3. 등가형태

이미 '1. 가치표현의 두극'에서처럼, 첫 번째 문장에서 맑스는 상대적 가치형태로 존재하는 상품의 능동적 역할을 강조하고, 그 상품이 두 번째 상품에게 가치형태를 "부과한다aufdrücken"고 강조한다. 맑스가 계속하길,

"상의가 '자신의 몸체 형태와 상이한 가치형태'를 취하지 않고 아마포에 동등한 것으로 간주되는 것을 통해서, 아마포라는 상품은 그 자신의 가치 존재를 내보인다. 따라서 상의가 직접적으로 아마포와 교환될 수 있다는 것을 통해서, 아마포는 사실 그 자신의 가치존재를 표현한다. 그래서 한 상품의 등가형태는 '그 상품과 다른 상품의 직접적 교환 가능성의 형태'이다."(MEW 23: 70)

이 인용문의 첫 번째 문장에서 맑스는 단지 상대적 가치형태에 대한 연구의 결과를 요약할 뿐이다. 그러나 두 번째 문장과 세 번째 문장은 새로운 진술을 한다. 즉, 아마포는 상의가 "직접적으로 아마포와 교환될 수" 있다는 것, 그리고 등가형태가 "다른 상품과의 직접적 교환 가능성의 형태"라는 것을 표현할 것이라는 것이다.

여기서 "직접적 교환 가능성의 형태"는 무엇을 말하는가? 그대로, 따라서 "직접적으로", 상의는 아마포와 교환될 수 있다. 그러나 무엇이 직접적 교환 가능성이 아닐 것인가? 사람들은 이것을 세 가지 상품에 대한 고찰을 통해 설명할 수 있다. 20엘레의 아마포뿐 아니라 10킬로그램의 철이 1벌의 상의와 교환된다고 가정해 보자. 그러면 우리는 20엘레의 아마포와 10킬로그램의 철이 동일한 가치크기를 가진다고 추론할 수 있다. 그러나 이것은 20엘레의 아마포 또한 10킬로그램의 철과 교환된다는 것을 결코 말하지 않는다. 상의는 아마포만이 아니라 철에게도 **가치표현의 재료**로 쓰이기 때문에, 따라서 아마포와 철에게는 가치가 상의의 모습을 취하기 때문에, 아마포와 철은 상의와 교환된다. 상의는 그것들과 직접적으로 교환될 수 있다. 그러나 우리의 예에서, 우선 10킬로그램의 철이 1벌의 상의와 교환되고, 그 후에 20엘레의 아마포가 그 상의와 교환될 때만, 10킬로그램의 철은 20엘레의 아마포와 교환될 수 있다. 따라서 철은 "직접적으로"가 아니라 단지 **매개적으로**(상의를 매개자로 해서) 〔아마포와〕 교환될 수 있다. 왜? (우리의 예에서) 철은 **현물형태**인 채로 이미 **가치형태**로 간주되는 것은 결코 아니기 때문이다.

두 번째 문단과 세 번째 문단에서, 맑스는 등가 상품(우리의 경우는 상의)만으로는 결코 교환의 **비율**, 따라서 양적 관계를 알 수 없다고 밝힌다. 이것은 오히려 두 상품들의 가치크기에 의존한다. 맑스는 앞선 '2. 상대적 가치형태,b) 상대적 가치형태의 양적 규정성'에서 이것을 상세히 설명했다.

맑스는 등가형태의 그 이상의 속성에 대해서도 주의를 환기시킨다. 아

『자본』의 첫머리에 대한 주해

마포(즉 상대적 가치형태로 존재하는 상품)의 가치크기는 일정한 양의 상의(등가형태로 존재하는 상품)에서 표현된다. 그것에 반해, 상의(등가형태로 존재하는 상품)의 가치크기는 표현되지 않고, 등가 상품은 항상 **한 사물의 특정한 양**으로만 출현한다.

서두를 장식하는 이러한 언급 후에, 맑스는 "등가형태"의 세 가지 "특성"을 제시한다.

등가형태의 첫 번째 특성[79]

"사용가치는 그 반대의 현상형태, 즉 가치의 현상형태가 된다."(MEW 23: 70)

이러한 사정은 이미 상대적 가치형태의 내용을 연구할 때 드러났다. 거기에서 맑스는 '아마포에게 가치가 상의의 형태를 취할 때만, 아마포가 자신의 가치를 상의에서 표현할 수 있다'고 밝혔다(MEW 23: 66).[80] 그러나 상의가 등가형태로 존재하는 것은 단지 우연일 뿐이다. 모든 다른 상품도 상

---

79 〔옮긴이〕『자본』1권 2판에서 등가형태에 대한 서술은 소제목으로 구분되어 있지 않다. 이와 달리 1판에 있는 부록에서는 다음과 같이 구분되어 있다. "a) 직접적 교환 가능성의 형태. b) 양적 규정성은 등가형태에 포함되어 있지 않다. c) 등가형태의 특성들." c)항목은 다시 다음과 같이 세분되어 있다. "α) 등가형태의 첫 번째 특성: 사용가치가 자신의 반대의 현상형태, 즉 가치의 현상형태가 된다. β) 등가형태의 두 번째 특성: 구체노동이 자신의 반대의 현상형태, 즉 추상적인 인간 노동의 현상형태가 된다. γ) 등가형태의 세 번째 특성: 사적 노동이 자신의 반대의 형태가 된다. 즉, 직접적으로 사회적인 형태를 취하는 노동이 된다. δ) 등가형태의 네 번째 특성: 상품형태의 물신주의는 상대적 가치형태에서보다 등가형태에서 더 두드러진다." MEGA Ⅱ/5의 631, 8쪽 참조.

80 〔옮긴이〕위에서 나왔던 인용문을 다시 적으면 다음과 같다. "그러나 아마포에게 동시에 가치가 상의의 형태를 취하는 것 없이는, 상의는 그것(아마포─하인리히)에 대해 가치를 표현할 수 없다."(MEW 23: 66)

의의 자리에 놓일 수 있을 것이다. 그러면 그러한 상품의 사용형상은 직접적으로 가치형상Wertgestalt으로 간주될 것이다. 그런 한에서, 맑스는 그 결과를 '사용가치가 가치의 현상형태가 된다'는 취지로 일반화할 수 있었다.

여기서 맑스는 가치를 사용가치의 "반대Gegenteil"로 부른다. 이것으로 그는 사용가치와 가치가 상이할 뿐만 아니라 어떤 점에서 보면 대립적으로 규정되어 있다고 넌지시 암시한다. 한 상품의 사용가치는 그것의 유용성에 근거하고, 이 유용성은 상품체의 구체적인 소재적 속성들에 기초한다. 우리는 한 상품의 가치를 상품의 사용가치에 대한 추상을 통해 얻는다. 가치는 사회적 규정인 것이다.(상응하는 대립이 〔등가형태의〕 다른 두 가지 특성들에서도 "반대"라는 말의 토대를 이룬다.)

맑스가 교환가치를 '교환가치와 상이한 내용'의 "현상형태"로 규정한 MEW 23의 51쪽에서와 비슷하게, 그는 여기에서도 "현상형태Erscheinungsform"라는 말을 사용한다. 이때, '나타나게erscheinen 되는 것'〔즉 내용〕을 '나타나게 되는 "본질"'로 언급하는 것 없이 그렇다. 이곳에서 그것〔즉 '내용'을 '본질'로 언급하는 것〕이 얼마나 허튼 소리일지가 명백하게 된다. 왜냐하면 그 경우〔위에서 가치의 현상형태가 사용가치라고 했으므로〕 사람들이 가치를 사용가치의 "본질"로 이해해야만 할 것이기 때문이다.[81]

---

[81] 이것은 사람들이 맑스에 대해서 유사하게 조야한 허튼 소리를 쓰는 것을 배제하지 않는다. 그리고 독일에서 그것은 학문적 평판에 해를 입히지 않는다. 현대의 가장 유명한 독일 사회 철학자로 간주되는 위르겐 하버마스(Jürgen Habermas, 1929 -)는 다음과 같이 말한다. "맑스는 헤겔의 추상 개념의 도움으로, 사용가치와 교환가치로서의 상품의 이중 형태를 분석하고, 상품의 현물형태가 가치형태로 변하는 것을 분석한다. 이때, 사용가치와 교환가치의 관계는 본질과 현상의 관계와 같다. 그것은 오늘날 우리에게 어려움을 야기한다. 왜냐하면 우리는 헤겔의 논리학의 재구성되지 않은 기본 개념들을 주저 없이 사용할 수 없기 때문이다. 맑스의『자본』과 헤겔의『논리학』의 관계에 대한 확대된 논쟁은 이러한 어려움을 제거하기보다는 오히려 분명하게 드러냈다. 이 때문에 나는 형태 분석에 그만 관심을 기울일 것이다."(Habermas, 1981: 447 이하)『자본』 1권에 있는 상품 분석과 관련해서 맑스가 바로 헤겔의 "본질" 개념을 피했다는 것을 하버마스가 알아차리지 못했다는 것을 도외시하고서도,

맑스는 이제 그 이상의 두 가지 관점을 밝힌다. 첫째, 이러한 "치환 Quidproquo"(사용가치와 가치의 "바뀜", MEW 23: 71)[82]은 단지 가치관계 **내**에서만 발생한다.(맑스는 이미 MEW 23의 66쪽에서도 이것을 밝혔다.) 둘째, 어떤 상품도 '가치로서의 그 자신'과 관련될 수 없기 때문에, 한 상품은 '자신의 등가물로서의 다른 상품'과 관련되**어야** 하고, 따라서 등가물의 현물형태를 자신의 가치형태로 만들**어야** 한다. 그래서 우리는 다음과 같이 결론을 내릴 수 있다. 즉, 등가형태로 존재하는 상품들에게서 발생하는 "치환"은 상대적 가치형태로 존재하는 상품의 가치를 표현하기 위해서 **필수적**이다.

맑스는 그 "치환"을 보다 쉽게 이해시키기 위해서 무게 측정의 예를 든다. 사람들은 막대설탕을[83] 보고 그것의 무게를 알아차리지 못한다. 무게는 천칭 위에서 무게를 달 때 몇 개의 쇳조각을 통해 표현된다. 이 쇳조각은 무게 외에 다른 것을 표현하지 않는다. 이것은 상의가 가치표현에서 단지 가치로 간주되는 것과 완전히 마찬가지이다. 맑스가 강조하길, 여기서 "그러나 유추는 멈춘다." 쇠는 양 몸체〔즉 막대설탕과 쇳조각〕에 공통적인 "자연 속성"을 대표한다.

"반면 상의는 아마포의 가치표현에서 이 두 물건들의 **초자연적인** übernatürlich 속성, 즉 그것들의 가치, 순수하게 사회적인 어떤 것을 대표한

맑스는 어느 곳에서도 교환가치를 사용가치의 현상형태로 이야기하지 않았다.
〔옮긴이〕하버마스는 사용가치와 교환가치의 관계가 본질과 현상의 관계와 같다고 말했으므로, 교환가치를 사용가치의 현상(형태)으로 본 것이다. 이와 달리, 하인리히에 의하면, 맑스는 교환가치를 사용가치의 현상형태로 말하지 않았다. 또한 이 책에 있는 '안내의 말, 『자본』을 어떻게 토론할 것인가?' 부분 및 '1장 상품, 1. 상품의 두 요소, 3) 교환가치' 부분 참조.

82 〔옮긴이〕이것은 위에서 말했듯이, '등가형태를 취하는 상품 B의 사용가치'가 '상대적 가치형태를 취하는 상품 A의 가치의 현상형태'가 되는 것, '상품 B의 현물형태'가 '상품 A의 가치형태'가 되는 것을 의미한다.

83 〔옮긴이〕막대설탕Zuckerhut은 원뿔꼴 설탕덩이로서, 이러한 모양의 설탕이 (독일에서) 19세기와 20세기 초에 주로 팔렸다.

다."(MEW 23: 71, 강조는 하인리히)

상품이 자연적인 것이 아니라면, "초자연적인" 어떤 것이 문제이지 않을 수 없다. 여기서 맑스는 『자본』 1권 1장 1절의 유령 은유를 이어받는다. 1절에서 "유령 같은 대상성"으로서의 가치에 대해 이야기되었었다(MEW 23: 52).

다음 문단에서 우선 맑스는 **상대적 가치형태**에서 전적으로 '가치가 사회적인 어떤 것이라는 것'이 시사된다고 강조한다.[84] 즉, 상대적 가치형태로 존재하는 상품의 가치는 그 상품 자신의 몸체와 구분되어 있다. 그러나 **등가형태**는 사정이 다르다.

"그것〔등가형태의 내용〕은 바로 '상의와 같은 상품체가, 즉 이 물건이 존재하는 모습 그대로 가치를 표현하고, **따라서 원래 가치형태를 지닌다는 것**'에 있다."(MEW 23: 71 이하)

상대적 가치형태가 사회적인 어떤 것을 표현하는 반면, 등가형태는 자연적인 어떤 것을 표현하는 것처럼 **보인다**scheinen. 그러나 가치는 자연적인 것이 아니라 사회적인 어떤 것이다. 이 때문에, 상의도 그 어떤 다른 상품체도 "원래" 가치형태를 지닐 수는 없다. 이것은 "외관Schein"이지 않을 수 없다.[85] 그러나 이러한 외관은 어디에 기인하는가? 맑스의 대답은 다음과 같다.

"이것은 (즉 **물건**으로서의 상의가 가치를 표현한다는 것은―하인리히) 아마포라는 상품이 '등가물로서의 상의라는 상품'에 관련되어 있는 가치관계 내

---

84 〔옮긴이〕『자본』 1권에는 다음과 같이 나와 있다. "한 상품, 예를 들어 아마포의 상대적 가치형태는 아마포의 가치존재를 '아마포의 몸체 및 그 몸체의 속성들과 전적으로 구분되는 어떤 것'으로서, 예를 들어 상의와 같은 것으로서 표현함으로써, 이 표현 자체는 그 표현이 사회적 관계를 숨기고 있다는 것을 시사한다."(MEW 23: 71)

85 〔옮긴이〕'나타나다erscheinen'와 '보이다scheinen'의 구분에 대해서는 '1장 상품, 1. 상품의 두 요소, 1) 도입 문단 및 3) 교환가치'에 있는 하인리히의 설명을 참조.

『자본』의 첫머리에 대한 주해

에서만 유효하긴gelten 하다. 그러나 한 물건의 속성들은 그것과 다른 물건들 사이의 관계로부터 생겨나는 것이 아니라 오히려 그런 관계에서 나타날sich betätigen 뿐이기 때문에, 상의 또한 '무게가 있거나 따뜻함을 유지하는 자신의 속성'과 마찬가지로 '자신의 등가형태, 직접적 교환 가능성이라는 자신의 속성'을 원래 지니는 것처럼 보인다scheinen. 이 때문에 등가형태는 수수께끼 같다. 이 형태가 완성되어 화폐에서 정치경제학자의 앞에 나서자마자, 등가형태가 비로소 정치경제학자의 부르주아적으로 조야한 시선에 찾아든다."(MEW 23: 72)

여기서 맑스는 관련 혹은 관계 내에서만 존재하는 속성들과 **물건 자체**에 부여되는 속성들을 구분한다. 첫 번째 종류의 속성과 관련해서 맑스는 자주 "유효하다gelten"라는 말을 사용한다.[86] 두 번째 종류의 속성과 관련해서 그는 "이다sein"라는 말을 사용한다. 즉, 상의는 가치물로 "간주된다gelten."(그러나 가치관계 내에서만 그렇다.) 그리고 상의의 소재는 양모"이다sein."('소재가 양모'라는 속성은 관계들에 의존하지 않는다.)

한 관련에서 **유효한**gelten 것은 자주 '그 관련 밖에서도 **있는**sein 것'의 표현일 뿐이다. 무게 측정이라는 앞선 예에서도 그렇다. 즉, 쇳조각은 막대설탕에 대해 무게의 직접적 표현으로 간주된다gelten. 이 효력Geltung은 쇳조각이 또한 쇳조각과 막대설탕 사이의 관련과 독립적으로 무게가 있기sein 때문에만 가능한 것이다. 이 경우가 보통의 경우로 가정되면, 아마포에 대한 가치관계에서 상의는 **외관상으로**anscheinend는 '상의가 이 관계 밖에서도 "원래" 등가형태를 취하기 때문에만' 등가형태를 가진다. 그러나 그렇지 않다.

---

86 〔옮긴이〕'1장 상품, 3. 가치형태 혹은 교환가치, A) 단순한, 개별적인 혹은 우연한 가치형태, 2. 상대적 가치형태, a) 상대적 가치형태의 내용'에서 gelten을 '간주되다'로 gelten의 명사형인 Geltung을 '효력'으로 옮긴 바 있다. '간주', '효력', '유효' 모두 독일어 gelten, Geltung을 지시한다는 것에 주의할 필요가 있다. 이곳에서 또한 '간주되다gelten'와 '이다sein'의 차이도 논의되었다.

외관Schein은 거짓이다.(MEW 23의 72쪽에 있는 주 21은 이에 대해 알기 쉽게 설명한다.[87])

지금까지 언급된 관련들을 짧게 검토하자.

* 아마포의 가치는 상의로서 **나타난다**erscheinen 혹은 출현한다auftreten.(상의는 아마포의 가치의 **현상형태**이다.) 이것은 **외관**Schein**이 아니다**. 가치는 실제로 그렇게 출현한다.("erscheinen"과 "scheinen"의 차이에 대해서는 MEW 23의 49쪽에 대한 주해 참조.[88])
* 상의의 상품체는 가치의 육화로서 **간주된다**gelten.(그러나 아마포에 대한 가치관계 내에서만 그렇다.)
* 상의의 소재는 양모**이다**sein.(이것은 모든 관계와 독립적으로 그러하다.)
* 상의는 **물건**으로서, 상품체로서 직접적으로 가치**인**sein 것처럼 **보인다**scheinen. 상의는 직접적으로 등가형태를 지니는 것처럼 보인다scheinen. 이러한 외관Schein은 **거짓**이다. 왜냐하면 '가치관계 내에서만 유효한 gelten 것'이 여기에서 '가치관계 밖에서도 존재하는 속성'과 혼동되기 때문이다.

이미 3절의 첫 번째 문장에서 맑스는 등가형태가 **아마포**에 의해 상의에게 부과된다aufdrücken고 강조했다. 그러나 (이미 '1. 가치표현의 두극'에서도 이야기되었고, 거기에서 단지 "지나치게 세세하게" 들렸던) 아마포의 이러한 **능동적인** 태도는 가시적인 것이 아니다. 아마포가 상의에게 "부과하는" 것은 상

---

87 〔옮긴이〕 "그런 반성 규정들은 대체로 기이한 것이다. 예를 들어 이 사람은 다른 사람들이 그에게 신민의 태도를 취하기 때문에만 왕이다. 거꾸로 그들은 그가 왕이기 때문에 그들이 신민이라고 생각한다."(MEW 23: 72, 주 21)

88 〔옮긴이〕 '1장 상품, 1. 상품의 두 요소: 사용가치와 가치, 1) 도입 문단' 부분 참조.

『자본』의 첫머리에 대한 주해

의가 원래 지닌 것처럼 **보인다. 사회적 관계**인 것은 **물건적**dinglich **속성**인 것처럼 **보인다.**[89]

계속해서 맑스에 의하면, 바로 이것이, 등가형태가 〔완성되어〕 화폐에서 경제학자 앞에 나서자마자 경제학자의 "부르주아적으로 조야한 시선에 찾아드는 등가형태의 수수께끼 같음"을 이룬다. 여기서 맑스는 외관은 단순한 가치형태에서는 아직 어려움 없이 사라질 수 있으나, 화폐에서는 더 이상 간단히 그럴 수 없다고 지적한다. 여기서 우리는 "화폐의 수수께끼"의 해결을 위한 첫걸음을 떼었다.

등가형태의 두 번째 특성

이 두 번째 특성은 단지 세 문단으로 다뤄진다. 그 서술은 MEW 23의 72쪽에 있는 두 번째 문단으로 시작한다. 거기에서 등가형태의 첫 번째 특성으로부터 다음이 추론된다. 즉, 특정한 유용노동의 생산물인 등가 상품의 몸체가 직접적으로 가치형상으로, 따라서 추상적인 인간 노동의 육화로 간주된다면, 이러한 사용 형상을 창조한 구체적인 유용노동 또한 "추상적인 인간 노동의 순전한 실현형태Verwirklichungsform로 …… 간주된다."(MEW 23:72)

다음 문단에서 맑스는 다음과 같이 쓴다. "그러나 상품의 가치표현에서 사정Sache은 **뒤틀린다.**"(MEW 23: 72, 강조는 하인리히)[90] 추상적인 것은 상이

---

89 〔옮긴이〕 dinglich의 보다 분명한 뜻에 대해서는 이 책의 '안내의 말, 왜 오늘날 『자본』을 읽는가?'에 있는 옮긴이 주 참조.

90 〔옮긴이〕 이 인용문에서 "그러나"란 말은 '하인리히가 쓴 바로 앞 문단'과의 대립을 의미하는 것이 아니라, 'MEW 23의 72쪽에 있는 세 번째 문단에 있는 앞 문장'과의 대립을 의미한

맑스의 『자본』을 어떻게 읽을 것인가?   170

한 구체적인 것들Konkreta의 공통적 속성으로 간주되지 않는다. 오히려 여기서는 구체노동이 "추상적인 인간 노동의 구체적인 실현형태로" 간주된다 (MEW 23: 73).

보충:『자본』1권 1판의 부록에 있는 상응하는 곳에서 맑스는 이러한 뒤틀림에 대한 계발적인 예를 든다.

"추상적 – 일반적인 것이 구체적인 것의 속성으로 간주되는 것이 아니라, 거꾸로 감각적 – 구체적인 것이 단지 추상적 – 일반적인 것의 현상형태로만 간주되도록 하는 이러한 **전도**가 가치표현을 특징짓는다. 그 것은 동시에 가치표현의 이해를 어렵게 만든다. 내가 로마법과 독일법은 두 개의 법이라고 말한다면, 이것은 자명하다. 이와 달리, 내가 그 법, 즉 이러한 추상적인 개념Abstraktum이 로마법과 독일법, 즉 이러한 구체적인 법에서 **실현된다**고 말한다면, 그 연관은 신비하게 된다."(MEGA Ⅱ/5: 634)

결론적으로 맑스는 세 번째 문단에서 다음과 같이 요약해서 밝힌다.

"따라서 등가형태의 두 번째 특성은 구체노동이 그것의 반대의 현상형태, 즉 추상적인 인간 노동의 현상형태가 된다는 것이다."(MEW 23: 73)

다. '하인리히가 쓴 바로 앞 문단'과 '이 인용문이 포함된 문단'은 사실 동일한 주장을 하고 있다. 따라서 이 맥락에서는 인용문에 있는 "그러나"란 말에 특별한 의미를 둘 필요가 없다. 세 번째 문단 중에서 앞부분은 다음과 같다. "인간 노동력은 직조의 형태처럼 재단의 형태로 지출된다. 이 때문에 양자는 인간 노동의 일반적 속성을 지니고, 따라서 특정한 경우에, 예를 들어 가치 생산에서 단지 이러한 관점에서만 고찰될 수도 있다. 이 모든 것은 신비하지 않다. 그러나 상품의 가치표현에서 사정은 뒤틀린다."(MEW 23: 72)

『자본』의 첫머리에 대한 주해

등가형태의 세 번째 특성

세 번째 특성은 단 하나의 문단(MEW 23의 73쪽에 있는 세 번째 문단)에서만 다뤄진다. 등가형태의 이 세 번째 특성은 직접적으로 두 번째 특성으로부터 따라 나온다. 즉, 등가 상품의 몸체를 생산하는 구체노동이 추상적인 인간 노동의 표현으로 직접적으로 간주됨으로써, 그 구체노동은 "상품들을 생산하는 다른 모든 노동과 같은 사적 노동임에도 불구하고, **직접적으로 사회적인 형태**를 취하는 노동"이다(MEW 23: 73, 강조는 하인리히). 이 때문에 맑스는 다음을 등가형태의 세 번째 특성으로 밝힌다.

"사적 노동이 그것의 반대의 형태가 된다. 즉, 직접적으로 사회적인 형태를 취하는 노동이 된다."(MEW 23: 73)

지금까지 단지 한 번 사적 노동이 이야기되었다. 즉, 1장 2절에서 맑스는 사적 노동의 생산물만이 상품이 될 수 있다고 짧게 지적했었다(MEW 23: 57). 이제 사적 노동만이 아니라 그것의 "반대", 즉 "직접적으로 사회적인 형태를 취하는 노동"도 이야기된다(MEW 23: 73).[91] 이 "직접적으로 사회적인 형태"는 무엇을 의미하는가?

보충: 이곳에서도 『자본』 1권 1판 부록이 더 상세하다.

"노동생산물들이 서로 독립적으로 행해지는 자립적인 사적 노동들의 생산물들이 아니라면, 그것들은 **상품들**이 되지 않을 것이다. 이 사적 노동들의 **사회적 연관**은 **소재적으로** 존재한다. 이것은 그 사적 노동들이 **자연발생적인, 사회적인 분업의 구성 요소**들이고, 이 때문에 **상이한 종류의 욕구**들을 충족하는 한에서 그렇다. 그 전체가 '**사회적 욕구**

---

91 〔옮긴이〕 이 책에 있는 '1장 상품, 2. 상품들에서 표현된 노동의 이중성, 2) 구체적인, 유용한 노동' 부분 참조.

들의 똑같이 **자연발생적인 체계'**를 형성하는 그러한 상이한 종류의 욕구들 말이다. 그러나 서로 독립적으로 행해지는 사적 노동들의 이러한 **소재적인** 사회적 연관은 사적 노동들의 생산물들의 **교환**을 통해서만 **매개**되고, 따라서 실현될 뿐이다. 그래서 사적 노동의 생산물이 **가치형태** 그리고 이 때문에 다른 노동생산물들과의 **교환 가능성의 형태**를 가지는 한에서만, 그 생산물은 **사회적 형태**를 가진다. 사적 노동의 생산물은 **직접적으로 사회적인 형태**를 가진다. 이것은 사적 노동의 생산물 자신의 몸체 형태 혹은 현물형태가 **동시에** 그 생산물과 다른 상품 사이의 교환 가능성의 형태이거나, **다른 상품에게 가치형태로 간주되는** 한에서 그렇다. 그러나 우리가 본 것처럼, 이것은 다음과 같을 때만 노동생산물에 대해서 일어난다. 즉, 노동생산물이 '**자신에 대한 다른 상품의 가치관계를 통해서'** **등가형태**를 취하거나, 다른 상품에 대해 **등가물의 역할**을 할 때 말이다. 등가물이 **다른 상품과의 직접적인 교환 가능성의 형태**를 가지는 한에서, **등가물은** 직접적으로 사회적인 **형태**를 가진다. 그리고 등가물이 다른 상품에게 **가치체로서,** 따라서 **동등한 것으로 간주되는** 한에서, 등가물은 이러한 직접적 교환 가능성의 형태를 가진다. 그래서 등가물에 포함된 특정한 유용노동도 **직접적으로 사회적인 형태를 취하는 노동으로,** 즉 **다른** 상품에 포함된 노동과의 **동등성의 형태**를 지니는 그러한 노동으로 간주된다."(MEGA Ⅱ /5:634 이하)

우선 맑스는 상품생산에서 노동들이 서로 독립적으로, 즉 **사적 노동들**로 지출된다는 것, 그러나 그럼에도 불구하고 그 노동들은 **소재적으로** 연관되어 있다는 것을 강조한다. 이러한 사적 노동들 각각은 '그것에게 이미 다른 노동들을 통해 제공되어야 하는 그러한 특정한 중간 생산물들'을 필요로 한다. 그러나 이러한 사적 노동들은 자신의 생산물들의 **교환**을 통해서야 비로소 사회적 연관을 맺는다. 그런 한에서, 맑

『자본』의 첫머리에 대한 주해

스는 소재적 연관이 교환을 통해서 **매개**된다고 쓸 수 있었다. 그것의 결과는 다음과 같다. 즉, 사적 노동의 생산물은 **사회적 형태**를 가지는데, 그 생산물이 직접적으로 구체노동의 생산물로서, 일정한 사용가치로서 그러한 것이 아니라, 그 생산물이 교환에서 **가치형태**를 얻고 따라서 교환될 수 있게 될 때서야 그러한 것이다. 이 때문에 그 어떤 생산물을 제조하는 사적 노동은 보통은 **"직접적으로 사회적인 형태를 취하는 노동"**이 **아니다.** 그 사적 노동은 **매개**를 근거로 해서야, 따라서 매개자가 개입하는 것을 통해서야, 우리의 경우는 사적 노동의 생산물에게 가치형태를 부여하는 교환을 통해서야, 사회적 형태를 취하는 노동이 된다. 이러한 매개는 일어날 수 있거나, 또한 (생산물이 교환되지 않는다면, 따라서 생산물이 가치형태를 얻지 않는다면) 실패할 수 있다. 등가 상품의 몸체를 생산하는 그런 사적 노동만이 "직접적으로 사회적인 형태를 취하는 노동"이다. 왜냐하면 등가 상품은 "직접적으로 교환될 수 있기" 때문이다.(직접적 교환 가능성의 형태에 대해서는 'A) 단순한, 개별적인 혹은 우연한 가치형태, 3. 등가형태'에 있는 첫 번째 문단에 대한 설명 참조.)

여기서 맑스가 "사적 노동"의 "반대"로서 "직접적으로 사회적인 형태를 취하는 노동"에 대해 말할 때, 사람들은 이때 교환에 근거하는 사회가 문제라는 것을 놓쳐서는 안 된다. **그런** 사회에서, 직접적으로 사회적인 형태를 취하는 노동은 '자신의 생산물이 **직접적으로 교환 가능한** 그러한 노동'이다. 따라서 여기에서 직접적으로 사회적인 것의 '완전히 특수한 형태'가 문제이다. 또한 이 때문에 교환에 근거하지 않는 사회에서, 직접적으로 사회적 형태를 취하는 노동은 완전히 다르게 규정된다.(이에 대해서는 '2. 상품들에서 표현된 노동의 이중성, 2) 구체적인, 유용한 노동'에 있는 주해 참조.)

아리스토텔레스에 대한 보론

『자본』 1권 1판 서문에서 맑스는 사람들이 가치형태를 이미 "2000년 이상 …… 해명하려고" 시도했으나 "성과 없이" 끝났다고 언급했다(MEW 23: 12). 맑스는 그가 이 기간을 말함으로써 누구를 암시한 것인지를 이제 분명히 한다. 즉, 아리스토텔레스가 가치형태를 분석한 최초의 사람이었다. 그러나 이 보론의 목적은 아리스토텔레스에 대한 해석이 아니라, 맑스가 말한 것처럼 "마지막으로 전개된 등가형태의 두 가지 특성들"을—따라서 결코 세 가지 모든 특성들이 아니라—"더욱더 이해 가능하게" 하는 것이다 (MEW 23: 73).

맑스는 아리스토텔레스의 두 가지 통찰을 강조한다. 즉, "상품의 화폐형태는 단순한 가치형태의 더 발전된 형상일 뿐"이라는 통찰(MEW 23: 73)과 두 상품들의 가치관계는 '감각적으로 상이한 물건들을 "통약할 수 있게"(비교할 수 있게) 만드는 "본질적 동일성"이 그러한 물건들 사이에 존재할 것'을 요구한다는 통찰 말이다. 그러나 아리스토텔레스는 그런 상이한 종류의 물건들이 동일한 것은 불가능한 일이라고 결론 내고 자신의 분석을 중단한다. 맑스는 다음과 같이 논평한다.

"따라서 아리스토텔레스 스스로 어디에서 그의 그 이상의 분석이 실패하는지를 우리에게 말해 준다. 즉, 그는 가치개념을 결여했던 것이다."(MEW 23: 74)

아리스토텔레스는 상품의 **화폐형태**를 경험적으로 먼저 발견했고, 그것을 단순한 **가치형태**로 환원했다. 그러나 그는 어떤 **가치개념**도 다루지 않았다. 그가 가치개념을 가졌다면, 그는 가치표현에서 가정된 동등성을 설명했었을 것이다. 맑스가 『자본』 1권 1장 1절에서 했던 것, 즉 교환가치를 상품들에 공통적인 내용의 현상형태로 해독하고 이러한 공통적인 내용을 동일한 인간 노동 혹은 추상적인 인간 노동으로 규정하는 것을 아리스토텔레스는 하지 못한다.

왜 아리스토텔레스는 그것을 하지 못하는가? 이 보론의 마지막 문단에서 맑스는 고대사회의 **사회적 조건**들, 즉 고대사회가 노예노동, 따라서 노동력들 사이의 불평등에 근거한다는 사실을 인식의 결정적인 장애물로 언급한다.

"가치표현의 비밀, 즉 '모든 노동들이 인간 노동 일반이기 때문에 그리고 그런 한에서 모든 노동들이 동등성을 가지고 동일한 효력을 가진다는 것'은 인간의 동등성이라는 개념이 이미 사람들의 확고한 견해가 되었을 때만 해독될 수 있다. 그러나 이것은 상품형태가 생산물의 일반적 형태이고, 따라서 또한 상품 소유자로서의 인간들 서로의 관계가 지배적인 사회적 관계인 그런 사회에서야 비로소 가능하다."(MEW 23 : 74)

이 문단은 아리스토텔레스의 인식이 사회적 이유 때문에 한계를 가진다는 것에 주의를 환기시킬 뿐만이 아니다. 그것은 더 많은 것을 암시적으로 제공한다. 여기서 맑스는 "사람들의 …… 견해"로서 "인간의 동등성이라는 개념"에 대해 말한다. 이때 무엇이 문제인가? "모든 인간들이 동등"하다는 것은 오늘날 대체로 승인되었고, 인종주의와 차별에 맞서 주장된다. 그러나 인간들은 사실 몹시 불평등하다. 그들의 능력과 사회적 위치와 관련해서만이 아니라, 그들의 형식적 권리와 관련해서도 말이다.(예를 들어, 사람들의 형식적 권리는 오늘날 한 나라 내에서, 그때그때의 신분증Pass에 의존한다.) '이러한 사실상의 불평등에도 불구하고 인간들 사이의 추상적 동등성이 존재한다는 것'은 (예를 들어, 이 추상적 동등성으로부터 일반적 "인권"의 타당성이 도출된다) 결코 불가피한 결론이 아니다. 고대사회들 혹은 봉건사회들에서 그런 동등성 관념들은 그것이 존재했던 한에서, 이해하기 어려운 것으로 나타났다. 이것은 거기에서 또한 인간들이 억압과 차별에 대항하지 않았다는 것을 말하지 않는다. 그러나 보통 그들은 인간의 동등성에 대한 보편주의적 요구를 가지고 그렇게 한 것은 아니었다.

여기서 맑스는 그런 관념들의 **그럴듯함**이("사람들의 …… 견해"가 이것을 의미한다) 일상적인 사회적 현실에 의존한다는 것을 강조한다. 사람들이 서로를 압도적으로 상품 **소유자**로 만나는 사회에서, 각 인물은 소유자로 출현한다. 소유물의 내용과 양은 상이하긴 하나, 소유자들 모두는 그들이 자신의 소유물을 자유롭게 처분할 수 있다는 **점에서** 동등하다. 상품 소유자들의 근본적인 동등성은 그들의 본질적 규정으로 나타난다. 그들의 소유물의 양으로 인한 그들의 불평등은 개인적인 특수성으로 나타난다. 이러한 조건들 하에서, 인간들의 근본적인 동등성이 상품 소유자들의 동등성에서 표현된다는 관념은 그럴듯하게 된다. 상품생산이 존재하긴 했으나 지배적이지는 않았던 고대사회들과 봉건사회들에서는 달랐다. 거기에서는 근본적인 동등성의 영역이 전혀 없었다. 즉, 노예와 자유인, 농노와 영주는 근본적으로 동등하지 않은 이들로 서로 마주한다. 인간의 동등성이라는 관념은 이러한 사회적 조건들에서는 그 기반을 가지지 않았다. 맑스는 이 보론의 이유로 등가형태의 두 번째, 세 번째 특성을 "더 이해 가능하게" 만드는 것을 들었다. 맑스가 어느 정도로 이것을 해냈는가? 그리고 왜 첫 번째 특성 또한 더 이해 가능하게 되지 않았는가?

등가 상품의 현물형태가 가치형태로 된다는 첫 번째 특성은, 사람들이 20엘레의 아마포가 1벌의 상의의 **가치**가 있다고 말할 때, 가시적이며 또한 다소 분명하게 표현된다. 즉, 상의는 아마포의 가치형상으로 간주된다. 두 번째, 세 번째 특성은 등가 상품 자체가 아니라 이 등가 상품을 생산하는 노동과 관련이 있다. 이러한 두 번째, 세 번째 특성에 대한 인식은 가치개념을 전제한다. 즉, 가치들로서 상품들이 동등한 인간 노동의 대상화라는 통찰을 전제한다. 그러나 이러한 가치개념 없이는, 교환에서 가시적인 것, 즉 상의가 아마포의 가치형태라는 것은 아예 불가능한 것처럼 보인다. 따라서 '첫 번째 특성'과 '두 번째, 세 번째 특성' 사이에 근본적인 차이가 있다는 것이 분명해진다.

『자본』의 첫머리에 대한 주해

그 결과, 그 이상의 지점도 분명하게 된다. 맑스가 『자본』 1권 1장 1절에서 교환가치에 대한 연구로 넘어갔을 때, 나는 맑스가 가령 '가격이 결정된 상품', 따라서 '화폐와 교환되는 상품'이 아니라, '다른 상품과 교환되는 상품'을 고찰했다고 강조했다. 후자는 발전된 자본주의에서 전형적이지 않은 경우이다.('1장 상품, 1. 상품의 두 요소, 3) 교환가치' 참조.) 맑스가 1절에서 이미 화폐를 도입할 수 있었을지 여부는 〔나의 설명에서〕 열린 채로 있었다. 이제 그렇게 화폐를 도입하는 것이 1절에서 불가능했다는 것이 분명하게 되었을 것이다. 화폐형태의 발전되지 않은 형상은 이미 아리스토텔레스가 알고 있었던 것처럼 단순한 가치형태이다. 그러나 이것을 분석하기 위해서, 상품들을 일반적으로 **비교 가능하게** 만드는 것에 대한 분석이 필요하다. 이 때문에 가치형태에 대한 분석 전에 가치실체가 규정되었어야 한다. 따라서 아리스토텔레스에 대한 보론은 또한 이 지점까지의 맑스의 서술의 순서가 사물적인sachlich 필연성을 따른다는 것을 분명히 한다.[92]

4. 단순한 가치형태의 전체

교환가치라는 가치의 자립적 표현 (MEW 23: 74-76, 두 번째 문단)

첫 번째 문단에서 맑스는 지금까지 도달한 성과를 그것의 질적 측면과 양적 측면에 따라 요약하고 〔그 요약을〕 다음 문장으로 마친다.

"한 상품의 가치는 그것이 〈교환가치〉로 나타나는 것을 통해 자립적으로 표현된다."(MEW 23: 75)

---

92 〔옮긴이〕 sachlich의 보다 분명한 뜻에 대해서는 이 책의 '안내의 말, 왜 오늘날 『자본』을 읽는가?'에 있는 옮긴이 주 참조.

그 뒤를 다음의 설명이 잇는다.

"이 장*의 서두에서 상품은 사용가치이자 교환가치라고 관습적으로 말했다. 그러나 이것은 정확히 말하면 틀렸다. 상품은 사용가치 혹은 사용 대상이자 〈가치〉이다. 상품의 가치가 그것의 현물형태와 상이한 자신의 현상형태, 즉 교환가치라는 현상형태를 지니자마자, 상품은 이러한 이중적인 것으로 표현된다. 그리고 상품은 고립적으로 고찰하면 결코 이 현상형태를 지니지 않는다. 그것은 항상 상이한 종류의 두 번째 상품과의 가치관계 혹은 교환관계에서만 이 현상형태를 지닌다. 그러나 사람들이 일단 이것을 안다면, 그런 〔관습적〕 어법은 해가 되지 않고 축약에 도움이 된다."(MEW 23:75)

상품은 교환가치"이다"라고 말하는 것은 왜 틀린가? 상품은 이중적인 것, 즉 사용가치이자 가치대상"이다." 그러나 상품은 교환가치가 아니다. 그것은 교환가치를 **가진다.** 즉, 다른 상품이 그 상품의 가치를 표현한다.

이미 『자본』1권 1장 1절에서 맑스는 가치실체가 교환되는 상품들에 "공통적인" 실체라고 강조했다. 이 때문에 가치대상성 또한 맑스가 가필 원고인 「『자본』1권에 대한 보충과 변경(1871년 12월 – 1872년 1월)」에서 분명히 제시한 것처럼 **공통적인** 대상성이다(부록 4 참조). 맑스가 여기서 한 상품의 가치에 대해 말한다면, ('2. 상대적 가치형태, b) 상대적 가치형태의 양적 규정성'에 대한 주해에서 이미 알아챈 것처럼) 이것은 우리가 두 상품들의 교환관계를 전제하고 그중에서 한 상품을 끄집어낼 때만 가능하다.

맑스가 한 설명은 가치와 교환가치의 차이를 분명히 하는 데 유용하다. 그러나 맑스가 1장 "서두"(따라서 1절) 어느 곳에서 상품이 사용가치이자 교환가치라고 말하는지 찾는 것은 헛된 일일 것이다. 그런 식으로 말하는 유일한 곳은 2절의 첫 문단에 있다(MEW 23:56).[93]

보충: "이 장의 서두에" 있는 틀린 어법에 대한 지적은 『자본』1권 1판

　　　　　　　　　　　　　　『자본』의 첫머리에 대한 주해

의 가필 원고, 즉 『『자본』 1권에 대한 보충과 변경(1871년 12월 - 1872년 1월)』에 최초로 나온다(MEGA Ⅱ/6: 22). 거기에서 1장 1절의 표제는 "상품의 두 요소들: 사용가치와 교환가치"(MEGA Ⅱ/6: 3)이다. 이 표제와 관련해서, 1장의 서두의 틀린 어법에 대해 말하는 것은 옳다. 그 후에 인쇄를 위해 맑스는 이 표제를 고쳤다.[94] 그러나 틀린 어법에 대한 지적은 그대로 두었다.

다음 문단은 다음과 같이 시작한다.

"우리의 분석은 상품의 가치형태 혹은 가치표현이 상품가치의 본성으로부터 발생하지, 거꾸로 가치와 가치크기가 교환가치라는 그것들의 표현 방식에서 발생하는 것이 아니라는 것을 입증했다."(MEW 23: 75)

이것은 무엇을 의미하는가? 가치형태에 대한 분석의 출발점의 문제는 가치가 개별 상품에서는 파악될 수 없다는 데 있다. 가치는 '자신의 가치가 표현되어야 하는 상품'의 사용 형상과는 상이한 대상적 형태를 필요로 한다. 이 형태가 "교환가치"이다. 이것은 '자신의 사용 형상이 직접적으로 가치형상으로 **간주되는** 다른 상품'의 사용 형상이다. 그런 한에서, "상품가치의 본성"(즉 가치를 개별 상품에서는 파악할 수 없다는 것, 이러한 '파악할 수 없음'은 '상품의 가치실체, 즉 "공통적"이고 "사회적인" 실체의 특수한 성격'에 근거한다는 것)이 가치형태(다른 상품의 사용가치에서의 한 상품의 가치의 대상적 표현)를 필

---

93 〔옮긴이〕"상품은 본래 우리에게 이중적인 것, 즉 사용가치이자 교환가치로 나타났다."(MEW 23: 56) 그러나 여기에서도 맑스는 상품이 사용가치이자 교환가치'이다'라고 말하지는 않는다.

94 〔옮긴이〕『자본』 1권 1판은 '1편 상품'을 세분화하지 않았다. 『『자본』 1권에 대한 보충과 변경(1871년 12월 - 1872년 1월)』 후에 쓴 『자본』 1권 2판은 '1편 상품'을 '1장 상품'으로 만들었고, 다시 1장을 여러 절로 나누었다. 이때 1절의 표제는 "상품의 두 요소: 사용가치와 가치(가치실체, 가치크기)"였다.

요로 한다는 것이 드러난다. 혹은 달리 표현해, 가치가 가치형태의 근간을 이룬다.

맑스의 가치개념의 성격을 둘러싼 다양한 논쟁에서, 위에서 인용한 문장은 맑스가 '교환 이전에 그리고 교환과 **독립적으로** 존재하며 교환에서야 비로소 가치형태를 취하는 가치'를 출발점으로 삼는다는 주장의 증거로 이용된다. "~로부터 발생한다"는 말은 **시간적** 순서로 해석되고, 〔가치가 아니라 가치형태의〕 그 발생의 시점은 교환의 시점과 동일시된다. 그러나 위에서 인용한 문장에서 **시간적** 차원은 전혀 이야기되지 않는다. 시간적 순서가 문제인 것이 아니라, **동시에** 존재하는 요소들의 **구조적** 조건 관계가 문제인 것이다.[95]

이 문단의 나머지에서 맑스는 반대 입장을 추종하는, 따라서 가치가 교환가치라는 그것의 표현에서 발생한다는 "망상"을 추종하는 다양한 경제학파들(한편으로 중상주의자들, 다른 한편으로 자유무역학파)을 비판한다. "중상주의"는 요약해서 한 나라의 대외무역에서 무역수지 흑자를 추구하는 경제정책적 견해를 의미한다. 즉, 가치와 관련해 외국으로부터 구입하는 것보다 외국에 더 많이 팔아서, 결과적으로 화폐(맑스가 언급한 상품의 등가형태의 "완성된 형상")가 국내로 흘러들어야 한다는 것이다. 이와 달리, 자유무역학파에게는 무역수지 흑자가 아니라 가능한 한 광범위한 무역이 중요하다. 그런 한에서 맑스는 "자유무역 행상인들"이 무엇보다 양적인 측면에 관심을 가진다고 말한다. 이 두 학파가 실제로 "망상"을 추종하는지, 어느

---

[95] 〔옮긴이〕 이 책에 있는 '1장 상품, 1. 상품의 두 요소, 4) 가치와 가치실체, 첫 번째 논증 단계' 부분, '1장 상품, 1. 상품의 두 요소, 4) 가치와 가치실체, 세 번째 논증 단계' 부분, '1장 상품, 3. 가치형태 혹은 교환가치, 서론' 부분, '1장 상품, 3. 가치형태 혹은 교환가치, A) 단순한, 개별적인 혹은 우연한 가치형태, 2. 상대적 가치형태, b) 상대적 가치형태의 양적 규정성' 부분, '1장 상품, 3. 가치형태 혹은 교환가치, B) 총체적 혹은 전개된 가치형태, 1. 전개된 상대적 가치형태' 부분, '1장 상품, 4. 상품의 물신성과 그것의 비밀, 2) "상품들을 생산하는 노동의 고유한 사회적 성격"' 부분 참조.

『자본』의 첫머리에 대한 주해

정도로 그러한지는 그들의 견해를 더 상세히 다룰 때만 논의될 수 있다. 그렇지만 그들의 견해를 다루는 것은 여기에서는 불가능하다.

다음 문단에서 맑스는 상품 A의 가치표현에서 상품 A의 현물형태가 단지 사용가치로만 간주되는 반면, (상품 A의 가치를 표현하는) 상품 B의 현물형태는 단지 가치형태로만 간주된다고 반복한다. 그는 이러한 실상을 다음과 같이 해설한다.

"따라서 상품에 감추어져 있는 사용가치와 가치의 내적 대립은 외적 대립을 통해서, 즉 두 상품들의 관계를 통해서 표현된다. 이 관계에서, **자신의** 가치가 표현되어야 하는 한 상품은 직접적으로 사용가치로서만 간주되고, 이에 반해 〔그 상품의〕 가치를 표현**하는** 다른 상품은 직접적으로 교환가치로만 간주된다. 따라서 한 상품의 단순한 가치형태는 '그 상품에 포함된 사용가치와 가치의 대립'의 단순한 현상형태이다."(MEW 23: 75-76)

맑스는 여기서 최초로 사용가치와 가치의 관계를 "대립Gegensatz"이라고 부른다. 그러나 그는 "등가형태"의 첫 번째 "특성"을 특징지을 때 가치를 사용가치의 "반대Gegenteil"라고 말했다. 정확히 거기에서처럼 〔여기서〕 "대립"이라는 말이 사용가치와 가치에 대한 대립적 규정들을 강조한다.(위의 '3. 등가형태, 등가형태의 첫 번째 특성' 참조.) 사용가치와 가치가 대립인 한에서, 상품이 "내적 대립"을 지닌다고 말할 수 있다. 이제 상품의 가치표현에서 이 대립이 두 극으로 나눠짐으로써, 상품의 "내적" 대립은 두 상품들의 "외적" 대립을 통해 표현된다.

이어지는 문단에서 맑스는 모든 사회형태들에서 노동생산물이 상품인 것이 아니라, 노동생산물의 생산에서 사용된 노동이 노동생산물의 "대상적인" 속성으로서, 즉 〔노동생산물의〕 가치로서 표현되는 곳에서만 노동생산물이 상품이라고 지적한다.[96] 이러한 표현이 가치형태를 통해서 일어나기 때문에, 맑스는 다음과 같이 결론을 낼 수 있었다.

"이 때문에, 상품의 단순한 가치형태가 동시에 노동생산물의 단순한 상품형태라는 것, 따라서 또한 상품형태의 발전이 가치형태의 발전과 일치한다는 결론이 나온다."(MEW 23: 76)

여기서 맑스는 상품의 가치형태와 노동생산물의 상품형태의 불가분의 관계를 강조한다. 암묵리에 이것은 가치형태 없이는 노동생산물의 상품형태에 대해 말할 수 없다는 것을 의미한다. 그런데 가치형태는 교환관계 **안**에서만 존재한다. 따라서 교환관계 없이는 상품 또한 존재하지 않는다.

우리가 다음 세 개의 문단과 씨름한 후에, "발전"이 어떤 의미에서 여기서 이야기되는지가 더 분명하게 될 것이다.

단순한 가치형태의 불충분성 (MEW 23: 76, 세 번째와 네 번째 문단)

"일련의 변형을 통해서야 가격형태로 성장하는 이러한 맹아 형태, 즉 단순한 가치형태의 불충분함은 첫눈에 드러난다."(MEW 23: 76)

난데없이 맑스는 여기서 단순한 가치형태를 "가격형태"로 성장하는 "맹아 형태"로 부른다. 지금까지 가격형태는 전혀 이야기되지 않았다. 통상 사람들은 "가격"이란 말로 화폐에서 표현되는 한 상품의 교환가치를 이해한다. 어느 정도로 단순한 가치형태가 가격형태의 "맹아 형태"인지를 이해하기 위해서는, 우리가 화폐형태에 도달할 때까지 기다려야 한다.

"첫눈에" 보이는 단순한 가치형태의 "불충분성"은 다음 문단에서 언급된다. 양극의 각각에서 결점이 확인될 수 있다. 이 결점은 그 형태가 **개별적** 형태로 존재한다는 특성에 근거한다. 여기서 맑스는 최초로 "단순한"

---

96 〔옮긴이〕"노동생산물은 모든 사회적 상태들에서 사용 대상이다. 그러나 사용물의 생산에 지출된 노동을 그 사용물의 〈대상적〉 속성, 즉 그 사용물의 가치로서 표현하는 역사적으로 특정한 발전 시대만이 노동생산물을 상품으로 전화시킨다."(MEW 23: 76)

『자본』의 첫머리에 대한 주해

상대적 가치형태와 "개별적" 등가형태에 대해 말한다. 지금까지 어떤 부가적 서술 없이 단지 상대적 가치형태와 등가형태에 대해서만 이야기되었다. 그러나 **다양한** 가치형태들이 존재한다면(지금까지 우리는 단순한 가치형태만 논의했다), **다양한** 상대적 가치형태들과 등가형태들 또한 존재하지 않을 수 없다.

맑스는 다음과 같이 불충분성을 밝힌다.

> * 상품 A의 가치는 **단순한 상대적 가치형태**를 통해 상품 A 자신의 사용가치와 구별되기는 한다. 그러나 상품 A는 하나의 **개별적** 상품 B와의 교환관계에 있을 뿐이고, 다른 모든 상품들에 대한 (가치로서의) 상품 A의 질적 동등성은 표현되지 않았다.
>
> * 등가 상품 B는 하나의 **개별적 등가형태**일 뿐이다. 그것은 하나의 **개별적** 상품과 관련해서만 직접적 교환 가능성의 형태를 가진다.

언급한 두 개의 지점에서 왜 "불충분성"이 문제인가? "상대적 가치형태의 내용"에 대한 서술에서, 상품 A의 가치를 표현하기 위해서 **대상적인** 표현이 필요하다는 것이 설명되었다. 단순한 가치형태는 대상적인 표현, 즉 상품 B의 몸체를 제공하긴 한다. 그러나 이러한 가치형태는 상품 A의 가치를 이루는 **모든 것**을 표현하지는 않는다. 즉, 가치대상으로서 상품 A가 **모든** 다른 상품들과 질적으로 동등하다는 것이 표현되지 않는다. 그런 한에서, 단순한 가치형태에서 상품 A의 가치의 "불충분한" 표현이 문제이다.

가치표현에서 상품 A가 능동적 역할을 수행하고 상품 B가 수동적 역할을 수행한다는 것은 이미 여러 번 강조되었다. 이 때문에 단순한 상대적 가치형태의 불충분성은 단순한 등가형태에 반영된다. 즉, 상품 B는 **하나의 유일한** 상품에 대해서만 등가물이다. 이 등가형태가 그 때문에 마찬가지로 불충분한 것인지에 대해서, 엄밀히 말해 우리는 아직 전혀 판단할 수 없다. 왜냐하면 우리는 불충분하지 않은 등가형태에 대한 척도를 가지고 있지 않기 때문이다. 그러나 우리가 일상에 알려진 화폐형태를 생각해 보면, 단순한 등가형태가 불충분하다는 것을 추측할 수 있다. 말하자면, 화폐형태에는 화폐로 기능하는 것이, 즉 **모든** 상품들에 대한 등가물이 존재한다.

전개된 가치형태로의 이행(개념적 발전) (MEW 23: 76, 나머지)

그 후에 마지막 문단에서, 단순한 가치형태가 "저절로" 더 완전한 형태로 "이행한다"고 이야기된다. 이 이행에서 무엇이 일어나는가? 명백히 맑스는 이행이란 말의 뜻으로, 한 주장으로부터 다음 주장으로의 단순히 수사학적인 연결을 말한 것이 아니라, 연구되는 사태 자체에 뿌리박고 있는 이행을 말한다. 이때 어떤 종류의 이행이 문제인가? 맑스의 논증을 더 정확히 살펴보자.

맑스의 첫 번째 주장은 다음과 같다. 즉, 단순한 개별적 가치형태를 통해서 "상품 A의 가치는 다른 종류의 단지 한 상품에서 표현되긴 한다. 그러나 이 두 번째 상품이 어떤 종류의 상품인지, 즉 상의인지, 철인지, 밀인지 등은 전적으로 상관이 없다."(MEW 23: 76)

왜 두 번째 상품의 종류는 "상관이 없"는가? 맑스는 "가치**형태**"를 분석했고, **형태** 분석에서는 아마포의 가치가 상의에서 표현되든, 철 혹은 밀에서 표현되든 상관이 없었다. 어느 경우든, 아마포의 가치는 아마포 자신의 사용가치와는 구별되는 대상적 형태를 발견했을 것이다. 그리고 상의가 등가 상품이든, 철 혹은 밀이 등가 상품이든 상관없이, 우리는 매번 등가형태의 세 가지 특성들을 확인할 수 있다.

맑스의 두 번째 주장은 다음과 같다. 즉, 두 번째 상품이 어떤 종류인지가 가치표현에서는 상관이 없다면, 상품 A는 **하나의** 가치형태를 가질 뿐만

『자본』의 첫머리에 대한 주해

아니라, 많은 단순한 가치형태들을 가진다. 한 상품의 이러한 많은 단순한 가치형태들을 모두 합치면, 새로운 가치형태가 된다. 이것은 (다음 표제가 우리에게 알려 주는 것처럼) "총체적 혹은 전개된 가치형태"이다.

이제 단순한 가치형태로부터 전개된 가치형태로의 이러한 이행이 어느 정도로 "저절로" 일어난다고 말할 수 있는가? 형태는 저절로든 강제적으로든 어떤 것도 "행하지" 않는다. "저절로"라는 말의 뜻으로 명백히 맑스는 그 이행을 위해 새로운 규정들이 필요한 것은 아니라는 것을 말한다. 새로운 형태를 얻기 위해서는 이미 발견된 규정들(등가 상품의 몸체의 구체적 형상이 상관없다는 것)을 **고려하는 것**만이 필요할 뿐이다.

상품 A가 최초에 단지 상품 B와만 교환되었고(이것이 단순한 가치형태가 제시하는 것이다), 그 다음 (시간적으로 이후에) 상품 B 곁에 그 이상의 상품들이 들어서서, 상품 A가 이제 상품 C, 상품 D, 상품 E 등과도 교환된다는 식으로 역사적 발전 과정이 여기서 문제인 것은 명백히 아니다. 맑스의 텍스트에서 역사적 이행에 대한 어떤 지시도 존재하지 않는다는 것을 도외시하면, 등가 상품의 종류는 "상관없다"는 주장은 또한 다음과 같을 때만 말이 된다. 즉, 그 전부가 마찬가지로 등가물의 역할을 할 수 있을 '많은 상이한 상품 종류들'이 존재할 때만 말이다.

역사적 발전이 문제가 아니라면, 어떤 종류의 발전이 문제인가? "거대한 상품 집적"(MEW 23: 49)으로부터 두 상품을 우연히 선택하고 그것들의 가치관계를 고찰함으로써, 우리는 단순한 가치형태를 얻었다. 이때 하나의 "개별적" 가치형태가 문제였다. 이것은 이 가치형태가 유일한 형태로 존재했을 것이기 때문이 아니라, **우리가** 이 가치형태를 개별적인 형태로 더 상세히 **고찰했기** 때문이다. 개별적인 가치형태가 고찰되기 때문에, 발전된 자본주의에 전형적인 관계는 고찰되지 않는다. 오히려 추상력을 통해 단순한 관계가 **구성된다**. 이것은 결국 자본주의에서 전형적으로 존재하는 것을 이 단순한 관계의 도움으로 파악하기 위한 것이다. 우선 이러한 단순한 (구성된) 관계가 분석된다. 이 분석은 규정들을 제공한다. 그리고 이 규정들의 고려는 '그 후에 다시 분석되는 새로운 대상'을 이끌 것이다. 단순한 가치형태에서 전개된 가치형태로의 이행은 기술記述적으로 추체험되는 역사적 이행이 아니라, **우리가 수행하는** 분석의 새로운 단계로의 이행이다. 여기서 **개념적 발전**, 우리의 개념적 구성의 발전이 문제이다. 이 발전은 '자본주의 현실에서 항상 이미 얽혀 있고 서로를 전제하는 것'을 이해하기 위해서 바로 그것을 분해하는 데 쓰이는 것이다.[97]

　위의 맑스의 텍스트에서 "상품형태의 발전이 가치형태의 발전과 일치한다"(MEW 23:76)라는 말이 있다면, 그것으로 역사적 발전이 아니라 이러한 **개념적 발전**이 언급된다는 것이 이제 분명할 것이다. 이미 『자본』 1권 1장 1절에 대한 주해에서 말한 것처럼, 거기에서 도입된 '상품 A의 교환가치', 즉 사람들이 교환가치에서 얻는 '다른 상품 B의 양'은 자본주의에 전형적인 교환가치가 아니다. 왜냐하면 자본주의에서는 통상 화폐와 교환되기 때문이다. (1장 첫 문장이 분명히 하는 것처럼) 맑스가 발전된 자본주의에 있는 상품을 분석하고자 할지라도, 그는 우선 자본주의적 생산과정과 화폐를 추상하고 상품을 분석한다. 즉, **맑스는 개념적으로** 발전되지 않은 상품을 연구한다. 따라서 이 상품에서는 가격형태와 같은 '자본주의에 존재하는 상품을 특징짓는 일련의 속성들'이 도외시된다. **지금까지 연구된** 노동생산물의 **상품형태, 발전되지 않은** 이러한 **상품형태는 개념적으로 더 계속 발전**되어야 한다. 맑스가 상품형태의 발전이 가치형태의 발전과 일치한다는 것을 지적한다면, 그것으로 그는 상품형태의 그 이상의 개념적 발전이 (가령 가치실체 혹은 가치크기의 계속된 규정을 통해서가 아니라) 가치형태의 그

97　〔옮긴이〕이 책에 있는 '목차' 부분, '1장 상품, 3. 가치형태 혹은 교환가치, 서론' 부분, '1장 상품, 3. 가치형태 혹은 교환가치, C) 일반적 가치형태, 1. 가치형태의 변화된 성격, 상품형태들의 역사적 출현' 부분, '2장 교환과정, 4) 상품교환과 화폐의 역사적 발전' 부분 참조.

이상의 개념적 발전을 통해서 일어난다는 것을 표현한 것이다.

B) 총체적 혹은 전개된 가치형태 (MEW 23: 77-79)

왜 맑스는 이러한 가치형태를 "총체적 혹은 전개된" 가치형태로 부르는가? 단순한 가치형태에 비해 그 가치형태는 전개되어 있다. 즉, 아마포가 자신의 가치를 상의에서 표현한다는 것은 우연적이었다. 아마포가 자신의 가치를 다른 상품들에서도 표현할 수 있다는 것을 고려한다면, 사람들은 단순한 가치형태에 이미 포함된 것을 "전개"할 수 있다. 이때 얻게 되는 새로운 가치형태는 "총체적"이다. 즉, 그것은 아마포의 일반적으로 가능한 모든 가치표현들을 포괄한다.

1. 전개된 상대적 가치형태

'A) 단순한, 개별적인 혹은 우연한 가치형태, 1. 가치표현의 두 극'에서 맑스는 가치형태가 두 극, 즉 상대적 가치형태와 등가형태로 구성된다고 밝혔다. 'A) 단순한, 개별적인 혹은 우연한 가치형태'의 말미, 즉 '4. 단순한 가치형태의 전체'에서야 맑스는 또한 "단순한 상대적 가치형태"와 "개별적 등가형태"에 대해서 말했다. 이제 맑스는 이미 첫 번째 하위 부분의 표제에서 정확한 표현을 사용하면서, "전개된 상대적 가치형태"에 대해 말한다.

맑스는 단순한 상대적 가치형태에 비해 더 발전된 것을 밝힌다. 즉, 아마포의 가치가 다른 모든 상품체들에서 표현되어 있기 때문에, "이 가치 자체가 비로소 참으로, 구별 없는 인간 노동의 젤라틴으로 나타난다."(MEW 23: 77) 아마포는 이제 이 가치형태를 통해서 "상품세계에 대해" 사회적 관계를 맺는다(MEW: 23 77).

그리고 "그것〔상품가치〕의 표현들의 끝없는 연속에서, 상품가치가 상품가치를 나타내는 사용가치의 특수한 형태와 상관없다는 것"이 드러난다(MEW 23:77).

방금 언급한 점이 가치의 질적 측면에 해당하는 반면, 다음 문단에서는 새로운 형태의 발전이 문제인데, 이 발전은 가치의 양적 측면, 즉 가치크기에 해당하는 것이다. 단순한 가치형태에서 양적인 교환관계는 아직 우연한 것일 수 있었다. 전개된 가치형태에서는 더 이상 우연적이지 않다. 즉,

"아마포의 가치가 상의, 커피, 혹은 철 등에서 표현되든, 그 가치는 동일한 크기로 남아 있다."(MEW 23:78)

정확히 말해, 맑스는 이미 『자본』 1권 1장 1절의 첫머리에서 이 결과를 얻었다. MEW 23의 51쪽에서 그는 다음과 같이 밝혔다. 즉, 어떤 상품이 (거기에서는 1크바르트의 밀이었다) x량의 구두약, y량의 비단, 혹은 z량의 금과 교환된다면, 동일한 상품의 이러한 상이한 교환가치들은 "서로 대체될 수 있거나 서로 동일한 크기의 교환가치들"이지 않을 수 없다(MEW 23:51). 거기에서 맑스가 고찰했던 것은 근본적으로, 1크바르트의 밀의 전개된 상대적 가치형태였다. 이미 그곳의 주해에서, 왜 동일한 상품의 교환가치들이 "서로 동일한 크기"이지 않을 수 없는지를 설명했다. 이제 맑스는 다음과 같이 결론을 내린다.

"교환이 상품의 가치크기를 규제하는 것이 아니라, 거꾸로 상품의 가치크기가 상품의 교환관계들을 규제한다는 것이 명백하게 된다."(MEW 23:78)

자주 이 문장은 가치크기들이 **시간적으로** 교환 **이전에** 결정되어야 했을 것이라고 이해되었다. 그런 해석은 상품의 가치가 이미 생산과정에서 완전히 결정되어 있다는, 위에서 논의된 견해와 빈번히 결합했다. 그러나 방금 인용한 문장에서 시간적 순서가 아니라 **규제 관계**가 언급된다. 그리고

『자본』의 첫머리에 대한 주해

규제 관계는 규제하는 심급과 규제되는 심급의 시간적 순서에 필연적으로 근거할 필요는 없다.[98]

상품의 가치크기는 생산자들의 특정한 사회적 관계를 표현한다. 이 관계의 토대들은(생산되는 것, 그리고 필요로 되는 것은) 교환에서야 **발생하는** 것이 아니다. 그러나 생산자들의 이 관계는 교환을 통해서, 그리고 교환을 통해서**만 매개된다**. 이것이 바로 상품생산에 근거하는 사회의 특징이다.(이 주제는 나중에 상품물신에 대한 절에서 우리에게 주어질 것이다.) 상품생산자들은 **사적으로**, 서로 독립적으로 생산한다. 그들은 이미 생산을 통해서가 아니라, 그들의 생산물들의 교환을 통해서야 사회적 관계를 맺는다. 이제야 "사회적으로 필요한 노동시간"이 무엇인지가 드러난다. 교환은 사회적으로 필요한 노동시간의 크기에 대해 결정하지 않긴 한다. 그러나 사회적으로 필요한 노동시간은 교환에서야 존재한다.(왜냐하면 교환에서만 사회적으로 필요한 노동시간의 근간을 이루는 평균 관계들이 형성되기 때문이다.) 그리고 사회적으로 필요한 노동시간은 교환에서 양적인 교환관계들을 결정한다. 그런 한에서, 상품의 가치크기는 상품의 교환관계들을 **규제하긴** 하나, 양자는―가치크기와 교환관계들은―항상 **동시적으로**만 존재한다.

2 특수한 등가형태

---

98 〔옮긴이〕 이 책에 있는 '1장 상품, 1. 상품의 두 요소, 4) 가치와 가치실체, 첫 번째 논증 단계' 부분, '1장 상품, 1. 상품의 두 요소, 4) 가치와 가치실체, 세 번째 논증 단계' 부분, '1장 상품, 3. 가치형태 혹은 교환가치, 서론' 부분, '1장 상품, 3. 가치형태 혹은 교환가치, A) 단순한, 개별적인 혹은 우연한 가치형태, 2. 상대적 가치형태, b) 상대적 가치형태의 양적 규정성' 부분, '1장 상품, 3. 가치형태 혹은 교환가치, A) 단순한, 개별적인 혹은 우연한 가치형태, 4. 단순한 가치형태의 전체' 부분, '1장 상품, 4. 상품의 물신성과 그것의 비밀, 2) "상품들을 생산하는 노동의 고유한 사회적 성격"' 부분 참조.

여기서 맑스는 전개된 등가형태가 아니라 "특수한" 등가형태에 대해 말한다. 전개된 등가형태는 등가물로 사용되는 상품들의 완결되지 않은 연속이다. **이 연속으로부터** 뽑힌 개별 상품이 **특수한** 등가물이다. 이 때문에 이 상품은 "특수한 등가형태"로 존재한다.

맑스는 이런 상품들 각각의 "특수한 현물형태"가 **특수한** 등가형태라는 것, 그리고 그 상품체를 생산한 특정한 구체노동이 인간 노동 자체의 **특수한** 현상형태로 간주된다는 것을 밝힌다(MEW 23: 78). 여기서 맑스는 단순한 등가형태에서 발견되었던 첫 번째, 두 번째 "특성들"을 특수한 등가형태의 속성들로 표현한다.

3. 총체적 혹은 전개된 가치형태의 결점

우선 맑스는 전개된 상대적 가치형태의 세 가지 결점을 열거한다.

 * 상대적인 가치표현이 완결되지 않았다.
 * "상이한 종류의 가치표현들의" "모자이크"가 문제이다(MEW 23: 78).
 * 상이한 상품들의 전개된 상대적 가치형태들은 서로 다르다.(상품 A의 상대적인 가치표현에서 상품 B가 또한 〔특수한 등가형태로서〕 출현하지만, 상품 B의 상대적인 가치표현에서는 상품 B가 아니라 '상품 A의 상대적인 가치표현에서 존재하지 않는 상품 A'가 〔특수한 등가형태로서〕 출현한다. 이 때문에 전개된 상대적 가치형태들은 서로 다르다.)

등가형태의 두 가지 결점이 더해진다.(맑스는 전개된 등가형태라는 명칭을 피한다.)

『자본』의 첫머리에 대한 주해

* 서로를 배제하는 특수한 등가형태들만이 존재한다.(이 때문에도 맑스는 전개된 등가형태에 대해서 말할 수 없었다.)
* 특수한 등가 상품의 몸체를 만드는 구체적인 유용노동은 추상적인 인간 노동의 특수한 표현 형태일 뿐이다. 추상적인 인간 노동은 통일적인 현상형태를 가지지 않는다.

열거한 속성들이 왜 "결점"인가? 맑스는 이것을 여기에서 더 이상 논의하지 않는다. 명백히 그의 견해는 그가 단순한 가치형태에 대한 논의의 말미에 제공한 지적이 충분하다는 것이다. 그 논의의 말미에서 결국 단순한 가치형태의 결점은 단순한 가치형태가 상품 A의 가치를 적절히 표현하지 못한다는 데서 파악되었다. 이것은 전개된 가치형태에도 적용된다. 이제 개별 상품 A는 전체 상품세계와 관계를 맺게 되긴 한다. 그러나 가치들로서 전체 상품들이 질적으로 동등하다는 것은 상이한 종류의 완결되지 않은 가치표현들, 즉 전개된 가치형태가 제공하는 가치표현들에서는 드러나지 않는다. 상품 A의 가치의 통일적 표현 대신에 수많은 특수한 표현들만이 존재할 뿐이다. 그런 한에서, 전개된 가치형태는 상품 A의 가치를 단지 불충분하게만 표현한다.

이제 맑스는 더 나아간 가치형태를 고찰하는 데로 넘어간다. 이 가치형태는 전개된 가치형태로부터 발생한 것이다. 전개된 가치형태는 다수의 가치표현들로 이루어진다. 이미 'A) 단순한, 개별적인 혹은 우연한 가치형태, 1. 가치표현의 두극'에서, 맑스는 'x량의 상품 A = y량의 상품 B'라는 가치 방정식Wertgleichung이 'x량의 상품 A는 y량의 상품 B의 가치가 있다'는 단순한 가치형태의 근간을 이룬다는 것, 이 가치 방정식은 뒤집힐 수 있으며 그러면 'y량의 상품 B는 x량의 상품 A의 가치가 있다'는 뒤집힌 가치표현이 발생한다는 것을 지적했다. 이제 맑스는 이러한 뒤집음을 전개된 가치형태의 모든 개별 방정식에 적용하고, 그렇게 해서 "일반적 가치형태"를 얻는다.

　여기서도 사람들은 전개된 가치형태에서 일반적 가치형태로의 이행이 역사적 이행이 아니라 연구 내부의 개념적인 계속 발전이라는 것을 볼 수 있다. 그 이행은 이미 단순한 가치형태에 포함되어 있는 더 나아간 규정들에 대한 고찰로부터 발생한다. 맑스는 "즉 우리가 **사실상 이미 일련의 표현들에 포함되어 있는 역관계**를 표현하면"(MEW 23: 79, 강조는 하인리히)이라는 그의 마지막 문장을 통해 이것을 다시 강조한다.

C) 일반적 가치형태 (MEW 23: 79-84)

1. 가치형태의 변화된 성격

　"상품들은 이제 그것들의 가치를 1) 간단하게 표현한다. 왜냐하면 가치를 하나의 유일한 상품에서 표현하기 때문이다. 그리고 가치를 2) 통일적으로 표현한다. 왜냐하면 가치를 동일한 상품에서 표현하기 때문이다. 상품들의 가치형태는 간단하고 공동적으로, 이 때문에 일반적이다."(MEW 23: 79)

　이렇게 해서 맑스는 새로운 가치형태의 두 가지 명확한 진보를 언급했고, 그가 선택한 "일반적 가치형태"라는 명칭을 설명했다.

상품형태들의 역사적 출현

　첫 번째, 두 번째 가치형태들을 짧게 특징지은 후에, 맑스는 MEW 23의 80쪽에 있는 두 번째, 세 번째 문단에서 각각 이러한 형태들의 역사적 출현

　　　　　　　　『자본』의 첫머리에 대한 주해

에 대한 짧은 언급을 추가한다. 즉, 맑스에 의하면, 단순한 가치형태는 노동생산물이 단지 가끔 그리고 우연히 교환되는 곳에서만 출현한다. 전개된 가치형태는 노동생산물이 더 이상 단지 예외적으로 교환되는 것이 아니라 규칙적으로 다른 상품들과 교환될 때 출현한다.

맑스는 그가 이미 형태들을 분석한 **후**에야 비로소 이러한 언급을 한다. 따라서 여기서 형태 분석은 결코 역사적 발전을 통해 근거 지어지는 것이 아니다. 거꾸로 형태 분석의 수행이 '무엇이 중요한지에 대한 안내'를 역사적 연구에 제공할 수 있다. 이미 MEW 23의 62쪽에 대한 주해, 즉 '서론: 화폐의 수수께끼'에서, "발전"에 대한 "역사적" 해석을 지적했다. 역사적 해석에 의하면, 가치형태들의 발전은 역사적 발전의 추상적 모사이고, 가치형태들의 순서의 "논리"는 역사적 발전의 진행에 기인한다는 것이다. 우리가 본 것처럼, 맑스는 단순한 가치형태로부터 전개된 가치형태로의 이행과 전개된 가치형태로부터 일반적 가치형태로의 이행을 역사적 이행을 통해 근거 짓지 **않는다.**(완전히 추상적인 의미에서도 그렇게 근거 짓지 않는다.) 맑스는 그 이행들을 각 형태에 이미 존재하는 속성들을 통해 근거 짓는데, 이 속성들이 새로운 형태의 개념적 구성을 위해 이용된다. 『자본』 1권 1판 1장에는 여기서 말한 역사와 관련한 이러한 언급이 아예 존재하지 않는다.

> **보충**: 『자본』에서 보통, 맑스는 형태 분석의 수행 **후**에서야 개별 형태들이 자본주의 이전에 존재했다고 언급한다. 이것은 "소위 본원적 축적"에 대한 연구, 따라서 『자본』 1권의 시작이 아니라 끝에 있는 '자본관계의 역사적 형성에 대한 연구'뿐 아니라, 마찬가지로 『자본』 3권에서 각 범주들의 서술 **후**에서야 수행되는 '상인자본과 이자 낳는 자본에 대한 역사적 연구들'에도 해당된다. 이때 맑스는 자신이 이미 1857년의 「서설」에서 정식화한 방법적 통찰, 즉 그의 서술 방식에 대한 "역사적" 해석들에 정확히 대립되는 통찰을 따른다.

"부르주아사회는 가장 발전되고 가장 복합적인 역사적 생산조직이다. 이 때문에, 부르주아사회의 관계들을 표현하고 그 사회의 구성에 대한 이해를 표현하는 범주들은 몰락한 모든 사회형태들의 생산관계들과 구성에 대한 통찰을 동시에 제공한다. 부르주아사회는 몰락한 사회형태들의 파편들과 요소들로 형성되고, 몰락한 사회형태들 중에서 부분적으로 아직 극복되지 않은 잔재들은 부르주아사회에 이어지고, 단순한 암시들은 완성된 의미들로 발전되었다 등. **인간의 해부는 원숭이의 해부를 위한 열쇠이다.** 이에 반해, 동물의 하위 종들에 존재하는 더 높은 종에 대한 암시들은 그 높은 종 자체가 이미 알려진 때에만 이해될 수 있다."(MEW 42: 39, 강조는 하인리히)

그러나 "더 높은 종에 대한 암시들"을 표현하는 전 자본주의적 생산양식들에서 출현하는 형태들은 이러한 "더 높은 종", 즉 자본주의에 존재하는 형태들과 **동일하지 않다**는 것을 잊어서는 안 된다. 맑스가 자본주의적으로 생산되고 화폐와 교환되는 상품을 우선 자본과 화폐를 추상한 상태로 연구하기 때문에, 상품의 단순한 가치형태도 상품의 전개된 가치형태도, 화폐 매개 없는 단순한 **생산물 교환** 혹은 전개된 **생산물 교환**과 동일하지 않다. 단순한 가치형태와 전개된 가치형태는 화폐로 매개된 교환에 대한 추상을 통해 형성된 개념적 구성물들이다. 그러나 그것은 화폐 없는 교환의 전 자본주의적 형상들이 아니다.[99]

상대적 가치형태의 변화된 성격

---

99 〔옮긴이〕이 책에 있는 '목차' 부분, '1장 상품, 3. 가치형태 혹은 교환가치, 서론' 부분, '1장 상품, 3. 가치형태 혹은 교환가치, A) 단순한, 개별적인 혹은 우연한 가치형태, 4. 단순한 가

『자본』의 첫머리에 대한 주해

MEW 23의 80쪽에 있는 첫 세 문단에서, 가치형태들을 비교하면서 맑스는 첫 번째 가치형태와 두 번째 가치형태가 한 상품의 가치를 단지 그 상품의 사용가치와 구별되는 어떤 것으로서만 표현한다고 강조한다. 그 후 네 번째 문단에서, 다음이 일반적 가치형태의 결정적 진보로 밝혀진다. 즉,

"각 상품의 가치는 이제 그 상품의 사용가치와 구별될 뿐만 아니라 모든 사용가치와 구별되어서" 표현되어 있고, "바로 그것을 통해서 그 상품과 모든 상품들 사이의 공통적인 것으로서 표현"되어 있다(MEW 23: 80).

맑스는 다음과 같은 결론을 부언한다.

"이 때문에 이 형태가 비로소 현실적으로wirklich 상품들을 서로 가치들로 관련시킨다. 혹은 상품들이 서로 교환가치들로 나타나도록 한다."(MEW 23: 80)

여기에서 어떤 의미에서 "현실적으로"가 이야기되는가? 이미 첫 번째 가치형태와 두 번째 가치형태도 상품들을 가치들로 서로 관련시켰다. 그러나 왜 이 관련이 일반적 가치형태를 통해서야 "현실적으로" 일어난다는 것인가? 첫 번째 가치형태와 두 번째 가치형태는 '가치를 특징짓는 모든 것을 아직 표현하지 않는 관계'를 제시한다. 세 번째 가치형태가 비로소 이것을 수행한다. 그런 한에서, 맑스는 이러한 가치형태가 비로소 상품들을 "현실적으로" 가치들로 서로 관련시킨다고 말한다.(해답이 완전할 때야 비로소 과제가 "현실적으로" 해결된 것이라고 사람들이 일상적으로 말하는 것처럼 말이다.)

방금 주해한, 그리고 비슷한 정식화들에 의거해서[『자본』1권 1판의 부록에 있는 일반적 가치형태에 대한 해당 지점은 다음과 같이 말한다. "그것의 **일반적** 성격을 통해서야 **가치형태**가 **가치개념**에 조응한다"(MEGA Ⅱ/5: 643)], 때때로 헤

치형태의 전체, 전개된 가치형태로의 이행' 부분 참조.

겔의 현실Wirklichkeit 개념이 지적되고, 이 개념이 맑스에게서 계속 살아남았다는 것이 지적된다.('**현실적으로**'란 것은 사물Sache의 **개념**에 조응하는 것이다.[100]) 그러나 맑스가 실제로 헤겔의 현실 개념을 계승하는지, 그리고 어느 정도로 그러한지는 맑스에 대해 그리고 또한 헤겔에 대해 조금 더 알 때서야 의미 있게 논의될 수 있다. 불분명한 정식화들이 그런 종류의 철학사적 연관 **없이** 해명될 수 있는 한에서(그리고 이것은 나에게 이곳에서만이 아니라 다른 많은 곳에서도 그럴 수 있는 것처럼 보인다), 나는 그렇게 해볼 것이다.

MEW 23의 다섯 번째 문단에서 맑스는 가치형태들 사이에 있는 그 이상의 차이를 거론한다. 즉, 첫 번째, 두 번째 가치형태에서 가치표현은 하나의 개별 상품을 출발점으로 삼는다. 자신에게 가치형태를 부여하는 것은 그 상품의 "사적인 일"이다. "그리고 그 상품은 다른 상품들의 도움 없이 그것을 수행한다."(MEW 23: 80) 다른 상품들은 등가물의 수동적 역할만을 가진 것으로 출현한다. 그러나 이것은 일반적 가치형태에서는 근본적으로 다르다.

"이에 반해, 일반적 가치형태는 상품세계의 합동 작업gemeinsames Werk 으로서만 발생한다."(MEW 23: 80)

이곳에서, 어떻게 도대체 이러한 상품세계의 **합동** 작업이 가능한지 하는 질문이 분명히 제기될 수 있다. 조정 실행이 이루어지고 있다는 것을 가정하지 않으면, 어떤 심급이 이러한 조정을 실행할 것인가를 물어야만 한다. 맑스는 이 질문을 다루지 않는다. 왜 그런가? 『자본』 1권 1장에서 맑스는 상품의 **형태규정**들만을 연구하지, 이 형태규정들이 인물들의 **행위**에서

---

100 〔옮긴이〕 헤겔에게 현실적인 것das Wirkliche은 단순히 존재하는 것을 의미하지 않는다. 헤겔의 『대논리학Wissenschaft der Logik』에 의하면, 직접적이고 개별적인 존재는 현존재 Dasein이고, 본질로부터 발생하나 본질을 자기 외부에 가지고 있는 존재는 실존Existenz이며, 실존이 본질을 가지게 되면, 자신의 개념과 일치하게 되면 현실적인 것이다.

관철되고 유지되는 과정을 연구하지는 않는다. 인물들의 행위는 이미 위에서 언급한 것처럼, 2장의 대상을 이룬다.

맑스는 계속해서 다음과 같이 밝힌다.

"따라서 상품들의 가치대상성이 이러한 물건들의 단지 〈사회적일 뿐인 현존재Dasein〉이기 때문에, 이 가치대상성이 또한 상품들의 전면적인 사회적 관계를 통해서만 표현될 수 있다는 것, 그 이유로 상품들의 가치형태가 사회적으로 유효한gültig 형태이지 않을 수 없다는 것이 드러난다."(MEW 23: 80 - 81)

가치형태에 대한 절의 '서론: 화폐의 수수께끼'에서 본 것처럼, 순수하게 사회적인 어떤 것으로서 상품들의 가치대상성이 또한 "상품과 상품의 사회적 관계에서만 나타날 수 있다"는 것이 자명한 것으로―맑스의 말로 그러한 것은 "자명하다"―가정되었었다(MEW 23: 62). 이러한 아주 일반적인 정식화 대신에, 이제 더 정확히 다음과 같이 말한다. 즉, 상품들의 가치대상성은 그것들의 "전면적인" 사회적 관계를 통해서만 표현될 수 있다는 것이다. 이제 왜 "전면적인"가? "가치를 형성하는 노동"이 존재한다는 것은 **개별적인** 노동과정의 속성이 아니라, **평균을 형성하는** 다양한 **사회적 과정들**의 결과라는 것을 상기하자. 따라서 "가치실체"는 전면적인 사회적 관계에 근거한다. 즉, 교환에서 수행되는 다양한 평균 형성들이 상품들 전체를 생산하는 노동들을 서로 관련시킨다. 이 때문에 상품들의 가치대상성은 "전면적인" 사회적 관계를 통해서만 적절히 표현되며, 이 가치대상성은 일반적 가치형태를 통해서 존재한다.

다음 문단에서 맑스는 이러한 전면적 관계에서 상품들이 가치들로서 **질적으로 동등할** 뿐만 아니라, 상품들의 가치크기들에서도 **양적으로 비교될 수** 있다고 밝힌다. 즉, 상품들은 가치표현으로 사용되는 아마포의 일정한 양으로서 양적으로 비교될 수 있다.

등가형태의 변화된 성격

이어지는 문단의 첫 문장들에서 맑스는 일반적 가치형태에 대한, 그가 이미 얻은 결과를 다시 한 번 쓴다. 이때 그는 **일반적인** 상대적 가치형태와 **일반적인** 등가물에 대해 명확히 말한다. 그는 한편으로 상대적 가치형태로 존재하는 상품들의 **능동적** 역할을 강조한다. "상품세계의 일반적인 상대적 가치형태"는 아마포에게 "일반적 등가물"의 성격을 부과한다ausdrücken는 것이다(MEW 23: 81). 다른 한편으로 그는 등가형태의 세 가지 "특성"을 거론한다. 이때 세 번째 특성만 약간 더 분명하게 설명된다.

이러한 세 가지 특성은 단순한 가치형태에 비해 **일반적** 가치형태에서 어느 정도의 변화를 겪는다. **단순한** 등가형태에서 '사용가치 / 구체적인 유용노동 / 사적 노동'이 '가치 / 추상적인 인간 노동 / 직접적으로 사회적인 형태의 노동'의 "현상형태"로 된다는 것이 밝혀질 수 있었다. 이와 달리, 이제 **일반적** 가치형태에서 '등가 상품의 사용가치' 및 '등가 상품의 몸체를 생산한 유용노동 / 사적 노동'은 '가치 / 추상적인 인간 노동 / 직접적으로 사회적인 형태의 노동'의 "일반적 현상형태"가 된다(MEW 23: 81). 즉, 이제 그 어떤 따로따로 떼어져 있는 현상형태가 더 이상 문제가 아니라, **일반적인, 사회적으로 유효한**gültig **현상형태**가 문제이다.

이러한 **일반적** 성격을 근거로, 맑스는 가치를 형성하는 노동의 이제 가시적으로 된 "긍정적인 본성"에 대해 다음과 같이 결론을 내릴 수 있었다.

"그래서 상품가치에 대상화된 노동은 부정적으로만 표현되어 있는 것이 아니다. 즉, 현실적인 노동의 모든 구체적 형태들과 유용한 속성들을 추상한 노동으로만 표현되어 있는 것이 아니다. 상품가치에 대상화된 노동의 고유한 긍정적 본성이 명확히 드러난다. 그 본성은 모든 현실적 노동들을 '그것들에게 공통적인 성격, 인간 노동이라는 성격'으로, 인간 노동력의 지출로 환원하는 것이다."(MEW 23: 81)

일반적 등가물이 없이, 왜 가치에 대상화된 노동은 "부정적으로"만 표현되어 있는가? 개별 등가물에서(단순한 가치형태에서) 그리고 특수한 등가물에서(전개된 가치형태에서), 등가 상품을 생산한 구체노동은 또한 이미 추상적인 인간 노동의 현상형태이었긴 하나, '상대적 가치형태로 존재한 한 상품'의 가치에 대상화된, 그런 추상적인 인간 노동의 현상형태일 뿐이었다. 그러므로 가치를 형성하는 노동으로서 이러한 노동은 **그 자신의** 구체적으로 유용한 성격을 추상한 것으로서만 규정되어 있었다. 그런 한에서, 그 노동은 "부정적으로"만 규정되어 있었다.

예를 들어, 단순한 가치형태에서 밀의 가치가 철에서 표현된다면, 철은 〔밀의〕 가치의 현상형태이고, 철을 생산하는 구체노동은 〔밀의〕 가치를 형성하는 노동의 현상형태이다. 그러나 단순한 가치형태에서 하나의 유일한 상품, 우리의 예에서는 밀의 가치만 표현된다. 밀의 가치를 표현하는 단순한 가치형태로부터, 우리는 밀을 생산하는 구체노동이 가치를 형성하는 것이 **아니고**, 철을 생산하는 노동만이 가치를 형성하는 것으로 "간주"될 뿐이라는 것을 추론할 수 있다. 따라서 단순한 가치형태를 근거로, 우리는 밀의 가치에서 표현되는 '가치를 형성하는 노동'에 대해[101] 단지 다음과 같은 "부정적인" 진술을 할 수 있을 뿐이다. 즉, 밀을 생산하는 구체노동은 문제가 **아니**라는 것이다.

일반적 가치형태에서는 사정이 다르다. **일반적** 등가물인 아마포를 통해, 〔아마포를 만드는〕 직조는 〔아마포와 교환되는 모든 상품의〕 가치에 대상화된 **모든** 노동의 현상형태가 된다. 많은 노동들 중의 어떤 것도 구체노동으로서 가치를 형성하는 것이 아니다. 그러나 〔상품들의〕 가치가 형성되면, 상품들은 자신의 가치를 아마포에서 표현한다. 그러면, 직조가 표현하는 것은 '〔

---

101 〔옮긴이〕 위의 예에서, 밀의 가치는 철에서 표현되므로, 밀의 가치에서 표현되는 '가치를 형성하는 노동'은 '철에서 표현되는 밀의 가치'를 형성하는 노동으로 이해될 수 있다.

아마포와 교환되는 상품들을 만드는〕이러한 모든 많은 구체노동들이 **공통적**
으로 가진 것'이다. 즉, 직조가 표현하는 것은 모든 많은 구체노동들이 "인
간 노동"이라는 것이다. 〔일반적 등가물인 아마포를 통해〕상이한 많은 상품들
의 가치가 표현되는 이제야, 많은 노동들이 공통적으로 가진 것이 드러날
수 있다. 이것이 맑스가 언급한, 가치를 형성하는 노동의 "긍정적 본성"이
다. 이 본성은 일반적 등가물을 통해 처음으로 드러나는 것이다.

그러나 이러한 "긍정적 본성"이 이미 처음부터 분명했다고 이의를 제기
할 수 있을 것이다. 이미 맑스가 교환된 상품들의 공통적 "내용"을 탐색 중
이었던 MEW 23의 52쪽에서, 그는 다음과 같이 논증했다. 즉, (교환에서 일
어나는) 사용가치에 대한 추상을 통해 노동들의 유용한 성격도 추상되고,
노동들 모두가 "동일한 인간 노동"으로 환원된다고 말이다. 그러니까 지금
일반적 가치형태에서 무엇이 그렇게 특별나게 새롭단 말인가?

여기서 우리는 맑스가 이미 MEW 23의 65쪽에서 언급한 것과 동일한,
두 가지 분석 지평의 차이를 상대하고 있다. MEW 23의 51-52쪽에서는
두 상품의 **교환관계**가 분석되었다. 이 분석의 결과로 "가치추상"(MEW 23:
65)이 나타났고, 추상적인 인간 노동이라는 '가치를 형성하는 노동에 대한
규정'이 나타났다. 이제〔MEW 23의 81쪽에서〕우리는 상품들의 **가치관계**에
대한 분석을 상대한다. 여기서 이러한 "긍정적 본성"이 표현하는 것은 **상**
품들의 관계 자체(일반적인 상대적 가치형태로 존재하고 일반적 등가물이라는 하
나의 유일한 상품과 관계하는 그러한 '상품세계')이다. 교환관계에서 분석의 **결**
과였던 것은 가치관계에서는 '분석되는 관계의 **구성 요소**'이다.[102]

이러한 배경 하에서 다음과 같은 '1. 가치형태의 변화된 성격'의 마지막
문단도 이해될 수 있다.

---

102 〔옮긴이〕이 책에 있는 '1장 상품, 3. 가치형태 혹은 교환가치, A) 단순한, 개별적인 혹은 우
연한 가치형태, 2. 상대적 가치형태, a) 상대적 가치형태의 내용' 부분 참조.

『자본』의 첫머리에 대한 주해

"노동생산물들을 구별 없는 인간 노동의 단순한 젤라틴들로 표현하는 일반적 가치형태는 그 자신의 구조Gerüst를 통해, 그것이 상품세계의 사회적 표현이라는 것을 보여 준다."(MEW 23: 81)

일반적 가치형태의 "자신의 구조"는 모든 상품들이 '그것들의 공통적 가치표현인 한 상품'에 관계한다는 것에 존재한다. 이를 통해 모든 상품들이 사회적 관계를 맺는다. 그런 한에서, 일반적 가치형태는 "상품세계의 사회적 표현"이다. 그러면 일반적인 가치형태는 상품들이 **어떻게** 사회적으로 관계 맺도록 하는가? 상품들이 "구별 없는 인간 노동의 젤라틴들"로 표현됨으로써, 상품들이 **사용가치**들이 아니라 **가치들**로서 사회적으로 관계 맺도록 한다. 이 때문에 맑스는 다음과 같이 결론지을 수 있었다.

"그래서 그것(일반적 가치형태—하인리히)은 이러한 세계 내부에서 '노동의 일반적으로 인간적인 성격'이 '노동의 특수하게 사회적인 성격'을 형성한다는 것을 드러낸다."(MEW 23: 81)

여기서 정확히 독해해야 한다. "이러한 세계"가 이야기되는데, 앞선 문장에서 분명해진 것처럼, 이것은 "상품세계"를 의미한다. 여기서 상품세계 내부에서, 노동의 "특수하게 사회적인 성격"의 규정이 문제이다. 따라서 무엇이 **사적으로** 지출된 노동을 **사회적으로** 만드는가, 사회적 노동의 구성 요소로 만드는가 하는 질문이 문제이다. **상품세계 내부에서** 사적 노동은 그것이 상품을 생산하고, 따라서 사용가치만이 아니라 가치에서도 표현될 때만, 사회적이다. 그리고 가치는 노동을 단지 "구별 없는 인간 노동"으로만 표현한다. 그런 한에서 상품세계 내부에서 '노동의 일반적으로 인간적인 성격'이 '노동의 특수하게 사회적인 성격'이다. 상품세계 밖에서(다른 생산양식들에서) 이것은 그렇지 않다.

보충: 맑스는 『자본』 1권 1판 1장에서만 일반적 가치형태의 그 이상의 중요한 측면을 언급했다. '**일반적인** 것', '모든 상품들에 공통적인 것',

'상품들의 가치', '가치에서 표현된 노동'은 **개별적인** 어떤 것인 **일반적 등가물**'에서 표현된다. 1판에서 맑스는 일반적 등가형태의 이러한 속성을 특히 강조했고, 이를 위해 또한 매우 계발적인 예를 찾아냈다.

"20엘레의 아마포＝1벌의 상의, 혹은 20엘레의 아마포＝u잔의 커피, 혹은 20엘레의 아마포＝v잔의 차, 혹은 20엘레의 아마포＝x량의 철 등과 같이, 아마포가 **자신의 상대적 가치표현**을 전개하는 **형태 Ⅱ**에서, 아마포는 **특수한 등가물**인 각 개별 상품, 즉 상의, 커피 등에 관계하고, **그 특수한 등가형태들의 범위**인 모든 상품들에 관계한다. 아마포에 맞서서, 어떤 개별 상품 종류도 등가물 자체로 간주되지 않는다. **개별** 등가물에서〔즉 단순한 가치형태, 형태 Ⅰ에서〕그렇게 간주되지 않는 것처럼 말이다.〔형태 Ⅱ에서〕개별 상품 종류는 특수한 등가물로만 간주된다. 한 상품 종류가 다른 상품 종류를 등가물에서 배제하는 그러한 특수한 등가물 말이다. 이와 달리, 역관계를 맺은 두 번째 형태이자 따라서 두 번째 형태 속에 포함된 '형태 Ⅲ'에서, 아마포는 다른 모든 상품들에 대한 등가물이라는 **유적 형태**Gattungsform로 나타난다. 무리를 지어서 동물 왕국의 상이한 성性, 종種, 아종亞種, 과科 등을 형성하는 사자들, 호랑이들, 토끼들, 그리고 다른 모든 실제 동물들과 나란히 그리고 그것들 밖에, 마치 동물, 즉 전체 동물 왕국의 개체적 화신 individuelle Incarnation 또한 존재하는 것처럼 말이다."(MEGA Ⅱ/5: 37)

상품들이 사용가치들일 뿐만 아니라 가치들이라는, 상품들의 공통적 속성은 소위 유적 속성Gattungseigenschaft이다. 이 유적 속성은 일반적 등가물에서 개체화되어 있다.[103] 다른 개체적 상품들과 나란히, 아마포는 개체적 상

---

103 〔옮긴이〕앞의 두 문장은 독일어 3판에 있는 원래 문장을 더 분명하게 표현하기 위해 저자가 한국어판에서 수정한 것이다.

『자본』의 첫머리에 대한 주해

품으로 존재한다. 그러나 일반적 등가물인 아마포는 가치의 일반적이고 직접적인 형상으로 간주된다. 그런 한에서, 여기서 유(가치)는 (아마포의 형상을 한) 개체로 존재한다. '그것들의 전체를 통해 이러한 유를 형성하는 다른 모든 개체들(개별 상품들)'과 나란히 있는 그러한 개체 말이다.

2. 상대적 가치형태의 발전과 등가형태의 발전의 관계

첫 번째 문단에서 맑스는 등가형태의 발전이 단지 "상대적 가치형태의 발전의 결과"일 뿐이라고 강조한다. 이미 MEW 23의 63쪽에 있는 단순한 가치형태에 대한 서술의 첫머리에서, 맑스는 상대적 가치형태로 존재하는 상품이 능동적인 편이고(그 상품은 자신의 가치를 표현한다), 등가형태로 존재하는 상품이 수동적인 편이라고(그 상품은 가치표현의 재료로 사용된다) 밝혔다. 다음 문단에서 맑스는 상이한 등가형태들을 각 상대적 가치형태의 결과로 짧게 지적한다.

'2. 상대적 가치형태의 발전과 등가형태의 발전의 관계'에 있는 나머지 다섯 문단은 가치형태의 두 극 사이의 대립의 발전을 다룬다.

* **단순한 가치형태**는 이러한 대립을 지닌다. "그러나 그 대립을 고정시키지 않는다."(MEW 23: 82) 개별 가치표현이 아무 문제없이 앞으로 그리고 역으로 읽혀질 수 있기 때문에, 두 상품 중 각 상품은 상대적 가치형태와 등가형태를 취할 수 있다.104

---

104 〔옮긴이〕 "20엘레의 아마포가 1벌의 상의의 가치가 있다"는 가치표현을 거꾸로 읽으면, "1벌의 상의가 20엘레의 아마포의 가치가 있다"이다. 20엘레의 아마포는 전자의 가치표현에서 상대적 가치형태를, 후자의 가치표현에서 등가형태를 취한다. 1벌의 상의는 전자의 가치

* **전개된 가치형태**에서는 **하나의** 상품이 상대적 가치형태를 취한다. 왜냐하면 **다른 모든** 상품들이 그 형태를 취하지 **않기** 때문이다. 이 가치표현을 역으로 읽으면, 그 가치표현의 성격이 변하고 일반적 가치형태로 넘어간다.

* 그것에 상응해서 **일반적 가치형태**에서 또한 다음이 타당하다. 즉, **하나의** 상품이 등가형태를 취한다.(즉, MEW 23의 82쪽에 있는 마지막 문단에서 맑스가 말한 "직접적 교환 가능성의 형태"를 취한다.) **왜냐하면** 다른 모든 상품이 등가형태를 취하지 않기 **때문이다.**

일반적 등가물로 사용되는 상품은 **일반적인 상대적 가치형태**로부터 배제되어 있다.(그렇지 않다면 이것은 '20엘레의 아마포 = 20엘레의 아마포'라는 내용을 가질 것이다.) 일반적 등가물은 일반적 등가형태가 반대쪽으로 돌려질 때만 자신의 가치를 표현할 수 있다. 그러면 (이전의) 등가 상품은 **전개된 상대적 가치형태**를 취하고, 자신의 가치를 끝없이 많은 다른 모든 상품 종류에서 표현한다.[105]

일반적 등가물로 사용되는 상품은 다른 모든 상품들이 직접적 교환 가능성의 형태를 취하지 않기 때문에만 그러한 직접적 교환 가능성의 형태를 취한다는 언급 후에, 맑스는 주 24에서 다음과 같이 말한다.

"사람들은 일반적인 직접적 교환 가능성의 형태를 보고 사실상 아래와 같은 것을 결코 알아차리지 못한다. 즉, 일반적인 직접적 교환 가능성의 형태가 대립적인 상품형태라는 것, 자석의 양극이 음극과 떨어질 수 없는 것처럼, 이 형태가 '직접적인 교환의 불가능성의 형태'와 떨어질 수 없는 것

표현에서 등가형태를, 후자의 가치표현에서 상대적 가치형태를 취한다.

105 〔옮긴이〕 이것은 '일반적 가치형태'가 '전개된 가치형태'로 뒤집힌 경우를 말한다.

『자본』의 첫머리에 대한 주해

이라는 사실 말이다."(MEW 23: 82, 주 24)[106]

　이미 **단순한** 가치형태를 분석할 때, 맑스는 등가형태로 존재하는 상품
이 단지 가치관계 **내부에서**만 가치의 직접적인 육화로 간주된다고 밝혔
다. 그러나 한 물건의 속성들이 보통 그 물건과 다른 물건들 사이의 관계들
로부터 발생하는 것은 아니기 때문에 — 맑스가 거기서 밝힌 것처럼 — 등
가형태로 존재하는 상품 또한 이 형태를 (따라서 직접적 교환 가능성의 형태
를) "원래 지니는 것"처럼 보인다(MEW 23: 72). 그리고 그것이 "등가형태의
수수께끼 같음"의 원인을 형성한다(MEW 23: 72). 단순한 가치형태에 대한
분석에 의하면, 등가형태를 보고 사람들이 이 등가형태가 단지 '상대적 가
치형태의 **결과**', 따라서 '한 다른 상품이 자신의 가치를 등가형태에서 표현
한다는 사실의 **결과**'일 뿐이라는 것을 알아차릴 수 없다는 것은 다음과 같
은 사태에 대해 책임이 있다. 즉, 등가형태(직접적 교환 가능성의 형태)가 '등
가형태를 취하는 그런 상품'의 **물건적**dinglich 속성으로 나타나는 사태에 대

---

106 〔옮긴이〕 주 24를 다 옮기면 다음과 같다. "사람들은 일반적인 직접적 교환 가능성의 형태
　　를 보고 사실상 아래와 같은 것을 결코 알아차리지 못한다. 즉, 일반적인 직접적 교환 가능
　　성의 형태가 대립적인 상품형태라는 것, 자석의 양극陽極이 음극陰極과 떨어질 수 없는 것처
　　럼, 이 형태가 '직접적인 교환의 불가능성의 형태'와 떨어질 수 없는 것이라는 사실 말이다.
　　이 때문에, 사람들은 그들이 직접적 교환 가능성의 도장을 모든 상품들에게 동시에 찍을 수
　　있다고 착각할지도 모른다. 그들이 모든 가톨릭 신도들을 교황으로 만들 수 있다고 착각하
　　는 것처럼 말이다. 상품생산에서 인간의 자유와 개인적 독립의 극치nec plus ultra를 보는 소
　　부르주아에게, 이런 형태와 결합된 결점들로부터 벗어난 것, 특히 또한 상품들의 직접적이
　　지 않은 교환 가능성으로부터 벗어난 것은 당연히 매우 바람직할 것이다. 프루동의 사회주
　　의는 이러한 속물적 유토피아를 생생하게 묘사했다. 내가 다른 곳에서 보인 것처럼, 이 사회
　　주의는 독창성이라는 공적조차 지니지 않는다. 그것은 오히려 프루동보다 오래 전에 그레
　　이(Gray), 브레이(Bray) 및 다른 이들에 의해 훨씬 잘 전개되었다. 이 사실은 그런 지혜가 오
　　늘날 일정한 집단들에서 〈과학science〉의 이름 아래 유행하는 것을 막지 못한다. 어떤 학파
　　도 프루동 학파보다 더 〈과학〉이란 말을 남용하지 않았다. 그 이유는 다음과 같다. '개념들
　　이 결핍된 곳에서, 마침 말이 모습을 드러낸다.'"(MEW 23: 82 - 83, 주 24) 맑스는 2장에 있
　　는 주 40에서 비슷한 논의를 한다. 주 40은 이 책에 있는 '2장 교환과정, 4) 상품교환과 화폐
　　의 역사적 발전'에 있는 옮긴이 주 참조.

해 책임이 있다.[107] 따라서 단순한 등가물의 역할을 받아들인 상품은 '그 상품이 등가물이 되도록 하는 특정한 속성들'을 지닌 것처럼 **보인다**.[108] 이러한 **외관**은 **일반적** 등가물에게도 존재한다. 여기서는 심지어 훨씬 더 강한 정도로 그렇다. 왜냐하면 상대적 가치형태와 등가형태의 대립은 단순한 가치형태에서는 아직 "고정되지" 않았었다(MEW 23: 82). 단순한 가치표현은 아무 문제없이 역으로 읽혀질 수 있었다. 이에 반해, 최소한 가치표현이 형태 변화 없이는 더 이상 반대쪽으로 돌려질 수 없는 한에서, 이러한 대립은 일반적 가치형태에서 고정되어 있다.

MEW 23의 82-83쪽에 있는 주 24의 나머지에서 맑스는 프루동의 사회주의를 비판한다. 피에르-조제프 프루동(Pierre-Joseph Proudhon, 1809-1865)은 프랑스에서 1840년대 이래 영향력이 큰 사회주의 저자였다. 그는 자신의 사회주의관을 철학적, 경제(학)적, 그리고 특히 도덕적 논거들을 통해 근거 짓고자 했다. 프루동의 주저 『빈곤의 철학』(1846)에 대해 맑스는 1847년 『철학의 빈곤』(MEW 4)으로 답했다. 그러나 이 책은 맑스가 1857년 이래 정식화한 "정치경제학 비판"과는 아직 멀리 떨어져 있었다(부록 1 참조). 맑스의 경제학 비판의 형성을 위해서 프루동과의 대결이 중요하지 않은 것은 아니었다. 『자본』에서 프루동은 단지 짧게 몇 주석에서 비판되긴 하나, 그 비판은 노골적으로 아주 부정적이다. 프루동과의 대결에서, 추상적이고 이론적인 논의가 직접적으로 정치적인 결론을 가질 수 있다는 것이 분명하게 된다.

---

107 〔옮긴이〕 여기서 '사람들이 알지 못한다는 것'만이 문제의 원인이라고 오해해서는 안 된다. '사람들이 알지 못한다는 것'은 주체의 무능력이나 허위의식이 아니라 그 자체 상품경제의 객관적 사태에 근거한다. 하인리히도 이러한 오해를 피하기 위해, 독일어 3판과 달리 한국어판에서 위와 같이 서술을 고쳤다.

108 〔옮긴이〕 이 책에 있는 '1장 상품, 3. 가치형태 혹은 교환가치, A) 단순한, 개별적인 혹은 우연한 가치형태, 3. 등가형태, 등가형태의 첫 번째 특성' 부분 참조.

『자본』의 첫머리에 대한 주해

맑스는 프루동의 사회주의가 가치표현이 만들어낸 '일반적 등가물의 자립성이라는 외관'을 잘못 해소했다고 비판한다. 위에서 마지막으로 인용한 문장들 바로 뒤에서 맑스는 다음과 같이 계속 말한다.

"이 때문에, 사람들은 그들이 직접적 교환 가능성의 도장을 모든 상품들에게 동시에 찍을 수 있다고 착각할지도 모른다. 그들이 모든 가톨릭 신도들을 교황으로 만들 수 있다고 착각하는 것처럼 말이다."(MEW 23: 82, 주 24)

프루동은 등가 상품 자체가 '그것을 등가물로 만드는 특수한 속성'을 가진 것이 전혀 아니라는 것을 인식하긴 한다. 예를 들어, 역사적으로 일반적 등가물로 사용된 금 혹은 은은 아마포 혹은 커피와 똑같은 평범한 상품이다. 그러나 이로부터 (프루동처럼) '사람들이 등가물로부터 그것의 특권적인 지위를 간단히 빼앗을 수 있다는 결론'을 끌어내는 것은 잘못이다. 프루동의 사회주의는 (그리고 사람들이 상품생산을 유지하면서 동시에 화폐를 폐지할 수 있다고 가정하는 모든 구상들은) 두 가지를 오인한다. **첫째**, 일반적 등가물의 특권적 지위는 '일반적 등가물인 이러한 한 상품'과 '나머지 상품세계' 사이의 관계의 **결과**일 뿐이라는 것을 오인한다. **둘째**, 모든 상품들이 가치들로서 서로 관련될 수 있기 위해서 이러한 관계(일반적 등가물과 나머지 상품세계 사이의 관계)가 필수적이라는 것을 오인한다.

맑스는 프루동의 사회주의를 "속물적 유토피아Philisterutophie"라 부른다. 왜냐하면 이 유토피아는 "소부르주아"의 관념을 근거로 삼기 때문이다. "상품생산에서 인간의 자유와 개인의 독립의 극치nec plus ultra를 보는" 소부르주아 말이다(MEW 23: 82-83, 주 24). 맑스가 살던 시대에 소부르주아는 소상품생산자들, 소공업자들, 자영농들, 의사나 법률가와 같은 프리랜서들을 의미했다. 그들 스스로는 임금노동자가 아니었고, (비록 그들이 아마도 두서넛의 종업원을 데리고 있을지라도) 아직 진정한 자본가도 아니었다. 이 때문에 그들은 특히, 그들 중 다수에게 물건들의 자연적 질서로 나타나는 "단순한" 상품유통의 내부에서 (즉 자본주의적으로 매개되지 않은 구매와 판매의 내부에서) 활동했다. 나중에 더 뒤따라 나오는 경멸적인 논평을 통해(MEW 23: 99, 주 38; 189 - 191; 613, 주 24), 맑스는 그가 상품생산을 높이 평가하지 **않으며** 그 어떤 개혁된 상품생산에서도 자본주의에 대한 대안을 보지 않는다는 것을 분명히 한다(특히 MEW 23: 613, 주 24 참조).

MEW 23의 82 - 83쪽에 있는 주 24의 결론은 문학적 풍자의 도움을 통해, 맑스가 프루동의 입장을 잘못된 것으로 간주할 뿐만 아니라 프루동의 전체 논의를 과장되고 비과학적인 것으로 간주한다는 것을 분명히 한다. 맑스가 출처를 제시하지 않는, 끝에 있는 시구는 괴테(Johann Wolfgang von Goethe, 1749 - 1832)의 『파우스트』로부터 약간 변화시킨 인용문이다.[109] 맑스는 그 시대의 독일 교양 부르주아들이 그것을 알고 있다고 전제할 수 있었다. 그래서 그들도 맑스의 풍자를 이해했을 것이다. 즉, 맑스가 끌어댄 그 시구를 통해, 메피스토펠레스(Mephistopheles)는 신학의 과학적 오만불손에 대해 조롱했던 것이다(Faust Ⅰ: 1995 - 2000 참조).

3. 일반적 가치형태로부터 화폐형태로의 이행

맑스는 일반적 등가형태가 **모든** 상품에 부여될 수 있다는 것, 그러나 이러한 형태가 지속적으로 **한** 상품으로 제한될 때에서야 이 형태가 "객관적인objektiv 안정성과 일반적으로 사회적인 유효성"을 획득한다는 것을 밝힌

---

109 〔옮긴이〕"개념들이 결핍된 곳에서, 마침 말이 모습을 드러낸다."(MEW 23: 83, 주 24) 독일어는 다음과 같다. "wo Begriffe fehlen, da stellt zur rechten Zeit ein Wort sich ein." 괴테의 원문은 다음과 같고, 접속사를 제외하면 뜻에서 큰 차이는 없다. "Denn eben wo Begriffe fehlen, Da stellt ein Wort zur rechten Zeit sich ein."(Faust Ⅰ: 1995 - 1996)

『자본』의 첫머리에 대한 주해

다.[110]

　"자신의 현물형태가 등가형태와 사회적으로 결합되는 그러한 특수한 상품 종류가 이제 화폐상품으로 되거나 화폐로 기능한다. 상품세계 내부에서 일반적 등가물의 역할을 하는 것이 그 상품 종류의 특수하게 사회적인 기능이 되고, 따라서 '그 상품 종류가 사회적으로 독점하는 것'이 된다."(MEW 23: 83)

　사람들이 이러한 화폐상품을 (이것은 역사적으로 금이었다) 아마포의 자리에 놓으면, 그들은 화폐형태를 얻게 된다.

D) 화폐형태 (가치형태들의 관계, 화폐의 수수께끼의 해결) (MEW23: 84-85)

　첫 번째, 두 번째 문단에서 맑스는 가치형태들 사이의 차이를 다룬다. 즉, 첫 번째 가치형태〔단순한 가치형태〕로부터 두 번째 가치형태〔전개된 가치형태〕로의 이행에서, 그리고 두 번째 가치형태로부터 세 번째 가치형태〔일반적 가치형태〕로의 이행에서, 실제로 **형태** 변화가 있었다. 그러나 화폐형태는 일반적 가치형태와 형태상 전혀 구별되지 않는다. 진보는 단지 등가형태가 이제 특정한 상품의 현물형태와 "결합되어" 있다는 것에만 존재할 뿐이다.

　이미 훨씬 앞에서 강조한 것처럼, 첫 번째, 두 번째, 세 번째 가치형태의 발전은 역사적 발전 과정이 아니라 형태**내용**Formgehalt의 **개념적** 발전을 표현한다. 그러나 화폐형태는 일반적 가치형태에 비해 전혀 **형태 차이**를 제시하지 않기 때문에, 그것은 일반적 가치형태로부터 **개념적으로** 발전될

---

110 〔옮긴이〕『자본』에는 다음과 같이 나와 있다. "상품세계의 통일적인 상대적 가치형태가 객관적인 안정성과 일반적으로 사회적인 유효성을 획득했다."(MEW 23: 83)

수도 없다. 맑스가 강조한 것처럼, 등가형태가 지속적으로 특정한 상품에 결부되는 결과를 초래하는 것은 오히려 "사회적 관습"이다(MEW 23: 84). 즉, 일반적 가치형태로부터 화폐형태로의 이행을 만드는 것은 단지 **상품 소유자들의 행위**들뿐이다.

> **보충**: 그러나 상품 소유자들과 그들의 행위들은 『자본』1권 2장에서야 체계적으로 설명된다. 그런 한에서 화폐형태를 서술할 때, 말하자면 예견이 문제이다. 이 때문에 또한, 맑스가 상이한 서술 지평들을 더 시종일관되게 분리하는 『자본』1권 1판 1장에서는, 화폐형태가 일반적 가치형태를 뒤따라 나오지 않는다. 맑스는 일반적 가치형태 뒤에 화폐형태가 따르도록 하는 순서를 1판에 있는 "교사티를 내는"(MEGA Ⅱ /5: 12; MEW 32: 306) 부록에서 최초로 사용한다. 〔1판 본문에 있는〕가치형태 분석의 원래 결론 부분은 이 책에 있는 부록 3에 포함되어 있다.

그 후에 세 번째 문단에서, **가격형태**에서 무엇이 문제인지 설명된다. 즉 〔가격형태에서는〕 '화폐상품으로 기능하는 상품에서 한 상품의 **단순한 상대 적 가치표현**'이 문제라는 것이 설명된다. 한 상품의 가격은 화폐상품에서 표현된 그 상품의 가치에 다름 아니다.

이제야 우리는 상품의 가격형태가 가진 개념적 발전에 이르렀다. 일상적인 이해에서 우리가 항상 이미 상품과 결합시키는 그런 가격형태 말이다. 자신의 분석을 맑스는 추상력을 통해 획득된 비#경험적 (즉 경험될 수 있는 현실에서는 발견할 수 없는) 대상으로, 즉 가격이 결정되지 않은 상품으로 시작했다(MEW 23의 50 – 51쪽에 대한 주해 참조). 이제 여기서도 맑스는 가격형태를 단순히 경험적 사실로 **받아들이는** 것이 아니다. 그는 가격형태를 범주적으로 **발전시킨다**. 즉, 그는 가격표현Preisausdruck이 무엇을 의미하는 지, 그리고 가격표현이 어느 정도로 상품에게 **필수적**인지를 설명한다.

『자본』의 첫머리에 대한 주해

상품의 가격형태는 특수한 **단순한 상대적 가치형태**이다. 단순한 가치형태에 대한 논의에서 맑스는 이미 단순한 가치형태의 양적 규정성을 연구했다(MEW 23: 67 이하). 그리고 그는 상품의 가치크기에서의 변동들은 가치크기의 상대적 표현에 반영될 필요가 없다고 밝혔다.[111] 동일한 것이 명백히 가격형태에 대해서도 해당된다. 예를 들어, 개별 부문들에서 생산력이 발전하면, 각 상품들의 가치는 하락한다. 〔동시에〕 화폐상품이 생산되는 부문에서 생산력이 동일한 강도로 발전하면, 우리는 〔각 상품들의〕 가치들의 일반적 하락을 얻게 되나, 〔각 상품들의〕 불변의 가격 수준을 얻게 된다.(이것은 MEW 23의 68 - 69쪽에 있는 세 번째 경우에 조응한다.[112]) 〔동시에〕 화폐상품의 생산에서 생산력이 평균 이상으로 강하게 발전하면, 화폐상품의 가치는 다른 상품들의 가치보다 더 급하게 하락한다. 이 경우, 〔각 상품들의〕 **가치크기들의** 일반적 **하락**은 〔각 상품들의〕 **가격들의 상승**과 함께 나타난다.(이것은 MEW 23의 68 - 69쪽에 있는 세 번째 경우와 두 번째 경우의 조합에 조응한다.)[113]

보충: 『자본』 1권에서 후에 나타날 것처럼, 노동의 생산력의 발전을 향한 경향은 자본에 내재적이다. 따라서 우리는 가치크기들의 축소를 향

---

111 〔옮긴이〕 맑스에 의하면, "따라서 가치크기의 실제적인 변동은 가치크기의 상대적 표현에서 혹은 상대적 가치의 크기에서 명료하게 반영되지도 않고, 완전히 반영되지도 않는다."(MEW 23: 69)

112 〔옮긴이〕 이 경우에 대해 하인리히는 위에서 다음과 같이 요약했다. "아마포의 가치크기와 상의〔등가물〕의 가치크기가 둘 다 변동하는데, 동일한 방향으로 그리고 '동일한 비율'(즉 같은 퍼센트)로 변동하는 경우. 이때는 아마포의 상대적 가치는 변하지 않는다."

113 〔옮긴이〕 이 경우에 대해 하인리히는 위에서 다음과 같이 요약했다. "아마포의 가치가 변하지 않고 상의〔등가물〕의 가치는 변동하는 경우. 이때는 아마포의 상대적 가치는 상의의 가치와 반대로 변동한다."

한 내재적 경향을 얻는다. 방금 한 언급으로 명백하게 되었을 것처럼, 그러나 가치들의 이러한 감소는 가격들의 감소에 **필연적으로** 반영될 필요는 **없다**. 이 때문에,『자본』1권과 2권을 독해할 때, 맑스의 논증들이 대체로 **가격**이 아니라 **가치**에 관계된다는 것에 주의해야 한다.

화폐형태에 이르러서, 이러한 분석의 현재성에 대한 질문이 불가피하게 떠오른다. 맑스의 논증에서 화폐형태는 한 상품에, 즉 화폐상품에 (맑스에게는 금에) 연관되어 있다. 그러나 현재의 화폐 체계는 더 이상 화폐상품과의 관계를 가지고 있지 않다. 그것은 (가령 19세기에 그랬던 것처럼, 발행된 은행권이 완전히 혹은 부분적으로 한 상품을 통해 지급 능력을 갖추고 있어야만 할 것이라는 식의) 화폐상품과의 **법적** 관계를 가지고 있지 않다. 또한 그것은 (예를 들어, 화폐상품을 통해 지급 능력을 갖추고 있지 않은 화폐가 상품 소유자들에 의해 받아들여지지 않거나, 단지 할인을 통해서만 받아들여지는 것에서 표현될 수 있었을) 화폐상품과의 **실제적** 관계를 가지고 있지도 않다. 이 때문에, 맑스의 분석이 〔화폐의〕 발전을 통해 시대착오적인 것이 된 것인지, 혹은 일종의 '화폐상품과의 간접적 결합'이 오늘날에도 여전히 존재하는 것인지 질문할 수 있다.

보충: 지금까지 우리는 맑스의 논증의 첫 번째 단계들만을 재연^{再演}했다. 여기서 자본주의적 생산을 추상한 상태에서 상품과 화폐의 관계가 문제였다. 그러나 또한 이러한 첫 번째 단계들로 우리는 아직 끝난 것이 아니다. 맑스가『자본』1권 4장에서 자본의 분석을 시작하기 전에, 2장과 3장이 더 따라 나온다. 그러나 근대 자본주의의 화폐 체계의 분석을 위해서는,『자본』3권에서야 다루어지는 이자, 신용, 신용화폐와 같은 그 이상의 범주들이 더 필요하다. 나는 화폐상품의 문제점에 대한 첫 번째 짧은 논의를『정치경제학 비판 개론』에서 제시했고(Heinrich

　　　　　　　　　　　　　　　　　　『자본』의 첫머리에 대한 주해

2004: 67 이하, 160 이하), 다른 곳에서 상세히 토론했다(Heinrich 1999: 233 이하, 302 이하). 슈튈즐(Stützle, 2006)은 이 논쟁에 대한 더 새로운 논문들과 대결했다.

'D) 화폐형태'에 있는 마지막 문단에서, 말하자면 결말로부터 보아서, 맑스는 논증을 다시 한 번 아주 짧게 머릿속에 떠올린다.[114]

"화폐형태의 개념에 있는 어려움은 일반적 등가형태, 따라서 일반적 가치형태 일반, 즉 형태 Ⅲ에 대한 이해로 좁혀진다. 형태 Ⅲ은 형태 Ⅱ로, 즉 전개된 가치형태로 재귀적再歸的으로 해소된다. 그리고 전개된 가치형태를 구성하는 요소는 '20엘레의 아마포 = 1벌의 상의, 혹은 x량의 상품 A = y량의 상품 B'라는 형태 Ⅰ이다. 이 때문에, 단순한 상품형태는 화폐형태의 맹아이다."(MEW 23: 85)

맑스가 여기서 말하는 단순한 상품형태는 단순한 가치형태와 동의어이다. MEW 23의 76쪽에서 그는 "상품의 단순한 가치형태가 동시에 노동생산물의 단순한 상품형태"라고 밝혔다. 거기서 또한 이미 맑스는 단순한 가치형태가 가격형태의 "맹아 형태"라고 주장했다.[115] 이제 이것이 설명된 것이다. 그 이상의 지점들이 강조되어야 한다. 여기서 맑스는 가치형태들의 "이해"(MEW 23: 85)의 근간을 이루는 '가치형태들의 **내적 논리**'에 대해 (어떤 방식으로 한 형태가 이미 다른 형태들에 포함되어 있는지에 대해) 주의를 환기시킨다. 그러나 맑스는 가치형태들의 그 어떤 성질의 **역사적** 관계를 강조

---

114 〔옮긴이〕 하인리히는 이 말로 가치형태에 대한 맑스의 서술과 절대정신에 대한 헤겔의 서술의 유사성을 주장하는 것이 아니다. 하인리히에 의하면, 논증의 결말에서 지난 논증을 회고하는 것은 특별히 헤겔적인 것이 아니다.

115 〔옮긴이〕 "일련의 변형을 통해서야 가격형태로 성장하는 이러한 맹아 형태, 즉 단순한 가치형태의 불충분함은 첫눈에 드러난다."(MEW 23: 76)

하지는 않는다.(이것은 『자본』 1권 1판 1장에 있는 가치형태에 대한 서술의 끝부분에서 훨씬 더 분명하게 드러난다. 이에 대해서는 이 책에 있는 부록 3 참조.)

결말을 출발점으로 하면서, 내적 논리에 대한 〔맑스의〕 모사는 '이해되어야 하는 것의 본래 핵심'인 단순한 가치형태로 되돌아온다. 그런 한에서, 맑스가 단순한 가치형태에 대한 분석의 첫머리에서 다만 "모든 가치형태들의 비밀은 이러한 단순한 가치형태에 들어 있다"(MEW 23: 63)고 주장했던 것이 가치형태들에 대한 서술의 끝에서 정당화된다.

가치형태에 대한 전체 논의의 서론에서 예고한 것처럼, 이제 "화폐형태의 발생"(MEW 23: 62)이 밝혀지긴 했다. 그러나 거기에서 마찬가지로 언급한 "화폐의 수수께끼", 즉 이러한 〔화폐형태의〕 발생의 입증을 통해 해소되어야 할 수수께끼는 지금 더 이상 이야기되지 않는다. 하지만 맑스가 이제 더 이상 그것에 대해 명확히 지시하지 않을지라도, 그가 화폐의 수수께끼를 해소했다는 것은 쉽게 알 수 있다. 그 수수께끼는 '우리가 화폐로 모든 것을 살 수 있는 이유'에 있었다. 화폐가 가치를 지니기 때문이라는 대답은 명백히 불충분하다. 왜냐하면 다른 상품들도 마찬가지로 가치대상성들이기 때문이다. 그 이유는 (예를 들어 금과 같은) 화폐 **재료**에도 있을 수 없다. 왜냐하면 이 재료는 이미 여러 번 변했기 때문이다. 그 수수께끼의 해소는 **화폐형태**에 있다. 그러나 화폐형태는 일반적 가치형태와의 **형태 차이**를 전혀 보여 주지 않는다. 이 때문에 화폐의 수수께끼의 해소는 이미 거기에 〔즉 일반적 가치형태에〕 존재한다. 그리고 사실 거기서 맑스는 다음과 같이 강조했다. 즉, 모든 다른 상품들이 그것들의 가치표현인 일반적 등가물과 **관계하기 때문에**만, 일반적 등가물은 다른 모든 상품들과의 직접적 교환가능성의 형태를 취한다는 (따라서 모든 것을 살 수 있다는) 것이다(MEW 23: 80).[116] 특정한 상품을 일반적 등가물로 만들고 따라서 그 상품에게 모든 것을 살 수 있는 능력을 부여하는 것은 상품세계의 이러한 **관계**뿐이다. 그리고 이러한 관계는, 사람들은 이것을 잊어서는 안 되는데, 결코 우연적이거

『자본』의 첫머리에 대한 주해

나 임의적인 것이 아니다. 그것은 **필수적인** 것이다. 상품들이 일반적 등가물과 관계함으로써만, 그것들은 가치들로서 서로 관계를 맺을 수 있다.

이러한 사태가 "수수께끼"가 된다는 것을 이미 단순한 가치형태에 대한 분석이 보여 주었다. 즉, 등가형태를 취하는 상품은 직접적 교환 가능성이라는 그것의 속성을 단지 가치관계 **내부에서**만 가진다. 그러나 보통 물건들의 속성들이 물건들의 관계들로부터 발생하는 것이 아니라 그러한 관계들로부터 독립적으로 존재하기 때문에, 등가 상품은 직접적 교환 가능성의 형태를 "원래" 지니는 것처럼 보인다. 그리고 그것이 "등가형태의 수수께끼 같음"을 이룬다(MEW 23: 72). 즉, **관계의 결과**는 **물건의 속성**으로 나타나고 이를 통해 수수께끼가 된다.

---

116 〔옮긴이〕 이 문장은 한국어판을 위해 하인리히가 수정한 것이고, 다음을 염두에 둔 것이다. "모든 다른 상품들이 동시에 그것들의 가치를 동일한 등가물에서 표현하기 때문에만, 상품은 일반적 가치표현을 획득한다. 그리고 새롭게 출현하는 각 상품 종류는 이것을 따라해야 한다."(MEW 23: 80)

4. 상품의 물신성과 그것의 비밀 (MEW 23 : 85 −98)

4절의 제목에서 맑스는 처음으로 "상품의 물신성"에 대해 말한다. 동시에 그는 "비밀"을 지적한다. 이 물신성이 어디에 존재하는지, 그리고 그것이 어느 정도로 비밀을 숨기는지 해명되어야 할 것이다.

"물신Fetisch"과 "물신주의Fetischismus" 개념은 오늘날 아주 널리 사용된다. 누군가 특정 상표의 생산물들만 사면, 사람들은 "상표 물신주의"라고 말한다. 혹은 특정한 성적性的 습관들을 "물신주의[페티시즘]"라 부른다. "어떤 것이 도가 지나치게 중요하다"는 의미에서 물신을 이렇게 아주 일반적으로 사용하는 것은 맑스의 시대에는 통례가 아니었다. 이 때문에 우리는 오늘날의 이해를 맑스의 물신 개념에 전가해서는 안 된다. 1840년의 백과사전에서는 다음과 같이 말한다. "물신주의는 자연의 (대부분 죽은) 대상들, 힘들, 혹은 현상들을 신과 같이 숭배하는 것이다. 물신주의에서, 즉 종교적 개념들의 가장 낮은 단계에서, 인간의 불이익 혹은 이득이 되도록 감각적 대상이 자신의 힘을 드러내는 한에서, 제식祭式의 객체Object는 (그 대상의 은폐된 원인이 아니라) 감각적 대상 자체이다. 이러한 종교 형태에서 특징적인 것은 무작위의 선택과 임의의 저주 혹은 변전變轉이다."(학자협회 발행. 1840. 『10권으로 된, 모든 신분의 교양인을 위한 일반적인 독일 백과사전』 4권. F에서 G까지. 라이프치히. 79쪽)[117]

이러한 인용문에서 또한, 물신주의가 원시적인 − 비합리적인 어떤 것으로 간주되었다는 것이 분명하게 된다. 자기 이해에 따르면 완전히 합리적인 그런 '부르주아사회'가 멀리 떨어져 있고자 하는, 원시적인 − 비합리적

---

[117] 〔옮긴이〕 물신주의 항목은 다음에서 원문으로 볼 수 있다.https:// archive.org/details/ bub_gb_Ag5CAAAcAAJ/page/n83

인 어떤 것 말이다. 이 때문에, 맑스가 자본주의적 관계들을 물신주의적인 것으로 특징짓고 따라서 이 관계들의 합리성에 문제 제기할 때, 그것은 물신주의라는 말이 일반화된 오늘날보다 19세기에 더 큰 도발이었다.

맑스의 논증은 특히 물신에 대한 절飾의 첫 페이지들(MEW 23: 85-90)에서 매우 조밀하다. 각 개별 문장은 정확한 독해를 필요로 한다. 이 때문에 이 페이지들에 대해 매우 상세히 주해할 것이다.

1) "노동생산물이 상품형태를 취하자마자, 노동생산물의 수수께끼 같은 성격"은 어디에서 나오는가? (MEW 23: 85-87, 첫 번째 문단)

"상품은 첫눈에 자명하고 진부한 물건인 것처럼 보인다. 상품의 분석은 상품이 매우 얽히고설킨 물건, 완전히 형이상학적인 궤변과 신학적인 변덕을 가진 물건이라는 결과에 이른다."(MEW 23: 85)

물신에 대한 절의 이러한 시작 문장들은 두 가지 중요한 암시적 진술을 포함한다. 하나의 암시적 진술은 **논증의 지평**과 관련된다. 그것은 『자본』1권의 첫 번째, 두 번째 문장에 연결된다(MEW 23: 49).[118] 거기서 예고된 상품 분석은 그사이 수행되었다. 즉, 가치실체, 가치크기, 가치형태가 연구되었다. ("상품의 분석은 …… 결과에 이른다"는) **수행된 분석**으로부터 이제 특정한 결론들이 도출된다.

다른 암시적 진술은 **논증의 내용**과 관련된다. 4절의 표제는 물신성의 "비밀"에 대해 말하며, 사람들은 도대체 어디에 비밀이 존재하는지를 묻지

---

118 〔옮긴이〕 "자본주의적 생산양식이 지배하는 사회들의 부는 〈거대한 상품 집적〉으로 나타나고, 개별 상품은 부의 기초 형태로 나타난다. 따라서 우리의 연구는 상품의 분석으로 시작한다."(MEW 23: 49)

않을 수 없다. 여기서 (즉 위 인용문에서) 이제 '상품은 결코 (우리 모두가 상품들을 잘 알고 있는 것처럼) "첫눈"에는 비밀스런 어떤 것이 아니라는 것', '비밀("형이상학적인 궤변"과 "신학적인 변덕")을 폭로한 것은 **분석**이라는 것'이 밝혀진다. (그러나 아직) 분석은 결코 비밀을 해소하지 않았다.(거기에는 (비밀의) 해소를 바랄 어떤 것도 존재하지 않았다.) 분석은 우선 비밀스런 어떤 것이 있다는 것을 분명히 했다. 그리고 이제 이 비밀스러운 것이 다뤄져야 할 것이다.

맑스는 분석의 진행을 짧게 머릿속에 떠올림으로써, 이 비밀스러운 것을 탐지하는 것을 시작한다. 첫 번째 문단에서 그는 두 가지를 밝힌다. 1) 상품에는 (예를 들어 탁자에는) **사용가치**로서 신비한 어떤 것도 존재하지 않는다. 사용가치는 "평범한 감각적 물건"으로 남아 있다(MEW 23: 85). 2) 우리가 탁자를 상품으로 고찰하면 다르다.

"그러나 탁자가 상품으로 출현하자마자, 그것은 감각적이며 초감각적인 물건sinnlich übersinnliches Ding으로 전화한다."(MEW 23: 85)

여기서 어떤 이유로 맑스는 상품을 **"감각적이며 초감각적인** 물건"으로 말할 수 있는가? 상품이 사용가치인 한, 상품은 "감각적"이다. 즉, 우리의 오감으로 이해할 수 있다. 그러나 상품으로서 그것은 이중적인 것, 즉 사용가치이자 가치이다. 이미 1장의 첫머리에서 맑스는 가치대상성에 대해 "유령 같은 대상성"이 문제라고 말했다(MEW 23: 52). 가치대상성은 개별 상품에서는 "이해 불가능하게" 남아 있다(MEW 23: 62). 그래서 맑스는 가치가 물건들의 자연적 속성이 아니라 "초자연적인 속성"이라고 말할 수 있었다(MEW 23: 71). 맑스가 지금 상품의 "형이상학적인 궤변"과 "신학적인 변덕" 및 "초감각적인" 것에 대해 말할 때, 그는 명백히 이러한 특징짓기와 관계한다. 따라서 "유령 같은" 혹은 "초자연적인"과 같은 앞선 이러한 정식화들은 결코 맑스의 문체적 특성이 아니라 지금 체계적으로 다루어지는 특정한 사태를 표현한다는 것이 분명하게 된다.

다음 문단이 분명히 하는 것처럼, 그러나 가치대상성에서 "초감각적인" 것은 그렇게 간단히 포착될 수는 없다.

"따라서 상품의 신비한 성격은 상품의 사용가치로부터 발생하지 않는다. 그 성격은 마찬가지로 가치규정들Wertbestimmungen의 내용으로부터 발생하지도 않는다."(MEW 23: 85)

첫 번째 문장은 다만 앞선 문단의 결과를 반복한다. 두 번째 문장은 다음에 맑스에 의해 설명된다. 지금까지 "가치규정들"은 아직 이야기되지 않았다. 이것으로 맑스는 명백히 그가 지금까지 분석한 가치에 대한 더 상세한 세 가지 규정들, 즉 가치실체, 가치크기, 가치형태를 말한다. 이제 가치규정들의 "내용"이 다뤄져야 할 것이다.

우선 맑스는 유용한 노동들이 얼마나 상이한지 상관없이 항상 뇌, 신경, 근육의 지출이 존재한다는 "생리학적 진리"에 대해 말한다(MEW 23: 85). 따라서 맑스는 『자본』 1권 1장 2절에서 가치를 형성하는 추상적인 인간 노동을 "생리학적 의미에서 인간 노동력의 지출"로 규정한 것을 넌지시 암시한다(MEW 23: 61). 두 번째 규정(가치크기)의 내용으로서, 사람들에게 모든 사회 상황에서 관심을 끌지 않을 수 없었던 "노동의 양"이 거론된다(MEW 23: 85). 그리고 마지막으로 세 번째 지점으로서, 사람들이 그 어떤 방식으로 서로를 위해 일한다면 그들의 노동이 또한 "사회적 형태"를 얻는다는 것이 밝혀진다(MEW 23: 86). 따라서 맑스는 가치형태에 대한 논의에서 이미 발전된 생각을 넌지시 암시한다. 즉, 상품생산에서, 생산물은 그것이 상품이 될 때만 "사회적인" 것이 되는 것이다. 그리고 생산물이 가치형태를 얻을 때, 생산물의 가치가 대상으로 표현될 때, 생산물은 상품이 되는 것이다.(『자본』 1권 1판 부록에서 이것은 더 분명하게 표현된다. 등가형태의 세 번째 특성을 주해할 때 인용한 MEGA Ⅱ/5의 634쪽 이하 참조.) 따라서 상품생산의 조건에서 노동은 그것의 생산물이 가치형태를 얻을 때만 사회적이다. 그런 한에서 가치형태의 "내용"은 노동의 사회성Gesellschaftlichkeit이라고 말할 수 있다.

이 문단의 두 번째 문장에서 확인한 것처럼,[119] 언급한 세 가지 "내용"에 "신비한" 어떤 것도 존재하지 않는다는 것은 확실히 옳다. 그러나 또한 여기서 정말로 가치규정들의 "내용"이 다뤄지는가?

가치의 "내용", 가치실체는 단순히 노동이 아니라 **추상적인 인간 노동**, 즉 교환에서 일어나는 상이한 노동들의 사회적인 환원이다. 이미 『자본』 1권 1장 2절의 마지막 문단에 대한 주해에서, 추상적인 인간 노동을 생리학적 의미에서의 노동 지출과 동일시하는 것은 문제가 있다고 지적했다.

비슷한 방식으로, 가치크기에 대한 척도로 단순히 노동시간의 기간을 사용하는 것은 문제가 있다. 측정될 수 있는 것은 항상, 구체적인 노동 종류로 지출된 개인적인 노동시간일 뿐이다. 추상노동의 "기간"은 항상 **사회적 평균 상태**에 결합되어 있어서, 이 기간은 결코 직접적으로 측정될 수 없다.

그리고 마지막으로 가치형태의 "내용"에서, 단순히 노동의 "사회적 형태"가 문제가 아니라, (상품을 생산하는) **사적 노동**으로 지출된 노동의 사회적 형태가 문제이다. 사적 노동은 "동등한 인간 노동"으로서 사회적인 것으로 된다.

맑스가 여기서 "가치규정들의 내용"으로 부른 것은 **모든** 사회에 적용되는 **초역사적인** 규정들이다. 즉, 모든 사회에서 노동을 해야 하고, 이때 뇌, 근육, 신경이 지출되지 않을 수 없다. 모든 사회는 노동 지출의 기간에 대해 관심을 가지지 않을 수 없다. 그리고 모든 사회에서 개인의 노동은 그 어떤 식으로 서로 관련되어 있다. 그러나 이러한 초역사적 규정들은 직접적으로 가치규정들의 "내용"인 것이 아니다. 가치규정들의 "내용"은 그 자체 다시 **역사적으로 규정된** 형상으로만 존재하는 내용이다. 즉, 그 내용은

---

119 〔옮긴이〕상품의 신비한 "성격은 마찬가지로 가치규정들의 내용으로부터 발생하지도 않는다."(MEW 23 : 85)

『자본』의 첫머리에 대한 주해

추상적인 인간 노동(사회적인 추상의 결과), 구체노동의 기간이 아니라 특정한 사회적 평균 형성에 근거하는 추상노동의 기간, 그리고 마지막으로 특수한 종류의 노동의 사회적 형태, 즉 (상품을 생산하는) 사적 노동의 사회적 형태이다. 즉, 가치규정들의 "내용"은 그 자체 특수한 방식으로 **사회적으로 산출된** 것이지, 결코 초역사적인 어떤 것이 아니다. 이것은 맑스의 앞선 분석에서는 분명하나, 여기서 선택한 정식화에서는 그렇지 않다.[120]

지금까지의 문단들에서 맑스는 '노동생산물이 상품형태를 취하자마자 노동생산물의 수수께끼 같은 성격이 유래하는 곳이 어디가 **아닌지**'에 대해서만 말했다. 그 후에 MEW 23의 86쪽에 있는 두 번째 문단에서 다음과 같은 긍정적인 대답이 따라 나온다.[121] 즉, 노동생산물의 수수께끼 같은 성격이 "명백히 이 형태 자체로부터" 유래한다는 것이다(MEW 23: 86). 다시 말하면, 상품의 비밀은 상품**형태**에 있다는 것이다. 즉, 가치규정들의 "내용", 따라서 노동들의 속성들(인간 노동들로서의 노동들의 동등성, 노동들의 기간)과 생산자들의 관계들은 상품형태를 통해 노동생산물들의 사물적sachlich 속성들(가치대상성, 가치크기)로, 그리고 노동생산물들의 사회적 관계들로 된다.[122]

이것이 말하는 것은 다음 문단(MEW 23: 86-87)에서 더 상세하게 설명

---

120 〔옮긴이〕이 책에 있는 '1장 상품, 4. 상품의 물신성과 그것의 비밀, 6) 상품생산에 근거하지 않는 생산형태들' 부분 참조.

121 〔옮긴이〕"따라서 노동생산물이 상품형태를 취하자마자, 노동생산물의 수수께끼 같은 성격은 어디에서 발생하는가? 명백히 이 형태 자체로부터 발생한다. 인간 노동들의 동등성은 노동생산물들의 동등한 가치대상성이라는 사물적sachlich 형태를 얻고, 기간을 통한 인간 노동력의 지출의 측정은 노동생산물들의 가치크기라는 형태를 얻으며, 결국 생산자들의 노동들의 그러한 사회적 규정들이 드러나는 그러한 생산자들의 관계들은 노동생산물들의 사회적 관계들이라는 형태를 얻는다."(MEW 23: 86)

122 〔옮긴이〕sachlich의 보다 분명한 뜻에 대해서는 이 책의 '안내의 말, 왜 오늘날 『자본』을 읽는가?'에 있는 옮긴이 주 참조.

된다. 이미 다음과 같은 첫 번째 문장은 엄밀한 고찰을 필요로 한다.

"따라서 상품형태의 비밀스러움은 단순히 다음에 있다. 즉, 상품형태가 인간들에게 그들 자신의 노동의 사회적 성격들을 노동생산물들 자체의 대상적 성격들로서, 이러한 물건들의 사회적인 자연 속성들로서 반영하고, 이 때문에 또한 총노동에 대한 생산자들의 사회적 관계를 생산자들 밖에 존재하는 '대상들의 사회적 관계'로서 반영한다는 것에 있다."(MEW 23: 86)

이 문장을 약간 단순화하면, 상품형태의 비밀스러움이 "노동의 사회적 성격들"을 "노동생산물의 대상적 성격들"로서 "반영하는" 것에 있다고 말할 수 있다. 이 문장에서 출현하는 개별 표현들을 살펴보자.

노동들의 "사회적 성격들"은 노동들이 사회적 관계를 맺는다는 것, 노동의 생산물들이 **다른 이들**에게 유용하다는 것, 자신의 노동이 다른 노동들에게 인간 노동으로서 **질적으로** 동등하게 간주된다는 것, 이러한 노동이 이것을 [즉 질적인 동일시를] 일정한 크기로 **양적으로** 행한다는 것을 의미한다.

노동들의 이러한 사회적 성격들은 "노동생산물들의 대상적 성격들"로서 반영된다. 한 노동생산물이 다른 이들에 의해 유용한 것으로 승인되는지는 상품생산의 조건들 하에서는, 그 노동생산물이 "가치"를 지닌다는 것에서 드러난다. 그 생산물의 생산에서 지출된 노동이 다른 노동들과 어떤 양적 관계에 있는지는 그 생산물의 "가치크기"에서 드러난다. 가치와 가치크기는 노동생산물의 물질적인physisch 속성들과 비슷한 방식으로, "대상적으로gegenständlich" (즉 대상으로서) 노동생산물에게 부여되는 것처럼 보인다scheinen.

여기서 맑스는 이러한 "대상적 성격들"을 "사회적인 자연 속성들"로 구체화한다. 이것은 무엇을 의미하는가? "자연 속성"으로 보통 사람들은 인간과 사회로부터 독립적인 어떤 것, 이미 자연을 통해 (따라서 아직 사회 없이) 주어진 것을 이해한다. 그런 한에서 "자연"과 "사회"는 자주 반대로서

『자본』의 첫머리에 대한 주해

다뤄진다. 즉, "사회"는 인간이 창조한 것이고, "자연"은 인간으로부터 독립적인 것이다. 맑스는 이제 두 개념을 합친다. 과학적 분석 없이도, "가치"가 무게나 강도와 같은 자연 속성이 아니라는 것, 따라서 가치가 사회적인 어떤 것이라는 것은 명백하다. 그러나 가치는 **자연 속성**, 가령 다이아몬드의 강도와 아주 똑같이 인간의 통제로부터 벗어나 있다. 가치는 사회에서만 발생하나, 거기에서〔즉 사회에서〕노동생산물의 자연 속성Natureigenschaft처럼 출현한다.

그러나 다음에 주의하라. 즉, 맑스는 그의 분석의 결과로서 "가치가 사회적인 자연 속성**이다**"는 것을 주장하지 않는다. 맑스의 진술은 오히려 다음을 말한다. 즉, 노동의 사회적 성격들을 노동생산물들의 "사회적인 자연 속성들"로서 "반영하는" 것은 상품형태라는 것이다. "반영하다zurückspiegeln"라는 동사는 한편으로 객관적인objektiv 어떤 것, 인간의 조작으로부터 독립적인 어떤 것을 표현한다. 그러나 그것은 또한 왜곡의 계기를 포함한다.(현실의 거울Spiegel에서 사물은 최소한 좌우가 뒤바뀌어 재현된다. 또한 거울이 어떻게 되어 있느냐에 따라, 사물은 커지거나 작아지거나 일그러져서 재현된다.) 우리는 다음 문단에서 이것으로 되돌아올 것이다.

그러나 그전에 우리는 아직 위 인용문에 있는 나머지를 다루어야 한다. 거기서는 "총노동에 대한 생산자들의 사회적 관계"는 "생산자들 밖에 존재하는 '대상들의 사회적 관계'로서" 반영된다고 말한다. 여기서 맑스는 처음으로 "총노동"이란 표현을 사용하나, 그것을 더 이상 설명하지는 않는다. 다음 쪽(MEW 23: 87)에서야 "사회적 총노동"이 약간 더 상세하게 다뤄진다. 여기서 우리는 임시적으로 우선 다음만큼만 말할 수 있다. 즉, 개별 생산자들은 그들의 노동들을 사적으로, 서로 독립적으로 지출한다. 그럼에도 불구하고 그들은 분업사회에서 **사물적으로**sachlich 서로 의지한다.(등가형태의 세 번째 특성에 대한 주해 참조.) 그러나 다른 모든 사적 노동들(총노동)에 대한 그들의 사적 노동들의 관계는 개별 생산자들에게 단지 그들의 노동생산물들의 대상적 속성으로서만, "가치"와 "가치크기"로서만 출현한다. 그런 한에서, "총노동에 대한 생산자들의 사회적 관계"는 변해서 "대상들의 사회적 관계"가 된다.

그 후에 다음 문장에서 다음과 같이 말한다.

"이러한 치환Quidproquo을 통해서 노동생산물들은 상품들, 즉 감각적이며 초감각적인 혹은 사회적인 물건들sinnlich übersinnliche oder gesellschaftliche Dinge이 된다."(MEW 23: 86)

반영은 "치환(바꿈)"이다. 즉, **사회적** 관계들이 **대상적** 속성들이 되는 것이다. 상품들에서 사회적 관계들이 대상적 속성들로 출현한다는 것은 완전히 문자 그대로의 의미에서, 바로 상품들에서 "초감각적인" 것을 이룬다. 즉, **이러한** 대상적 속성들은 상품들에서 결코 감각적으로 파악될 수 없다.

그러나 이러한 치환이 **왜** 상품형태와 결부되어 있는가? 상품형태는 왜 노동들의 사회적 성격들을 노동생산물들의 대상적 성격들로서 반영하는가? 이에 대해 우리는 이곳에서 아직 답을 얻지 못한다.(답은 다음 쪽에서야 나오고, 아래 있는 '2) "상품들을 생산하는 노동의 고유한 사회적 성격"에서 주해된다.) 여기서 맑스는 단지 그러한 사태를 **확인**할 뿐이다. 그러나 그는 그것을 아직 **설명**하지 않는다.

맑스가 이 문단의 나머지에서 분명히 하는 것은 이러한 "치환"의 **특수성**이다. 이를 위해 그는 두 가지 비교를 사용한다. 첫 번째 비교는 시신경을 통한 외적 대상의 모사와 관련된다. 즉, 감지하는 사람인 우리에게는, 빛을 통한 시신경의 자극은 시신경의 자극으로서가 아니라, 눈 밖에 있는 대상으로서 보인다.[123] 즉, 우리가 "볼" 때, 마찬가지로 치환이 발생한다. 왜냐하면 우리는 바로 시신경이 자극받는 것이 아니라 우리가 '어느 정도 떨어져

---

123 〔옮긴이〕"한 물건이 시신경에 주는 빛의 인상이 시신경 자체의 주관적 자극으로서가 아니라, 눈 밖에 있는 한 물건의 대상적 형태로서 보이는 것처럼 말이다."(MEW 23: 86)

『자본』의 첫머리에 대한 주해

있는 어떤 것'을 감지한다고 느끼기 때문이다. 따라서 상품형태에서 특수한 것은 하나가 다른 하나를 대표하는 "치환" 자체가 아니라, 치환의 상황들이다. 우리가 볼 때, 빛은 한 대상으로부터 다른 것(눈)으로 던져진다. 따라서 그것은 "물질적physisch 물건들 사이의 물질적 관계"이다(MEW 23: 86). 그러나 이것은 바로 상품형태에서는 그렇지 않다. 즉,

"여기서 인간들에게 물건들의 관계라는 환등적phantasmagorisch 형태를 취하는 것은 단지 인간들 스스로의 특정한 사회적 관계일 뿐이다."(MEW 23: 86)

물건들의 관계라는 "환등적 형태"는 무엇을 의미하는가? MEW의 편집자는 환등적이란 말을 "마술적인, 기만적인"란 말로 설명한다(MEW 23: 921). 그러나 이것은 이 단어가 19세기에 가졌던 의미 내용을 완전히 포착하지는 않는다. 이 표현은 1800년경 파리에서 극장 공연에서 사용된 새롭고 복잡한 기구 장치의 명칭으로 발생했다. 이 장치는 투영, 반영, 확대 등을 통해 가령 유령 불러내기와 같은 스펙터클한 시각 효과들을 만들어 내기 위해서 사용되었다. 그 시각 효과들은 관객들이 보기에 완전히 실재하는 것으로 나타났다.(이에 대해서는 Goethe, 1999: 483 이하에 있는 Albrecht Schöne의 『파우스트』 주해 참조.) 관객들의 머릿속에 있는 단순한 공상이 문제인 것이 아니라, 이 효과들이 이루어지는 것이 관객들이 볼 수 없는 기술 장비의 투입에 의존하는 한에서, 이 효과들은 실재적이다.

상품에 존재하는 "환등적" 관계들을 근거로 보면, '시신경에서의 빛의 인상'을 통한 유추는 불충분하다. 맑스가 계속하는 것처럼, 우리는 적절한 유추를 "종교적 세계라는 안개가 자욱한 곳"에서야 발견한다.

"여기서 인간의 머리의 생산물들이 자기 생명을 부여 받고, 서로 관계를 맺으며, 인간들과 관계를 맺는 '자립적인 형상들'인 것처럼 보인다. 상품세계에서는 인간의 손의 생산물들이 그렇다."(MEW 23: 86)

여기서 맑스는 철학자 루드비히 포이어바흐가 한 종교 비판의 중심 동

기를 받아들여 계속 다룬다. 서두에서 동시대의 백과사전에서 인용한, 물신주의에 대한 특징짓기에서, "감각적 대상 자체"(나무토막, 가죽 등), 따라서 인간이 만든 어떤 것이 제식의 객체가 된다고 강조했다. 포이어바흐는 기독교를 포함한 거대 종교들이 근본적으로 다른 어떤 것을 하는 것이 아니라는 것을 밝혔다. 즉, 그 종교들의 신들 또한 인간의 생산물들, 인간의 머리의 생산물들이라는 것이다.(이때 신들은 현실적 인간들의 이상화들이다.) 그리고 그 경우에 인간들은 그들의 이러한 생산물들에 예속된다는 것이다. 맑스는 자신의 창조자에 맞서 자립화된 '**인간의 머리**의 생산물들(종교들의 신들)'을 자립화된 '**인간의 손**의 생산물들(상품들)'과 비교한다.

"나는 이것을 물신주의라고 부른다. 물신주의는 노동생산물들이 상품들로 생산되자마자 노동생산물들에 달라붙고, 이 때문에 **상품생산과 분리될 수 없다**."(MEW 23: 86 - 87, 강조는 하인리히)

〔이 문단의〕 이러한 마지막 문장에서도, 맑스가 상품물신주의에서 계몽을 통해 제거되어야 하는 단순한 의식 현상을 보는 것이 아니라는 것이 매우 명백하다. 오히려 물신주의는 **특정한 사회적 실천**의, 즉 상품생산의 **필연적 결과**이다. 그 다음에 이 결과는 의식에서도 표현된다. 이 실천이 사라질 때야, 물신주의도 사라질 것이다.

4절의 첫 번째, 두 번째 쪽(MEW 23: 85, 86)에서 맑스는 그가 **상품물신주의**로 무엇을 이해하는지에 대해서만 짧게 요약했을 뿐이다. 즉, 상품생산자들의 사회적 관계들이 노동생산물들의 대상적 속성들로 반영된다는 것이다. 물신주의에 대한 많은 서술들은 이러한 언급에 만족한다. 그러나 4절은 아직 그 이상의 12쪽(MEW 23: 87 - 98)을 포함한다. 이 12쪽은 추가적인 정보를 제공할 뿐만 아니라, 첫 번째, 두 번째 쪽에서 발전된 것과 같은 상품물신의 이해를 위해서도 필수적이다.

『자본』의 첫머리에 대한 주해

2) "상품들을 생산하는 노동의 고유한 사회적 성격"—사후적인 사회화
(MEW 23: 87, 두 번째 문단–MEW 23: 88, 첫 번째 문단)

"선행하는 분석이 이미 보여 준 것처럼, 상품세계의 이러한 물신성은 상품들을 생산하는 노동의 고유한 사회적 성격으로부터 발생한다."(MEW 23: 87)

"선행하는 분석"이 맑스가 상품물신주의로 이해하는 것을 설명했을 뿐인 MEW 23의 86쪽, 87쪽을 의미하는 것이 아니라, 1장 1절, 2절, 3절에 있는 분석을 의미한다는 것은 명백하다. 그러나 거기에서 아직 물신성은 전혀 이야기되지 않았다. 즉, "선행하는 분석"은 이제 명백하게 될 것을 암시적으로만 보여 주었을 뿐이다. 따라서 새로운 분석이 뒤따르는 것이 아니라, 이미 수행된 분석으로부터 특정한 결과가 끌려 나오는 것이다.

사회적 관계에서 수행된 노동들은 "사회적 성격"을 가진다. 그러나 이러한 사회적 성격은 모든 사회들에서 동일한 것이 아니다. 그 사회적 성격은 오히려 사회적 관계가 어떻게 구조화되어 있는지에 의존한다. 다음 두 문단에서 "상품들을 생산하는 노동의 **고유한** 사회적 성격"이 집중적으로 요약된다(MEW 23: 87, 강조는 하인리히).

다음 문단(MEW 23: 87, 세 번째 문단)의 첫 번째 부분에서 "사회적 총노동"으로 무엇이 이해되어야 하는지가 다음과 같이 명확하게 표현된다.

"사용 대상들이 서로 독립적으로 수행된 사적 노동들의 생산물들이기 때문에만, 사용 대상들은 일반적으로 상품들이 된다. 이러한 사적 노동들의 집합이 사회적 총노동을 이룬다. 생산자들이 그들의 생산물들의 교환을 통해서야 비로소 사회적으로 접촉하기 때문에, 그들의 사적 노동들의 특수한 사회적 성격들 또한 이러한 교환 내부에서야 비로소 나타난다. 혹은 교환이 노동생산물들의 자리를 바꿔 놓고 노동생산물들의 도움으로 생산자들의 자리를 바꿔 놓는 그러한 관계들을 통해서, 사적 노동들은 사실

상 비로소 사회적 총노동의 구성 요소로 분명해진다."(MEW 23: 87)

맑스는 "사회적 총노동" 개념을 초역사적인 의미로, 가령 한 사회에서 수행되는 모든 생산적 활동들이라는 의미로 사용하지 않는다. 맑스에게는 오히려 **상품들을 생산하는 사회**에서의 사회적 총노동이 문제이다. 여기에서 개별 노동들은 그것들을 지출할 때 이미 사회적인 것이 아니다.(그 지출에 선행하는 조정, 개별 노동들을 처음부터 사회적 관계의 구성 요소로 만들 조정은 존재하지 않는다.) 노동들은 사회적 분업 때문에 **사물적**sachlich 의존 관계에 있긴 하나, 그것들은 **사적으로**, 즉 **서로 독립적으로** 지출된다.

이 인용문의 두 번째 문장에서 맑스는 이러한 사적 노동들이 사회적 총노동을 이룬다고 말한다. 그러나 인용문의 마지막 문장에서 분명하게 되는 것처럼, 이것은 사적으로 지출된 **모든** 노동들이 사회적 총노동을 이룬다는 것을 의미하는 것이 아니라, 자신의 생산물들이 또한 실제로 **교환**되는 그러한 노동들만 사회적 총노동을 이룬다는 것을 의미한다. 이러한 사적 노동들만이 "사회적 총노동의 구성 요소"로 "분명해진다." 그리고 이 노동들은 "교환이 노동생산물들의 자리를 바꿔놓는 …… 그러한 관계들을 통해서" 이것을 "비로소" 행한다. 따라서 자신의 생산물들이 처음부터 교환을 위한 것으로 정해져 있지 않은 그러한 노동들, 혹은 자신의 생산물들이 시장에서 구매자를 찾지 못한 그러한 노동들은 상품들을 생산하는 사회의 사회적 총노동으로 받아들여지지 **않는다**.

사실 맑스는 이러한 맥락을 1장 1절에서도 이미 거론했다. 거기에서 맑스는 "사회적으로 필요한 노동시간" 개념을 설명하면서 **"상품세계의 가치들에서 표현되는** 사회의 총노동력"이 "하나의 그리고 동일한 인간 노동력"으로 간주된다고 밝혔다(MEW 23: 53, 강조는 하인리히). 바로 이러한 "하나의" 노동력의 지출이 여기서 이야기되는 역사적으로 특수한 사회적 총노동〔즉 상품들을 생산하는 사회에서의 사회적 총노동〕이다.

맑스가 자신의 생산물들이 교환되는 그러한 사적 노동들만을 사회적 총노동에 포함시키는 것은 나머지 노동들에 대한 임의적인 배제가 아니다. 거기에서 오히려, 상품생산의 조건 하의 사회화(즉 사회적 관계의 형성)의 **특수한** 종류가 표현된다. 이 특수한 종류의 사회화는 교환을 통해서 비로소 일어나는 것이다.

> **보충**: 이 점은 특히 가정의 (여전히 압도적으로 여성이 수행하는) 재생산 노동에 대한 논쟁에서 의미가 있다. 재생산 노동은 인간 생명의 유지와 번식을 위해 절대적으로 필수적이긴 하다. 그러나 재생산 노동은 **상품생산의 조건들 하에서는** 다음과 같을 때 비로소 사회적 총노동의 구성 요소가 된다. 즉, 재생산 노동이 더 이상 가정의 테두리 안에서 수행되는 것이 아니라, 생산물들과 서비스들 자체가 상품으로 공급되고 판매되는 곳에서 수행될 때만 말이다. 가정에서는 (식사와 같은 물질적 생산물들뿐 아니라 돌봄과 양육이라는) 재생산 노동의 생산물들이 사전에 상품형태를 취하지 않고 소비될 뿐이다.

맑스는 위 인용문의 세 번째 문장에서 무엇이 이러한 형태의 사회화에서 아주 특수한 것인지를 거론한다. 즉, 생산자들의 사회적 접촉은 **교환에서야 비로소** 일어나고, **이 때문에** 또한 여기에서야 비로소 사적 **노동들**의 "사회적 성격들"이 드러날 수 있다. 그러면 사적 노동들의 이러한 "사회적 성격들"은 어떻게 드러나는가? 맑스는 여기서 그것을 재차 언급하지 않긴 하나, 우리는 그것을 이미 알고 있다. 즉, 사적 노동들의 사회적 성격들은 노동**생산물들**의 **대상적** 성격들로서 드러난다.

MEW 23의 86쪽에서 맑스는 사적 노동들의 사회적 성격들을 노동생산물들의 대상적 성격들로서 "반영하는" 것은 **상품형태**라고 주장했다. 그러나 그는 이러한 반영이 어떻게 이루어지는지에 대한 설명을 제공하지 않았다. 이러한 설명은 위의 인용문의 세 번째 문장에 암시적으로 들어 있다.

즉, 상품생산의 조건들 하에서 "생산자들이 그들의 생산물들의 교환을 통해서야 비로소 사회적으로 접촉하기 때문에", 또한 거기, 즉 **교환에서야** 비로소 그들의 노동들의 사회적 성격들이 드러날 수 있다. 그러나 교환에서 생산자들은 직접적으로 서로 관계 맺지 않고, 그들은 그들의 노동생산물들이 서로 관계 맺게 한다. 이 때문에 사적 노동들의 사회적 성격들 또한 노동생산물들의 대상적 성격들로서**만** 드러날 **수 있다**.

사후적으로야 비로소, 즉 노동생산물들의 교환을 통해서야 비로소 개별 사적 노동들은 실제로 사회화된다. 이것은 중요한 결과를 지니는데, 이것을 맑스는 이 문단의 마지막 문장에서 다음과 같이 언급한다.

"이 때문에 후자의 사람들에게(즉 생산자들에게─하인리히) 그들의 사적 노동들의 사회적 관련들은 존재하는 대로 나타난다. 즉, 인물들이 그들의 노동들 자체에서 맺는 직접적으로 사회적인 관계들로서가 아니라, 오히려 인물들의 사물적sachlich 관계들로서, 그리고 사물들Sachen의 사회적 관계들로서 나타난다."(MEW 23: 87)

따라서 맑스는 상품물신주의를 허위의식의 문제로 고찰하지 않는다. 즉, 생산자들에게 그들의 사적 노동들의 관련들이 사물들의 사회적 관계로 나타날 때, 그들에게 이러한 관련들은 "존재하는 대로" 나타나는 것이다. 상품을 생산하는 사회에서 생산자들의 **직접적으로** 사회적인 연관은 존재하지 않는다. 인물들은 그들의 노동들을 결코 조정하지 않는, 서로 독립적인 사적 생산자들이다. 단지 사물들은─그것들의 "초감각적인" 질인 "가치"를 통해 매개되어서─사회적 관계를 맺을 뿐이다. 상품물신주의는 기만Täuschung이 아니라 실재적 현상이다. 그러나 이것은 단지 **상품을 생산하는 사회 내부에서만** 그렇다.

마지막에 한 진술은─생산자들에게 그들의 사적 노동들의 사회적 연관들이 존재하는 대로, 사물들의 사회적 관계로 나타난다는 것은─다음 문단(MEW 23: 87-88)에서 더 상세하게 설명된다.

　　　　　　　　　　　『자본』의 첫머리에 대한 주해

"그것들의 교환 내부에서야 비로소 노동생산물들은 그것들의 감각적으로 상이한 사용-대상성과 분리된, 사회적으로 동일한 가치대상성을 얻는다. 노동생산물이 유용한 물건과 가치물로 이렇게 분열되는 것은 단지 다음과 같이 되자마자 실제로 분명해진다. 즉, 유용한 물건들이 교환을 위해 생산되도록, 교환이 이미 충분히 확장되고 중요하게 되고, 따라서 사물들의 가치성격이 이미 그것들을 생산할 때조차 고려되자마자 말이다."(MEW 23: 87)

훨씬 앞에서 나는 언제부터 생산물들이 상품들이며 가치대상성을 지니는지에 대한 논쟁을 지적했었다. 즉, 이것이 교환 내부에서야 비로소 일어나는지, 혹은 이미 생산과정 내부에서 일어나는지 하는 논쟁 말이다.[124] 후자는 전통적 맑스주의에서 일반적인 견해이다. (훨씬 앞에서 인용한 『『자본』1권에 대한 보충과 변경(1871년 12월 – 1872년 1월)』에서와 비슷하게) 방금 인용한 곳에서 맑스는 상품들이 "교환 내부에서야 비로소" 가치대상성을 얻는다는 입장을 명확하게 취한다. 이것은 맑스의 제멋대로의 주장이 아니다. 거기서 오히려 상품들을 생산하는 노동의 특수하게 사회적인 성격이 표현된다. 즉, 이러한 노동은 사적 노동이며, 이 노동의 사회화는 생산물들의 교환을 통해서 **사후적으로**야 비로소 일어나는 것이다.

상품생산에 근거하는 사회에서 교환을 **고려해서** 생산이 이루어지긴 하나, 이것은 생산물들이 이미 교환 이전에 가치대상성을 지닐 것이라는 것을 말하지 않는다. 맑스가 "따라서 사물들의 가치성격이 이미 그것들을 생

---

124 〔옮긴이〕이 책에 있는 '1장 상품, 1. 상품의 두 요소, 4) 가치와 가치실체, 첫 번째 논증 단계' 부분, '1장 상품, 1. 상품의 두 요소, 4) 가치와 가치실체, 세 번째 논증 단계' 부분, '1장 상품, 3. 가치형태 혹은 교환가치, 서론' 부분, '1장 상품, 3. 가치형태 혹은 교환가치, A) 단순한, 개별적인 혹은 우연한 가치형태, 2. 상대적 가치형태, b) 상대적 가치형태의 양적 규정성' 부분, '1장 상품, 3. 가치형태 혹은 교환가치, A) 단순한, 개별적인 혹은 우연한 가치형태, 4. 단순한 가치형태의 전체' 부분, '1장 상품, 3. 가치형태 혹은 교환가치, B) 총체적 혹은 전개된 가치형태, 1. 전개된 상대적 가치형태' 부분 참조.

산할 때조차 **고려**"된다고 쓸 때(MEW 23: 87, 강조는 하인리히), 그는 이 사태를 매우 명확하게 표현한다. 〔사물들의〕 가치성격은 이미 **존재하는** 것이 아니라 "고려"되는 것이다.

아직 지금까지 생산의 세부 사항에 대해서 그 이상은 언급되지 않았다. 그러나 『자본』 1권 1장의 첫 문장으로부터 우리는 맑스에게 **자본주의적 생산**이 문제라는 것을 알고 있다. 거기서 〔자본주의적 생산에서 생산자가 사물의〕 가치성격을 "고려"하는 것은 '생산과정의 모습'에, 그리고 '빈번히 노동자에게 파괴적인 노동조건들'에 현저한 영향을 미친다.(이것은 『자본』 1권에서 상세하게 다뤄질 것이다.) 여기서 〔생산자가 사물의 가치성격을〕 "고려"할 때 일단 다음이 문제일 뿐이다. 즉, 시장과 생산조건들에 대한 그들의 인식을 근거로, 생산자들이 (자본주의적 조건들 하에서는, 실제로 생산하는 노동자들이 아니라 생산을 지휘하는 자본가들이) 그들의 생산물들이 교환될 수 있고, 생산물들이 교환될 때 그것들이 특정한 크기의 가치를 가질 것이라고 **기대한다**는 것이 문제이다. 그러나 이것은 그들의 기대가 또한 실현된다는 것을 말하지 않는다. 예를 들어, 더 나은 기술적 조건들로 생산된 수많은 생산물들이 예상치 않게 시장에 출현한다면, 사회적으로 필요한 노동시간은 감소한 것이고, 생산자들의 생산물은 그것들이 추측했던 것보다 훨씬 낮은 가치를 지닌다. 바로 생산물의 가치크기가 다양한 **사회적 평균 상태들**에 의존하기 때문에, 이 가치크기는 결코 교환 이전에 **개별** 생산자들의 생산조건들을 통해서만 결정될 수는 없다. 이제 맑스는 다음과 같이 계속해서 쓴다.

"이 순간부터 생산자들의 사적 노동들은 실제로 이중적인 사회적 성격을 지닌다. 한편으로 특정한 유용한 노동들로서 사적 노동들은 특정한 사회적 욕구를 충족해야 하고, 그래서 총노동의 구성 요소, 즉 사회적 분업의 자연발생적 체계의 구성 요소로서 입증되어야 한다. 다른 한편으로 특수한 유용한 사적 노동 각각이 다른 유용한 종류의 사적 노동 각각과 교환될 수 있는 한에서만, 따라서 다른 유용한 종류의 사적 노동 각각에 동등한 것으로 간주되는 한에서만, 사적 노동들은 그것들 자신의 생산자들의 다양한 욕구들을 충족한다."(MEW 23: 87)

"이 순간"은 교환이 충분히 발전된 시점, 사물들의 가치성격이 이미 생산할 때 "고려"되는 시점을 의미한다. 이 시점부터 우리는 상품**교환**뿐 아니라 상품**생산**에 대해 말할 수 있다. 이것은 개별 생산물이 **자동적으로** 상품으로 되는 것을 의미하는 것이 **아니라**, 생산이 교환을 고려해서**만** 일어난다는 것, 따라서 생산물이 **처음부터 상품이 되어야 할 것이라는** 것을 의미한다. 그리고 그때 또한 이러한 의도가 생산의 전체 모습을 지배한다.

사적 노동들의 이러한 "이중적 사회적 성격"은 무슨 뜻인가? 사적으로 지출된 노동들은 그것들을 지출할 때 아직 사회적 총노동의 구성 요소가 아니다. 이 노동들이 두 가지 언급한 성격들을 지니는 한에서야 비로소 그렇게 되는 것이다. 유용한 노동들로서 이 노동들이 사회적 욕구를 충족한다는 첫 번째 성격은 **모든** 분업적 생산에서 충족되어 있어야 한다. 특수한 유용한 사적 노동 각각이 다른 유용한 사적 노동 각각과 **교환될 수** 있고, 따라서 다른 유용한 사적 노동 각각에 **"동등한 것으로 간주"**된다는 두 번째 성격은 상품생산에 근거한 사회 내부에서만 존재하는 성격이다. 이러한 동등성에 관련해 맑스는 다음과 같이 강조한다.

"상이한 노동들의 완전한 동등성은[125] 이 노동들의 실제적 부등성의 추

---

125 〔옮긴이〕 원문의 여기에서 하인리히는 첨언을 한다. 그에 의하면, "Die Gleichheit toto coele verschiedner Arbeiten"에서 라틴어 "toto coele"는 독일어로 "völlig(완전한)"로 번역되며, 이 말은 "verschiedner Arbeiten(상이한 노동들)"이 아니라 "die Geichheit(동등성)"를 수식한다. Ben Fowkes가 번역하고 Penguin 출판사에서 나온 영어본도 그렇게 되어 있다. 이에 따라 여기에서는 "완전히 상이한 노동들의 동등성"이 아니라 "상이한 노동들의 완전한 동등성"으로 옮긴다. 이와 달리, 맑스가 개입해 1872‑1875년에 나온 프랑스어본, 엥엘스의 관여 아래 무어Samuel Moore와 에이블링Edward Aveling이 번역해 1887년에 나온 영어본, 쿠친스키Thomas Kuczynski가 『자본』 1권과 관련된 모든 원고들을 고려해 2017년에 새롭게 편집

상에서만 존재할 수 있다. 즉, '이 노동들이 인간 노동력의 지출, 추상적 인간 노동으로서 가지는 공통적인 성격'으로의 환원에서만 존재할 수 있다."(MEW 23: 87 - 88)

상이한 노동들의 "동등성"은 저절로 존재하는 것이 아니다. 그것은 우선 만들어져야 한다. 그리고 이것은 더욱이 "실제적 부등성"의 "추상"을 통해서, 인간 노동력의 지출이라는 성격으로의 "환원"을 통해서 가능하다. 그런 한에서 동등성은 또한, 실제적 차이들이 정말로 추상되고 추상적 인간 노동으로의 환원이 일어나는 경우에만 존재한다.

> **보충**: 「『자본』 1권에 대한 보충과 변경(1871년 12월 1872년 1월)」에 있는 해당 부분에서, 맑스가 후에 프랑스어로 번역할 때도 받아들인 문장이 뒤따라 나온다.
> "상이한 구체적 사적 노동들을 동등한 인간 노동이라는 이러한 추상명사Abstractum로 환원하는 것은 상이한 노동들의 생산물들을 실제로 서로 동일시하는 교환을 통해서만 일어난다."(MEGA Ⅱ/6: 41; 프랑스어본은 MEGA Ⅱ/7: 55 참조)

노동들의 동등성이 만들어지는 그러한 **교환을 통해서만** 실제적 부등성의 추상이 일어난다는 것이 여기서 다시 한 번 완전히 명백하게 밝혀진다. 그러므로 "동등한 인간 노동이라는 추상명사"는 교환에서만 존재한다. 그러나 상품가치들이 교환에서 일어나는 환원을 통해서만 존재하는 이러한 추상적 인간 노동의 "결정結晶들"(MEW 23: 52)이라면, 가치 또한 교환 이전에 존재할 수 있는 것이 아니라 기껏해야 어림잡아지고 "고려"될 수 있을 뿐이다.

한 독일어판은 해당 부분을 "완전히 상이한 노동들의 동등성"으로 옮기고 있다.

『자본』의 첫머리에 대한 주해

이 문단의 마지막에서 맑스는 상품들을 생산하는 노동의 이러한 이중적인 사회적 성격이 또한 사적 생산자들에 의해 인식되는데(맑스는 이 성격이 그들의 뇌에 의해 반영된다고 쓴다), 그러나 **"실제 거래에서, 생산물 교환에서 나타나는** 형태들로"만 인식된다고 언급한다(MEW 23: 88, 강조는 하인리히). 그리고 거기서〔즉 생산물 교환에서〕노동의 사회적 성격들은 **노동의 규정들**이 아니라 **노동생산물들의 사물적**sachlich **속성들**로 나타난다.[126] 즉, 사적 노동의 사회적 유용성은 다른 사람들을 위한 노동생산물의 유용성으로 나타나고, 사적 노동들의 동등성은 노동생산물들의 공통적인 가치대상성으로 나타난다.

이것으로 MEW 23의 87쪽에 있는 위에서 이야기된, 상품들을 생산하는 노동의 "고유한" 사회적 성격이 설명되었다. 노동의 **사회적** 규정들이 노동생산물들의 **대상적** 규정들로 되는 '노동의 **사후적인** 사회화'가 문제인 것이다.(이후에 나오는 '6) 상품생산에 근거하지 않는 생산형태들'과 '부록 2' 참조.) 이것으로 또한 선행 문단의 마지막 언급, 즉 사적 생산자들에게 그들의 사적 노동들의 사회적 관련들이 "존재하는 대로"(MEW 23: 87) 나타난다는, 즉 인물들의 직접적으로 사회적인 관련들로서가 아니라 사물들의 사회적 관계들로 나타난다는 언급이 상세하게 설명되었다.

3) 가치에 대한 지식과 "대상적 외관" (MEW 23: 88, 두 번째 문단)

이제 맑스는 '가치에 관한 일상적 지식'에 대한 결론들을 이끌어 낸다.

---

126 〔옮긴이〕이 책의 독일어 3판에서는 "물건적dinglich 속성"으로 되어 있으나, 더 정확히 표현하기 위해 저자는 한국어판에서 이것을 "사물적 속성"으로 바꾸었다. dinglich와 sachlich의 차이에 대해서는 이 책의 '안내의 말, 왜 오늘날 『자본』을 읽는가?'에 있는 옮긴이 주 참조.

"따라서 인간들이 그들의 노동생산물들을 가치들로 서로 관련짓는 것은 이러한 사물들이 그들에게 동일한 종류의 인간 노동의 단지 사물적인 sachlich 외피로 간주되기 때문이 아니다. 그 반대다. 그들은 그들의 상이한 종류의 생산물들을 교환에서 서로 동일시함으로써, 그들의 상이한 노동들을 인간 노동으로 서로 동일시한다. 그들은 그것을 알지 못하나 그것을 행한다."(MEW 23: 88)

상품들을 생산하는 사회에서 인간들은 노동생산물들을 "가치들"로 여긴다. 이러한 가치들 뒤에 은폐되어 있는 것에 대해 그들은 완전히 상이한 표상들을 가질 수 있다. 이때 노동이 역할을 할 수 있거나, 또한 하지 않을 수 있다. 노동들을 동일시하는 것은 교환 행위의 **의식적 전제가 아니라**, 교환 행위의 **객관적**objektiv **결과**이다.

"그들은 그것을 알지 못하나 그것을 행한다"는 문장으로 맑스는 성경의 유명한 말을 넌지시 암시한다. 누가Lukas에 의하면 십자가에 매달린 예수의 마지막 말은 다음과 같았다. "주여, 그들을 용서해 주옵소서. 왜냐하면 그들은 그들이 하는 것을 알지 못하기 때문입니다."(LK 23: 24) 이것은 오늘날까지 즐겨 인용되는 문장으로 남아 있다.[127] 따라서 교환하는 사람들은 예수를 조롱하고 고문했던 이들처럼 '알지 못한 채 행위를 하는 사람들'로 특징지어진다. 이것으로 맑스는 사람들이 상품생산에 근거하는 경제에서의 사회화에 대해, 즉 사회관계의 형성에 대해 **의식 못한다는 것**Unbewusstheit을 가장 일반적인 지평에서 언급한다. 사회화는 개인들의 의식적 행위들을 통해 일어나긴 하나, 개인들은 이러한 사회화의 구조들과 진행 형태들에

---

127 물론 이것이 유일한 '예수의 마지막 말'은 아니다. 위에서 본 누가Lukas가 정제한 문장 대신에, 마태Matthäus와 마가Markus는 "나의 신이시여, 나의 신이시여, 왜 당신은 나를 버리십니까?"라는 절망적인 말을 전한다. 반면 요한Johannes은 이것을 "다 이루었다"는 엄숙한 말로 표현할 뿐이다.

『자본』의 첫머리에 대한 주해

대해 결코 명확히 알 필요가 없다. 즉, 개인들은 거기서 그들이 하는 것을 실제로 아는 것 없이 어떤 것을 행한다.

보충: 교환을 할 때 인간들이 그들이 하는 것을 알지 못한다는 이러한 기본적인 통찰에서 이미, 고전 정치경제학 및 신고전파와의 근본적인 차이가 표현된다. 고전 정치경제학과 신고전파는 경제적 행위자들이 자신들이 하는 것을 안다는 것, 그리고 그들이 하는 것으로부터 경제적 관계가 발생한다는 것을 출발점으로 삼는다. 그래서 상품의 가치를 (그러나 추상적 인간 노동과 구체적 유용노동을 구별하지 않고) 지출된 노동의 결과로 돌린 아담 스미스는 다음과 같이 논증했다. 즉, 예를 들어 인간들이 비버 한 마리를 죽이는 것은 사슴 한 마리를 죽이는 것보다 약 두 배 많은 노동이 든다는 것을 **알기 때문에**, 비버 한 마리가 사슴 두 마리와 교환된다는 것이다(Smith, 1776: 62).

프리드리히 엥엘스 또한 비슷한 생각을 기초로, 전 자본주의적인 "단순한 상품생산"이라는 표상을 만들었다. 이것은 엥엘스가 『자본』 3권에 대한 「후기」에서 발전시킨 것이다. 이 표상에 의하면, 인간들은 상품을 생산할 때 사용된 노동시간을 **알기** 때문에, 이 노동시간에 따라 교환한다(MEW 25: 907). 이러한 "단순한 상품생산"으로 엥엘스는 (아직 자본주의적으로 규정되지 않은) 순수한 가치관계들의 실재성Realität를 분명히 하고자 했다. 그러나 이러한 "단순한 상품생산"이라는 표상은 한편으로 **역사적** 견지에서 의심스럽다. 왜냐하면 자본 없이 상품생산이 지배적인 역할을 한 전 자본주의적 사회는 존재하지 않았기 때문이다. 다른 한편으로 이러한 표상이 맑스의 상품 분석의 내용으로 이해될 때, 그것은 **이론적** 견지에서도 의심스럽다. 즉, 엥엘스가 구상한 "단순한 상품생산"은 행위를 하는 인물들의 "알지 못함Nicht-Wissen" 대신에 "앎"을 출발점으로 삼기 때문에, 그것은 바로 맑스가 『자본』을 시작할 때 다룬 대상에 해당하지 않는다.(이에 대해서는 나의 『정치경제학 비판 개론』 78쪽 이하를 참조.)

인간들이 경제적인 행위를 할 때, 그들이 자신이 하는 것을 안다면, 경제는 은폐된 어떤 것도 존재하지 않는 투명한 장場일 것이다. 맑스가 아주 빈번히 "비밀들"과 "수수께끼들"에 대해 말한다는 것, 맑스가 "물신주의", "전도", "신비화"를 중심적인 개념들로 만든다는 것은 단순히 문체의 문제가 아니다. 맑스는 자본주의적 경제의 자칭 투명성과 합리성이 단지 표면적인 외관이며 이 외관 뒤에 해독되어야 하는 어떤 것이 은폐되어 있다는 것을 분명히 하기 위해서, 그런 표현법을 아주 의식적으로 이용한다. 맑스는 "그들은 그것을 알지 못하나 그것을 행한다"는 마지막에 인용한 문장에 각주 27번을 단다. 거기에서 그는 왜 이것이 그러한지 다시 한 번 짧게 지시한다.(상세한 논증은 이미 MEW 23의 87쪽에서 제시되었다.) 이탈리아 경제학자 갈리아니(Ferdinando Galiani, 1728 – 1787)는 가치가 인간들 사이의 관계라고 썼다. 이 사람에 대해 맑스는 그 경제학자가 "물건적인dinglich 외피 아래 숨겨진 관계"라고 덧써야 했다고 언급한다(MEW 23: 88, 주 27). 따라서 맑스는 이러한 인간관계의 특수성을 지시한다. 즉, 인간관계는 **사물적으로** sachlich **매개되어** 있다는 것이다.

보충: 인간관계의 이러한 사물적 매개가 자본주의에 존재하는 모든 경제적 관계들의 특징이 된다. 맑스는 항상 다시 이것에 주의를 환기시킨다. 그래서 그는 『정치경제학 비판을 위하여』에서 자본을 이해하는 데서 경제학자들이 겪는 어려움을 다음과 같이 특징지었다.

"그들이 간신히 서투르게 물건으로 확정했다고 믿은 것은 곧바로 사회적 관계로 나타나고, 그들이 사회적 관계로 겨우 규정한 것이 그 후에 다시 물건으로서 그들을 조롱한다."(MEW 13: 22)

많은 좌파들에게도 다음이 맑스의 분석의 핵심으로 간주된다. 즉, 가치, 화폐, 자본과 같은 경제적 범주들은 인간들의 특정한 관계들의 표현이며, 이때 '이러한 관계들이 결코 평화롭고 조화로운 것이 아니라 항구적인 투쟁, 결국 사회적 계급들의 투쟁을 표현한다는 것'이 강조된다는 것이다. 그러나 이것은 자본주의사회가 다른 모든 계급사회들과 **공통적으로** 가지는 것만을 강조할 뿐이다. 하지만 맑스에게 자본주의에 존재하는 사회적 관계들의 **특수성**, 따라서 이러한 관계들이 다른 사회들에 존재하는 관계들과 **공통적으로** 가지지 **않은** 것이 중요하다. 즉, 맑스가 갈리아니에 맞서 강조한 것처럼, 이러한 특수한 것은 바로 인간들의 경제적 관계들이 "물건적인 외피 아래 숨겨"져 있다는 것에 있다.

보충:『자본』1권(1867)에 비해 거의 20년 전인 1848년에 출판한『공산주의 선언』[128]에서는 이러한 특수성에 대한 통찰을 아직 발견할 수 없다. 맑스가『선언』에서 "지금까지의 모든 사회의 역사는 계급투쟁들의 역사이다"라는 유명한 문장으로 자신의 분석을 **시작**한 반면,『자본』에서 "계급들"이라는 장#은 3권의 **결말**을 이룬다.[129]『선언』에서 맑스는 계급들과 계급투쟁들이 자명한 출발점이라고 가정했다. 다른 모든 것이 설명될 수 있는 출발점 말이다.『자본』에서 맑스는 바로 인간관계들이 "물건적인 외피 아래 숨겨"져 있기 때문에, 계급들과 계급

---

128 〔옮긴이〕맑스와 엥겔스는 공산주의자동맹의 강령으로『공산주의당 선언Manifest der Kommunistischen Partei』을 작성했고, 이것을 1848년 2월 출판했다. 1872년 새로운 독일어판이 출판되었는데, 이때 제목이 "공산주의 선언Die Kommunistische Manifest"으로 바뀌었다. 맑스의 사후 엥겔스의 관여 하에 1888년 출판된 영어본의 제목은 다시 "공산주의당 선언Manifesto of the Communist Party"으로 바뀌었다(MEW 4: 583). 엥겔스가 서문을 쓴 1890년 독일어판도 "공산주의당 선언"이란 이름을 달고 있다.

129 〔옮긴이〕"계급들"은『자본』3권의 마지막 장인 52장의 표제이다.

투쟁들이 '서술의 출발점'이 아니라 '우선 아직 전개되어야 하는 결과'라는 통찰을 얻었다. 맑스의 『자본』에 있는 근본적인 것이 '가치 혹은 자본과 같은 범주들로 포착되는 경제적 구조들이 〔물건적인 외피 아래 숨겨진 관계의 표현이 아니라〕 사회적 관계들의 표현이라는 것'에 있다고 여겨지면, 『자본』의 분석은 『선언』의 분석으로 축소된다.

인간들이 그들의 노동생산물들을 가치들로서 동일시하고, 이때 그들은 그들이 실제로 하는 것을 (즉 그들의 상이한 노동들을 동일시한다는 것을) 알지 못하기 때문에, 맑스는 다음과 같이 쓸 수 있었다. 즉, 가치가 노동생산물들을 "사회적 상형문자"(MEW 23: 88)로 변화시키고, 그 다음 인간들이 이러한 상형문자의 의미를 해독하려고 시도한다고 말이다. 이러한 해독은 다음과 같이 얼마 후에 성공하긴 한다.

"노동생산물들이 가치들인 한, 그것들이 그것들의 생산에 지출된 인간노동의 단순히 사물적인sachlich 표현들이라는 훗날의 과학적 발견은 인류의 발전사의 새 시대를 연다."(MEW 23: 88)

이러한 "훗날의 과학적 발견"이란 말로 맑스는 자신의 저작이 아니라, 윌리엄 페티, 아담 스미스, 데이비드 리카도와 같은 경제학자들이 이미 다소 분명하게 정식화한 "노동가치론"을 의미한다. 그러나 이러한 발견은 충분치 않다. 맑스가 계속하길,

왜냐하면 그들은 "노동의 사회적 성격들의 대상적인 외관을 결코 쫓아버리지 못했"기 때문이다(MEW 23: 88).

"대상적 외관"이 사라지지 않았다는 것이 무엇을 의미하는가? 가치가 노동으로 소급되긴 했다. 그러나 이를 통해서는, 지출된 노동이 생산물의 대상적 속성으로 표현된다는 것이 문제 제기되지 않는다. 가치의 내용이 해독되기는 하나, "가치"라는 이러한 내용이 노동생산물의 대상적 속성으로 표현된다는 것이 자명한 것으로 수용된다. 맑스가 계속하길,

『자본』의 첫머리에 대한 주해

"이러한 특수한 생산형태, 상품생산에 대해서만 유효한gültig 것은, 즉 '서로 독립적인 사적 노동들의 특수하게 사회적인 성격이 인간 노동이라는 그것들의 동등성에 존재하며, 노동생산물들의 가치성격이라는 형태를 취한다는 것'은 이러한 상품생산의 관계들에 사로잡혀 있는 이들에게는 그러한 발견 이전이나 이후나 최종적인 것으로 나타난다. 공기를 그것의 요소들로 과학적으로 분해하는 것이 공기라는 형태가 물리적인 몸체 형태로 존속하는 것을 방해하지 않는 것과 마찬가지로 말이다."(MEW 23: 88, 강조는 하인리히)

여기서 우리는 맑스의 논증의 중점에 도달한다. 맑스는 혼동을 비판한다. 즉, 상품생산에 대해서"만 유효한" 것이(여기서 이야기되는 그 특수하게 사회적인 성격은 맑스가 MEW 23의 87쪽에서 언급한 사적 노동들의 두 번째 사회적 성격에 다름 아니다) "상품생산의 관계들에 사로잡혀 있는 이들에게는" "최종적인 것"으로 나타나는 것 말이다. 이 사람들에게는 마치 노동생산물들이 **모든** 사회에서 가치성격을 가지며, 맑스가 훨씬 앞에서 표현한 것처럼, 이러한 가치성격이 "사회적인 자연속성"(MEW 23: 86)인 것처럼 보인다. 왜 이렇게 보이는가? 왜냐하면 이 사람들이 가치의 대상성을 **특정한** 사회적 관계들의 결과가 아니라, 사회적으로 **매개된** 어떤 것이 아니라, **직접적인** 어떤 것으로 이해하고, 그래서 이러한 대상성이 특정한 사회적 관계들과 독립적으로 존재하는 것으로 이해하기 때문이다. 사람들이 노동할 때는 언제나, 그들은 외관상anscheinend "가치"를 형성한다.

맑스가 "대상적 외관Schein"을 말할 때, 이것은 가치의 대상성이 존재하지 않는다는 것을 의미하지는 않는다. 가치의 대상성은 존재하며, '인간들에게 사물적 강제Sachzwang로 표현되는' 물질적 힘을 행사한다. **그러나 이것은 상품들을 생산하는 사회 안에서만 일어난다.** "외관"은 이러한 특수하게 사회적인 관계를 '변할 수 없는 최종적인 관계'로 이해하는 데, '사람들이 일반적으로 그들의 노동생산물들을 가치들에 다름 아닌 것으로 대할 수 있는 것'처럼 이해하는 데, '상품생산의 사물적 강제가 인간들의 피할 수 없는 숙명인 것'처럼 이해하는 데 있다.

4) 자립화된 사회적 운동과 이 운동의 내용 (MEW 23: 89, 첫 번째 문단)

이 문단에서 아직도 이러한 대상적 외관의 응고가 문제이긴 하나, 동시에 사회적 관계의 자립화가 거론된다.

맑스는 생산물의 교환자들이 우선 양적 교환 비율들에 관심을 가진다고 밝히고, 다음과 같이 계속한다.

"이러한 비율들이 어느 정도 관습적인 고정성을 가질 정도로 성숙하자마자, 이 비율들은 노동생산물들의 본성으로부터 발생하는 것처럼 보인다. …… 사실 노동생산물들의 가치성격은 노동생산물들이 가치크기들로서 나타나는 것을 통해서야 확고하게 된다."(MEW 23: 89)

맑스는 교환된 생산물들이 그것들의 사용가치 속성만이 아니라 "가치성격"도 지니는 것, 따라서 생산물들에게 "가치"라는 **질**이 부여되는 것을 교환 비율들의 고정성의 결과로, 따라서 가치**량**들의 비율의 고정성의 결과로 본다. 다음 문장에서 가치량들에 대해 다음과 같이 말한다.

"후자는〔즉 가치크기들은〕교환하는 이들의 의지, 사전 지식, 행위와 상관없이 끊임없이 변한다."(MEW 23: 89)

맑스는 첫 번째 인용문에서 가치 비율들의 "고정성"을 강조한 반면에, 두 번째 인용문에서는 가치 비율들의 끊임없는 변화를 강조한다. 이것은 어떻게 통합될 수 있는가? 맑스는 이 두 인용문에서 두 가지 상이한 사회적 발전단계를 분명하게 구별한다.

첫 번째 단계에서는 **상품교환의 발생**이 문제이다. 생산물들의 교환이 드물고 우발적인 한에서, 교환하는 사람들의 상이한 지식, 우연, 운이 교환

「자본」의 첫머리에 대한 주해

비율들을 결정한다. 교환이 어느 정도의 규칙성을 획득하고, 교환이 생산물의 개별 교환자들이 서로 만날 뿐만 아니라 다수의 교환자들이 서로 만나는 시장에서 일어날 때야 비로소, 교환 비율들의 규정에서 우연과 운은 뒤로 물러난다. 이제 이러한 비율들은 "노동생산물들의 본성으로부터 발생하는 것"처럼 보인다. 사정이 그러하다면, 상품생산과 상품유통은 최소한 사회적 생산의 일부 영역에서 관철되었다. 맑스는 이미 MEW 23의 87쪽에 있는 마지막 문단에서 이 점을 강조했다.[130]

두 번째 인용문은 두 번째 단계, 즉 이미 **포괄적으로 관철된 상품생산**과 관련된다. 여기서 가치크기들이 변할 때, 이것은 교환 비율들의 우연성이 다시 한 번 생기는 것이 아니다. 가치크기들의 변화는 밀의 한 판매자가 많이 얻고 밀의 다른 판매자는 적게 얻는다는 것을 의미하는 것이 아니라, 밀의 가치크기들이 **모든** 판매자와 구매자에 대해 변한다는 것을 의미한다. 그래서 맑스는 교환하는 사람들에 대해 다음과 같이 쓸 수 있었다.

"교환하는 사람들에게 그들 자신의 사회적 운동은 그들이 통제하는 대신에 그들을 통제하는 '사물들의 운동이라는 형태'를 취한다."(MEW 23: 89)

사회적 관계는 사회에서 살아가는 인간들이 만든 결과("그들 자신의 사회적 운동")이긴 하다. 그러나 상품생산의 조건들 하에서 이러한 관계는 위에서 강조한 것처럼 **의식하지 못한 채** 형성된다.(교환하는 사람들은 그들이 하는 것을 알지 못한다.) 이러한 사회적 관계는 또한 교환하는 사람들에 맞서 **자립화**된다. 즉, 인물들이 이 관계를 통제하는 대신, 이 관계가 인물들을

---

130 〔옮긴이〕 "노동생산물이 유용한 물건과 가치물로 이렇게 분열되는 것은 단지 다음과 같이 되자마자 실제로 분명해진다. 즉, 유용한 물건들이 교환을 위해 생산되도록, 교환이 이미 충분히 확장되고 중요하게 되고, 따라서 사물들의 가치성격이 이미 그것들을 생산할 때조차 고려되자마자 말이다."(MEW 23: 87)

통제한다.

그러나 무엇이 도대체 이러한 자립화된 사회적 운동의 **내용**인가? 맑스는 다음의 중첩 복합문에서 단지 간결하게만 이러한 내용의 개요를 적는다. 이 문장의 전반부는 이러한 내용이 인식될 수 있는 조건들에 이름을 붙인다. 즉, 그것은 "완전히 발전된 상품생산"이다. 그 후에 이 내용의 간결한 규정이 따라 나온다.[131]

"서로 독립적으로 수행되나 사회적 분업의 자연발생적 구성 요소로서 전면적으로 서로 의존하는 사적 노동들은 그것들이 사회적으로 비례하는 정도로 끊임없이 환원된다"(MEW 23: 89) 것 말이다.

상품생산에서 노동들은 서로 독립적으로 사적 노동들로 지출된다. 그러나 이러한 상이한 노동들은 사물적으로sachlich 서로 의존한다. 왜냐하면 그것들은 사회적 분업의 구성 요소들이기 때문이다. 이러한 의존이 상이한 노동들의 일정한 **비례**를 야기한다. 예를 들어, 목수가 일정한 개수의 탁자를 생산할 수 있기 위해서, 이에 필요한 목재가 생산되어 있어야 하고 시장에 공급되어야 한다. 그리고 목수가 탁자의 판매 후에 그의 소득으로부터 새 옷을 구입할 수 있기 위해서, 이 옷이 생산되어 있어야 하고 공급되어야 한다. 따라서 분업적으로 지출된 노동들은 일정한 양적 비율로, 맑스가 언급한 것처럼 〔그것들이 사회적으로〕 "비례하는 정도"로 존재한다. 그러나 상품생산에서 〔이렇게 사적 노동들이 사회적으로〕 "비례하는 정도"는 이미 생산

---

131 〔옮긴이〕 한국어로 옮겼을 때 어순은 이와 다르다. 『자본』에 있는 문장을 옮기면 다음과 같다. "가령 집이 누군가의 머리 위에 무너져 내릴 때의 중력의 법칙처럼, 사적 노동들의 생산물들의 우연적이고 항상 변동하는 교환 비율들에서 그 생산물들의 생산을 위해 사회적으로 필요한 노동시간이 '규제하는 자연법칙'으로서 강제적으로 관철되기 때문에, 서로 독립적으로 수행되나 사회적 분업의 자연발생적 구성 요소로서 전면적으로 서로 의존하는 사적 노동들이 그것들의 사회적으로 비례하는 척도로 끊임없이 환원된다는 과학적 통찰이 경험 자체로부터 자라나오기 위해서는, 완전히 발전된 상품생산이 필요하다."(MEW 23: 89)

할 때 알려지지는 않는다. 우리의 예로 말해 보자면, 목재 생산자들은 목수들이 얼마나 많은 목재를 필요로 하는지 알지 못한다. 목수들은 얼마나 많은 탁자가 필요로 되는지 알지 못한다. 옷 생산자들은 목수들이 얼마나 많은 옷을 필요로 하는지 알지 못한다. 당연히 각 생산자는 (지불 능력이 있는) 수요를 어림잡으려고 시도하나, 결국 이러한 수요를 알지 못한다. 생산자의 평가는 잘못된 것으로 입증될 수 있다. 그리고 그것은 그 후에 또한, 생산자의 부품 납품업자들에게만이 아니라 생산자 스스로가 그 밖에 소비했을 상품들의 생산자들에게 영향을 미친다. 목수가 탁자에 대한 수요를 잘못 평가했다면, 그는 앞으로 목재를 더 적게 구입할 뿐만 아니라 옷을 더 적게 구입할 것이고, 그래서 다른 생산자들의 평가 또한 잘못된 것으로 입증될 수 있다.

인물들에 맞서 자립화된 "사물들의 운동"에서, 바로 생산을 할 때 알려지지 않은 개별 노동 종류들의 이러한 비율이 관철된다. 이러한 관철은 어떻게 일어나는가? 그것은 다음과 같은 방식으로 일어난다.

"사적 노동들의 생산물들의 우연적이고 항상 변동하는 교환 비율들에서 그 생산물들의 생산을 위해 사회적으로 필요한 노동시간이 '규제하는 자연법칙'으로서 **강제적으로** 관철"된다(MEW 23: 89. 강조는 하인리히).

"사회적으로 필요한 노동시간"이 "규제하는 자연법칙"으로 관철된다고 한다. 이것은 무엇을 의미하는가? "사회적으로 필요한 노동시간"은 『자본』 1권 1장 1절에서 "존재하는 사회적 – 정상적 생산조건들로, 그리고 노동의 강도와 숙련의 사회적인 평균 정도로"(MEW 23: 53) 사용가치를 생산하기 위해 필요한 노동시간으로 규정되었다. 〔상품의 생산에서〕 이러한 사회적으로 필요한 노동시간보다 더 많이 소비될 때, 이것은 가치를 형성하는 추상노동의 양을 증대시키지 않는다. 1절에서 또한 생산물은 그것이 사용가치만이 아니라 "다른 이를 위한 사용가치, 사회적 사용가치"(MEW 23: 55)를 지닐 때만 상품이라고 밝혔다. 존재하는 (지불 능력이 있는) 수요보다 더 많은 사용가치들이 생산되면, 마찬가지로 이러한 사용가치들의 생산에서 지출된 전체 노동시간은 가치를 형성하는 추상노동으로 간주되지 않는다.[132] 『자본』 1권 3장(MEW 23: 121 이하)에서 맑스는 명백히 이러한 결론을 끌어낸다. 따라서 여기서 "생산을 위해 사회적으로 필요한 노동시간"이 관철된다고 이야기될 때, 두 가지 점을 생각해야 한다. 즉, '생산조건들로부터 결정되는 필요한 노동시간'과 '(지불 능력이 있는) 수요의 충족에 필요한 노동시간'이 그것이다. 생산자들은 양자의 크기를 미리 알지 못한다. 생산자가 생산한 상품의 가치크기를 통해 매개되어서, 시장에서야 비로소, 생산자의 생산조건들이 사회적 평균에 조응하는지, 그리고 그 부문이 전체적으로 너무 많은 생산물을 생산한 것은 아닌지가 개별 생산자에게 알려진다. 즉, 교환에서 "사회적으로 필요한 노동시간"이 관철됨으로써, 실제로 지출된 개별적인 사적 노동은 그것이 [사회적으로] "비례하는 정도"로 환원된다. 즉, 그러한 사적 노동은 분업적으로 지출된 사회적 총노동에 대해서 사적 노동이 생산조건들과 수요에 따라 필수적으로 가지는 몫으로 환원된다.

그러나 여기서 맑스는 어떤 의미로 "자연법칙"을 말하는가?

보충: 맑스가 1868년 7월 11일 루드비히 쿠겔만에게 쓴 편지에서 정확히 동일한 사정이 문제이다. 주로 편지의 이 부분은 맑스에게 가치론의 "증명"이 문제가 아니었다는 것을 분명히 하기 위해 언급된다.[133] 우리의 관심은 맑스가 이 편지에서 어떤 방식으로 "자연법칙"을 말하는가이다.

---

132 〔옮긴이〕 이 책에 있는 '1장 상품, 1. 상품의 두 요소, 7) 1절의 논증에 대한 주해, 두 번째 주해' 부분 참조.

133 〔옮긴이〕 이 책에 있는 '1장 상품, 1. 상품의 두 요소, 7) 1절의 논증에 대한 주해, 다섯 번째 주해' 부분 참조.

『자본』의 첫머리에 대한 주해

"가치개념을 입증할 필요성에 대한 허튼 소리는 문제가 되는 주제뿐 아니라 과학의 방법에 대한 완전한 무지에 근거할 뿐입니다. 몇 주 동안, 저는 일 년 동안이라고 말하지는 않겠는데, 노동을 중지한 어떤 민족도 사멸할 것이라는 것은 삼척동자도 알고 있습니다. 마찬가지로, 상이한 욕구량에 조응하는 생산 물량이 '상이하고 양적으로 규정된 사회적 총노동량'을 필요로 한다는 것은 삼척동자도 알고 있습니다. 사회적 노동을 일정한 비율로 **분배**할 이러한 **필요성**은 결코 사회적 생산의 **특정한 형태**를 통해 지양될 수 없고, 단지 **이러한 필연성의 현상 방식**만을 바꿀 수 있다는 것은 자명합니다. 자연법칙들은 결코 지양될 수 없습니다. 역사적으로 상이한 상황들에서 변할 수 있는 것은 단지 그 법칙들이 관철되는 **형태**뿐입니다. 그리고 사회적 노동의 관계가 개별 노동생산물들의 **사적 교환**으로서 나타나는 사회 상태에서 노동의 이러한 비례적 분배가 관철되는 형태는 바로 이러한 생산물들의 **교환가치**입니다."(MEW 32: 552 이하)

이곳에서 맑스는 인간들이 간단히 폐기할 수 없는 모든 사회에 유효한 필연성들을 "자연법칙"이라고 부른다. 그러나 이러한 "자연법칙들"이 관철되는 형태는 상이한 생산양식과 더불어 변한다. 상품생산에서 상이한 노동들의 비율은 전승된 분업 혹은 사회 구성원들의 의식적 계획을 통해서가 아니라, "사회적으로 필요한 노동시간"이 상품들의 가치 크기들을 규정한다는 것을 통해서 관철된다.

여기서 맑스는 "자연법칙"이란 말을『자본』1권 서문에서와는 약간 다른 의미로 사용한다. 서문에서 그 개념은 사회적 발전의 객관적인 objektiv 성격을 특징짓기 위해 사용되었다. 이미 서문을 주해할 때 말한 것처럼 여기에서도, 오늘날 사회과학적 논의들에서 "자연법칙들"이란 말이 보통 맑스의 시대에 가졌던 의미와는 다른 의미를 가진다는 것을 상기해야 한다.

이 중첩 복합문의 말미에 맑스는 사적 노동들의 비율이 "가령 집이 누군가의 머리 위에 무너져 내릴 때의 중력의 법칙처럼, …… **강제적으로** 관철"된다고 강조한다(MEW 23: 89, 강조는 하인리히). 이것은 이러한 관철이 결코 조화롭고 점차적으로 진행되는 것이 아니라 **위기적**이고 파괴적 과정으로 진행된다는 것을 암시한다. 그러나 아직 **자본주의적** 생산관계들에 대한 분석 없이 이에 대해 더 정확한 것을 말할 수는 없다.

"강제적으로" 관철되는 "자연법칙"이란 말은 비판적 색조를 띤다. 즉, 개별 노동들을 필연적으로 비례시키는 것은 생산자들의 의식적으로 통제된 과정에서 일어나는 것이 아니라, 단지 생산물들의 교환을 통해서 매개되어 일어나기 때문에(이때 교환하는 사람들은 그들이 거기서 하는 것을 실제로 알지 못한다), 전체 과정은 인간들에게 정확히 자연 과정처럼 낯설고 자율적이다. 따라서 노동의 비례적 분배의 관철이 가지는 자율성은 결코 (모든 사회에서 그러한 비례적 분배가 필연적이라는) "자연법칙" 자체 때문이 아니라, 자연법칙이 작용하도록 하는 **사회적 조건들** 때문에 존재한다. 맑스가 엥엘스의 첫 경제학적 저작을 인용하는 주 28에서, 그는 사회적 과정에 대해 사람들이 "의식하지 못한다는 것Bewusstlosigkeit"을 강조한다.[134]

사회적 과정을 의식하지 못한다는 것은 사람들이 이 과정의 **내용**(노동들의 비례적 분배)을 인식하지 못한다는 것과 관계가 **없다**. 이러한 분배의 **관철**이 "의식하지 못한 채" 일어나는 것이다. 즉, 이 관철은 생산자들의 의식적 협력의 결과가 아니라, 의식하지 못한 시장의 작용에 맡겨져 있는 것이다. 이 때문에 맑스는 이 문단의 말미에 (MEW 23의 88쪽의 마지막 문장[135]에서와 완

---

134 〔옮긴이〕 "사람들은 주기적인 혁명들을 통해서만 관철될 수 있는 법칙에 대해 무엇을 생각할까? 그것은 참여자들이 의식하지 못한다는 것에 근거하는 자연법칙이다.'(프리드리히 엥엘스, 1844, 「국민경제학 비판을 위한 개요」, 아르놀트 루게/칼 맑스 편, 『독불연보』, 파리)"(MEW 23: 89, 주 28)

　　　　　　　　　　　　　　　『자본』의 첫머리에 대한 주해

전히 유사하게) 다음과 같이 쓸 수 있었다.

"노동시간을 통한 가치크기들의 규정은 상대적 상품가치들의 현상하는 운동들 아래 숨겨진 비밀이다. 그 비밀의 발견은 노동생산물들의 가치크기들이 단순히 우연적으로 규정된다는 외관을 지양하나, 결코 가치크기들의 사물적sachlich 형태를 지양하지 않는다."(MEW 23: 89)

이러한 "사물적 형태"(가치대상성)는 단순한 의식 현상이 아니라, 인간들이 그들의 노동생산물들을 상품들로 대하는 한에서, 실재적이며, 강력한 효력을 가진다.

5) "객관적 사고 형태"(MEW 23: 89, 두 번째 문단─MEW 23: 90, 두 번째 문단)

다음 두 문단(MEW 23: 89 - 90)에서 맑스는 가치를 **과학적으로** 아는 것에 대한 결론을 끌어낸다. 그는 "인간 생활의 형태들에 대한 통찰" 및 또한 이러한 형태들에 대한 "과학적 분석"은 "뒤늦게"야(추후에야) 비로소 시작한다고 밝힌다. 이것은 다음과 같은 결과를 가진다.

"노동생산물들을 상품들로 각인하고 이 때문에 상품유통에 전제되어 있는 그러한 형태들은 사회적 생활의 자연 형태들이라는 고정성을 지닌다. 사람들이 '그들에게 오히려 이미 변할 수 없는 것으로 간주되는 이러한 형태들'의 역사적 성격에 대해서가 아니라 이러한 형태들의 내용에 대해서

---

135 〔옮긴이〕"이러한 특수한 생산형태, 상품생산에 대해서만 유효한 것은, 즉 '서로 독립적인 사적 노동들의 특수하게 사회적인 성격이 인간 노동이라는 그것들의 동등성에 존재하며, 노동생산물들의 가치성격이라는 형태를 취한다는 것'은 이러한 상품생산의 관계들에 사로잡혀 있는 이들에게는 그러한 발견 이전이나 이후나 최종적인 것으로 나타난다. 공기를 그것의 요소들로 과학적으로 분해하는 것이 공기라는 형태가 물리적인 몸체 형태로 존속하는 것을 방해하지 않는 것과 마찬가지로 말이다."(MEW 23: 88)

해명하려고 시도하기도 전에 말이다."(MEW 23:90)

도대체 어떤 것이 "노동생산물들을 상품들로 각인"하는 "형태들"인가? 노동생산물은 그것이 **사적 노동**의 결과이고 시장에서 다른 상품들과 교환될 때 상품이 된다. 그때 그것은 일정한 가치크기를 가진 가치대상의 형태를 가진다. 노동을 사적 노동으로 지출하는 것, 이러한 사적 노동의 생산물을 사적 소유로 대하는 것, 그 생산물을 시장에서 교환하는 것, 이 모든 형태들이 (이 형태들이 확립되어 있다면) "사회적 생활의 자연 형태들"로 나타난다. 즉, 이러한 형태들은 당연한 것으로 간주되어서, 그것들은 더 이상 **특수하게 사회적**인 형태들이 아니라, **모든 사회적** 생활이 필연적으로 일어나지 **않을 수 없는** 그러한 형태들로 인지된다. 맑스가 계속하길, 이 때문에 사회적 생활을 통찰할 때, 이러한 "형태들"이 또한 역사적이고 변화할 수 있는 형태들로 주제화되는 것이 아니라, 무엇이 이러한 형태들 안에서 표현되는가만 연구될 뿐이다.

> **보충**: 여기서 맑스는 역사적으로 특수한 형태들을 "사회적 생활의 자연 형태들"로 이해하는 경우를 아주 일반적으로 진술하는데, 이것은 아담 스미스의 예를 통해 구체적으로 설명될 수 있다. 그의 주저인 『국민들의 부의 본질과 원인들에 대한 연구』의 첫머리에서, 스미스는 인간과 동물의 본질적 차이가 인간은 교환을 하지만 동물은 교환하지 않는다는 데 있다고 밝힌다. 인간들은 그들을 동물들과 구별시켜 주는 "교환 성향"을 가지고 있다는 것이다(Smith, 1776: 20 이하). 그러나 교환하는 것이 인간들에게 특징적인 것이라면, 이것은 그들의 노동생산물을 상품들로 간주하는 것이 인간들에게 "자연적인" 어떤 것이라는 것에 다름 아니다. 즉, 인간들이 사회에서 살아가는 한, 그들의 노동생산물들은 그 때문에 자동적으로 상품이 된다는 것이다. 따라서 스미스는 또한 교환에 근거하는 시장경제를 "자연적 질서"로 간주한다. 스미스

에게 상품이라는 **형태**는 문제로 인식되지 않는다. 그의 흥미를 끄는 것은 이러한 형태에서 표현되는 **내용**이다. 즉, 상품의 가치를 결정하는 것은 상품의 생산을 위해 필요한 노동시간이라는 내용 말이다.

역사적으로 특수한 경제 양식Wirtschaftsweise을 자연화하는 이러한 경향은 오늘날의 경제학자들에게서 결코 축소되지 않았다. 그래서 가령 독일연방정부가 임명한 "경제 전체의 발전의 평가를 위한 전문위원회"는(이 위원회는 언론에서 "경제 현자들"로도 즐겨 표현된다[136]) 1999/2000년 평가서에서 다음과 같이 말했다. "정치는 사물적 강제와 인간의 행위 방식이 초래하는 '시장 법칙들'을 폐기할 수 없다. 중력 법칙을 폐기할 수 없는 것처럼 말이다."(Sachverständigenrat zur Begutachtung der gesamtwirtschaftlichen Entwicklung, 1999: 221) 다른 말로, 시장의 법칙들은 정확히 중력의 법칙처럼 변화시킬 수 없고 자연적이라는 것이다.

이제 맑스는 이러한 형태들의 내용을 〔부르주아 경제학처럼〕 분석할 때 "완성된 형태", 즉 화폐형태가 출발점으로 삼아진다고 밝힌다. 즉, 상품 가격의 분석은 가치크기의 규정으로 귀결되고, "상품들의 공동적인 화폐 표현"은 "상품들의 가치성격의 확정"으로 귀결된다(MEW 23: 90).

따라서 이것은 〔부르주아 경제학이 제시하는〕 경제적 분석의 역사적 전개 과정이 맑스가 제시하는 것과 같은 범주들의 순서와 현저하게 구별된다는 것을 암시한다. 〔부르주아 경제학의 경제적 분석의〕 이러한 전개는 역사적으로 화폐를 출발점으로 삼고, 상품의 근간을 이루는 규정들을 발견한다. 그러나 맑스는 상품의 가치규정들을 출발점으로 삼았고, 화폐형태를 필수적인 가치형태로 전개했다. 다음 문장이 분명히 하는 것처럼, 여기서 논증의 **방**

---

136 〔옮긴이〕 "경제 전체의 발전의 평가를 위한 전문위원회"는 5인으로 구성되는데, 이들을 언론에서 다섯 명의 현자賢者들이라고 부른다.

향에서 차이가 있을 뿐만이 아니다.

왜냐하면 "사적 노동들의 사회적 성격, 따라서 사적 노동자들의 사회적 관계들을 드러내는 대신에 사물적으로sachlich 은폐하는 것이 상품세계의 완성된 형태 ─ 화폐형태"이기 때문이다(MEW 23: 90).

"사물적으로 은폐한다"는 말은 다음을 의미한다. 즉, 사적 노동자들의 사회적 관계는 사물들의 관계들로 표현되고, 그런 한에서 사적 노동자들의 관계가 문제라는 것은 더 이상 가시적이지 않다.(따라서 은폐된다.) 자신의 서술에서 맑스는 "완성된 형태"를 출발점으로 삼는 것이 아니라 이 완성된 형태가 어느 정도로 〔상품세계의〕 결과인지를 보여 줌으로써, 그는 사물적인 은폐를 해소한다.

'맑스가 사실상 (특정한 구체노동이 추상노동의 현상형태가 된다는) 등가형태의 두 번째 특성에 연결시키고, 이 두 번째 특성을 (특정한 구체노동이 추상노동의 **일반적인** 현상형태가 된다는) 등가형태의 새로운 성격과 결합시키는' 이 문단의 나머지는 이러한 사물적인 은폐가 어떤 "정신착란Verrücktheit"으로 귀결되는지를 분명히 한다. 즉, 아마포는 결코 "추상적인 인간 노동의 일반적 육화"가 아니다. 그것은 상의, 장화 등과 정확히 같이, 특정한 구체노동의 육화이다. 단지 가치표현에서만, 더 정확히 말해 일반적 등가물로서만, 아마포는 "추상노동의 일반적 육화"로 "간주된다gelten". 따라서 한 물건이 '그것 자신이 아닌 어떤 것'으로 간주되는 것은 "정신착란적"이다.

맑스는 이제 이러한 "정신착란적 형태들"의 의미를 일반화한다.

"그와 같은 형태들이 바로 부르주아 경제학의 범주들을 형성한다. 그것들은 이러한 역사적으로 규정된 사회적 생산양식의 생산관계들, 즉 상품생산의 생산관계들에 대한 사회적으로 유효한, 따라서 객관적인objektiv 사고 형태들이다."(MEW 23: 90)

여기서 "부르주아 경제학"이라는 개념이 두 번째로 출현한다. MEW 23의 62쪽에서처럼[137] 아주 부수적으로 말한 것은 아니긴 하지만, 여기에서

『자본』의 첫머리에 대한 주해

도 더 상세한 설명은 없다.

> **보충**: 『자본』1권 2판 후기에서 맑스는 이와 관련된 설명을 제공한다. 거기에서 정치경제학에 대해 다음과 같이 말한다.
>
> "그것이〔즉 정치경제학이〕부르주아적인 한에서, 즉 자본주의적 질서를 역사적으로 일시적인 발전단계로 이해하는 대신 거꾸로 사회적 생산의 절대적이고 최종적인 모습으로 이해하는 한에서 ……"(MEW 23: 19 이하)
>
> 그것이 의식적으로 자본의 편을 들기 때문이 아니라, 자본의 역사성을 인식하지 못하기 때문에, 맑스는 "부르주아 경제학"이라고 말한다. 이 개념은 개별 경제학자들의 **의도**가 아니라 이론의 일정한 **유형**을 겨냥한다.

맑스가 여기서 부르주아 경제학의 범주들이 그런 "정신착란적 형태들"이라고 밝힘으로써, 부르주아 경제학이라는 개념은 방금 인용한 『자본』1권 2판 후기에 비해 조금 더 일반적으로 파악된다.[138] 즉, 경제학이 MEW 23의 89쪽에 있는 마지막 문단의 첫머리에서 이야기한 외관을 돌파할 수 없는 한에서, 이 경제학은 "부르주아적"이다. 노동생산물들을 상품들로 각인하는 사회적 형태들이 모든 사회적 생활의 "자연형태들"로 간주되는 외관 말이다. 따라서 **상품생산**을 최종적인 것으로 간주하는 그러한 정치경제학은 이미 부르주아적인 것으로 특징지어져 있는 것이다.

---

137 〔옮긴이〕"그러나 여기서 부르주아 경제학이 한 번도 시도하지 않는 것을 수행할, 즉 이러한 화폐형태의 발생을 입증할 필요가 있다."(MEW 23: 62)

138 〔옮긴이〕이 책에 있는 '1장. 상품, 4. 상품의 물신성과 그것의 비밀, 8) 정치경제학에서 상품과 가치, 주 32' 부분 참조.

이러한 형태들을 "사회적으로 유효한, 따라서 **객관적 사고 형태들**"로 특징지음으로써, 맑스는 이러한 외관을 돌파하는 것이 얼마나 어려운지를 암시한다. 상품생산의 사회적 형태들은 우리의 인지와 사고를 구조화한다. 인간들이 그들의 노동을 사적 노동으로 지출한다는 것, 인간들이 그들의 생산물들을 교환한다는 것, 이러한 생산물들이 사용가치만이 아니라 가치를 지닌다는 것, 이러한 가치가 화폐에서 표현된다는 것 등, 이 모든 것은 당연하게 나타나서, 사람들은 다른 어떤 것을 생각할 수 없다. 맑스가 훨씬 앞서 밝힌 것처럼, 〔부르주아 경제학에서는〕 이러한 형태들이 아니라, 이 형태들에서 표현되는 내용만 주제화된다.

형태들 자체는 사회적 효력을 지니긴 하나, 단지 상품생산에 근거하는 사회에서만 그렇다. 외관은 **모든** 사회형태들에서 유효할 어떤 것이 다뤄지는 것처럼 보인다는 데 있다.(MEW 23의 88쪽에 있는 마지막 문단의 마지막 부분 참조.[139]) 바로 이것이 **상품생산**이 생산한 외관이기 때문에, 맑스는 이제 **다른** 생산형태들에 대한 아주 짧은 고찰로 넘어간다.

6) 상품생산에 근거하지 않는 생산형태들

(MEW 23: 90, 세 번째 문단–MEW 23: 93, 첫 번째 문단)

다음에 이어지는 개요에서 사람들은 이 개요의 목적을 놓쳐 버려서는

---

139 〔옮긴이〕 "이러한 특수한 생산형태, 상품생산에 대해서만 유효한 것은, 즉 '서로 독립적인 사적 노동들의 특수하게 사회적인 성격이 인간 노동이라는 그것들의 동등성에 존재하며, 노동생산물들의 가치성격이라는 형태를 취한다는 것'은 이러한 상품생산의 관계들에 사로잡혀 있는 이들에게는 그러한 발견 이전이나 이후나 최종적인 것으로 나타난다. 공기를 그것의 요소들로 과학적으로 분해하는 것이 공기라는 형태가 물리적인 몸체 형태로 존속하는 것을 방해하지 않는 것과 마찬가지로 말이다."(MEW 23: 88)

『자본』의 첫머리에 대한 주해

안 된다. 즉, "상품세계의 신비주의Mystizismus"를 명료하게 하는 것이 문제이다. 다른 생산형태들은 상품생산에 대한 대조로서만 서술되는 것이다.

맑스는 자기 섬에 사는 로빈슨(Robinson)으로 시작한다. 로빈슨은 상이한 유용노동들을 수행하는데, 이때, "인간 노동의 상이한 방식들"이 문제이다(MEW 23: 91). 로빈슨은 그가 얼마나 많은 시간을 이런저런 활동을 위해 사용할지를 결정해야 하고, 이것은 일정한 효율을 달성하기 위해서 얼마나 많은 시간이 소비될 필요가 있는지에 의존할 것이다. 맑스는 다음과 같이 요약한다.

"'로빈슨'과 '로빈슨이 스스로 만든 부를 형성하는 물건들' 사이의 모든 관계들은 여기서 매우 단순하고 투명해서, M. 비르트 씨조차 그 관계들을 특별한 골머리를 썩이지 않고 이해할 것이다. 그럼에도 불구하고 거기에 가치에 대한 모든 본질적인 규정들이 포함되어 있다."(MEW 23: 91)

여기서 정확히 읽어야 한다. 즉, 가령 맑스가 로빈슨의 섬에 가치관계들이 존재한다고 쓰는 것이 아니다. 교환이 부재하다는 것을 고려하면, 이 말은 순 엉터리 소리일 것이다. 오히려 맑스는 "가치의 본질적 규정들"이 존재할 것이라고 쓴다. 분명히 이러한 "본질적 규정들"은 직접적으로 이전에 본문에서 열거된 사태를 의미한다. 『자본』 1권 1장 4절 "상품의 물신성과 그것의 비밀"(MEW 23: 85 이하)의 첫머리에 이야기된 가치규정의 초역사적 "내용들"이 문제인 것이다.[140] 로빈슨의 예는 이러한 내용들이 가치라는 형상Gestalt에 불가분적으로 결합되어 있다는 것을 분명히 한다. 특히, 교환하는 사람들의 앎과 의지와 상관없이 상품생산에서 "사물들의 운동"(MEW

---

140 〔옮긴이〕 이 책에 있는 '1장 상품, 4. 상품의 물신성과 그것의 비밀, 1) "노동생산물이 상품형태를 취하자마자, 노동생산물의 수수께끼 같은 성격"은 어디에서 나오는가?' 부분 및 '1장 상품, 4. 상품의 물신성과 그것의 비밀, 4) 자립화된 사회적 운동과 이 운동의 내용' 부분 참조.

23: 89)으로서 관철되는 것, 즉 개별 생산 부문들로 총노동을 비례적으로 분배하는 것이 로빈슨에게는 자신의 의식적 결정의 결과이다.[141]

　다음으로 맑스는 전면적인 인격적 종속을 통해 특징지어지는 중세의 사회적 관계들을 고찰한다. "인격적" 종속 관계들에서 종속 혹은 의무는 (가령 임금노동 관계에서처럼) 양측이 다시 해지할 수도 있는 계약에 근거해 존재하는 것이 아니다. 오히려 이러한 종속은 각 인물 자신의 신분Status에 속하고, 보통 변할 수 없다. 즉, 예속 농부는 평생 영주Leibherr에 대한 의무가 있었고, 영주도 마찬가지로 농노에게 평생 보호를 제공하고 그를 법적으로 대리해야 했다.

　중세에 이러한 인격적 종속 관계들 외에도, 우선 제한되었고 그 후에 확장된 상품생산이 존재했다. 중세 후기에 농노의 현물 공납은 점차 화폐 공납으로 바뀌었고, 이것은 예속 농부가 상품을 생산하도록 강제했다. 그러나 여기서 맑스는 이 모든 것을 도외시한다. 맑스에게는 상품생산과 대조되는 한에서만 중세가 문제인 것이다. 이 때문에, 예속 농부들이 그들 자신의 생계유지를 위해 그리고 교회와 지주를 위한 공납을 위해 쓰이는 사용가치들만을 생산했고, 어떤 상품도 생산하지 않았다는 단순화된 관념이 발생한다. 그런 한에서, 맑스는 "노동들과 생산물들이 그것들의 실재(즉 특수한 구체적 유용노동 및 특정한 생산물이라는 그것들의 감각적으로 인식될 수 있는 현물형태―하인리히)와 다른 환상적 형상(즉 추상적 인간 노동 및 가치라는 형상―하인리히)을 취할 필요가 없다"고 쓸 수 있었다(MEW 23: 91). 그런데 왜 그것들은 이러한 환상적 형상을 취할 필요가 없는가? 대답은 다음과 같다.

---

141 맑스가 본문에서 언급한 "M. 비르트 씨"(MEW 23: 91)는 독일 경제학자이자 언론인인 막스 비르트(Max Wirth, 1822 - 1900)이다. 그의 저작들은 19세기 하반기에 독일에서 꽤 알려졌다. 그러나 『자본』 1권 2판 후기에서 유추할 수 있는 것처럼(MEW 23: 19), 맑스는 자기 시대의 독일 경제학자들이 어떤 독창성을 가졌다는 것을 부정했다.

"노동의 현물형태가, 즉 상품생산의 토대에서처럼 노동의 일반성이 아니라 노동의 특수성이, 여기서 노동의 직접적으로 사회적인 형태이다."(MEW 23: 91)

상품생산에서도 노동은 항상 특수한 유용노동으로 지출되나, 〔중세의 노동과 달리〕사적 노동으로 지출된다. 이러한 사적 노동은 생산물들의 교환에서야 **사후적으로** 사회적 총노동의 구성 요소가 된다. 즉, 생산물이 교환에서 가치대상으로 승인됨으로써, 이러한 생산물을 만들어 낸 노동이 추상적 인간 노동으로 승인된다. 이미 특정한 구체적 유용노동이라는 노동의 "특수성"에서가 아니라, 추상적인 인간 노동이라는 노동의 "일반성"에서야 비로소 상품생산자들의 노동은 사회적인 것으로 된다. 〔이와 달리〕예속 농부가 자신의 생산물의 일부를 공납으로 제공하고 특정한 구체노동을 그 외의 매개 없이 부역으로 제공해야 함으로써, 그의 노동은 이미 그 노동의 특수성에서 (중세의) 사회적 총노동의 구성 요소이다. 이 때문에 맑스는 이러한 (단순화된) 중세적 관계들에 대해 다음과 같이 쓸 수 있었다.

"…… 그들의 노동들에서의 인물들의 사회적 관계들은 어떤 경우에도 그들 자신의 인격적 관계들로 나타나고, 사물들, 즉 노동생산물들의 사회적 관계들로 변장되어 있지 않다."(MEW 23: 91 이하)[142]

이러한 (단순화해 표현된) 중세적 관계들에서 "노동의 현물형태"는 동시에 (일반적인 등가물의 몸체를 생산하는 그러한 노동만 직접적으로 사회적인 형태로 존재하는, 상품들을 생산하는 그러한 노동과 달리) 노동의 "직접적으로 사회

---

142 이 문장의 앞부분에서 그 외의 설명 없이 "배역 가면들Charaktermasken"이라는 말이 최초로 이야기된다. 우리는 『자본』 1권 2장의 첫머리에서 이 개념으로 돌아올 것이다.
〔옮긴이〕이 문장을 모두 옮기면 다음과 같다. "이 때문에 사람들이 여기서 〔즉 중세에서〕 서로 마주하는 인간들이 쓴 배역 가면들을 어떻게 판단하든지, 그들의 노동들에서의 인물들의 사회적 관계들은 어떤 경우에도 그들 자신의 인격적 관계들로 나타나고, 사물들, 즉 노동생산물들의 사회적 관계들로 변장되어 있지 않다."(MEW 23: 91-92)

적인 형태"이긴 하다. 그러나 〔여기서〕 결코 **"공통적인**, 즉 직접적으로 사회화된 노동"(MEW 23: 92, 강조는 하인리히), 따라서 또한 공통적으로 지출된 노동이 문제가 아니다. 후자를 위한 예로서 맑스는 〔예속 농부와 달리〕 자신의 필요를 위해 식료품과 옷 등을 생산하는 농부 가족을 든다. 여기에서도 맑스는 대부분 존재했던 소상업을 도외시함으로써 단순화해서 표현한다. 그래서 상품생산에 대한 가급적 분명한 대립상衆이 발생한다. 〔식료품과 옷 등의〕 이러한 상이한 생산물들은 "그 자체 서로 상품들로서 마주하는 것이 아니라, 이 가족에게는 그 가족의 노동의 상이한 생산물들로서 마주한다."(MEW 23: 92) 이 상이한 노동들은 "그것들의 현물형태에서 사회적 기능들인데, 왜냐하면 이 노동들이 '그 자신의 자연발생적 분업을 가진 그러한 가족'의 기능들이기 때문이다."(MEW 23: 92)

　　마지막으로 맑스는 "공동의 생산수단들로 노동하고 그들의 수많은 개별 노동력들을 자기의식적으로selbstbewußt 하나의 사회적 노동력으로 지출하는 자유로운 인간들의 협회Verein"를 고찰한다(MEW 23: 92).[143] 이 "자유로운 인간들의 협회"는 명백히 **공산주의**사회를 의미한다.[144] 그러나 맑스는 이

---

143 〔옮긴이〕 Verein은 '연합'으로 번역되기도 하나 (내용적인 구분이 아니라) 용어적인 구분을 위해 Verein을 '협회'로, Assoziation을 '연합'으로 옮긴다. 맑스는 "각자의 자유로운 발전이 모두의 자유로운 발전을 위한 조건인 연합"(MEW 4: 482), "자유로운 '생산자들'의 연합"(MEW 18: 62)을 말하기도 했고, 1864년 설립되고 맑스 또한 참여한 노동자들의 국제단체의 명칭은 "국제노동자연합"(MEW 16: 5)이었다. 『자본』 1권의 위 구절은 맑스가 개입해 1872 - 1975년에 나온 프랑스어본에는 "une réunion d'hommes libres"(MEGA Ⅱ/7: 59)로, 엥엘스의 관여 아래 무어와 에이블링이 번역해 1887년에 나온 영어본에는 "a community of free individuals"(MEGA Ⅱ/9: 68)로 번역되어 있다.

144 맑스는 공산주의사회에 대한 상세한 구상을 전개하지 않았다. 이 구상은 대부분 자본주의적 관계들에 대한 비판과 관련해서 산재되어 있다. 사람들이 이를 토대로 해서 맑스의 공산주의관들에 대해 무엇을 말할 수 있을지에 대해서, 나는 나의 『정치경제학 비판 개론』의 마지막 장에서 그 개요를 적었다. 맑스의 상이한 암시들에 대해서 물신 절節에 중심을 두고 논의한 것으로는 이버(Iber, 2005: 74 이하) 참조.

　　　　　　　　　　　　　　　　　『자본』의 첫머리에 대한 주해

사회에 대해 더 상론하지 않는다. 그는 단지 공산주의사회와 상품생산 사이의 차이들만 쓸 뿐이다. 이 협회에는 분명히 생산수단들에 대한 사적 소유가 존재하지 않고, 또한 사적 노동이 존재하지 않는다. 개별 노동들은 오히려 처음부터 조정되어 있고, 이 때문에 그것들은 처음부터 사회적 총노동의 구성 요소를 이룬다. 따라서 이 협회의 총생산물 또한 "사회적 생산물"(MEW 23: 93)이고, 개별 노동생산물들은 우선 가치들로 승인될 필요가 없다. 이 총생산물의 일부는 생산수단으로 사용되고, 다른 부분은 협회의 구성원들에 의해 소비되는데, 이를 위해 이 구성원들에게 분배되어야 한다. 결정이 어떻게 이루어질지, 생산물의 어떤 부분이 생산수단으로 사용될지, 이렇게 해서 어떤 새로운 생산물들이 생산될지에 대해 맑스는 어떤 것도 말하지 않는다. 그러나 소비를 위한 분배와 관련해서, "단지 상품생산과의 비교를 위해서만" 맑스는 "생활수단들에 대한 각 생산자의 몫이 그의 노동시간을 통해 결정되어 있다"고 전제한다(MEW 23: 93). 맑스가 이것이 공산주의사회에서 실제로 그래야 할 것이라고 말하는 것은 아니다. 반대로, 이전 문장에서 맑스는 분배의 방식이 사회의 발전과 더불어 변할 것이라고 지적한다.[145] 여기에서 단지 공산주의사회를 상품생산과 가급적 강하게 비교하는 것이 문제일 뿐이다. 비교는 개별 노동시간들의 이중적 기능을 통해 이루어진다. 즉, 개별 노동시간들은 한편으로 상이한 생산 부문들로 비례적으로 분배되어야 한다. 다른 한편으로 그것들은 생산자들이 소비하는 생산물에 대한 개인적 몫의 척도로 쓰인다.

상품생산에서 생산 부문들로 노동들을 분배하는 것은 생산자들의 "의지, 사전 지식, 행위와 상관없이" 진행되는 과정으로서 일어난다(MEW 23:

---

145 〔옮긴이〕 "이러한 분배의 방식은 사회적 생산 유기체 자체의 특수한 방식과 더불어, 그리고 이에 조응하는 생산자들의 역사적 발전 수준과 더불어 변할 것이다. 단지 상품생산과의 비교를 위해서만 ……"(MEW 23: 93)

89). 생산 부문들로 노동들을 비례적으로 분배하지 않는 것은 해당 생산자들에게는, 그들의 생산물들이 교환에서 가치들로 승인되지 않았다는 것, 혹은 단지 적은 양으로만 승인되었다는 것으로 나타난다. 이것은 총생산물에 대한 그들의 몫에 영향을 미친다. 즉, 그들은 그들이 필요한 것보다 더 적은 생산수단과 생활수단을 구매할 가능성이 있다.

이와 달리, "자유로운 인간들의 협회"에서 상이한 생산 부문들로 개별 노동들을 분배하는 것은 "사회적으로 계획에 따라" 일어나고, 먹고 마시기 위해서 규정된 생산물의 몫을 분배하는 것은 일정한 사회적 규칙에 따라서 일어난다. 예를 들어, 수행된 노동시간에 비례해서 일어난다. 상품생산에서 이 두 과정은 가치를 통해 매개되어 있다. 이 때문에 사적 노동들의 사회적 관계들은 사물들의 사회적 관계들로 표현된다. 반면 자유로운 인간들의 협회에서 "인간들이 그들의 노동들과 노동생산물들에 대해 맺는 사회적 관계들은 …… 투명하게" 유지된다(MEW 23: 93).

요약해서, 우리는 고찰된 모든 생산형태들에서 다양한 노동 종류들이 지출되며 이것들이 사회적 분업을 통해 조건 지어진 양적 비율로 존재하지 않을 수 없다는 것을 확인할 수 있다. 노동시간은 어디에서나 본질적인 역할을 한다. 그러나 이러한 생산형태들 중 어떤 것에서도 **상이한** 노동 종류들은 **동등한** 인간 노동으로 환원될 필요가 없다. 이러한 일은 상품생산에서만 일어난다. 상품생산에서만 개별 노동들이 MEW 23의 87쪽에서 언급한 (사적 노동이 사회적 욕구를 충족하**고** 다른 노동들에게 동등한 것으로 간주되는) **이중적인** 사회적 성격을 지니지 않을 수 없다.[146] 즉, 다른 모든 생산형

---

146 〔옮긴이〕 "이 순간부터 생산자들의 사적 노동들은 실제로 이중적인 사회적 성격을 지닌다. 한편으로 특정한 유용한 노동들로서 사적 노동들은 특정한 사회적 욕구를 충족해야 하고, 그래서 총노동의 구성 요소, 즉 사회적 분업의 자연발생적 체계의 구성 요소로서 입증되어야 한다. 다른 한편으로 특수한 유용한 사적 노동 각각이 다른 유용한 종류의 사적 노동 각각과 교환될 수 있는 한에서만, 따라서 다른 유용한 종류의 사적 노동 각각에 동등한 것으

　　　　　『자본』의 첫머리에 대한 주해

태들에서는, 개별적으로 지출된 노동이 이미 그것의 **특수성**에서 사회적 총노동의 부분이다.(이 노동은 단지 사회적 욕구를 충족해야만 할 뿐이다.) 그러나 상품생산에서는, 개별 노동은 **사적 노동**으로 지출된다. 이 노동이 교환에서 동등한 인간 노동으로 환원되는 한에서야, 따라서 이 노동의 **일반성**에서야 비로소 **사후적으로** 그 노동은 사회적 총노동의 구성 요소가 된다.(이 책에 있는 부록 2 참조.)

7) 종교와 생산양식 (MEW 23: 93, 두 번째 문단-MEW 23: 94, 첫 번째 문단)

상품생산에 근거하지 않는 생산형태들에 대한 이러한 서술 후에, 맑스는 생산관계들과 종교 사이의 관계에 관심을 기울인다. 맑스에 의하면, 그들의 사적 노동들을 "동등한 인간 노동"으로 서로 관련시키는 "상품생산자들의 사회"에게는, "추상적 인간을 숭배하는 기독교"가 "가장 조응하는 종교 형태"이다(MEW 23: 93).

맑스는 상품생산이 기독교를 만들어 냈다고 말하지 않는다. 그는 단지 **조응**Entsprechung을 밝힐 뿐이다. 상품교환에서 상이한 종류의 노동들이 서로 동일시된다. 그러나 이 노동들은 그것들의 상이함을 추상할 때만 추상적 인간 노동으로 동일한 것이다. 같은 것이 상품 소유자들에게 해당된다. 즉, 우리가 인간들을 상품 소유자들로 보면, 그래서 모든 구체적 규정이 추상되면, 그들의 상이함은 단순한 우연한 일이 된다. 기독교는 비슷한 상황을 보여 준다. 즉, 인간들의 차이들은 단순히 우연적이고, 신 앞에서 그들은 신의 피조물들로서 동일하다. 그런 한에서 맑스는 그 조응을 보는 것이다.

로 간주되는 한에서만, 사적 노동들은 그것들 자신의 생산자들의 다양한 욕구들을 충족한다."(MEW 23: 87)

이 견지에서 종교적 기본 착상들은 사회적 기본 구조들에 상응한다. 개신교와 이신론理神論에게서(이신론에서는 창조자이나 세계에 직접적인 영향을 미치지 않는, 그러한 신만을 믿는다) 맑스는 〔상품생산자들의 사회와의〕 가장 큰 조응을 본다. 왜냐하면 거기에서 기독교의 신은 중세의 형상화Bilderwelt의 옷을 벗고 거의 완전히 추상적인 원리로 되었기 때문이다.

"고대의 사회적인 생산 유기체들"은 (따라서 상품생산에 근거하지 않는 그런 것들은) "부르주아적" 생산 유기체보다 (상품생산에 근거하는 그런 것보다) "더 단순하고 더 투명"하다. 그래서 맑스는 다음과 같이 계속한다.

"그것들은 노동 생산력들의 낮은 발전단계를 통해서 조건 지어져 있고, 이에 조응해서 인간들의 물질적 생활의 생산과정 내부에 있는, 따라서 인간들 서로의 편협한 관계들과 자연에 대한 인간들의 편협한 관계들을 통해서 조건 지어져 있다. 이러한 실제적 편협함은 고대의 원시종교들과 민족종교들에 관념적으로 반영된다."(MEW 23: 93 이하)

보충: 이 문단에서 맑스는 생산력들의 상태, 생산에서의 인간들의 관계들, 그들의 표상 세계들 사이의 관계에 대해 더 상론하지 않는다. 이것을 그는 그가 자신의 연구들의 "일반적인 결과"로 밝힌 『정치경제학 비판을 위하여』의 서문에 있는 다음과 같은 정식화들에 연계시키고 있다.

"그들의 생활의 사회적 생산에서, 인간들은 그들의 의지와 독립적인 특정한 필수적인 관계들에 들어간다. 즉, 그것의 물질적 생산력들의 일정한 발전단계에 조응하는 그러한 생산관계들에 들어간다. 이러한 생산관계들의 전체가 사회의 경제적 구조를 형성한다. 즉, 법적이고 정치적인 상부구조가 그 위에 서 있고 특정한 사회적 의식 형태들이 조응하는 그러한 실재적 토대를 형성한다. 물질적 생활의 생산양식은 사회적, 정치적, 정신적 생활 과정 일반을 조건 짓는다. 인간들의 존재를 결정하는 것이 인간들의 의식이 아니라, 거꾸로 인간들의 의식을 결정하는 것이 인간들의 사회적 존재이다.”(MEW 13: 8 이하)

전통적 맑스주의는 이 서문 및 몇 가지 다른 글들에 있는 짧은 개요로부터 (맑스가 그 명칭을 쓰지 않은) “역사적 유물론”을 그럴듯하게 만들어 냈다. 역사적 유물론은 자주 역사에 대한 포괄적 설명으로 이해되었다. “토대”를 통해 “상부구조”가 “조건 지어”졌다는 것은 자주 결정된다는 것Determinierung으로 이해되었다. 그러나 맑스는 무엇보다 “조응”을 강조한다. 즉, 모든 “상부구조”가 특정한 “토대”와 조화되는 것이 아니다. 상부구조는 일정한 관계에서 토대에 **조응**하지 않을 수 없으나, 토대에 의해 완전히 **규정되어**bestimmt 있는 것은 아니다. 그런데 맑스는 오히려 “토대”와 “상부구조”라는 개념을 거의 사용하지 않았다. 전통적 맑스주의의 대변자들이 주장하는 것과 완전히 반대로 말이다.

『자본』에 있는 방금 논의한 곳에서도 맑스는 정확히 “조응”이라는 이러한 생각을 분명히 하려고 한다. 즉, 경제적 관계들과 물질적 생활 조건들에 따라, 완전히 자명한 것으로 수용되는 **표상들(그럴듯함들**Plausibilitäten)이 초래된다. 그래서 그 경우 특정한 종교적 (그러나 또한 법적, 윤리적, 정치적) 견해들이 인간들에게 아주 명백한 것으로 나타난다erscheinen. 따라서 ‘그러한 견해들의 **발생** 혹은 심지어 의식적 개념화’가 아니라, 그러한 견해들의 **관철**의 사회적 조건들이 문제인 것이다.[147]

이 문단의 마지막 부분에서 맑스는 인간들 서로의 관계들과 자연에 대한 인간들의 관계들이 투명하고 합리적으로vernünftig 되어 있을 때만 “실제 세계의 종교적 반영”(MEW 23: 94)이 사라질 수 있을 것이라고 밝힌다. 여

---

147 〔옮긴이〕 이 문단의 일부 표현은 하인리히의 동의를 얻어 한국어판에서 수정되었다.

기서 맑스는 종교가 공산주의사회에서 자동적으로 사라질 것이라고 쓰지 않는다. 그는 단지 종교의 그럴듯함에 대한 **사회적** 동인이 더 이상 존재하지 않는다고 밝힐 뿐이다. 종교가 실제로 사라지는지 하는 문제는 해결되지 않는다. 왜냐하면 어떤 사회형태도 제거할 수 없는 개인적인 고뇌의 극복을 위해서도, 인간들이 종교를 이용할 수 있기 때문이다.

이 문단의 말미에, 맑스는 이러한 투명하고 합리적인 관계들이, 생산과정이 "자유롭게 사회화된 인간들의 산물로서, 그들의 의식적이고 계획적인 통제 아래 존재"(MEW 23: 94)할 때야 비로소, 따라서 이미 위에서 언급한 "자유로운 인간들의 협회"(MEW 23: 92), 즉 공산주의사회에서야 비로소 존재한다고 강조한다. 그러나 그러한 사회 상태를 위해서, "그 자체 다시 장구하고 고통에 찬 발전사의 자연발생적 산물인 일련의 물질적 생존조건들"이 필요하다(MEW 23: 94).

> **보충**: 이로써 맑스는 다시 『정치경제학 비판을 위하여』 서문에 있는 생각을 받아들여 다시 다룬다.
>
> "사회의 물질적 생산력들은 그것의 발전의 일정한 단계에서, 그것이 지금까지 그 안에서 움직였던 기존의 생산관계들과 모순에 빠지거나, 생산관계들에 대한 법적인 표현일 뿐인 소유관계들과 모순에 빠진다. …… 사회구성체는 이 사회구성체가 그것에 적합한 그러한 모든 생산력들이 발전하기 전에는 결코 몰락하지 않고, 새로운 더 높은 생산관계들은 이 생산관계들의 물질적 생존조건들이 낡은 사회 자체의 품에서 부화되기 전에는 결코 대신 등장하지 않는다."(MEW 13: 9)

두 번째 문장의 전반부는 문제가 있다. 왜냐하면 사람들이 한 사회가 그것에 "적합한" 그러한 생산력들의 크기를 어떻게 결정할 것인지가 분명하지 않기 때문이다. 특히 자본주의는 여기서 (즉 생산력 발전에서) 극도로 유연한 것으로 드러난다. 다른 한편 자본주의가 자신의 생산력

『자본』의 첫머리에 대한 주해

의 발전 가능성들을 결코 끝내지 않았음에도 불구하고, 인간들은 또한 이미 종종 자본주의의 무리한 요구들에 대해 저항했었다.

그러나 새로운 생산양식의 (MEW 23의 94쪽에서 주해한 곳에서도 이야기되는) "물질적 생존조건들"이 이미 "낡은 사회 자체의 품에서" 발생해 있어야 한다는 두 번째 문장의 후반부는 결정적이다. 즉, 새로운 생산양식은 간단히 고안해서 그 후에 도입할 수 있는 것이 아니다. 그것은 오히려 이미 존재하는 어떤 것에 의지할 수 있어야 한다. 그러나 도대체 무엇이 이러한 어떤 것을 이루는가는 항상 다시 새롭게 논의되어야 하는 질문이다.

8) 정치경제학에서 상품과 가치—정치경제학 비판의 전제인 물신주의 분석
(MEW 23: 94, 두 번째 문단–MEW 23: 98)

이 부분의 첫 번째 문단은 맑스가 『자본』의 부제인 "정치경제학 비판"으로 무엇을 말하는지를 이해하기 위해 중요한 의미를 가지고 있다. 지금까지처럼 개별 저자들이 비판될 뿐만 아니라 여기서 최초로 정치경제학이 전체로서 비판된다. 이 문단은 MEW 23의 94쪽 아랫부분부터 96쪽 윗부분까지 이른다. 이 문단은 개별 내용들에 대한 중요한 설명이 있는 세 개의 긴 주석(31-33번)을 포함한다. 이해하기 쉽게 하기 위해서, 우선 이 문단에 주해를 달고, 그리고 나서야 세 개의 주석을 해설할 것이다.

이 문단의 첫 번째 문장에서 맑스는 "가치와 가치크기를 분석하고 이 형태들에 숨겨진 내용을 발견"한 정치경제학의 성과를 인정한다(MEW 23: 94-95). 다음 문장이 분명히 하는 것처럼, 이 내용은 명백히 "노동"을 의미한다. 그러나 이러한 분석은 "불완전"하다. 주 31에서 맑스는 그가 어디에서 그 불완전성을 보는지를 명백히 한다.

다음 문장에서 맑스는 정치경제학에 대한 근본적 비판을 다음과 같이 정식화한다.

"그것은〔즉 정치경제학은〕왜 이 내용이 저 형태를 취하는가라는 질문을, 따라서 왜 노동이 가치에서 표현되고, 그 지속 시간을 통한 노동의 측정이 노동생산물의 가치크기에서 표현되는가라는 질문을 한 번도 제기조차 하지 않았다."(MEW 23: 95)

맑스는 가령 분석의 **잘못된 결과** 때문이 아니라—반대로 그는 정치경제학이 대체적으로 옳은 결과를 제시했다고 인정한다—**질문의 결핍** 때문에 정치경제학을 비판한다. 이것은 현저하게 더 깊게 들어가는 비판이다. 후에 과학적 논쟁의 과정에서 수정될 잘못된 결과들이 생산되는 것은 과학의 정상적 진행이다. 그러나 문제 제기의 결핍이 확인되면, 더 정확히 말하면, 이것이 개별 과학자의 개인적인 문제일 뿐만 아니라 전체 과학 내부의 체계적인 문제로서 확인되면, 이 과학의 토대들이, 지금까지 문제 제기되지 않았던 이 과학의 개념적 좌표계座標系가 시험대에 오른다. 맑스 스스로는 "왜"에 관한 이러한 질문에 대해 MEW 23의 87쪽에서 요약해서 답했다. 즉, 독립적인 사적 노동들의 생산물들만이 상품들로 되고, 생산자들이 교환에서야 서로 접촉하기 때문에, 또한 거기에서야 그들의 노동들의 특수하게 사회적인 성격들이—더 정확히 말하면, 그들의 노동생산물들의 **대상적** 속성들로—나타나는 것이다.(이에 대해 '2) "상품들을 생산하는 노동의 고유한 사회적 성격"—사후적인 사회화'에 있는 주해 참조.) 따라서 노동이 가치에서 표현되는 것을 초래하는 것, 이 내용이 저 형태를 취하는 것을 초래하는 것은 특수한 사회적 관계이다. 주 32에서 맑스는 또한 정치경제학이 "왜"에 대한 이러한 질문을 제기할 수 없었는지, 그 이유를 댄다.

정치경제학이 이러한 질문을 제기하지 못한 **것**은 정치경제학에게 이러한 형태들이 완전히 자명한 어떤 것으로 나타났다는 것을 의미한다.

"인간이 생산과정을 아직 지배하지 못하고 생산과정이 인간들을 지배하

『자본』의 첫머리에 대한 주해

는 사회구성체에 자신이 속한다는 것이 자신의 이마에 쓰여 있는 그러한 정식들Formeln은 그것〔정치경제학〕의 부르주아적 의식에게는 생산적 노동 자체와 마찬가지로 자명한 자연필연성들로 간주된다."(MEW 23: 95 이하)

> **보충**: "정식들Formeln"은 십중팔구 오자誤字이다. 이전 문장에서 언제나 "형태들Formen"만 이야기 되었고, 『자본』1권 1판에서도 이곳에서 "정식들"이 아니라 "형태들"이라고 쓰여 있다(MEGA Ⅱ/5: 49 참조).148

이러한 형태들을 특징짓기 위해서 사용된 표현Formulierung, 즉 "인간이 생산과정을 아직 지배하지 못하고 생산과정이 인간들을 지배"한다는 것은 MEW 23의 89쪽에서 서술한 사태를 넌지시 암시한다. 즉, 상품생산의 조건들 하에서 "자신의 사회적 운동"이, 인간들이 통제하는 대신에 인간들을 통제하는 "사물들의 운동이라는 형태"를 취하는 사태 말이다.('4) 자립화된 사회적 운동과 이 운동의 내용'에 있는 주해 참조.) "부르주아적 의식"에게는 "자명한 자연필연성"으로 간주되는, 역사적으로 규정된 (따라서 변할 수 있는) 이러한 형태들은 상품세계의 물신주의적인 형태들이다. 다른 말로, 맑스는 정치경제학이 상품세계의 물신주의에 구속되어 머물러 있기 때문에, 정치경제학이 이러한 물신주의를 꿰뚫지 못하기 때문에 정치경제학을 비판한다. 이로써 또한 『자본』의 제목에 대해 주해할 때 인용한 편지에서 맑스가 "서술을 통한" 비판을 수행한다고 언급한 것이 설명된다(MEW 29: 550).149 즉, 상품물신의 서술은 동시에 부르주아 경제학의 "가치" 범주에

---

148 〔옮긴이〕1872-1975년 프랑스어본에는 "형태들formes"(MEGA Ⅱ/7: 61)로, 1887년 영어본에는 "정식들formules"(MEGA Ⅱ/9: 70-71)로 번역되어 있다.

149 〔옮긴이〕"우선 문제인 일은 경제적 범주들의 비판입니다. 혹은 괜찮다면, 부르주아 경제의 체계를 비판적으로 서술하는 것입니다. 그것은 체계의 서술이며, 동시에 이 서술을 통한 체

대한 비판을 제시한다.

이곳에서 부르주아 경제학이 정말로 부르주아적 형태들의 "자명한 자연필연성"에 문제를 제기할 "전(前) 부르주아적" (즉 상품생산에 근거하지 않는) 생산형태들을 알지 못했는지 하는 질문이 불가피하게 떠오른다. 정치경제학은 그런 형태들을 알았으나—맑스에 의하면—이 형태들은 "가령 기독교 이전의 종교들이 교부(敎父)들에 의해 다뤄진 것처럼 정치경제학에 의해 다뤄"진다(MEW 23: 96). 현실적인 경쟁자들인 기독교 이전의 종교들과 대결해야만 했던 교부들(그리스도 사후 1세기의 교부들)은 그런 종교들을 불합리들의 모음으로 다루었다. 그들은 유일하게 진정한—기독교적인—종교를 이 종교들에게 대립시켰다. 이것은 주 33에서 좀 더 정확하게 표현된다.

주 31

이미 언급한, 가치에 대한 정치경제학의 "불충분한" 분석이 주 31에서 문제이다. 맑스는 "고전 정치경제학"이(주 32는 이 명칭에 대해 정보를 제공한다) 상품들을 생산하는 노동의 이중성을 인식하지 못했다고 밝힌다. 즉, 고전 정치경제학은 어디에서도 사용가치들을 만들어 내는 구체적인 유용노동과 가치의 실체인 추상적 인간 노동을 "명확히" 구별하지 못한다는 것이다. 『자본』 1권 1장 2절에서 맑스는 이러한 구별을 "정치경제학의 이해가 맴도는 …… 도약점"이라고 불렀다(MEW 23: 56). 그러나 맑스는 고전 정치경제학이 한 번은 (상이한 노동 종류들의) 질적인 의미에서 노동에 대해 말하고 한 번은 순수하게 양적인 의미에서 노동에 대해 말하는 한에서, "사실

계의 비판입니다."(MEW 29: 550)

『자본』의 첫머리에 대한 주해

상" 그러한 구별을 한다고 인정한다. 왜냐하면 오로지 양적인 차이는 질적인 동등성을 전제하기 때문이다.

상품들을 생산하는 노동의 두 가지 성격들 사이의 구별이 명확하게 되지 않는다는 것은 일련의 오해들과 문제들로 귀결된다. 맑스는 주 31의 나머지에서 이에 대한 예를 제공한다. 즉, 프랑스 경제학자인 데스뛰트 드 트라씨(Destutt de Tracy, 1754–1836)와의 리카도의 대결 말이다. 그러나 실제로는 맑스가 언급한 예에서 다른 오해가 문제이다. 즉, 트라씨는 상품들을 창조한 "노동의 가치"가 상품들의 가치에 대해 책임이 있다고 보았다. 그러나 맑스에 의하면, 리카도는 '트라씨가 가치에서 ("노동의 가치"가 아니라) **노동**이 표현된다고 본 것'으로 이해한다. 맑스는 트라씨의 원래의 이해를 "나중에 다른 상품들의 가치를 결정하기 위해서 한 상품(여기에서는 노동)의 가치를 전제하는 속류 경제학의 천박함"이라고 부른다. 이미 훨씬 위에서 "노동의 가치"가 이야기 되었다.(MEW 23의 61쪽 주 16에 대한 주해에 있는 설명 참조.[150]) 즉, 스미스는 때때로 노동을 통한 가치의 결정과 "노동의 가치"를 혼동한다. 트라씨에게 동일한 혼동이 문제인 것이다.

주32

여기서 "왜 이 내용이 저 형태를 취하는가"라는 질문이 부재한 것에 대한 설명이 문제다. 맑스는 "고전 정치경제학"의 "근본적 결함"을 다음에서 본다.

"그것은 〔즉 고전 정치경제학은〕 상품, 그리고 더 특수하게 상품가치에 대

---

150 〔옮긴이〕 이 책에 있는 '1장 상품, 2. 상품들에서 표현된 노동의 이중성, 4) 결어' 부분 참조.

한 분석으로부터, 가치를 바로 교환가치로 만드는 가치형태Form des Wertes[151]를 찾아내는 데 성공하지 못했다."(MEW 23: 95, 주 32)

따라서 근본적 결함은 맑스가 가치형태Wertform에 대한 자신의 분석으로 요구한 것, 즉 가치가 자립적인 가치형태를 필요로 한다는 것을 보여 주는 것에 고전 정치경제학이 성공하지 못했다는 것에 있다. 그런데 여기서 **왜** 이것에 고전 정치경제학이 성공하지 못했는지 하는 질문이 다시 한 번 제기된다. 또는 우리가 이 책에 있는 '3. 가치형태 혹은 교환가치, 서론'을 고려한다면(MEW 23: 62), 왜 고전 정치경제학이 그것을 한 번도 시도하지 않았는지 하는 질문이 제기된다. 이것은 가치**크기**에 대한 고전 정치경제학의 관심 때문일 뿐만 아니라(맑스는 이러한 이유를 이미 전에 언급했다. MEW 23의 64쪽에 있는 베일리에 대한 주 17 참조[152]), 특히 다음과 같은 이유 때문이다.

"노동생산물의 가치형태Wertform는 또한 부르주아적 생산양식의 가장 추상적이고, 그러나 또한 가장 일반적인 형태이다. 이 때문에 부르주아적 생산양식은 특수한 종류의 사회적 생산으로, 따라서 동시에 역사적으로 특징지어진다. 그러므로 사람들이 그것을 (즉 부르주아적 생산양식을—하인리히) 사회적 생산의 영원한 자연형태로 오인하면, 그들은 또한 가치형태, 따라서 상품형태, 더 발전해서 화폐형태, 자본형태 등의 특수성을 필연적으로 간과하게 된다."(MEW 23: 95)

여기서 맑스는 "노동생산물의 가치형태"를(이것은 더 정확히 "상품의 가치형태"로 말했어야 하는데, 왜냐하면 노동생산물이 상품으로 존재할 때야 비로소, 가

---

151 〔옮긴이〕맑스는 "Form des Wertes"라고 썼지만, 이것은 글의 맥락상 Wertform을 의미하며, 따라서 "가치형태"로 옮겼다. 이에 대해서 하인리히도 동의했다. '1장 상품, 3. 가치형태 혹은 교환가치'에 있는 첫 번째 옮긴이 주 참조.

152 〔옮긴이〕이 책에 있는 '1장 상품, 3. 가치형태 혹은 교환가치, A) 단순한, 개별적인 혹은 우연한 가치형태, 2. 상대적 가치형태, a) 상대적 가치형태의 내용' 부분 참조.

치형태, 즉 상품의 가치의 표현을 말하는 것이 의미가 있기 때문이다) 부르주아적 생산양식의 "가장 추상적"이고 "가장 일반적인" 형태로 말한다. 이 가치형태는 가장 추상적인 형태이다. 왜냐하면 가치형태는 (가령 자본과 같은) 그 이상의 관계들을 전제하지 않기 때문이다. 그리고 이 가치형태는 부르주아적 생산양식의 가장 일반적인 형태이다. 왜냐하면 "교환을 위한 생산"은 (이것은 노동생산물이 상품이 되고 상품가치가 자립적인 형태를 지닌다는 것을 의미한다) 이러한 생산양식을 가장 일반적으로 특징짓는 것이기 때문이다. 그런데 교환을 위한 생산이 특수한 생산양식이 아니라 "사회적 생산의 영원한 자연형태"로 보이면, 가치형태, 그리고 가치형태를 기초로 하는 모든 형태규정들이 또한 간과된다.

MEW 23의 90쪽에서 사용한 "부르주아 경제학"이라는 표현에 대한 주해에서,[153] 맑스는 노동생산물들을 상품들로 만드는 특수한 사회적 형태들을 "사회적 생활의 자연형태들"로 이해하는 데서 정치경제학의 "부르주아적" 성격을 확인한다고 지시했다. 맑스가 주 32에서 거론하는 것이 바로 경제학의 이러한 "부르주아적" 성격이다. 이 성격이 경제학이 가치형태를 적절하게 이해하는 것을 불가능하게 하는 것이다.

보충: 이미 1840년대에 맑스는 정치경제학이 자본주의를 역사적으로 일시적인 생산양식으로 이해하는 대신에 영원히 타당한 생산양식으로 이해한다고 비판했다. 그러나 그때 그는 부르주아 경제학자들이 어떻게 이러한 비역사적 이해에 이르게 되는지를 아직 설명할 수 없었다. 이 시기에 또한 그는 특히 리카도가 자본주의적 생산양식의 기능방식을 기본적으로 옳게 설명했다고 확신했다. 이 때문에 맑스는 1840

---

153 〔옮긴이〕 이 책에 있는 '1장 상품, 4. 상품의 물신성과 그것의 비밀, 5) 객관적 사고 형태' 부분 참조.

년대 후반 (예를 들어 일련의 강연인 『임금노동과 자본』에 있는) 그의 자본주의 비판에서뿐 아니라 『철학의 빈곤』에 있는 프루동과의 대결에서도 리카도의 이론에 의지했다. 이 시기에 맑스는 부르주아 경제학을 비판적으로 **사용**하긴 했으나, 아직 **부르주아 경제학의 범주들에 대한 비판**을 수행하지 않았다. 범주들에 대한 이러한 비판은 1850년대 초부터서야 시작된다. 그래서 맑스는 1851년 처음으로 리카도의 화폐론에 대한 비판을 표명했다.(1851년 2월 3일 엥엘스에게 보내는 편지 참조.[154]) 맑스는 범주들에 대한 이러한 비판을 그 후 여러 해에 걸쳐 계속해서 포괄적으로 발전시켰다. 그러나 그는 1850년대 후반 이후에서야 비로소 물신주의의 위상을 인식했다.

물신주의에 대한 통찰과 더불어 맑스는 이제 정치경제학이 어떻게 그렇게 계속해서 비역사적인 이해에 이르게 되었는지 설명할 수 있게 된다. 즉, 부르주아적 생산양식 자체가 사회적 관계들을 물건들의 대상적 속성들로 만들고, 물건들의 대상적 속성들에 근거해서 '이 생산양식에 대해서만 타당성을 지니는 것이 모든 사회적 생산에 적용된다'는 외관이 발생하는 것이다. 그러나 부르주아적 생산양식에 대한 비역사적 이해는 경제적 관계들에 대한 분석에 대해서도 결과를 가진다. 즉, 부르주아적 생산양식이 "사회적 생산의 영원한 자연형태"로 이해되면, 부르주아적 생산양식의 "내용"이 (가령 노동을 통한 가치의 규정이) 연구되긴 하나, 부르주아적 생산양식의 형태규정들의 역사적 특수성은 (왜 노동이 가치로 표현되는지, 왜 상품의 가치가 가치형태에서 자립적인 형상을 필요로 하는지 등은) 더 이상 시야에 들어올 수 없는 것이다. 따라서 가치형태, 그리고 가치형태를 기초로 하는 범주들(화

---

154 〔옮긴이〕MEW 27: 173 참조.

『자본』의 첫머리에 대한 주해

폐형태, 자본형태)의 특수성을 놓치게 된다.

보충: 오랫동안 가치형태는 맑스주의적 논쟁들에서도 역할을 하지 못했다. 자본주의적 생산양식의 역사적 성격이 강조되긴 했으나, 정확히 맑스가 부르주아 경제학을 비판했던 것처럼, 사람들은 내용에 집중했고, 형태규정들에 대한 연구를 무시했다. 맑스의 분석에 대한 맑스주의자들의 이러한 제한된 이해는 특히 부르주아 경제학에서의 "패러다임 전환"(즉 근본적인 이해의 전환)을 통해 비호되었다. 즉, 19세기의 마지막 1/3세기에 아직 노동을 통한 가치규정을 근거로 삼았던 고전 정치경제학은 가치의 근거를 결국 "한계효용"에 두었던 "한계주의"를 통해 교체되었다.(『자본』의 제목에 대한 주해 참조.) 맑스가 고전파가 가치규정들의 "내용"을 다소 옳게 포착했다고 아직 인정할 수 있었던 것은 이제 더 이상 들어맞지 않게 되었다. 이 때문에 한계주의와의 대결에서 이러한 내용이 주장되었고, 맑스주의자들과 부르주아 경제학자들 사이의 논쟁은 그 근본적인 부분에서 특히 '가치가 그럼 노동을 통해서 규정되어 있는지, 아니면 (한계)효용을 통해서 규정되어 있는지 하는 질문'을 맴돌았다.

이미 앞선 주 31에서 맑스는 "속류 경제학"과 "고전 정치경제학"이란 표현을 이용했다. 주 32의 말미에서 맑스는 어떤 의미에서 그가 이러한 표현을 사용했는지 해명한다. 즉, 고전 정치경제학은 "부르주아적 생산관계들의 내적 연관"을 연구한다. 반면 속류 경제학은 "외관상의 연관 안에서만 배회하고, 말하자면 가장 조잡한 현상들을 그럴듯하게 설명하기 위해 그리고 부르주아의 자가 수요를 위해 과학적 경제학이 오래 전에 제공했던 재료를 항상 다시 반추한다."(MEW 23: 95)

여기서 두 가지 점에 주의해야 한다. **첫째**, 맑스는 (속류 경제학과 달리) 고전파가 과학성을 가졌다는 것을 결코 부인하지 않는다. **둘째**, 맑스는 여기서 자본주의적 현실에 존재하는 "내적 연관"과 단지 "외관상의 연관"을 구별한다. 그는 고전파와 속류 경제학 사이의 차이를 그것의 각각의 대변자들의 **의도**에서 찾는 것이 아니라, 그 대변자들이 각각 이 두 영역〔즉 내적 연관과 외관상의 연관〕중에서 어떤 영역에 관련되는지에서, 따라서 경제학적 **대상**의 종류에서 찾는다.

보충: 이 두 가지 점과 더불어 『자본』 1권 2판 후기에서와는 다른 강조가 나타난다. 2판 후기에서 맑스는 정치경제학의 발전을 계급 대결의 상태와 관련시키고, 정치경제학이 "계급투쟁이 잠재적으로 머무르는 한에서만 과학으로 남을" 수 있다고 주장한다(MEW 23: 20). 영국 및 프랑스와 관련해서 1830년 이후의 시기에 대해 맑스는 계급투쟁이 "위협적인 형태들"을 취했고 다음과 같은 결과를 초래했다고 말한다. "그것은〔즉 계급투쟁은〕과학적 부르주아 경제학의 조종을 울렸다. 이제 더 이상 이 정리定理가 참인지 혹은 저 정리가 참인지가 아니라, 그 정리가 자본에게 유용한지 혹은 해로운지, 편한지 혹은 불편한지, 경찰의 지시에 위배된 것인지 혹은 그렇지 않은지가 문제이다. 사심 없는 연구의 자리에 매수된 싸움질이 들어섰다. 공평무사한 과학적 연구의 자리에 변호론의 비양심과 악한 의도가 들어섰다."(MEW 23: 21) 이 관점은 굉장히 단순화된 것이다. 왜냐하면 『잉여가치에 대한 이론들』에서 맑스는 또한 이미 1830년 이전의 시기에 대해서 속류 경제학의 형태들이 존재한다고 밝혔고, 1830년 이후의 시기에 대해서 과학적 접근들이 존재한다고 밝혔기 때문이다. 무엇보다 맑스는 2판 후기에서 과학과 (기존의 관계들을 정당화하는) 변호론 사이의 차이를 개별 저자들의 **의도**로 환원했다. 즉, 맑스는 한쪽에서의 "사심이 없는" 연구와 다른 한쪽에서의 "매수된 싸움질"의 차이를 말한다.(사람들은 매수된

『자본』의 첫머리에 대한 주해

시범 경기자를 청부 싸움꾼으로 부른다.[155] 2판 후기는 정치경제학 비판을 과학적 정치경제학의 유일하게 정당한 후계자로 제시할 만큼 극단적으로 정식화되어 있다(MEW 23: 22). 그러나 이때, '부르주아 경제학이 그것의 대표자들의 **의도들**에서가 아니라 그것의 **대상**에서 가지는 차이들'을 찾아내는 물신 절의 고찰은 극도로 단순화된다. 이렇게 단순화된 관점은 맑스 이후의 모든 부르주아 경제학을 빈번히 "매수된" 청부 싸움꾼으로 간주한 많은 맑스주의자들에게서도 수용되었다. 현재 토크쇼와 신문의 경제면이 그런 종류의 모습으로 가득 차 있을지라도, 부르주아 경제학 전체가 그러한 모습으로〔즉 매수된 청부 싸움꾼으로, 그러한 의도의 문제로〕환원될 수는 없다.

주 33

주 33이 들어 있는 MEW 23의 94-96쪽에 있는 문단에서 마지막으로 부르주아 경제학이 전 부르주아적 생산양식들을 다루는 것이 문제이다.(이 질문은 맑스가 부르주아 경제학이 자본주의적 생산양식을 영원히 타당한 것으로 이해한다고 강조하기 때문에 불가피하게 떠오른다.) 맑스는 그의 이전 저작인 『철학의 빈곤』(1847)에서 가져온 인용문을 통해〔부르주아 경제학이〕전 부르주아적 생산양식들을 다루는 방식을 특징짓는다. 즉, 부르주아 경제학에게 전 부르주아적 제도들은 (인간들에게 적절하지 않다는 의미에서) "인위적"이며, 이와 달리 부르주아적 제도들은 "자연적"이며, 그것들은 인간의 "자연

---

155 〔옮긴이〕"매수된 싸움질"은 bezahlte Klopffechterei를 옮긴 것이고, "청부 싸움꾼"은 Klopffechter를 옮긴 것이다. 여기서 하인리히는 Klopffechterei를 더 자세히 설명하고 있는 것이다.

(본성)"에 조응한다는 것이다. 오늘날에도 완전히 유사한 방식으로 시장경제가 정당화된다. 그리고 맑스가 언급한 인용문에서 ("따라서 하나의 역사가 존재했지만 더 이상 역사는 존재하지 않는다"라고) 비판적으로 극단화하면서 의미한 것은 (자본주의가 최종적으로 그리고 세계적으로 관철된 것처럼 보였던) 1990년대 초 프랜시스 후쿠야마(Francis Fukuyama, 1952 -)에 의해, 많이 인용된 그의 『역사의 종말』(1992)에서 아주 명백히 그리고 무비판적으로 대변되었다.

주 33의 나머지는 『정치경제학 비판을 위하여』 서문에 있는 언급에 대한 비판과 관련된다. 이 서문은 이미 훨씬 위에서, 즉 MEW 23의 93/94쪽에 대한 주해에서 짧게 논의했다. 주 33에서 우선 맑스는 그가 『자본』 1권 2판 후기에서 "속류 경제학적 변호론의 가장 천박하고 이 때문에 가장 성공한 대변자"(MEW 23: 21)라고 말한 프랑스 경제학자 프레데릭 바스티아 (Frédéric Bastiat, 1801 - 1850)를 언급한다. 바스티아는 자본주의적 시장의 유익한 효과들과 사회적 계급들이 가진 이해들 사이의 조화를 강조했고, 그 때문에 그는 오늘날에도 여전히 높이 평가받는다. 맑스는 바스티아의 논증이 피상적이라는 것을 즐겨 웃음거리로 만들었고, 이것은 여기에서도 그렇다. 즉, 사람들이 그리스인과 로마인이 무엇보다 약탈을 통해 살아갔다는 바스티아의 주장을 수용할지라도, 약탈될 수 있는 어떤 것이 어디에선가 생산되어 있어야만 하는 것이다. 생산은 모든 인간적 생활, 따라서 또한 모든 사회적 생활의 전제로서 불가결한 것이다.

주 33에서 인용한, 『정치경제학 비판을 위하여』 서문에 대한 익명의 비판가가 이의를 제기하는 것, 즉 중세에는 가톨릭이 그리고 고대에는 정치가 "주된 역할"을 했다는 것을 (즉 사회적 생활을 지배했다는 것을) 맑스는 전혀 부인하지 않는다. 그러나 이에 맞서 맑스는 정치와 가톨릭의 그때그때의 역할을 설명할 수 있는 인간들의 그때그때의 생산관계들("인간들이 생활하는 방식")이 존재한다는 테제를 내세운다. 돈키호테Don Quixote에 대한 맑스

의 지시는 그가 1859년의 서문에서 한 "토대"와 "상부구조"의 일정한 조응이라는 진술이 기본적으로 평범한 것을 표현한다는 것을 분명히 한다. 즉, '돈키호테가 가정한 상부구조'와 '스페인에서 도달한 경제적 토대' 사이의 명백한 부조응이 '모든 독자에게 명백한, 그 소설의 익살'을 형성한다.

본문의 나머지 부분 (MEW 23: 97-98)

여기서 부르주아 경제학에 대한 물신주의의 결과가 문제이다. 맑스는 "교환가치가 형성"될 때(이것은 원래 "가치가 형성"될 때라고 말해야 할 것이다[156]) 자연의 역할에 대한 논쟁을 물신주의에 바탕한 기만의 결과로 평가한다. 즉, (맑스에 의하면) 경제학자들의 일부는 가치의 "대상적 외관"에 거의 완전히 속아서, 심지어 가치의 물질적인physisch 원인을 찾았다는 것이다.

다음 문단은 물신주의가 상품에 한정되지 않는다는 것을 명확히 한다. 화폐물신과 자본물신 또한 존재하는 것이다.

보충: 맑스주의 문헌의 일부는 물신 개념을 아주 관대하게 다룬다. 그래서 사람들은 그러한 문헌에서 "임금 물신", 때때로 심지어 "국가 물신"을 읽을 수 있다. 맑스는 다수의 상이한 맥락에서 "신비화들Mystifikationen"과 "전도들Verkehrungen"에 대해 말하긴 하나, 그에게 물신 개

---

156 〔옮긴이〕 "이 장章의 서두에서 상품은 사용가치이자 교환가치라고 관습적으로 말했다. 그러나 이것은 정확히 말하면 틀렸다. 상품은 사용가치 혹은 사용 대상이자 〈가치〉이다. 상품의 가치가 그것의 현물형태와 상이한 자신의 현상형태, 즉 교환가치라는 현상형태를 지니자마자, 상품은 이러한 이중적인 것〔즉 사용가치이자 가치〕으로 표현된다. 그리고 상품은 고립적으로 고찰하면 결코 이 현상형태를 지니지 않는다. 그것은 항상 상이한 종류의 두 번째 상품과의 가치관계 혹은 교환관계에서만 이 현상형태를 지닌다. 그러나 사람들이 일단 이것을 안다면, 그런 〔관습적〕 어법은 해가 되지 않고 축약에 도움이 된다."(MEW 23: 75)

념의 사용은 상품, 화폐, 자본에 엄격하게 한정되어 있다. 『자본』 1권 2장에 대한 주해의 말미에 나는 이 세 가지 물신들이 어떤 공통점을 가지는지에 관심을 기울일 것이다.

또한 이 문단에서 이러한 다양한 물신 형태들을 간파하는 데 존재하는 어려움이 상이하다는 것이 암시된다. 맑스는 상품물신이 "그래도 상대적으로 쉽게 간파"될 수 있다고 언급한다(MEW 23: 97). 이것은 화폐에서는 더 이상 그렇게 간단하지 않으나, 맑스는 "근대 경제학"이 "중금주의 Monetarsystem의 환상들"에(금과 은이 원래 가치를 지닌다는 환상에) 더 이상 속지 않는다고 분명히 인정한다. 그러나 근대 경제학의 물신주의는 "근대 경제학이 자본을 다루자마자 명백하게" 된다.

화폐와 자본이 지금까지 아직 다루어지지 않았기 때문에, 이러한 전체 고찰은 예견이고, 여기서도 더 이상 논의될 수 없다. 그러나 맑스가 최소한 부르주아 경제학의 일부가 물신주의를 부분적으로 간파했다는 것을 인정한다는 것이 확인되어야 한다. MEW 23의 88, 90, 95쪽에 있는 맑스의 선행하는 언급에 따라, 사람들은 '맑스가 부르주아 경제학이 완전히 물신주의에 구속되어 있다고 본다는 인상'을 얻을 수 있었다. 그러나 맑스는 그렇지 않다. 물신주의는 누구도 벗어날 수 없는 그러한 보편적 기만 상황이 결코 아니라 오히려 일반적인 배면광背面光이다. 그래서 부르주아 경제학이 물신주의의 작용으로부터 부분적으로 벗어날 수 있을지라도, 부르주아 경제학은 물신주의를 물신주의로 분명하게 인식하지 못한다. 따라서 부르주아 경제학은 무엇이 도대체 물신주의를 이루는가라는 질문을 제기할 수도 없었다. "상품형태의 비밀스러움"(MEW 23: 86)은 무엇인가?'라는 맑스가 물신 절의 서두에서 제기한 질문은 부르주아 경제학에게는 질문이 아니다. 왜냐하면 부르주아 경제학에게 상품**형태**는 결코 문제로 되지 않기 때문이다.

그러나 상품물신이 다른 물신 형태들보다 더 쉽게 간파될 수 있다는 것은 전체 부르주아 경제학이 상품물신을 실제로 간파했을 것이라는 것을 말하지 않는다. 본문의 나머지(MEW 23: 97-98)에서 맑스는 사람들이 어떻게 이러한 물신에 속을 수 있는지에 대한 두 가지 설득력이 있는 예를 제시한다. 그는 익명의 저자 및 이미 가치형태에 대한 절에서 알려진 사무엘 베일리를 인용한다.[157] 두 명 모두 사용가치를 물건들에 대한 인간들의 관계로 간주하나, 가치를 물건들 자체의 속성으로 간주한다. 이 때문에〔즉 이미 물건들 자체의 속성이기 때문에〕또한 교환에서, "상품 물건들"이 서로 관련될 때 드러나는 속성 말이다. 맑스는 '가치의 물건적 질'에 대한 이러한 표상을 "아직 어떤 화학자도 진주나 다이아몬드에서 교환가치를 (여기에서도 다시 '교환가치'가 아니라 '가치'를 말해야 할 것이다―하인리히) 발견하지 못했다"는 언급으로 되받아친다(MEW 23: 98). 그는 셰익스피어의 희극 『헛소동Much Ado About Nothing』에 있는 등장인물, 즉 약간 우매하나 지나치게 열심히 하는 관리 도그베리(Dogberry)의 도움으로(도그베리의 발언들은 의도치 않은 익살로 가득 차 있다) 결정타를 가한다. 베일리 및 익명의 저자를 도그베리와 같은 인물과 동렬에 놓음으로써, 맑스는 면밀한 방식으로 파괴적 비판을 정식화한다.[158] 비슷한 방식으로 그는 이미 또한 프루동에 맞서 문학적 풍자를 사용했었다.(MEW 23의 83/84쪽에 있는 주 24에 대한 주해 참조.[159])

여기에 이어지는 주 36에서 맑스는 리카도에 대한 베일리의 비판에 리

---

157 〔옮긴이〕이 책에 있는 '1장 상품, 3. 가치형태 혹은 교환가치, A) 단순한, 개별적인 혹은 우연한 가치형태, 2. 상대적 가치형태, a) 상대적 가치형태의 내용' 부분 참조.

158 〔옮긴이〕익명의 저자와 베일리가 '사용가치가 물건들에 대한 인간들의 관계나, 가치는 물건들 자체의 속성이다'라고 말하는 것처럼, 도그베리는 "외모가 수려한 사람은 상황의 선물이나, 읽고 쓸 수 있는 것은 천성이다"라고 말한다(MEW 23: 98). 그러나 맑스에 의하면, 그 반대가 타당하다.

159 〔옮긴이〕이 책에 있는 '1장 상품, 3. 가치형태 혹은 교환가치, C) 일반적 가치형태, 2. 상대적 가치형태의 발전과 등가형태의 발전의 관계' 부분 참조.

카도주의자들이 설득력 있게 답할 수 없었다고 말한다. "왜냐하면 그들은 리카도 스스로에게서 **가치와 가치형태 혹은 교환가치 사이의** 〔즉 가치와 가치형태 사이의, 혹은 가치와 교환가치 사이의〕 **내적 연관**에 대한 설명을 발견하지 못했기 때문이다."(MEW 23: 98, 주 36, 강조는 하인리히) 가치와 가치형태 사이의 거론한 "내적 연관"은, 맑스가 그것을 이해하지 못한 것을 리카도에게 존재하는 결정적 결핍이라고 강조하는 그러한 내적 연관은『자본』1권 1장 3절 가치형태 분석의 대상이다.『자본』1권 1판에 있는 가치형태 분석의 결론에서 맑스는 "가치형태, 가치실체, 가치크기 사이의 내적인 필연적 연관을 발견하는 것"이 "결정적으로 중요한 것"이었다고 강조한다 (MEGA Ⅱ/5: 43; 이 책에 있는 부록 3도 참조). 그러므로 맑스는 바로 그가 여기서 비판한 리카도의 근본적인 결핍을 극복했다고 주장하는 것이다.

  (이미 이전의 주 32처럼) 주 36은 고전 정치경제학과 맑스의 가치론 사이의 결정적 차이를 가치형태에 대한 분석에서 찾을 수 있다는 것을 시사한다. 그러나 이 차이는 단순히 정도의 차이가 아니다. 즉, 가치형태 분석의 토대에서야 비로소 상품세계의 물신주의가 해독될 수 있고, 부르주아 경제학의 범주들이 이러한 물신주의에 구속된 "객관적 사고 형태들"(MEW 23: 90)의 표현으로 이해될 수 있다. 이 토대에서야 비로소 맑스가 힘쓴 "정치경제학 비판"이 가능한 것이다.

『자본』의 첫머리에 대한 주해

2장 교환과정

(MEW 23: 99 – 109)

1) 2장에 있는 새로운 추상 지평

각 새로운 장※에서 사람들은 논증이 어떤 추상 지평에서 이루어지는지, 그리고 이러한 지평이 선행하는 장에 있는 서술과 어떤 관계에 있는지에 대해 확실히 이해해야 한다. 2장의 표제는 교환과정을 연구 대상으로 지명한다. 1장에서 상품들의 교환**관계**가 빈번히 이야기되긴 했으나, 결코 교환**과정**이 이야기되지는 않았다. 우리는 이미 첫 번째, 두 번째 도입 문장에서 교환관계와 교환과정 사이의 차이에 대한 지시를 발견한다.

"상품들은 스스로 시장으로 갈 수 없고 스스로 자신을 교환할 수 없다. 따라서 우리는 그것들의 보호자들, 즉 상품 소유자들을 찾아봐야 한다."(MEW 23: 99)

맑스가 이제 "상품 소유자들"을 찾으려고 한다는 것은 상품 **소유자들**이 지금까지 연구의 대상이 아니었다는 것을 다시 한 번 분명하게 한다. 지금까지 연구의 대상은 상품이었다.(1장의 제목 또한 이것을 알려 준다.) 교환**과정**은 상품 소유자 U가 자신의 상품, 즉 x량의 A를 상품 소유자 V가 가진 y량의 B와 교환하는 것에 존재한다. 상품 소유자들인 U와 V를 추상하면, 사람들은 상품들의 교환**관계**를 얻는다. 그러면 다음이 남는다. 즉, 'x량의 상품 A = y량의 상품 B', 혹은 'x량의 상품 A는 y량의 상품 B의 가치가 있다.'[160]

---

160 〔옮긴이〕 이 책에 있는 '1장 상품, 3. 가치형태 혹은 교환가치, A) 단순한, 개별적인 혹은 우연한 가치형태' 부분 참조.

맑스의 『자본』을 어떻게 읽을 것인가?

282

1장에서 연구된 것은 교환관계의 틀(그리고 이것에 근거해서 가치관계의 틀)에 존재하는 상품이다. 교환관계는 교환과정 없이는 현실적으로 존재하지 않긴 하나, 상품을 **분석**할 때, 우선 상품 소유자들이 **추상**되었고, 따라서 교환과정이 **추상**되었다.(상품 소유자들을 추상하는 것에 관해서 MEW 23의 51–52쪽에 대한 주해 참조.[161]) 물신 절에서 최초로 교환 행위를 하는 인물들에 대해 이야기된다. 그러나 거기에서 그들의 행위가 아니라, 그들의 사회적 관계들이 상품들의 교환을 통해 매개되어 있을 때 이러한 관계들이 그들에게 표현되는 방식이 문제였다. 이제야, 즉 2장에서야 교환과정에 있는 상품 소유자들의 행위가 문제가 된다.

2) 교환과정과 상품 소유자들(사적 소유자들)
(MEW 23: 99 – MEW 23: 100, 첫 번째 문단)

첫 번째, 두 번째 도입 문장[162] 후에, 맑스는 연구를 시작한다. 다음 두 문장들[163]은(이 중에서 두 번째 문장은 괴테의 잘 알려진 시 「마왕Erlkönig」에 있는 다음과 같은 표현을 수용한다. "난 너를 사랑해, 네 아름다운 모습이 날 매혹해. 네가 순응하지 않으면, 난 폭력Gewalt을 쓸 거야."[164]) 상품들에

---

161 〔옮긴이〕이 책에 있는 '1장 상품, 1. 상품의 두 요소, 4) 가치와 가치실체' 부분 참조.

162 〔옮긴이〕"상품들은 스스로 시장으로 갈 수 없고 스스로 자신을 교환할 수 없다. 따라서 우리는 그것들의 보호자들, 즉 상품 소유자들을 찾아봐야 한다."(MEW 23: 99)

163 〔옮긴이〕"상품들은 물건들이고, 이 때문에 인간에 저항하지 않는다. 만약 상품들이 순응하지 않는다면, 인간은 폭력Gewalt을 사용할 수 있는데, 다른 말로 상품들을 정복할 수 있다."(MEW 23: 99)

164 〔옮긴이〕"나는 그대를 사랑하네, 그대 아름다운 모습이 날 사로잡네, 그대 싫다면, 난 폭력을 쓰겠소."(Goehte, Johann Wolfgang von. 1994. 「마왕」, 『마왕』, 김주연 옮김, 민음사, 46쪽)

　　　　　　　　　　　『자본』의 첫머리에 대한 주해

대한 상품 소유자들의 관계가 **폭력** 관계를 포함한다는 것을 지적한다. 이 것은 진부하게 들릴 수 있으나, (다음은 4장부터 다뤄지는데) 물건들 혹은 실행들만이 아니라 "노동력" 자체도 상품으로 될 때 진부하지 않게 된다. 즉, 자본가가 노동력(노동자의 노동할 수 있는 능력)을 구매할 때, 이러한 구매는 노동력의 판매자에 대한 명령권[165]을 포함한다. 우선 여기서, 물건인 상품이 상품 소유자의 의지에 종속되어 있기는 하나, 상품과 상품 소유자의 관계가 그것에 바로 국한되는 것은 아니라는 것이 문제다.

"이러한 물건들을 상품들로 서로 관계시키기 위해서, 상품의 보호자들은 '자신의 의지가 그 물건들 안에 존재하는 그러한 인물들'로 서로 대해야 한다. 그래서 한쪽은 단지 다른 쪽의 의지를 통해서만, 따라서 각자는 단지 양자에게 공통적인 하나의 의지 행위를 통해서만, 그가 자신의 상품을 양도함으로써 낯선 상품을 전유한다. 이 때문에 상품의 보호자들은 서로 사적 소유자들로 인정되어야 한다."(MEW 23:99)

여기서 "소유"가 이야기될 때, 이것은 단순히 사물의 이용을 위해서 필요한 '사물에 대한 실제적 처분'이 아니라, 다른 모든 이들을 처분으로부터 배제하는 배타적 처분권을 의미한다. 내가 햇볕을 받으며 해변에 누워있다면, 내가 다른 이들이 그 해변을 이용하는 것을 부분적으로 불가능하게 만드는 한에서만, 나는 다른 이들을 배제한다. 즉, 다른 이들은 내가 이미 누워 있는 **동일한** 해변 뙈기에 누울 수 없다. 그러나 내가 해변의 소유자라면, 나는 다른 모든 이들을 해변의 이용으로부터 배제할 수 있다. 내가 이 해변을 바로 지금 이용하는지 아닌지 상관없이 말이다. 그리고 나의 소유가 충분하고, 나의 소유가 내가 눕기 위해 필요한 작은 평지를 통해 제한되지 않는 만큼, 이러한 배제는 멀리 미친다. 누가 소유자인가에 따라 사람들

---

165 〔옮긴이〕"명령권"은 Kommandogewalt를 옮긴 것인데, 여기에서도 유무형의 폭력Gewalt이 문제이다.

은 사적 소유, 국가 소유 등에 대해 말한다. 그러나 소유에서 본질적인 것은 각 주인이 아니라 소유의 성격, 즉 비소유자의 배제이다.

교환하는 사람들이 **사적 소유자들**이라는 것은 새로운 인식이 아니다. 이것은 이미 존 로크(John Locke, 1632 - 1704)부터 헤겔에 이르기까지 부르주아적 사회철학의 토대였다. 그러나 맑스가 교환과 사적 소유를 결합하는 방식은 새롭다. "**이러한 물건들을 상품들로 서로 관련시키기 위해서** …… 상품의 보호자들은 서로 사적 소유자들로 인정되어야 한다." 이것이 위에서 인용된 진술의 핵심이다. 이것은 다음을 의미한다. 즉, 인간들은 결코 원래 사적 소유자들이고 그 후에 교환하기 시작한 것이 아니다. 그 반대다. 교환에 근거한 사회에서만 그들은 서로 소유자들로 인정되어야 한다. 따라서 사물에 대한 처분으로부터의 상호적 배제를 받아들여야 한다.

여기서 1장의 첫 번째 문단¹⁶⁶과의 비교가 관심을 끈다. 1장의 대상은 상품이었고, 1장의 첫 번째 문단은 노동생산물의 상품형태가 초역사적인 형상이 아니라 부의 특수하게 사회적 형태라는 것을 분명히 했다. 유사한 방식으로 2장의 첫 번째 문단은 (사물을 처분하는 배제적 방식으로, 다른 이들을 배제하는 방식으로) 소유자인 것이 인간의 초역사적 혹은 유사 - 자연적 속성이 아니라, 특수하게 사회적인 조건들에 결합되어 있는 역사적 산물이라는 것을 명확히 한다.

보충: 이것은 함축적으로 부르주아적 사회철학에 대한 근본적 비판이다. 로크, 스미스, 리카도는 자신의 주위 세계의 물건들에 대해 "소유자"로 행동하는 **개별화된** 인간을 아주 자명하게 출발점으로 삼았다.

---

166 〔옮긴이〕"자본주의적 생산양식이 지배하는 사회들의 부는 〈거대한 상품 집적〉으로 나타나고, 개별 상품은 부의 기초 형태로 나타난다. 따라서 우리의 연구는 상품의 분석으로 시작한다."(MEW 23:49)

『자본』의 첫머리에 대한 주해

인간들이 관계를 맺으면, 그들은 이미 소유자들로서 이것을 하며, 그러면 그들의 "자연적" 교류 형태는 교환이다. 1857년의 「서설」에서 맑스는 그런 종류의 "로빈슨 크루소 풍의 모험소설"에 대해 다음과 같이 썼다.

"스미스와 리카도의 출발점인 개별적이고 고립된 사냥꾼과 어부는 18세기의 상상력 없는 공상에 속한다. 문화사가文化史家들이 공상하는 것처럼, 결코 단순히 과도한 개선Überverfeinerung에 대한 반동, 그리고 오해된 자연적 생활로의 회귀를 표현하는 것이 아닌 '로빈슨 크루소 풍의 모험소설' 말이다. …… 그것은 오히려 16세기 이래 발생했고 18세기에 자신의 성숙을 위한 큰 발걸음을 내딛은 〈부르주아사회〉에 대한 선취이다. 이러한 자유경쟁 사회에서 개별자는 '더 이전의 역사 시기에 개별자를 일정한 제한된 인간 집단의 부속물로 만드는 자연적 굴레' 등으로부터 벗어난 것으로 나타난다. …… 18세기에서야, 〈부르주아사회〉에서야 비로소 사회적 관계의 상이한 형태들이 개별자에게 그의 사적 목적을 위한 단순한 수단으로, 외적인 필연성으로 맞선다. 그러나 이러한 관점, 고립된 개별자의 관점을 산출하는 시대가 바로 지금까지 가장 발전된 사회적 (이런 관점에서는 일반적인) 관계들의 시대이다."(MEW 42: 19 이하)

부르주아적 사회철학의 외관상 "자연적인" 관점은, 즉 '동시에 사적 소유자로 이해되는 고립된 개별자'는 부르주아사회에서 발생한, 상품 소유자를 모범으로 삼는 표상에 다름 아니다.

'사적 소유자들이 그들의 소유로, 가령 교환하는 것처럼, 무엇이든 할 수 있다는 것'을 밝히기 위해 사적 소유의 자명한 존재를 출발점으로 삼는 것은 맑스의 일이 아니다. 맑스는 오히려 교환을 출발점으로 삼고, 교환이 무엇을 필요로 하는지를, 즉 교환이 '상품의 보호자들을 사적 소유자들로, 그리고 교환을 **공통적인 의지 행위**로 상호적으로 인정하는 것'을 필요로 한다는 것을 밝힌다.

"그 형태가 법률적으로 발전되든 되지 않든 계약인, 이러한 법적 관계는 경제적 관계가 반영된 의지 관계이다. 이러한 법적 관계 혹은 의지 관계의 내용은 경제적 관계 자체를 통해 주어져 있다."(MEW 23: 99)

교환은 교환하는 사람들의 의도적인 행위에 근거하고, 상품들은 교환하는 사람들에게 예속되어 있긴 하나, 교환하는 사람들이 하고자 하는 것은 (그들의 의지 관계의 "내용"은) 우연적이거나 임의적인 것이 아니라 "경제적 관계"를 통해 주어져 있다. 즉, 상품에 대한 규정들은 상품의 보호자들의 행위의 조건들인 것이다.

이런 통찰과 더불어 맑스는 주 24에서 시작한 프루동에 대한 그의 비판을 주 38에서 계속한다. 여기서 맑스는 프루동을 이중적으로 비판한다. 즉, 한편으로 프루동은 "상품생산에 조응하는 법적 관계들"로부터 자신의 "정의의 이상Ideal"을 끌어오고, 따라서 그는 역사적인 어떤 것을 이상적인 어떤 것, 영원한 어떤 것으로 변형시킨다는 것이다. 다른 한편으로 프루동은 "실제적인 상품생산", 그리고 이것에 조응하는 "실제적 법"을 이러한 이상에 맞게 개조하고자 한다는 것이다.

여기서 맑스는 비판의 특정한 **방식**을 비판한다. 실제로 존재하는 관계들을 이상으로, 즉 이 관계들이 어떻게 존재**해야**sollen 하는지에 대한 표상으로 측정하는 방식 말이다. 맑스 또한 그러한 종류의 비판을 수행한다고 빈번히 간주된다. 〔그러나〕바로 주 38에서 맑스가 프루동의 특수한 이상을 비판할 뿐만 아니라, 그 비판의 전체 방식을 거부한다는 것이 명확하게 된다. 맑스가 단지 프루동의 이상만을 비판했다면, 그는 아마 자신의 이상을 암시했을 것이다. 그 대신 맑스는 화학자의 예를 들고, 다음과 같은 수사학적 질문을 던진다. 즉, "물질대사의 법칙들"을 연구하고 이 토대에서 일정한 과제들을 해결하는 대신에 물질대사를 "영원한 이념들Ideen"에 따라 개

　　　　　　　　　　　　『자본』의 첫머리에 대한 주해

조하고자 한다면, 사람들은 이 사람에 대해 어떻게 생각할 것인가?[167]맑스의 견해는 명백히 화학이 그 어떤 이상들을 필요로 하지 않는 것과 아주 똑같이 정치경제학 비판이 이상들을 필요로 하지 않는다는 것이다.

> **보충**: 맑스는 자본주의의 폐지, 원자화된 개인들의 경쟁에 근거한 사회를 계획적으로 협력하는 인간들의 "자유로운 연합Assoziation"으로 대체하는 것과 같은 특정한 **목적들**을 가졌다. 이 목적의 추구를 위해 맑스는 특정한 논증들을 제시할 수 있었다. (이것은 자본주의적 생산과정을 분석할 때 맑스가 더 빈번히 수행하는 것인데) 가령 자본주의의 완전히 정상적인 기능 방식이 엄청난 사회적이고 생태적인 "비용"을 초래한다는 증명 말이다. 그런 증명으로 맑스는 그 어떤 규범의 침해를 한탄하는 것이 아니다. 그는 도덕적 감정, 양심, 혹은 그 비슷한 것에 호소하는 것이 아니라, 이러한 비용을 부담해야 하는 **그런 사람들**의 중대 관심사에 호소한다. 이러한 비용을 만들어 내는 그런 사회 상태들에 맞선 투쟁에 대한 동기를 그들에게 부여한다는 희망을 가지고서 말이다.

본문에서 맑스는 자신의 지금까지의 고찰을 일반화한다.

"여기서 인물들은 서로에 대해 단지 상품의 대리인들로, 따라서 상품 소유자들로만 존재한다. 특히 〔논의〕 전개의 과정에서 우리는 인물들의 경제적 배역 가면들Charaktermasken이 '인물들이 경제적 관계들의 담지자들로서 서로 맞서는 그러한 경제적 관계들'의 인격화일 뿐이라는 것을 발견할 것이다."(MEW 23: 99 - 100)

---

167 〔옮긴이〕"물질대사의 실제적 법칙들을 연구하고 그 법칙들의 토대에서 일정한 과제들을 해결하는 대신에, 물질대사를 〈자연성〉과 〈친화성〉이라는 〈영원한 이념들〉을 통해 개조하고자 하는 화학자에 대해 사람들은 어떻게 생각할 것인가?"(MEW 23: 99 - 100, 주 38)

이미 MEW 23의 91쪽에서 "배역 가면들"이 부수적으로 이야기된 후,[168] 이 배역 가면들은 여기서 더 근본적인 맥락에서 언급된다. 배역 가면으로 (후에, 예를 들어 MEW 23의 125쪽에서 "경제적 배역들Charaktere" 또한 이야기 된다[169]) 명백히 맑스는 개인들이 받아들이는, 그것의 논리가 그때그때의 경제적 관계들로부터 발생하는 '일정한 경제적 역할'을 이해한다. 상품 소유자는 그러한 역할이다. 상품 소유자들의 행위는 그들의 의지에 의해 규정된 행위이긴 하나, 그들이 상품 소유자들**로서** 행위할 때, 이러한 의도적인 행위의 내용은 경제적 관계를 통해 주어져 있다. 즉, 인물은 "배역 가면"으로 행동하며, 그때 인물은 맑스가 이미『자본』1권 서문에서 지적한 경제적 관계들의 "인격화"인 것이다(MEW 23: 16).[170]

보충: 이것으로 맑스는 '소유자로서의 인간에 대한 부르주아 경제학의 표상들을 일반화하는 헤겔의 법철학'에 대한 근본적인 비판을 함축적으로 제공한다(Hegel, 1821). 헤겔에게 **인물**은 '자기 자신에 대해 추상적 관계를 가지며, 자신의 특수성들, 자신의 구체적 규정들을 추상한' 개별자이다. 인물의 중심 요소는 **의지**이다(Hegel, 1821: §35). 의지는 각

---

168 〔옮긴이〕"이 때문에 사람들이 여기서〔중세에서〕서로 마주하는 인간들이 쓴 배역 가면들을 어떻게 판단하든지, 그들의 노동들에서의 인물들의 사회적 관계들은 어떤 경우에도 그들 자신의 인격적 관계들로 나타나고, 사물들, 즉 노동생산물들의 사회적 관계들로 변장되어 있지 않다."(MEW 23: 91 - 92)

169 〔옮긴이〕"상품의 이러한 두 가지 대립되는 변형들〔상품 - 화폐, 화폐 - 상품〕은 상품 소유자의 두 가지 대립되는 사회적 과정들에서 일어나고, 상품 소유자의 두 가지 대립되는 경제적 배역들Charaktere에 반영된다."(MEW 23: 125)

170 〔옮긴이〕"그들이 경제적 범주들의 인격화, 특정한 계급 관계들과 이해들의 담지자인 한에서만, 이 인물들이 여기에서 문제가 된다. 경제적 사회구성체의 발전을 자연사적 과정으로서 이해하는 나의 입장은 각 개인에게 관계들에 대한 책임을 다른 모든 사람보다도 덜 지울 수 있다."(MEW 23: 16)

『자본』의 첫머리에 대한 주해

사물에게 향할 수 있고, 이를 통해 각 사물을 인물의 소유로 만들 수 있다. 그것이 아직 다른 이의 소유가 아닌 한에서 말이다(Hegel, 1821: §44). 그렇게 해서 인물은 자신에게 "자유의 외적 영역"을 부여한다(Hegel, 1821: §41). 물건들에 대한 인간의 관계로부터, 기본적으로 자연에 대한 인간의 관계로부터, 헤겔은 완전히 특정한 사회성Gesellschaftlichkeit, 즉 소유자들의 사회성을 도출한다. 이것에 비해 여기서 맑스는 인물이 경제적 관계의 **인격화**라고 밝힌다. 즉, 소유자로서 인물의 지위는 단순히 자연의 물건들에 대한 인물의 의지의 결과Ausfluss가 아니라, 특정한 사회관계, 즉 교환관계가 포함된 것이다. 경제적 관계는 인물의 의지에서 발생하는 것이 아니라, 거꾸로 인물의 의지 관계의 내용이 경제적 관계를 통해 주어져 있는 것이다.

『자본』에서 이곳은 맑스가 부르주아적 사회철학의 근본 가정들을 비판한 유일한 곳이 아니다. 이러한 비판은 특히 『자본』 1권의 〔화폐에서 자본으로의 전화에 대한〕 4장의 말미에서, 노동임금에 대한 17장에서, "전유 법칙들의 급변"에 대한 22장에서, 그리고 『자본』 3권의 말미에 있는 "삼위일체 정식"에 대한 48장에서 이어진다.

3) 교환과정에서의 모순적인 요구들과 이 요구들의 해결: 화폐
(MEW 23: 100 – MEW 23: 101, 끝에서 두 번째 문단)

논증의 진행에 대한 일러두기: 『자본』 1권 1장에서, 맑스는 특수한 가치형태인 화폐**형태**와 이러한 가치형태의 물질적 담지자인 **화폐**를 함축적으로 구분했다. **일반적 등가형태**는(그리고 **화폐형태**는 특정한 상품에 결합된 일반적 등가형태에 다름 아니다) 상품세계의 합동 작업으로 인식되었다(MEW 23: 80). 즉, 일반적 가치형태에서 전체 상품세계가 '등가물인 하나의 유일한 상품'과 관련되고, 그러면 이 유일한 상품이 일반적 등가형태를 취한다는 것이다(MEW 23: 80 - 81). 2장에서는 더 이상 화폐**형태**에 대한 규정들이 문제가 아니라 교환과정의 결과로서의 **화폐**가 문제이다. 이것은 두 가지 지평에서 그렇다. 한편으로 자본주의사회에 존재하는 **현재의** 교환과정의 결과로서의 화폐가 문제이다(MEW 23: 100 - 101).(이것은 바로 이곳에서 주해된다.) 다른 한편으로 현재 상태의 형성의 **역사적** 과정으로서의 화폐가 문제이다(MEW 23: 101 - 104).(이것은 뒤의 '4) 상품교환과 화폐의 역사적 발전'에서 주해된다.)

"상품 소유자를 특히 상품으로부터 구별하는 것은 상품에게는 모든 다른 상품체들이 단지 '그 상품 자신의 가치의 현상형태'로서만 간주된다는 상황이다. …… 상품체의 구체적인 것에 대한, 상품에 결핍되어 있는 '이러한 감각'을, 상품 소유자는 그 자신의 오감과 그 이상의 감각을 통해 보충한다."(MEW 23: 100)

여기서 맑스는 이미 2장의 첫 번째 문장과 두 번째 문장에서 거론한, 상품(1장)과 상품 소유자(2장)의 차이를 다시 받아들인다.[171] 우리가 두 상품들의 교환관계를 고찰하면, 이 상품들 각각의 사용가치는 어떤 역할도 하지 않는다.('1장 상품, 1. 상품의 두 요소, 4) 가치와 가치실체'에 있는 주해 참조.) 이것은 우리가 상품 소유자들도 고찰할 때야 비로소 변한다. 즉, 교환되어야 할 〔소유자〕 자신의 상품은 이 상품의 소유자에게는 사용가치를 가지지 않는다.(그렇지 않으면 상품 소유자는 그 상품을 교환하지 않을 것이다.) 이 상품은 다른 이들에게만 사용가치를 가진다. 이러한 기본적인 상황Grundkonstellation으로부터 교환과정에서의 모순적인 요구들이 발생한다.

상품이 그 상품의 비소유자에게만 사용가치이기 때문에, 상품은 그것이

---

171 〔옮긴이〕 "상품들은 스스로 시장으로 갈 수 없고 스스로 자신을 교환할 수 없다. 따라서 우리는 그것들의 보호자들, 즉 상품 소유자들을 찾아봐야 한다."(MEW 23: 99)

『자본』의 첫머리에 대한 주해

사용가치로 "실현"될 수 있기 전에(즉 그것이 사용가치로 사용될 수 있기 전에) 교환되어야 한다. 그러나 교환에서 상품들은 가치들로 서로 관련된다. 이 때문에 맑스는 상품들이 "그것들이 사용가치들로 실현될 수 있기 전에 가치들로 실현"되어야 한다고 쓸 수 있었다(MEW 23: 100). 맑스는 다음과 같은 이유를 댄다.

"왜냐하면 상품에 지출된 인간 노동은 그것이 다른 이들에게 유용한 형태로 지출되어 있는 한에서만 유효하기zählen 때문이다. 그러나 상품의 교환만이 그 노동이 다른 이들에게 유용한지, 따라서 그 노동의 생산물이 다른 사람의 욕구들을 충족하는지를 입증할 수 있다."(MEW 23: 100 - 101)

노동이 "유효"하다는 말은 명백히 노동이 가치를 형성하는 노동으로 유효하다는 것을 의미한다. 1장 1절 말미에 이미 맑스는 사람들이 "다른 이를 위한 사용가치, 사회적 사용가치"(MEW 23: 55)를 생산할 때만 상품을 생산한다고 강조했다. 따라서 우리는 하나의 원圓에 도달했다. 즉, 사용가치로 실현되기 위해서 상품은 우선 가치로 실현되어야 한다. 그러나 가치로 실현되기 위해서, 상품은 사용가치로 증명되어야 하는 것이다.

이것으로 우리가 모순적 요구들을 다 다룬 것은 아니다. MEW 23의 101쪽에 있는 두 번째 문단에서 맑스는 교환이 각 개별 상품 소유자 측에서, 한편으로 **개인적인** 과정이고 다른 한편으로 **사회적** 과정이라는 것을 명확히 한다.[172] 각 상품 소유자는 한편으로 자신의 상품을 **그의 개인적** 욕구를 충족하는 일정한 다른 상품과 교환하고자 한다wollen. 다른 한편으로 각 상

---

172 〔옮긴이〕"각 상품 소유자는 그 사용가치가 그의 욕구를 충족하는 다른 상품을 받는 대신에만 자신의 상품을 양도한다. 그런 한에서 그에게 교환은 개인적 과정일 뿐이다. 다른 한편 그는 자신의 상품을 가치로 실현하고자 한다wollen. 따라서 그는 자신의 상품을, 그 자신의 상품이 이제 다른 상품의 소유자에게 사용가치를 가지든지 아니든지, 동일한 가치를 가지며 그에게 임의적인 '다른 모든 상품들'에서 실현하고자 한다. 그런 한에서 그에게 교환은 일반적으로 사회적인 과정이다. 그러나 동일한 과정이 동시에 모든 상품 소유자들에게 오직 개인적이면서 또한 오직 일반적으로 사회적일 수는 없다."(MEW 23: 101)

품 소유자는 그의 상품이 임의의 다른 모든 상품과 교환될 수 있게, 따라서 일반적으로 **사회적으로** 승인되게 하고자 한다wollen. 다른 말로, 각 상품 소유자는 다른 모든 상품 소유자들에게 그 스스로가 실행할 용의가 **없는** 어떤 것을 요구한다.(각 상품 소유자는 그의 욕구들을 충족하는 그런 상품들만을 인수하는 반면, 다른 모든 상품 소유자들은 교환에서〔그들의 욕구의 충족 여부와 관계없이〕그의 상품을 인수해야 한다는 것이다.) 이러한 요구들이 모든 상품 소유자들에게 동시에 충족될 수 없다는 것은 분명하다.

세 번째 문단에서 맑스는 가치형태를 분석할 때 발전시킨 개념들로 이러한 사태를 특징짓는다.[173](이때 가치형태 분석의 지평으로의 이러한 짧은 유람에서 맑스는 더 이상 선행하는 문단에서처럼 상품 소유자의 "의도Wollen"에 대해서 말하는 것이 아니라 "간주Gelten"에 대해 말한다.) 즉, 각 상품 소유자에게 그 자신의 상품은 일반적 등가물로 "간주된다"는 것이다. 결과는 모든 상품이 일반적 등가물일(그러나 이것은 전혀 가능하지 않다) 역설적 가치형태이다.(『자본』 1권 1판에서 맑스는 가치형태 분석을 정확히 이러한 역설적 가치형태로 끝나게 두었다. 이에 대해서 부록 3 참조.)

"그러나 모든 상품 소유자들이 동일한 것을 하기 때문에, 어떤 상품도 일반적 등가물이 아니고, 이 때문에 상품들은 또한 그것들이 가치들로 동일시되고 가치크기들로 비교되는 '일반적인 상대적 가치형태'를 취하지 않는다."(MEW 23: 101)

상품들이 단지 일반적 가치형태를 통해서만 포괄적으로 가치들로 서로

---

173 〔옮긴이〕 "더 상세히 보면, 각 상품 소유자에게 다른 이의 모든 상품은 그의 상품의 특수한 등가물로 간주되고gelten, 이 때문에 그의 상품은 다른 모든 상품들의 일반적 등가물로 간주된다. 그러나 모든 상품 소유자들이 동일한 것을 하기 때문에, 어떤 상품도 일반적 등가물이 아니고, 이 때문에 상품들은 또한 그것들이 가치들로 동일시되고 가치크기들로 비교되는 '일반적인 상대적 가치형태'를 취하지 않는다. 이 때문에 상품들은 결코 상품들로서 서로 맞서 있는 것이 아니라, 생산물들 혹은 사용가치들로서만 서로 맞서 있을 뿐이다."(MEW 23: 101)

『자본』의 첫머리에 대한 주해

관련될 수 있다고 하는 이 문단의 두 번째 부분은 가치형태에 대한 연구의 중심적 결과들의 하나였다.(MEW 23의 80쪽에 대한 주해 참조.[174]) 일반적 등가물의 결핍의 효과는 교환되어야 하는 상품들에게는 상당히 강력하다.

　"이 때문에 상품들은 결코 상품들로서 서로 맞서 있는 것이 아니라, 생산물들 혹은 사용가치들로서만 서로 맞서 있을 뿐이다."(MEW 23: 101)

　교환과정에서 제기되는 모순적 요구들은―그리고 그것은 임의적인 요구들이 아니라 교환의 기본적인 상황으로부터 발생하는 요구들이다―교환과정을 불가능하게 하는 것처럼 보인다. 그러나 교환과정은 일어나고, 맑스는 자주 인용되는 관용구로 그 해결을 알린다.

　"곤경에 처한 우리의 상품 소유자들은 파우스트처럼 생각한다. 처음에 행위가 있었다. 이 때문에 그들은 그들이 생각하기 전에 이미 행위했다."(MEW 23: 101)

　맑스가 이렇게 분명하게 파우스트를 지시하기 때문에, 사람들은 파우스트 인용문의 맥락을 생각해 내야 할 것이다. 파우스트는 신약을 번역하고자 하고, "태초에 말씀이 있었다"는 「요한복음」의 첫 문장을 읽는다. 파우스트는 이 말에 동의하지 않고, 다양한 가능성들을 머릿속에 그리며, 결국 다음과 같은 결론에 이른다. 즉, 유일하게 적당한 문장은 "태초에 행위가 있었다"라는 것이다.[175] 이때 파우스트에게도 맑스에게도 어떤 **시간적인**

174　〔옮긴이〕이 책에 있는 '1장 상품, 3. 가치형태 혹은 교환가치,C) 일반적 가치형태' 부분 참조.

175　"기록하여 가로되 '태초에 말씀이 있었느니라.'
　　나는 이 대목에서 벌써 막히고 만다. 누가 나를 도와 앞으로 나아가게 할 수 없을까.
　　나는 말이라는 것을 그렇게 높이 평가할 수가 없다.
　　만일 내가 영의 계시를 올바르게 받고 있다면,
　　그와는 달리 옮겨 놓아야 할 것이다.
　　기록하여 가로되 '태초에 뜻이 있었느니라.'
　　경솔하게 붓을 휘두르지 않기 위하여
　　첫 구절을 신중하게 생각해야겠다.

태초가 문제인 것이 아니라 어떤 **사물적인**sachlich **우위**가 문제이다.[176] 즉, '무엇이 우위를 가지는가, 생각에 근거하는 통찰인가, 아니면 통찰에 미리 근거하지 않는 행위 자체인가?'가 문제이다.

보충: 맑스는 이곳에서 직접 언급하지는 않지만, 존 로크 이래로 부르주아적 이론의 기본 요소에 속하는 '화폐에 대한 계약이론들'에 반대한다. 그 이론들에 따르면, 이미 국가 이전의 "자연 상태"에서 인간들은 일정한 대상에 "가치"를 부여하고 그 대상을 화폐로 이용하는 데 합의했다(Locke, 1960: 229 – 231). 이때, 로크 및 다른 계약이론가들은 언젠가 역사적 시기에 한 번 일어났던 실제 사건, 가령 화폐의 도입에 대해 합의했을 회합과 같은 사건을 출발점으로 삼지 않는다. "자연 상태"에 존재하는 합의는 오히려 본질적인 속성들을 분명히 하기 위한 방법적 구성물이다. 즉, 본질적으로 화폐는 교환하는 사람들의 공통적 통찰의 결과로 이해된다. 그들에게 태초에 "행위"가 아니라 통찰이 존재하고, 그 이후에 통찰로부터 행위가 따라 나오게 된다.

그러나 맑스가 거론하는, 생각 이전에 발생해야 할 이러한 "행위"는 도

만물을 창조하고 움직이는 것이 과연 뜻일까?
이렇게 적어야 할 것이다. '태초에 힘이 있었느니라.'
하지만 내가 이렇게 써 내려가는 동안에,
벌써 그것으로도 안 되겠다고 깨우쳐 주는 것이 있다.
영의 도움이다! 문득 좋은 생각이 떠올라
확신을 가지고 이렇게 쓴다. '태초에 행동이 있었느니라.'"(Faust I: 1225 – 1237)
[옮긴이] 이 인용문의 번역은 다음을 따랐다. Goethe, Johann Wolfgang von. 2003. 『파우스트』, 정경석 옮김, 문예출판사. 85쪽.

176 [옮긴이] sachlich의 보다 분명한 뜻에 대해서는 이 책의 '안내의 말, 왜 오늘날『자본』을 읽는가?'에 있는 옮긴이 주 참조.

　　　　　　　　　　　　　　　　　『자본』의 첫머리에 대한 주해

대체 어떻게 가능한가? 맑스의 간결한 대답은 다음과 같다.

"상품 본성의 법칙들이 상품 소유자들의 자연 본능Naturinstinkt에서 작동했던 것이다."(MEW 23: 101)

"자연 본능"이란 말은 명백히 반어적으로 의미된 것이다. 왜냐하면 상품 소유자라는 것은 결코 인간들에 대한 "자연적" 규정이 아니기 때문이다. 동시에 이 표현은 중요한 어떤 것을 적중한다. 즉, 본능은 의식적으로 조절되지 않는 행동을 의미하고, 여기서 바로 다음이 문제이다. 그것은 (1장에서 분석된) "상품 본성"으로부터 따라 나오고 상품 소유자들이 교환하고자 할 때 그들이 따라야만 하는 그런 '행동'인 것이다.

"그들은 상품들을 일반적 등가물인 그 어떤 다른 상품에 대립시킴으로써만, 그들의 상품들을 가치들로서, 그리고 이 때문에 상품들로서 서로 관련시킬 수 있다. 상품에 대한 분석은 이 결과에 이르렀다. 그러나 사회적인 행위만이 특정한 상품을 일반적 등가물로 만들 수 있다."(MEW 23: 101)

그러나 이러한 설명은 만족스럽지 않다. 즉, 상품들을 일반적 등가물에 관련시키는 것 없이 상품들은 가치들로서 전면적으로 서로 관련될 수 없다는 것, 그리고 일반적 등가물이 사회적 행위의 결과일 수 있을 뿐이라는 것은 이러한 사회적 행위가 또한 **실제로** 일어난다는 것을 아직 논증하지 못한다. 그리고 맑스처럼 사람들이 이러한 "사회적 행위"가 상품과 화폐의 관계들에 대한 사전적事前的 통찰 없이 일어난다는 것을 출발점으로 삼을 때, 논증은 더욱 어렵게 된다. 그러니까, 교환하는 사람들의 문제의 해결을 실제로 제공하는 그런 "사회적 행위"는 왜 일어나는가?

우선 맑스에게 어떤 **시간적인** 태초가 문제인 것이 아니라는 것을 상기해야 한다. 화폐 없는 상품생산을 화폐가 존재하는 상품생산으로 전환시키는 그런 사회적 행위가 문제인 것이 아니다. 맑스가 분석하는 상품은 자본주의에 존재하는 상품이고, 교환과정도 마찬가지이다. 맑스가 자신의 서술을 '가격이 결정되지 않은 상품'과 '화폐를 통해 매개되지 않은 교환'으로 시작할 때, 그는 가령 두 가지 모두가 언젠가 존재했을 것이라고 가정하는 것이 아니다. '가격이 결정되지 않은 상품'과 '화폐를 통해 매개되지 않은 교환'은 맑스가 이미 『자본』 1권 1판 서문에서 지시한 그런 추상의 결과이다(MEW 23: 12).

맑스에게 교환하는 사람들의 시간적으로 처음에 있었던 문제가 중요한 것이 아니라, 구조적이고 현존하는 문제가 중요하다. 그 문제는 모든 교환하는 사람들에게 교환이 개인적인 과정**이자** 동시에 사회적인 과정이어야 한다는 것이다. 교환하는 사람들은 이 문제의 해결을 상품 소유자들로서의 그들의 "자연 본능"을 통해, 생각하는 것 없이, 행위에서 발견한다. 즉, 그들은 그들이 아는 것에 따라 행동한다. 즉, (그들이 물신주의로 간파하지 못하는) 상품세계의 **물신주의**에 따라 행동한다. 여기서 맑스가 상품물신을 명백하게 언급하는 것은 아니긴 하나, [그 외의] 다른 어떤 것도 그러한 "자연 본능"이란 말 뒤에 들어 있지 않다.[177] 생산자들 자신의 사회적 관계들은 그들의 노동생산물들의 대상적인 성격으로서, 노동생산물들의 가치들로서 생산자들에게 반영된다. 그리고 상품 소유자들은 교환에서 또한 이러한 가치들을 대상적으로 붙들려고 한다. 왜냐하면 상품 소유자에게 그의 상품의 사용가치가 아니라 가치가 결정적인 것이기 때문이다.(상품은 상품 소유자 자신에게는 사용가치를 가지지 않는다. 그렇지 않으면 그는 그 상품을 교환하지 않을 것이다.) 이 때문에, 상품 소유자들은—곰곰이 생각하는 것 없이—그들의 상품들을 가치의 자립적인 형상에 관련시키고 상품들을 이 형상과 교환할 용의가 있다. 그러나 모든 상품 소유자들이 그들의 상품들을 자립적인 가치형상인 어떤 다른 상품에 관련시키는 것을 통해서만, 이러한 상품은 일반적 등가물이 된다.

---

177 상품물신에 대한 절이 『자본』 2장의 이해를 위해 가지는 의미는 특히 디터 볼프(Dieter Wolf, 1942 -)에 의해 강조되었다(Wolf, 1985: 206 이하).

『자본』의 첫머리에 대한 주해

화폐, 즉 지속적인 일반적 등가물은 항상 다시 갱신되어 일어나는, 현존하는 사회적 과정의 결과이다.(우리 모두는 자신이 구매 혹은 판매할 때 이 과정에 참여한다.) 그러나 의식적으로 조정된 과정의 결과가 아니라, "상품 본성"의 필연성들을 통해 강제된 과정의 결과이다.

"사회적 과정을 통해, '일반적 등가물이라는 것'이 '그 배제된 상품의 특수하게 사회적인 기능'으로 된다. 그렇게 그 상품은 화폐가 된다."(MEW 23: 101)

마지막에 인용한 문장 바로 다음에 난데없이 「요한계시록Apokalypse」에 있는 두 문장이 따라 나온다.(이 두 문장은 「요한계시록」의 서로 상이한 장에 있고, 맑스는 이 두 문장의 순서를 바꾸었다.)[178/179]

---

178 〔옮긴이〕 "저희가 한뜻을 가지고 자기의 능력과 권세를 짐승에게 주더라. 누구든지 이 표를 가진 자 외에는 매매를 못하게 하니 이 표는 곧 짐승의 이름이나 그 이름의 수라.(Uli unum consilium habent ei virtutem et potestatem suam bestiae tradunt. Et ne quis possit emere aut vendere, nisi qui habet characterem aut nomen bestiae, aut numerum nominis ejus.)"(MEW 23: 101) 맑스는 라틴어로 된 문장을 인용하고 있는데, 「요한계시록」에는 뒤의 문장이 먼저 나온다. 즉, 뒤의 문장은 13장 17절에 있으며, 앞 문장은 17절 13절에 있다. 번역은 다음을 따랐다. https://ko.wikisource.org/wiki/개역한글판/요한계시록(접속일: 2021년 1월 1일)

179 MEW 23에 제시된 〔라틴어에서 독일어로의〕 번역은 그렇게 정확한 것은 아니다.[MEW 23의 101쪽 주 1*에 있는 독일어 번역은 다음과 같다. "그들은 한뜻을 가지고 자기의 능력과 권세를 짐승에게 주는데, 표, 즉 짐승의 이름 혹은 짐승의 이름의 수를 가지지 않으면, 누구도 사거나 팔 수 없다.(Die haben eine Meinung und werden ihre Kraft und Macht geben dem Tier, daß niemand kaufen oder verkaufen kann, er habe denn das Malzeichen, nämlich den Namen des Tiers oder die Zahl seines Namens.)"]

MEGA(Ⅱ/10: 825)는 다음과 같은 더 나은 번역을 제공한다. "그런 이들은(즉 열 명의 미래의 지배자들은) 공통의 계획을 가지고, 그들의 능력과 권세를 짐승에게 넘겨준다.(그리고 짐승은 모두가 오른손 혹은 그들의 이마에 표를 …… 하도록 한다.) 그리고 표 혹은 짐승의 이름을 가지지 않거나 짐승의 이름의 수를 가지지 않으면, 누구도 사거나 팔 수 없게 한다.(Jene 〔d.h. zehn künftige Herrscher〕 haben einen gemeinsamen Plan, und sie übergeben ihre Kraft und Macht dem Tier. 〔Und es bewirkt, daß sich alle ... ein Zeichen auf ihre rechte Hand machen oder auf ihre Stirn〕 und daß niemand kaufen oder verkaufen kann, wenn er nicht das Zeichen oder den Namen des Tieres hat oder die Zahl seines Namens.)"

게다가 MEW본은 이 인용문이 독립적인 문단에 위치하도록 바꾸었다. 그러나 (또한 엥엘스

「요한계시록」은 신약 중에서 마지막에 있고 매우 논쟁의 여지가 있는 문서이다. 「요한계시록」의 시각적으로 충격적인 예언들은―네 기사들의 출현, 즉 고통들의 출현, "적그리스도들Antichristen"의 등장, 세계의 임박한 종말은―중세와 근대 초에 사람들의 환상과 예술을 크게 자극했다. 가톨릭교회와 이단으로 비방된 민중운동들 사이의 대결에서도 「요한계시록」은 양측에서 자주 중요한 역할을 했다. 오늘날 이 인용문에서 언급된 짐승의 수 (666)는 특히 사탄 숭배가 다뤄지는 공포영화들에서 만날 수 있다.

인용문에서 이야기되는 "짐승"을 화폐에 대한 은유로 여기면, 교환과정에 대한 분석으로부터 획득될 수 있는 중요한 통찰이 인용문에서 표현된다. 즉, 자신의 권세를 "짐승"에게 위임하고 그 후 이 짐승의 권세에 복종해야 하는 이들은 인간들이다. 짐승의 "수"를 가진 사람만이 사거나 팔 수 있다는 것이다. 교환과정에서도 교환과정을 수행하는 이들은 인간이다. 그러나 이때 그들은 직접적으로 서로 관계를 맺는 것이 아니라 화폐를 통해서 관계를 맺는다. 이러한 매개 기능으로 화폐는 인간들이 그때 종속되어야 하는 그런 권세를 획득한다.

4) 상품교환과 화폐의 역사적 발전 (MEW 23: 101, 마지막 문단―MEW 23: 104)

"화폐결정結晶은 상이한 종류의 노동생산물들이 서로 실제로 동일시되고

가 관여한 『자본』의 판들에서처럼) 맑스에게서 이 인용문은 앞선 문단의 결론 부분에 있어서, '거기서 [즉 앞선 문단에서] 정식화된 사고 과정'에 대한 연관이 훨씬 더 분명하게 드러난다. [즉, 『자본』 1권의 1867년 1판(MEGA Ⅱ/5: 53), 1872년 2판(MEGA Ⅱ/6: 115 – 116), 1883년 3판(MEGA Ⅱ/8: 113 – 114), 1890년 4판(MEGA Ⅱ/10: 84)에서 이 인용문은 독립적인 문단으로 존재하지 않는다. MEW 23은 1890년 4판을 바탕으로 한 것이지만, 이 인용문을 독립적인 문단으로 만들었다.]

『자본』의 첫머리에 대한 주해

이 때문에 실제로 상품들로 전화되는 교환과정의 필연적인 산물이다."(MEW 23: 101 이하)

여기서 맑스는 화폐**결정**을 언급함으로써, 화폐**형태**와 이 형태의 물질적 담지자 사이의 차이에 대해 간접적으로 주의를 환기시킨다. 1장에 있는 가치형태에 대한 절에서는, '가치형태로서 상품들이 일반적 등가형태를 지닐 때만 그 상품들이 전면적으로 가치들로 서로 관련될 수 있다는 것'이 설명되었다. 이러한 일반적 등가형태가 지속적으로 특정한 상품과 결합될 때, 그것은 **화폐형태**가 된다. 지금까지 2장에서는, 상품 소유자들이 실제 교환과정에서 이러한 형태규정들에 따라 행위해야 한다는 것이 설명되었다. 즉, 교환하는 사람들이 실제로 일반적 등가물에 관련됨으로써만, 교환과정의 모순들이 해소될 수 있고, 지속적으로 일반적 등가물의 역할을 차지하는 것이 그렇게 **화폐**가 되는 것이다.[180]

여기서도 맑스는 교환에서야 비로소 "노동생산물들이 서로 **실제로** 동일시되고 이 때문에 **실제로** 상품들로 전화"된다는 것을 다시 한 번 강조한다(MEW 23: 101 이하, 강조는 하인리히). 교환 전에는 상품들이 아니라 생산물들만이 있을 뿐이다.

1장에서 상품에 대한 형태 분석뿐 아니라, 2장의 첫머리에서 상품 소유자들의 행위 문제에 대한 분석도 상품을 부의 일반적 형태로 가정했고, 상품은 "자본주의적 생산양식이 지배하는 사회들"(MEW 23: 49)과 관련되었다. 전 자본주의적 관계들에서의 화폐의 **역사적** 형성은 아직 다루어지지

---

[180] 전통적 맑스주의에서 상품 분석은 자주 가치와 노동의 관계로 축소된다. 가치형태들과 화폐에 대한 분석은 오랫동안 거의 주목되지 않았다. 한스-게오르크 바크하우스(Hans-Georg Backhaus, 1929-)는 1970년대 그의 『맑스의 가치론의 재구성을 위한 자료들』에서 가치론과 화폐론의 관계의 중심적 의미를 강조했다(Backhaus, 1997 참조). 거기서 그는 맑스의 가치론을 "전前 화폐적" 가치론들에 대한 비판으로 이해한다. 나는 "화폐적 가치론"이라는 맑스의 가치론의 성격을 연구한 바 있다(Heinrich, 1999).

않았다. 이 형성은 이제야 〔서술의〕 대상이 된다. 우리가 이미 일반적 가치형태에 대한 연구에 존재하는 역사적 진술들(MEW 23: 80)의 도움으로 밝힐 수 있었던 것은 여기에도 적용된다.[181] 즉, 분석의 결과들은 역사적 발전을 통해 근거 지어지는 것이 아니라, 거꾸로 발전된 관계들에 대한 분석이 '조응하는 형태들의 역사적 발전의 이해'를 위한 열쇠를 제공하는 것이다.

이미 첫머리에서 맑스는 다음을 일반적 결과로 밝혔다.

"교환의 역사적 확장과 심화는 상품 본성에서 잠들어 있던 사용가치와 가치 사이의 대립을 발전시켰다. …… 이 때문에, 상품들로의 노동생산물들의 전화가 일어나는 것과 동일한 정도로, 화폐로의 상품의 전화가 일어난다."(MEW 23: 102)

맑스는 여기에 주 40을 단다. "소부르주아적 사회주의"(MEW 23: 102, 주 40)에 대한 비판으로 주 40는 이미 주 24에서 비판한 프루동의 "속물적 유토피아"(MEW 23: 83, 주 24)를 암시한다. 내용적으로 주 40은 주 24와 다른 새로운 것을 제공하지는 않는다. 화폐와 교황제의 비교조차도 주 24에서와 같다.[182]

마지막에 인용한 문장에서 언급된 두 개의 전화 과정들의 개요는 이어지는 두 문단(MEW 23: 102 / 103, 103 / 104)에서 그려진다.

---

181 〔옮긴이〕 이 책에 있는 '1장 상품, 3. 가치형태 혹은 교환가치, C) 일반적 가치형태, 1. 가치형태의 변화된 성격' 부분 참조.

182 〔옮긴이〕 주 40은 다음과 같다. "그것에 따라서 사람들은 소부르주아적 사회주의의 교활함을 판단한다. 상품생산을 영구화하고 동시에 '화폐와 상품의 대립', 따라서 (왜냐하면 화폐는 이 대립에서만 존재하기 때문에) '화폐 자체'를 폐지하고자 하는 그런 사회주의 말이다. 마찬가지로 사람들은 교황을 폐지하면서 가톨릭을 유지할 수 있을 것이다. 이것에 대한 더 상세한 것은 나의 저서 『정치경제학 비판을 위하여』 p. 61 이하〔MEW 13: 66–77〕를 보라."(MEW 23: 102, 주 40) 주 24를 다 옮긴 것으로는 '1장 상품, 3. 가치형태 혹은 교환가치, C) 일반적 가치형태, 2. 상대적 가치형태의 발전과 등가형태의 발전의 관계'에 있는 옮긴이 주 참조.

　　　　　　　　　　　　『자본』의 첫머리에 대한 주해

맑스는 단순한 가치표현인 'x량의 상품 A＝y량의 상품 B'와 직접적인 생산물 교환인 'x량의 사용 대상 A＝y량의 사용 대상 B'의 차이를 다음과 같이 특징짓는다.

"물건들인 A와 B는 여기서 (즉 직접적 생산물 교환에서—하인리히) 교환 전에는 상품들이 아니고, 교환을 통해서야 비로소 상품들이 된다."(MEW 23: 102)

물론 맑스는 앞선 문단에서 '상품교환과 관련해서' 거의 동일한 진술을 했다. 거기에 의하면, 교환에서야 비로소 노동생산물들이 실제로 상품들로 전화한다(MEW 23: 101 이하). 그러나 다음 문장들을 통해 차이가 분명하게 된다. 즉, 교환의 전제는 단지 사적 소유자들로서의 상호적 승인일 뿐이나, "상호적 낯섦wechselseitige Fremdheit의 그러한 관계"는 "자연발생적 공동체의 구성원들에게"는 존재하지 않는다는 것이다(MEW 23: 102). 교환에 근거하는 사회에서 유용한 물건들이 이미 교환을 고려해서 생산되고, 그 때문에 그 물건들의 가치성격 또한 이미 생산에서 "고려되는" 반면에(MEW 23: 87), 맑스가 여기서 조망하는 "자연발생적 공동체"에서는 그렇지 않다. 전자의 경우에 교환이 '이미 물건들의 상품으로의 전화라는 의도를 가지고 생산된 그런 물건들'을 "실제로" 상품으로 전화시키는 반면에, 이러한 자연발생적 공동체의 경우에 교환은 사용 대상들로부터 새로운 어떤 것을 만든다.[183] 맑스가 강조한 것처럼, 이 때문에 교환관계는 이러한 생산물 교환에서는 또한 완전히 우연적이다. 그리고 교환은 (맑스는 MEW 23의 102쪽 아래에서 동일하게 "상품교환"을 말한다.[184] 더 정확히는, 상품교환으로 발전되는 생

---

183 〔옮긴이〕 "직접적 생산물 교환의 형태는 'x량의 사용 대상 A＝y량의 사용 대상 B'이다. 물건들인 A와 B는 여기서 교환 전에는 상품들이 아니고, 교환을 통해서야 비로소 **상품들**이 된다."(MEW 23: 102, 강조는 옮긴이)

184 〔옮긴이〕 "공동체들이 끝나는 곳에서, 낯선 공동체들 혹은 낯선 공동체들의 구성원들과의

산물 교환을 말해야 할 것이다) 공동체 내부에서가 아니라 서로 다른 공동체들 사이에서 혹은 그것들의 구성원들 사이에서 시작한다. 왜냐하면 그것들 사이에서만, 사적 소유자들로서 승인하는 것의 근간을 이루는 "상호적 낯섦"이 존재하기 때문이다.

그러나 그 후에 공동체들 사이의 교환의 규칙적 반복은 공동체들의 내부에 역효과를 내고, 거기에서도 이제 직접적 필요를 위한 유용성과 교환을 위한 유용성 사이가 구별된다. 더 이상 우연적으로만 규정되지 않는 양적인 교환관계는 가치크기들이 고정되는 것을 초래한다.(이에 대해서 또한 MEW 23의 89쪽에 있는, 다른 맥락에 있으나 내용적으로 완전히 유사한 개요 참조.)[185]

노동생산물의 상품으로의 역사적 전화에 대한 이러한 윤곽 후에, 맑스는 병행적으로 진행하는 상품의 화폐로의 전화에 대한 개요를 적는다.

"직접적인 생산물 교환에서 각 상품은 그 상품의 소유자에게는 직접적으로 교환수단이고, 그 상품을 소유하지 않은 사람에게는 등가물이다. 그러나 그 상품이 그 상품을 소유하지 않은 사람에게 사용가치인 한에서만 말이다. 따라서 교환 물품은 그 자신의 사용가치와 독립적인, 혹은 교환하는 사람들의 개인적 욕구와 독립적인 어떤 가치형태도 아직 지니지 않는다."(MEW 23: 103)

따라서 교환은 정말로 제한되어 있다. 교환의 확장은 일반적 등가물 없이는 불가능하다. 맑스가 밝히길, 그러나 "과제는 그것의 해결의 수단들과 동시에 발생한다."(MEW 23: 103) 자신의 상이한 생산물들을 다른 사람의 상이한 생산물들과 교환하는 것은 모든 이러한 생산물들이 제3의 상품과

그 공동체들의 접촉의 지점들에서, **상품교환**이 시작된다."(MEW 23: 102, 강조는 옮긴이)

185 〔옮긴이〕 "이러한 비율들이 어느 정도 관습적인 고정성을 가질 정도로 성숙하자마자, 이 비율들은 노동생산물들의 본성으로부터 발생하는 것처럼 보인다."(MEW 23: 89)

『자본』의 첫머리에 대한 주해

비교될 때만 일어난다. 그 경우 이 제3의 상품은 임시적으로 일반적 등가형태를 취한다. 역사의 진행에서 상이한 상품들이 이러한 형태〔일반적 등가형태〕를 취했는데, 이것은 일반적 등가형태가 결국 특수한 상품 종류들에 달라붙고, "화폐형태로 결정結晶"(MEW 23: 103)될 때까지 그렇다.

1장에서 가치형태에 대한 절을 주해할 때, "화폐형태의 발생"(MEW 23: 62)의 서술을 화폐의 역사적 발생의 추상적인 모사로 이해했던 '역사성을 강조하는 독해 방식들'을 지적했다.[186] 맑스가 1장에서 형태 발전을 서술하고 2장의 첫머리에서 교환하는 사람들의 행위 문제를 서술한 후에, 여기 MEW 23의 103 / 104쪽에서야 그런 모사가 나타난다. 맑스에게는 분명히 서로 분리되며 논증적 위계를 가진 이러한 **세 가지** 지평들은 '역사성을 강조하는 독해 방식들'에서는 뒤죽박죽이 된다. 그러면 1장과 2장의 상이한 논증 지평들 또한 더 이상 구별될 수 없고, 2장은〔역사성을 강조하는 독해 방식들의〕이러한 저자들 중 많은 이들에게 단지 1장의 "구체화"로만 간주된다. 그러나 이때, 그러한 구체화가 도대체 왜 필요한지는 불분명하게 남는다.

맑스의 개요의 역사적 내용과 관련해 말하자면, 오늘날의 지식 단계에 따르면 화폐 발생은 맑스가 19세기에 존재했던 지식을 토대로 받아들였던 것보다 더 복잡했던 것처럼 보인다. 그래서 예를 들어 폴라니(Karl Polanyi, 1886 - 1964)는 초기의 고도 문명들에서 교환수단, 가치 보존 수단과 같은 상이한 화폐 기능들이 우선 완전히 상이한 담지자들에게 할당되었다는 것을 밝혔다(Polanyi, 1979). 노예들이 화폐 재료로 쓰였다는 주장(MEW 23: 104) 또한 역사적으로 의문의 여지가 있다.

---

186 〔옮긴이〕이 책에 있는 '목차' 부분, '1장 상품, 3. 가치형태 혹은 교환가치, 서론' 부분, '1장 상품, 3. 가치형태 혹은 교환가치, A) 단순한, 개별적인 혹은 우연한 가치형태, 4. 단순한 가치형태의 전체, 전개된 가치형태로의 이행' 부분, '1장 상품, 3. 가치형태 혹은 교환가치, C) 일반적 가치형태, 1. 가치형태의 변화된 성격, 상품형태들의 역사적 출현' 부분 참조.

MEW 23의 104쪽에 있는 두 번째 문단과 세 번째 문단은 귀금속들(금과 은)을 다룬다. 이것들은 화폐형태가 결국 달라붙었던 것들이다. 맑스는 화폐형태가 귀금속들에 달라붙은 원인을 '가치의 현상형태'로서의 화폐의 기능들과 "그것들(귀금속들)의 자연 속성들 사이의 일치"에서 본다. 즉, 가치표현으로 적합하기 위해, '화폐상품의 상품체'의 다양한 표본들은 한결같은 질을 지녀야 한다. 이러한 상품체는 임의적으로 나눠질 수 있어야 하고, 또한 부분들로부터 다시 결합될 수 있어야 한다. 그 모든 것이 귀금속들에게 들어맞는다.

MEW 23의 104쪽에 있는 마지막 두 문단들에서 맑스는 발전된 화폐 관계들에서 화폐가 취하는 속성들을 지시한다. 화폐상품의 사용가치는 이중화된다. 상품체의 속성들에 근거하는 화폐상품의 사용가치와 더불어(이것은 1장의 첫머리에서 이야기된 사용가치이다), 화폐상품의 "사회적 기능들로부터 발생하는 형식적인 사용가치"가 존재한다. 즉, 금의 자연적 속성들을 근거로 사람들은 예를 들어 금으로 이를 때울 수 있다. 그러나 금이 화폐라면, 금은 추가적인 사용가치를 가지는데, 사람들은 금으로 (상품을) "구매"할 수 있는 것이다.

보충: 이러한 진술은 약간 궤변을 늘어놓는 것처럼 들릴지도 모른다. 그러나 화폐 기능들에 대한 계속된 연구와 더불어, 이러한 형식적 사용가치 또한 더 자세히 규정된다. 『자본』 3권의 이자 낳는 자본에 대한 편(5편)에서, 화폐는 "특별한sui generis"(MEW 25: 351) 상품으로 연구된다. 이 상품은 교환 수단으로 사용될 뿐만 아니라 그것 자체가 판매된다.

계속해서 맑스는 개별 상품들이 단지 화폐의 "특수한" 등가물들일 뿐이나, 화폐는 개별 상품들의 "일반적" 등가물이라는 것을 밝힌다. 이로부터 맑스는 "일반적 상품"인 화폐에 대해 개별 상품들이 "특수한 상품들"로 관

『자본』의 첫머리에 대한 주해

계한다고 결론을 내린다.

이것은 무엇을 의미하는가? 특수성과 일반성이란 말은 가치표현의 성격을 겨냥한다. 개별 상품들과 화폐상품은 모두 함께 가치대상들이긴 하나, 개별 상품들은 다만 가치의 특수한 표현들(철, 밀, 혹은 구두약에서 표현된 가치)일 뿐이다. 화폐상품은 특수한 가치표현(금에서 표현된 가치)이 아니라 — 금이 화폐인 한에서 — 가치의 **일반적** 표현, 가치의 직접적 표현이다.(기본적으로 여기서 등가형태의 첫 번째 특성[187]이 일반적 등가형태와 관련해 거론된다. 즉, 사용가치가 가치의 — 일반적 — 표현이 된다.)

5) 화폐형태와 화폐물신 (MEW 23: 105–108)

2장의 나머지에서 사람들은 거의 인용문들로만 이루어진 몇 개의 상당히 긴 주#들을 발견한다. 그것들로 맑스는 화폐에 대한 경제학자들의 상이한 견해들에 대해 짧게 지적한다. 사람들이 인용된 저자들에 더 철저히 몰두할 때만, 이 인용문들에 대한 논의가 의미 있을 것이다. 이 때문에 사람들은 [주석보다] 본문에 있는 맑스 자신의 논증에 집중해야 할 것이다.

첫 번째, 두 번째, 세 번째 문단에서, 맑스는 많은 화폐론들에서 나타나는 기본적인 혼동을 밝힌다.

"교환과정은 그것이 화폐로 전화시키는 상품에게, 그 상품의 가치가 아니라 그 상품의 특수한 가치형태를 부여한다. 두 가지 규정의 혼동은 금과 은의 가치를 가상적인imaginär 것으로 간주하도록 부추긴다."(MEW 23: 105)

맑스는 이미 MEW 23의 63쪽에 있는 주 17에서 경제학자들이 보통 가

---

187 [옮긴이] "사용가치는 그 반대의 현상형태, 즉 가치의 현상형태가 된다."(MEW 23: 70)

치와 가치형태를 혼동한다고 썼다. 가치와 가치형태의 차이는 정확히 밝혀져야 한다.

교환에서 상품들의 사용가치 속성들이 추상되고 상품들이 추상적 인간 노동의 양만을 표현하는 한에서, 상품들은 **가치들**이다. 금이든 철이든 상관없이 모든 상품은 가치대상이다.

상품은 다른 상품들이 특수한 방식으로 그 상품에 관련되기 때문에 특수한 **가치형태**를 가진다. 다른 모든 상품들이 그 상품들 자신의 가치를 표현하기 위한 재료로 금을 이용할 때, 금은 화폐형태를 가진다. 교환에서 철은 금과 아주 똑같이 가치대상이긴 하나, 다른 상품들은 그 상품들의 가치표현으로서의 철에 관련되지 않는다. 따라서 금은 철과 다른 가치형태를 가진다.

단지 화폐상품에 대한 상품들의 관계로부터만 화폐의 특수한 **가치형태**라는 결과가 나오고, 이러한 관계가 원칙적으로 (다른 한 상품이 화폐상품이 될 때) 언제나 변할 수 있기 때문에, 사람들은—가치와 가치형태를 구별하지 못할 때—화폐의 가치가 단지 "가상적"이고 상상된 것일 뿐이라고 생각할 수 있다.

맑스는 또한 두 번째 혼동을 언급한다. 〔이 혼동에 의하면〕 화폐가 특정한 기능들에서 "그것 자체의 표지"를 통해 대체될 수 있기 때문에, 화폐가 "단순한 표지"로 이해되었다. 이것은 무엇을 의미하는가? 금이 화폐상품이긴 하나, 직접적으로 금을 대가로 교환되는 것이 아니라 금의 대변자로 간주되는 지폐를 대가로 교환된다면, 교환은 화폐(따라서 금)가 아니라 단지 "그것 자체의 표지"(화폐로 사용되는 금의 표지)를 대가로만 일어난다. 표지가 화폐로 기능한다. 이로부터 화폐가 일반적으로 단지 표지일 뿐이라는 결론이 내려진다. 그러나 사람들이 화폐를 단순한 표지로 설명한다면, 맑스가 계속하길, 그들은 화폐를 "인간들의 자의적인 반성적 생산물"로, 즉 의식적인 인간의 사고에서 나오는 어떤 것으로 단언하는 것이다(MEW 23:

106).

　다음 문단에서 맑스는 화폐로서의 금의 가치 또한 다른 상품들의 가치와 달리 결정되는 것은 아니라고 지적한 후에, 다음과 같이 요약해서 밝힌다.

　"어려움은 화폐가 상품이라는 것을 이해하는 것이 아니라, 어떻게, 왜, 무엇을 통해 상품이 화폐인지를 이해하는 것에 있다."(MEW 23: 107)

　MEW 23의 105 - 107쪽에 있는 방금 논한 고찰은 화폐**상품**, 여기에서는 금의 존재를 출발점으로 삼는다. **상품**이 화폐로 기능한다면, 다른 상품들의 가치와 아주 똑같이, 화폐상품의 가치는 가상적인 것이 아니다. 그리고 사실 무엇보다, 어떻게 그리고 무엇을 통해 이러한 상품이 화폐가 될 수 있는가가 이해되어야 한다. 개별 나라들의 화폐들이 더 이상 한 상품과 결합되어 있지 않는 현대의 화폐 체계에서 사태는 더 복잡하다.(1장에 있는 화폐형태에 대한 주해 참조.[188]) 물론 비非상품 화폐에서도 다음이 타당하다. 즉, 다른 모든 상품들이 그것들의 가치표현인 비상품 화폐에 관련되기 때문에만, 이러한 비상품 화폐가 '화폐로 기능하는 것'을 할 수 있다는 것이다. 최소한 맑스의 분석의 이러한 핵심은 우리가 화폐상품를 상대하는지 혹은 비상품 화폐를 상대하는지에 의해 영향을 받지 않는다.

　2장의 마지막 문단(MEW 23: 107 / 108)에서는 **화폐물신**이 문제이다. 상품물신과 달리 화폐물신은 단지 매우 짧게 거론될 뿐이다. 그 개념 자체는 2장의 마지막 문장에서 단 한 번 출현할 뿐이다. 상품물신에 대한 절에서 맑스가 우선 무엇이 상품에서 비밀스러운 것인지 묻고, 말하자면 독자들의 손을 잡고, 그들과 함께 점차 이러한 비밀스러운 것과 그것의 결과들을 탐색하는 반면, 화폐물신에서 이것은 매우 빨리 진행된다. 명백히 맑스는 그가 중단 없이 상품물신의 서술을 이을 수 있다고 믿는다. 이 때문에 사람

---

188 〔옮긴이〕이 책에 있는 '1장 상품, 3. 가치형태 혹은 교환가치, D) 화폐형태' 부분 참조.

들은 상품물신에서 무엇이 다뤄졌는지를 생각해 내야 할 것이다.

이 마지막 문단에서 맑스는 어떻게 화폐물신이 교환과정으로부터 발생하는지를 추적한다. 이를 위해, 맑스는 가치형태 분석, 따라서 교환과정을 추상한 상품들의 가치관계에 대한 1장의 고찰로까지 되돌아간다. 이미 단순한 가치형태에서 등가물로 기능한 상품은 등가형태를 "사회적인 자연 속성으로서" 지니는 것처럼 보였다(MEW 23: 107).(이 표현에 관해서는 맑스가 이 표현을 처음으로 사용한 곳인 MEW 23의 86쪽에 대한 주해 참조.[189])

단순한 가치형태를 분석할 때, 맑스는 다음과 같이 말했다. "등가형태는 수수께끼 같다. 이 형태가 완성되어 화폐에서 정치경제학자의 앞에 나서자마자, 등가형태가 비로소 정치경제학자의 부르주아적으로 조야한 시선에 찾아든다."(MEW 23: 72) 즉, 물건들의 속성들은 그 물건들의 다른 물건들에 대한 관계들로부터 발생하는 것이 아니기 때문에, 등가물로 기능하는 상품 또한 등가형태를 "원래 지니는" 것처럼 보인다(MEW 23: 72).

"우리는 거짓 외관의 확립을 추적했다. 일반적 등가형태가 특수한 상품 종류의 현물형태와 하나로 합쳐지거나 화폐형태로 결정結晶되자마자, 이 외관은 완성된다."(MEW 23: 107)

외관은 "거짓"이다. 왜냐하면 그것은 실제적 관계를 전도하기 때문이다. 즉, 관계의 결과는 관계와 **독립적으로**, 물건의 대상적 속성으로 나타난다. 단순한 가치형태에서 이 외관은 아직 "확립"되지 않았다. 즉, 우리가 단지 두 상품만 고찰한다면, 한 상품은 다른 상품이 그 한 상품에 관련되기 때문에만 등가물이라는 것이 분명하다. 그러나 다른 모든 상품들이 관련되는 상품, 즉 화폐의 경우는 다르다.

---

189 〔옮긴이〕 이 책에 있는 '1장 상품, 4. 상품의 물신성과 그것의 비밀, 1) "노동생산물이 상품 형태를 취하자마자, 노동생산물의 수수께끼 같은 성격"은 어디에서 나오는가?' 부분 참조.

『자본』의 첫머리에 대한 주해

"다른 상품들이 그것들의 가치들을 한 상품에서 전면적으로 표현하기 때문에 그 상품이 비로소 화폐가 되는 것처럼 보이는 것이 아니라, 거꾸로 그 상품이 화폐이기 때문에 다른 상품들이 그것들의 가치들을 그 상품에서 일반적으로 표현하는 것처럼 보인다. 매개하는 운동은 그 운동 자신의 결과에서는 사라지고 어떤 흔적도 남기지 않는다."(MEW 23: 107)

마지막 문장은 무엇이 화폐물신만이 아니라 상품물신의 기초도(후에 분명해질 것처럼 자본물신의 기초도) 이루는지를 정확히 표현한다. 즉, 사회적 매개의 **결과**인 것은 매개가 더 이상 가시적이지 않는 그런 방식으로 표현된다. 그것은 매개되지 않은 것처럼 보인다. 그것이 단지 이러한 매개 때문에만 지니는 속성들은, 그것에게 이미 사물로서 부여된 것처럼 보인다. 이러한 속성들의 원인이 질문된다면, 매개하는 운동은 시야에 들어오지도 않는다.

여기서 또한 화폐의 사용이 인간들이 화폐가 무엇인지를 **아는** 것을 결코 전제하지 않는다는 것이 분명하게 된다. 인간들은 그들의 상품들을 이 상품들의 일반적 가치표현인 한 상품에 항상 다시 관련시킴으로써, 이러한 상품을 화폐로 만든다. "그들은 그것을 알지 못하나, 그것을 행한다."(MEW 23: 88) 상품물신에 대한 절에서와 똑같이 우리는 이와 같이 잘 정식화할 수 있을 것이다.

상품물신에 대한 절에서 맑스는 또한 정치경제학의 연구들이 "완성된 결과들"(MEW 23: 89)을 출발점으로 삼으나, "완성된 형태—화폐형태"가 "사적 노동들의 사회적 성격, 따라서 사적 노동자의 사회적 관계들을 드러내는 대신에 사물적으로sachlich 은폐한다"고 밝혔다(MEW 23: 90). 정치경제학은 사회적 매개의 결과들을 매개된 결과들로 이해하지 않고 이 결과들을 출발점으로 삼는다. 그래서 이 결과들의 내용을 묻는 질문에 대한 정치경제학의 대답들은 (대부분) 물신주의의 한계 내부에 머무른다.(상품물신에 대한 절의 결론 참조.)

맑스는 '이런 외관상 매개되지 않은 것'의 원인을 묻는 질문(따라서 왜 이러한 상품, 예를 들어 금이 화폐인가 하는 질문)에 대한 대답들의 하나를 언급한다.

"이러한 물건들, 금과 은은 그것들이 대지의 내부로부터 나오자마자 모든 인간 노동의 직접적 화신이다. 이 때문에 화폐의 마술이 생긴다."(MEW 23: 107)

"모든" 노동은 상품을 생산하는 모든 노동을 의미한다. 왜냐하면 그런 노동의 생산물들만이 화폐와 교환되기 때문이다. 금과 은이 원래 화폐라는 것은 통용되는 화폐 설명들의 하나일 뿐이었다.(그것은 오늘날 더 이상 어떤 큰 역할도 하지 못한다.) 맑스는 다른 설명을 MEW 23의 105/106쪽에 있는 문단에서 언급했었다. 즉, 화폐가 단지 표지일 뿐이고, 표지의 사용이 협정 혹은 자의적인 규정에 근거한다는 견해 말이다. 이러한 두 가지 기본적인 견해들은 "금속주의"와 (화폐론적) "명목론"으로도 불린다. 이 마지막 문단에서 단지 금속주의만 언급될지라도, 맑스가 두 가지 견해들에 반대한다는 것을 중요하게 봐야 한다. 두 가지 견해들 모두에게는, 이 견해들이 어떤 것을 화폐로 만드는 매개하는 운동을 시야에 두는 것이 아니라 대리물을 내세우는 것이 문제이다. 즉, 한 번은 금과 은을 가치의 직접적 형상으로 만들 **자연**이 존재하고, 한 번은 규정을 통해 모든 것을 화폐로 만들 수 있는 **사회**(혹은 국가기관)가 존재하는 것이다. MEW 23의 107/108쪽에 있는 문단의 말미에서 맑스는 두 가지 견해들에 의해 감춰진 '매개하는 운동'의 토대를 다음과 같이 언급한다.

"그들의 사회적 생산과정에서 인간들의 단순히 원자론적인 행동은, 그리고 따라서 '그들의 통제와 그들의 의식적인 개인적 행위로부터 독립적인, 그들 자신의 생산관계들의 사물적sachlich 형상'은 우선 그들의 노동생산물들이 일반적으로 상품형태를 취하는 것에서 나타난다. 이 때문에 화폐물신의 수수께끼는 단지 상품물신의 가시적으로 된, 눈을 현혹시키는 수수께끼일 뿐이다."(MEW 23: 107 이하)

"그들의 사회적 생산과정에서 인간들의 …… 원자론적인 행동", 따라서 그들의 노동을 서로 독립적인 사적 노동으로 지출하는 것은 단지 경제적 교류의 매개로서의 교환을 허용할 뿐이고, 따라서 노동생산물들을 상품들로 만든다. 그러나 상품들이 일반적 등가물에(일반적 등가물이 한 상품에 유착했을 때 그것은 화폐이다) 공통적으로 관련될 때만, 상품들은 가치들로서 포괄적으로 서로 관련될 수 있다. 그런 한에서 맑스는 "화폐물신의 수수께끼"는 단지 가시적으로 된 "상품물신의 수수께끼"일 뿐이라고 쓸 수 있었다. 이러한 마지막 진술은 여전히 옳다. 우리가 상품화폐를 상대하든, 상품을 통해 보증되어 있지 않고 따라서 단지 화폐상품의 대변자일 뿐인 것이 아닌 그런 비상품 화폐, 가령 국가 지폐를 상대하든 말이다. 화폐상품이 사라진다고 해서 화폐물신이 결코 사라지는 것은 아니다.

부록

용어집

참고 문헌

옮긴이의 말

부록 1

맑스의 경제학 비판 저작들

『자본』의 계획된 세 가지 "이론적" 책Buch 중에서, 맑스는 단지 자본의 생산과정에 대한 첫 번째 책만 출판할 수 있었다. 〔자본의〕 유통과정과 〔자본주의적 생산의〕 총과정에 대한 두 개의 다른 책들은 미완성으로 남았다. 그것들은 맑스의 사후 프리드리히 엥엘스에 의해 간행되었다. 정치경제학의 역사를 다룰, 계획된 네 번째 책을 위해서는 원고조차 존재하지 않는다. MEW 26.1, 26.2, 26.3에서 "『자본』의 네 번째 권Band"이라는 부제로 출판된 『잉여가치에 대한 이론들』은 이 네 번째 책을 위한 초안이 아니다. 즉, 거기서는 단지 범주의 (미완성의) 역사만 다뤄질 뿐이다.[190]

20세기에 다수의 일련의 맑스의 수고들Manuskripte이 처음으로 출판되었다. 그것에 뒤따르는 논쟁들에서, 이러한 수고들의 도움으로 『자본』의 결함과 불명료함을 메우려고 시도되었다. 그러나 이 수고들과 『자본』 사이의 시간 간격 및 이 수고들 자체의 발생 맥락은 자주 다소 무시되었다. 맑스가 정치적이고 학문적으로 활동적이었던 40년 이상의 기간 동안, 그는 지적

---

190 〔옮긴이〕 이 책에 있는 '1판 서문, 6) 세 권으로 된 『자본』' 부분 참조.

인 발전을 겪었고 자신의 견해들 중 많은 것을 바꾸었다. 이것은 다음과 같이 빈번히 토론된 문제와 독립적으로 타당하다. 즉, 맑스의 견해들의 발전이 오히려 지속적인 발전이었는지, 혹은 그것이 한 번 또는 여러 번의 깊은 단절을 통해 특징지어진 것인지 하는 문제 말이다. 왜냐하면 지속적인 발전 또한 변화를 가정하기 때문이다. 이 때문에 다음에서는, 경제학 비판에 몰두한 맑스의 가장 중요한 텍스트들의 맥락의 개요를 짧게 적을 것이다. 제목 다음에 나오는 연도는 텍스트가 생겨난 해를 표시하고, 맑스에 의해 출판된 텍스트의 경우에는 출판연도를 표시한다.

맑스는 본과 베를린에서 법학을 공부했으나, 특히 철학과 역사에 몰두했다. 그는 헤겔의 철학과 (헤겔의 철학을 정치적으로 급진화하려고 시도했던) 청년헤겔파에 의해 매우 강하게 영향을 받았다. 대학 공부 이후 1842 / 43년 맑스는 프로이센의 절대주의에 반대하고 결국 금지당한 자유주의적 《라인신문Rheinische Zeitung》의 편집장으로 일했다. 이 시기에 그는 처음으로 경제적 문제들에 몰두해야 했다. 《라인신문》이 최후를 맞은 후에 맑스는 파리로 갔고, 아르놀트 루게(Arnold Ruge, 1802‐1880)와 게오르크 헤르베크 (Georg Herwegh, 1817‐1875)와 더불어 《독일‐프랑스 연보Deutsch‐Französische Jahrbücher》를 발행했다. 그러나 그중에서 단지 한 권만 1844년에 출판되었다. 거기에 맑스는 두 글을 발표했다. 「유대인 문제에 대하여Zur Judenfrage」와 「『헤겔의 법철학에 대한 비판』 서론Zur Kritik der Hegeischen Rechtsphilosophie. Einleitung」이 그것이다.(두 글 모두 MEW 1과 MEGA Ⅰ/2에 있다.) 게다가 《독일‐프랑스 연보》는 또한 프리드리히 엥엘스의 글 「국민경제학 비판을 위한 개요Umrisse zu einer Kritik der Nationalökonomie」를 포함하고 있다(MEW 1; MEGA Ⅰ/3). 맑스가 엥엘스의 글을 통해 얼마나 강하게 자극받았는지는 『자본』에서도 알 수 있다. 거기서 맑스는 엥엘스의 글을 여러 번 인용한다.

1843 /44년에 맑스는 최종적으로 청년헤겔파와 등졌고, 이제 루드비히 포이어바흐의 철학이 맑스에게 강력한 영향을 주었다. 헤겔의 "관념론적"

철학의 중심에 "정신"의 다양한 형상들이 있었던 반면, 포이어바흐는 "인간 본질"의 "유물론적" 철학을 구상했다. 그는 이성이 아니라 "감성"을 인간 본질의 가장 중요한 특징으로 강조했다. 이 토대에서 포이어바흐는 헤겔의 철학과 종교에 대한 비판을 제시했다. 이 비판을 근거로 삼아서 맑스는 이제 처음으로 더 상세하게 정치경제학에 몰두했고, 아담 스미스, 데이비드 리카도, 제임스 밀(James Mill, 1773‒1836)의 저작들을 공부했다.

『경제학‒철학 수고』

Ökonomisch - philosophische Manuskripte

1844년 여름—MEW 40, MEGA 1/2

맑스가 제목을 붙이지 않은 이 글은 "파리 수고" 또는 "국민경제학과 철학"이란 제목으로도 알려졌다. 이 글은 1932년 처음으로 출판되었다. 이 수고는 미완성이며, 또한 몇 부분들이 분실되었다. 서문에서 맑스는 포이어바흐의 의미를 강조한다. 즉, "실증적 비판 일반, 따라서 또한 국민경제학에 대한 독일의 실증적 비판, 이 비판의 진정한 정초는 포이어바흐의 발견들 덕분이다."(MEW 40: 468) 맑스는 포이어바흐의 인간 본질 개념을 확장한다.(맑스에게 인간의 본질적 힘의 대상화인 노동이 중심에 있고, 그것을 근거로 해서 역사성이 중심에 있다. 왜냐하면 인간의 본질적 힘이 역사적으로 전개되기 때문이다.) 그리고 그는 철학에 대한 포이어바흐의 비판을 경제로 전용轉用한다. 즉, 자본주의에서 사람들이 자신의 노동을(노동의 생산물도 노동과정도) 마음대로 다룰 수 없기 때문에, 그들이 자신의 실제적인 인간 본질로부터 "소외되어" 있다는 것이다. 이와 달리, 공산주의는 이러한 권한을 복원시키고, 이러한 소외의 지양이라는 것이다. 맑스는 국민경제학을 비판한다. 왜냐하면 국민경제학은 자본주의에 존재하는 소외된 상태를 소외된 상태로 인식하는 것이 아니라 자연적인 상태로 간주하기 때문이다. 이 때문에 국민경제학은 소외 내부의 학문일 뿐이라는 것이다.

1844년 가을 맑스는 『신성가족 혹은 비판적 비판의 비판Die heilige Familie oder Kritik der kritischen Kritik』을 썼다(MEW 2). 이 글은 1845년 맑스와 엥엘스의 이름으로 출판되긴 했으나, 엥엘스는 작은 부분만을 썼다. 포이어바흐의 철학에 의지해서 맑스는 청년헤겔파에 절멸적 비판을 가했다. 그러나 맑스가 후에 포이어바흐와의 깊은 관계를 언급한 것과 같은 이러한 "포이어바흐 숭배"는 1845년에 끝난다(1867년 4월 24일 엥엘스에게 보내는 편지, MEW 31: 290).[191] 이제 포이어바흐도 포함하는 청년헤겔파에 대한 갱신된 비판이 수행되는 것이다.

「포이어바흐에 관한 테제」

Thesen über Feuerbach

1845년 봄—MEW 3, MEGA IV/3

『독일이데올로기』

Die Deutsche Ideologie

1845/46년, 프리드리히 엥엘스와 공동으로 씀—MEW 3[192]

---

191 〔옮긴이〕"그〔쿠겔만〕는 우리 둘이 모은 것보다 훨씬 더 나은, 우리 저작의 모음을 가지고 있다네. 여기서 또한 나는 그가 나에게 선물했고 그가 자네에게 한 부를 보낼 『신성가족』을 다시 발견했네. 나는 포이어바흐 숭배Feuerbachkultus가 이제는 사람들에게 매우 우스꽝스러운 인상을 줄지라도, 우리가 그 저작에 부끄러워할 필요가 없다는 것을 발견하고는 기분 좋게 놀랐네."(MEW 31: 290)

「테제」는 1888년 엥엘스에 의해 (약간 변형된 원고로) 처음으로 출판되었다. 『독일이데올로기』는 1932년에 출판되었다. 두 글에서 포이어바흐의 인간 본질의 철학이 비판된다. "본질"과 "소외"는 철학적 가정으로 거부되고, 그 대신 실제적인 경제적 관계들이—생산력들과 생산관계들이—분석된다. 즉, 청년헤겔파의 역사 이해뿐 아니라 포이어바흐의 역사 이해는 이제 "관념론적"인 것으로(이것은 "실제적" 전제들을 근거로 삼지 않았다는 것을 말한다) 비판된다. 그것들에 "유물론적" 역사 이해가 맞세워진다.

맑스가 자기 자신의 발전 과정의 개략을 짧게 그린 『정치경제학 비판을 위하여』(1859)의 서문에서, 그는 『독일이데올로기』에 대해 다음과 같이 썼다. 즉, 그와 엥엘스에게 "우리의 이전의 철학적 양심을 청산하는" 것이 문제였다는 것이다(MEW 13: 10). 『독일이데올로기』에서 무엇보다 포이어바흐가 "청산"되기 때문에, 사람들은 맑스가 "이전의 철학적 양심"이란 말로 1844년에 맑스에게 그렇게 큰 역할을 했던 포이어바흐의 철학을 의미했다고 추론할 수 있다. 맑스의 계속되는 모든 저작들에서 "인간 본질"은 더 이상 이야기되지 않는다. 소외는 단지 아주 드물게 이야기될 뿐이다. 이때 이 표현은 '자신의 어떤 것'에 낯설게 된다는 아주 일반적인 의미에서만 사용되고, "본질"의 소외로는 더 이상 사용되지 않는다.

20세기에 벌어진 맑스에 대한 토론들에서 『독일이데올로기』가 실제로 맑스의 발전에서 그런 단절을 나타내는지 하는 것에 관해 이론異論이 분분했다. 특히 루이 알튀세르(Louis Althusser, 1918 - 1990)가 강조한, 맑스의 이론 발전 내부에서 단절이 존재한다는 이해에 맞서(Altusser, 1965; Althusser / Balibar, 1965), 포괄적인 연속성이 존재한다는 것이 자주 주장되었다. 물론 이러한 연속성 테제는 완전히 상이하게 근거 지어졌다. 한편으로 "인간 본

---

192 〔옮긴이〕 2017년 출판된 Marx-Engels-Gesamteausgabe² Ⅰ/5에 『독일이데올로기』의 새로운 편집본이 실려 있다.

질"이라는 표상이 맑스에게 그 의미를 계속 유지하며, 『자본』에서 이야기되는 "물신주의"가 "인간 본질의 소외"에 다름 아니라고 주장되었다(예를들어 Schmied-Kowarzik, 1981). 다른 한편으로 심지어 이미 『경제학-철학수고』에서 맑스가 설명하지 않은 채로 포이어바흐를 비판했고, 인간 본질이라는 표상을 사실상 극복했다고 판단되었다(예를 들어 SOST, 1980). 두 견해들은 기본적인 연속성을 주장했다.(이때 무엇이 연속적이어야 하는지는 완전히 상이하게 규정된다.) 그러나 이것들은 그러면 맑스와 엥엘스가 자신의 진술에 따라 『독일이데올로기』에서 청산한 "철학적 양심"이 어디에 존재했어야 하는지를 규정하는 데 어려움을 가진다.[193]

『철학의 빈곤』

Das Elend der Philosophie

1847년—MEW 4

프랑스의 사회주의운동에서 상당히 영향력이 있었던 피에르-조제프 프루동은 1846년 그의 이론적인 주저 『경제적 모순들의 체계 혹은: 빈곤의 철학System der ökonomischen Widersprüche oder: Philosophie des Elends』을 출판했다. 경제학적으로 얼치기 학식과 도덕적-종교적 격정에 흠뻑 젖은 이 저작에 맑스는 『철학의 빈곤』으로 답했다. 맑스는 『독일이데올로기』에서 발전된 유물론적 역사 이해와 데이비드 리카도의 경제이론을 토대로 프루동을 비판

---

193 나는 내 글에서 청년 맑스의 발전에 대해 상세하게 서술했다(Heinrich, 1999: 3장, 4장). 거기서 또한 『독일이데올로기』가 사실상 맑스의 초기 저작들의 철학적 구상들과의 단절을 표현한다는 것이 설명되었다. 물론 새로운 이론장theoretisches Feld으로의 이행은 『독일이데올로기』로 끝나는 것이 아니라 1857년의 「서설」로 비로소 끝난다. 그 후 1857년부터 맑스는 이러한 새로운 장에서 그의 "정치경제학 비판"을 정식화한다.

한다. 맑스는 리카도의 경제이론을 자본주의의 작동 방식에 대한 전반적으로 정확한 분석으로 파악한다. 이 시기에 리카도에 대한 맑스의 주된 비판은 리카도가 자본주의의 역사성을 인식하지 못했고 그 대신 자본주의를 인간들의 자연적인 생산양식으로 간주했다는 것에 있다. 여기서 맑스는 기존의 정치경제학을 비판적 의도로 **이용한다**. 그러나 맑스는 〔이후의〕 정치경제학에 대한 자신의 비판으로부터 아직 멀리 떨어져 있다.

『임금노동과 자본』

Lohnarbeit und Kapital

1847년―엥엘스가 1891년 편집한 판이 MEW 6에 실림

〔여기서〕 맑스가 1847년 브뤼셀Brüssel 노동자협회에서 행한 강연들이 문제이다. 맑스는 1849년 이 강연들을 《신라인신문Neue Rheinische Zeitung》에서 사설들로 발표했다. 엥엘스는 1891년 이 사설들을 팸플릿으로 출판했고, 전문용어를 『자본』에 맞추었다.[194] 논증은 단순하고 명료하게 수행되어 있다. 그러나 『철학의 빈곤』에서와 유사하게, 정치경제학 비판이 아니라 리카도의 정치경제학이 여전히 그 사설들의 기초를 이룬다.

『공산주의당 선언』

Manifest der kommunistischen Partei

---

194 〔옮긴이〕 예를 들어, 맑스가 『임금노동과 자본』을 썼을 때, 아직 노동과 노동력을 구분하지 않은 반면, 『자본』에서 맑스는 노동과 노동력을 구분한다. 따라서 엥엘스는 1891년 『임금노동과 자본』을 발행할 때, 『자본』의 이러한 용어법을 따랐다.

혹은

『공산주의 선언』

Kommunistisches Manifest

1848년—MEW 4[195]

국제적인 노동자동맹인 "공산주의자들의 동맹Bund der Kommunisten"은 맑스와 엥엘스에게 선언의 작성을 위임했다. 이 글은 이 두 사람의 이름으로 출판되긴 했으나, 맑스만이 〔실제적〕 저자였다. 자본주의의 발전에 대한 개요는 "지금까지의 사회의 역사는 계급투쟁들의 역사다"라는 유명한 문장으로 시작한다(MEW 4: 462). 계급투쟁들은 역사 발전의 원동력으로 간주된다. 자본주의는 부르주아지(자본가들)와 프롤레타리아트(임금노동자들)의 계급 대립을 통해 특징지어져 있다. 즉, 부르주아지가 자본주의를 발전시킴으로써, 부르주아지는 프롤레타리아트를 통해 그 자신의 매장자를 생산할 것이라는 것이다. 프롤레타리아트는 생존할 수 있기 위해서 자본주의를 극복해야 하는데, 왜냐하면 자본주의는 착취되는 계급의 생존을 결코 보장할 수 없기 때문이라는 것이다. 『자본』과 달리 『선언』에서 맑스는 여전히 절대적 궁핍화 경향을 근거로 삼았다.(노동자계급의 상태가 상대적으로만이 아니라, 장기적으로 절대적으로 악화될 것이라는 것이다.) 더 이른 저작들에서와 같이 여기에서도 정치경제학은 단지 비판적으로 사용될 뿐이다. 하지만 아직 그것 자체에 비판이 가해지지 않는다.

혁명의 해인 1848년에 맑스는 독일로 돌아왔고 새로 창간된《신라인신

---

195 〔옮긴이〕『공산주의당 선언』과 『공산주의 선언』의 제목 차이에 대해서는 이 책에 있는 '1장 상품, 4. 상품의 물신성과 그것의 비밀, 3) 가치에 대한 지식과 "대상적 외관"'에 있는 옮긴이 주 참조.

문》의 편집권을 넘겨받았다. 그러나 혁명의 패배 이후 맑스는 독일을 떠나야 했다. 그는 우선 파리로 갔으나, 거기서도 추방되었다. 1849년 그는 런던으로 이주했고, 거기서 그의 삶의 마지막까지 머물렀다. 여기서 맑스는 우선 혁명적 사건들과 혁명의 실패를 분석적으로 이해하려고 시도했다. 연속 기사인 『1848년부터 1850년까지 프랑스에서의 계급투쟁들Die Klassenkämpfe in Frankreich 1848 bis 1850』(1850년—MEW 7; MEGA Ⅰ/10)에서, 그리고 『루이 나폴레옹의 브뤼메르 18일Der achtzehnte Brumaire des Louis Napoleon』(1852년—MEW 8; MEGA Ⅰ/11)에서, 그는 1848년과 1851년 루이 나폴레옹(Louis Napoleon, 1808-1873)의 쿠데타까지의 기간 사이에 프랑스에서 일어난 전개를 연구했다. 첫 번째 작업의 결과들의 하나는 1848년의 혁명이 또한 1847/48년의 심각한 경제위기의 결과였다는 것이었다. 맑스는 즉시 그것을 다음과 같이 일반화했다. 즉, 그는 바로 다음의 위기와 함께 다음의 혁명 또한 올 것이라고 기대했다. 특히 위기와 혁명 사이의 이렇게 추측된 관계는 맑스가 갱신된 경제 연구들을 하도록 동기를 부여했다. 런던은 이 연구들을 위한 탁월한 장소로 드러났다. 이 시기에 영국은 가장 발전된 자본주의 나라였고, 런던은 이 나라의 중심이었다. 의회와 신문들에서 경제적 질문들에 대한 폭넓은 논쟁들이 벌어졌고, 대영박물관에는 이 시기에 세계적으로 가장 방대한 경제학 도서관이 있었다. 1859년에 맑스는 다음과 같이 회고하면서 썼다.

"대영박물관에 축적되어 있는 정치경제학의 역사에 대한 엄청난 자료, 부르주아사회의 관찰을 위해 런던에 허락된 유리한 관점, 마지막으로 캘리포니아와 호주의 금의 발견으로 부르주아사회가 들어선 것처럼 보인 새로운 발전단계는 내가 완전히 처음부터 다시 시작하도록 했고 새로운 자료를 비판적으로 뚫고 나아가도록 했다."(MEW 13: 11)

이러한 새로운 시작의 결과로 방대한 발췌 노트들이 생겼다. 그러나 맑스는 자신의 시야를 확장했을 뿐만 아니라, 이제야 점차로 고전 정치경제학의 범주들에 대한 비판을 발전시켰다. 지금까지처럼 이러한 범주들을 단지 비판적 의도에서 이용하는 것 대신 말이다.(이 차이에 관해서 주 32에 대한 주해 참조.) 이미 1850년대 초반에 맑스는 포괄적인 경제학 비판을 쓰려고 계획했으나, 1857년에서야 그는 실제로 그가 "정치경제학 비판"으로 부른 시도를 시작했다. 일련의 수고들이 생겼으나, 그것들은 끝마쳐지지 않았다. 즉, 그것들을 인쇄를 위해 마무리 손질을 하려고 시도할 때 항상 다시 새로운 문제들이 출현했고(혹은 낡은 문제들을 새롭게 해결하려고 시도했고), 인쇄할 준비가 된 텍스트 대신에, 새로운 개정을 필요로 하는 연구 과정의 프로토콜이 발전되었던 것이다.

「서설」
Einleitung
1857년 8월/9월—MEW 42, MEGA II /1.1

여기서 '맑스가 이다음에 곧바로 쓰는 『정치경제학 비판 요강』'에 대한 서설이 문제인 것이 아니라, '맑스가 계획한 거대한 저작'에 대한 서설이 문제이다. 『요강』 또한 그 저작의 일부만을 이루는 것이다. 「서설」은 무엇보다 "추상적인 것에서 구체적인 것으로의 상승"의 방법에 대한 고찰로 유명하다. 그러나 경제학 비판의 완성 이전에 쓴 이러한 논의는, 이것은 대부분 그러한 경우인데, 방법에 대한 맑스의 최종 결정으로 이해되어서는 안 된다. 여기서 오히려 맑스의 지금까지의 연구를 근거로 해서 논의를 요약하는 것이 문제인 것이다. 맑스의 방법적 절차는 그 후 현저히 수정된다.

1857년 가을, 심각한 경제위기가 전개될 것이라는 것이 분명하게 되었다. 그리고 이것은 마침내 맑스가 오랫동안 계획한 경제학 비판의 집필을 시작하도록 했다. 맑스는 위기의 결과로 혁명을 기대했기 때문에, 자신의 책이 너무 늦게 나올 수 있다는 걱정으로 괴로워했다(1858년 2월 22일 라살레에게 보낸 편지 참조, MEW 29: 551).[196] 맑스의 엄청난 노력으로, 밥벌이로서의 신문기자 활동과 계속된 연구와 나란히, 단 몇 달 후에 방대한 원고가 생겼다.

『정치경제학 비판 요강 (초고)』

Grundrisse der Kritik der politischen Ökonomie (Rohentwurf)
1857/58년, 최초 출판은 1931–1941년—MEW 42, MEGA II /1.1–1.2

맑스는 이 원고에 제목을 붙이지 않았다. 그것은 또한 제대로 된 첫머리를 가지지 않는다. 이 원고는 맑스가 프루동의 한 제자의 책과 대결하면서 생겼다. 이 원고에서 연구 과정과 서술 과정은 끊임없이 서로 뒤섞인다. 왜냐하면 맑스는 서술을 시도할 때서야 비로소, 수많은 관련들이 그에게 아직 얼마나 불분명한지를 인식하기 때문이다. 이후의 『자본』 전 3권의 **주제에 따른** 구조가 이미 이 원고에서 대강 인식될 수 있다. 즉, 생산과정, 유통과정, 총과정(이 원고에서는 아직 '자본과 이윤') 말이다.[197] 그러나 맑스는 아직 수많은 어려움과 씨름한다. 『자본』에서 다루어진 많은 주제들이 아직

---

196 〔옮긴이〕"어쨌든, 제가 15년의 연구 후에 일에 착수할 수 있을 만큼 된 지금, 외부의 급격한 운동들이 아마 발생할 것이라는 예감이 듭니다. 신경 쓰지 마세요. 그런 종류의 일에 세상이 주목하게 하는 데서 제가 너무 늦게 끝낸다면, 명백히 제 잘못입니다."(MEW 29: 551)

197 〔옮긴이〕『자본』 1권의 제목은 "자본의 생산과정", 2권의 제목은 "자본의 유통과정". 3권의 제목은 "자본주의적 생산의 총과정"이다. 『요강』은 "화폐에 대한 장"과 "자본에 대한 장"으로 구분되어 있으며, "자본에 대한 장"은 다시 "자본의 생산과정", "자본의 유통과정", "수익을 낳는 것으로서의 자본, 이자, 이윤, (생산 비용 등)"으로 구분되어 있다. "자본에 대한 장" 내의 구분은 원고에서 내용상으로는 존재하나, 맑스는 "자본에 대한 장"을 분명하게 구별하지 않았고, 소주제별 표제도 달지 않았다(MEW 42: 851, 주 109).

전혀 거론되지 않는다. 그 대신 이후에 더 이상 출현하지 않는 일련의 고찰이 이 원고에 존재한다.

이 원고에서만 (하나의 유일한 곳에서) 일종의 "붕괴론"을 발견할 수 있다. 즉, 생산력 발전 때문에 생산에 지출된 살아 있는 노동이 점점 덜 중요해지나, 바로 이 노동이 자본주의적 생산의 토대를 형성한다는 것이다. 살아 있는 노동의 축소와 더불어 자본주의적 생산양식은 붕괴하지 않을 수 없다는 것이다(MEW 42: 600–602; MEGA Ⅱ/1.2: 581 이하). 이와 달리, 『자본』에서 생산력 발전은 '자본의 내재적 경향'으로 서술되고, 이 경향은 결코 자본주의적 생산양식의 붕괴로 귀결되는 것은 아니다.[198]

『요강』을 작업하는 동안에서야 비로소 맑스는 자신의 서술을 위한 명확한 계획을 발전시킨다. "정치경제학 비판" 전체는 여섯 책Buch으로 이루어질 것이었다. 자본에 대한 책에 이어 토지 소유, 임금노동, 국가, 대외무역, 세계시장에 대한 책이 따라올 것이었다. 자본에 대한 책에 대해서 (다수 자본들의 운동을 추상한 자본의 모든 본질적인 규정들이 서술되어야 하는) "자본 일반"과 (자본의 규정들이 관철되는) "다수 자본들의 경쟁"의 구별이 중심적인 의미를 가진다. 경쟁이 자본주의의 현상들을 설명할 수 있는 것이 아니라 그 자체 설명을 필요로 하는 내용을 가진다는 통찰이 이러한 구별의 근간을 이룬다.

페르디난트 라살레가 주선해서 맑스는 방대한 저작을 연속된 개별 분책Heft으로 내어놓을 준비가 된 독일 출판인을 구했다. 1858년 하반기에 맑스는 첫 번째 분책의 준비에 착수했다.

---

198 로베르트 쿠르츠 혹은 안토니오 네그리(Antonio Negri, 1933–)와 같은 아주 상이한 저자들이 관계하는, 『요강』에 있는 붕괴론적 접근은 『자본』에서 극복되는 불충분한 분석의 결과이다(Heinrich, 1999: 349 이하 참조).

『정치경제학 비판을 위하여』 원문』

Unrtext von Zur Kritik der politischen Ökonomie

1858년, 최초 출판은 『요강』의 부록으로 1941년—MEGA II/2

주제에서 볼 때, 이 원고는 상품과 화폐에 대한『자본』1권의 1장, 2장, 3장의 주제를 포괄한다. 그러나 이 원고의 첫머리는 분실되었다. 이 원고는 무엇보다 보존되어 남아 있는 부분이 단순 유통에서의 전유 법칙에 대한 서술 및 화폐에서 자본으로의 이행에 대한 서술을 지니고 있기 때문에 중요하다. 즉, 맑스가 이후의 모든 서술에서 빠뜨린 두 절節 말이다.[199]

『정치경제학 비판을 위하여. 1 분책』

Zur Kritik der politischen Ökonomie. Erstes Heft

1859년—MEW 13, MEGA II/2

이것은 맑스가 계획한 분책 시리즈 중에서 첫 번째 분책이고 유일하게 남아 있는 분책이다. 이 분책의 서문에 유물론적 역사 이해에 대한 자주 인용되고 극도로 간결한 (그리고 이 때문에 조심해서 이용해야 하는) 개요가 있다.(1장의 물신 절에 대한 주해에서 이를 논했다.[200]) 1분책의 대상은 상품과 화폐, 따라서『자본』1권의 1장, 2장, 3장의 주제이다. 그러나 이때 몇 가지 중

---

199 〔옮긴이〕『『정치경제학비판을 위하여』 원문』의 현존하는 부분은 "2장 화폐"와 "3장 자본"으로 이루어져 있고, "2장 화폐"는 여섯 개의 절로 구분되어 있다. 여기서 5절의 제목이 "단순 유통에서의 전유 법칙의 현상"이고, 6절의 제목이 "자본으로의 이행"이다.

200 〔옮긴이〕이 책에 있는 '1장 상품, 4. 상품의 물신성과 그것의 비밀, 7) 종교와 생산양식', '2장 교환과정, 4) 상품교환과 화폐의 역사적 발전' 부분 참조.

점이 달리 두어져 있다.(상품을 생산하는 노동의 특수하게 사회적인 성격에 대한 부분은 지금 읽고 있는 책의 부록 2에 있다.)

이 첫 번째 분책에 대한 서평에서 엥엘스는 특히 맑스의 서술 방법을 다루었다(MEW 13: 468 - 477). 그는 범주들의 "논리적" 전개와 "역사적" 전개를 구별하고, "논리적" 전개(즉 개념적 서술)가 "역사적 형태와 우연성의 방해를 제거했을 뿐인" 역사적 서술에 다름 아니라고 결론 내린다(MEW 13: 475). 무엇보다 가치형태 분석에 의거해 야기된, 맑스의 범주적 서술의 성격에 대한 논쟁에서, '역사성을 강조하는 견해'의 대표자들은 특히 이 서평을 맑스의 방법에 대한 거의 믿을 만한 설명으로 보고, 그것을 근거로 내세웠다.[201] 전통적 맑스주의에서 맑스와 엥엘스는 내용적인 쌍둥이로 간주되었고, 한 사람의 진술이 다른 사람의 진술에 대해서도 유효하다고 보았다. 그러나 글을 정확하게 독해할 때,〔양자 사이의〕차이가 드러날 뿐만 아니라, 또한 어떻게 맑스와 엥엘스가 그런 차이를 대하는지 분명하게 된다. 하여간 맑스는 어느 곳에서도 이 서평을 언급하지 않았다. 예를 들어, 특히 마찬가지로 『자본』의 서술 방법이 다뤄지는 『자본』1권 2판 후기에서처럼, 그것이 심지어 맥락상 불가피하게 떠오를 때도 말이다. 맑스가 엥엘스의 저작을 매우 즐겨 인용했기 때문에, 현저한 내용적인 의구심이 이러한 지속적인 침묵의 근간을 이루었다고 추측할 수 있다.

『정치경제학 비판을 위하여 (1861-1863년 경제학 수고)』

---

201 〔옮긴이〕이 책에 있는 '목차' 부분, '1장 상품, 3. 가치형태 혹은 교환가치, 서론' 부분, '1장 상품, 3. 가치형태 혹은 교환가치, A) 단순한, 개별적인 혹은 우연한 가치형태, 4. 단순한 가치형태의 전체, 전개된 가치형태로의 이행' 부분, '1장 상품, 3. 가치형태 혹은 교환가치, C) 일반적 가치형태, 1. 가치형태의 변화된 성격, 상품형태들의 역사적 출현' 부분, '2장 교환과정, 4) 상품교환과 화폐의 역사적 발전' 부분 참조.

Zur Kritik der politischen Ökonomie (Ökonomisches Manuskript 1861-1863)

1861-1863년—MEGA Ⅱ/3.1-3.6 (MEW 43은 이 수고의 첫머리를 포함하고 있음)

『잉여가치에 대한 이론들』

Theorien über den Mehrwert

1861-1863년—MEW 26.1, 26.2, 26.3

(『1861-1863년 경제학 수고』의 약 절반이 1904-1910년 처음으로

칼 카우츠키에 의해출판된 『잉여가치에 대한 이론들』을 이룸)

원래 1859년 출판된 첫 번째 분책의 속편으로 계획된 이 글은 맑스에게 전형적인 연구 원고로 빠르게 발전되었다. 이것은 자본 일반에 대한 서술로 시작하는데, 이때 후에 『자본』 전 3권에서 역할을 하는 주제들이 다뤄진다.

1862년 말 맑스는 『정치경제학 비판을 위하여. 1분책』의 속편을 간행하지 않고 독립적인 저작인 『자본』을 출판하기로 결정했다. 『자본』은 이론적인 세 가지 책Buch과 이론사적인 네 번째 책으로 이루어질 것이었다. 1863년 여름 맑스는 『1861-1863년 경제학 수고』의 작업을 멈추었고 『자본』을 쓰기 시작했다. 맑스는 『요강』의 작업 동안에 그가 발전시켰던 여섯 책의 계획을 더 이상 언급하지 않는다. 원래 토지 소유에 대한 책과 임금노동에 대한 책에서 다뤄져야 할 주제들이 『자본』의 서술에 통합되었다. "자본 일반"이라는 이전의 중심 개념도 이제 사라진다. 즉, 1863년 여름부터 맑스는 수고에서도 편지 교환에서도 그 개념을 다시 사용하지 않는다. 내용과 구성상 새로운 저작이 생겨난 것이다.[202]

『1863-1865년 경제학 수고』
Ökonomische Manuskripte 1863-1965
1863-1865년—MEGA II/4.1-4.2

이 수고는 『자본』 중에서 "이론적인" 세 가지 책에 대한 초안을 포함한다. 이론적인 첫 번째 책에 대한 초안 중에서는 (결론 장을 이룰) 6장만 〔현재〕 남아 있다. 이것이 「직접적 생산과정의 결과들Resultate des unmittelbaren Produktionsprozesses」이다(MEGA II/4.1).[203] 그러나 맑스는 이 6장을 1867년에 출판한 『자본』 1권에 포함시키지 않았다. 이론적인 두 번째 책과 세 번째 책을 위해서는 거의 완전한 초안이 생겼다. 맑스는 (이론사적인) 네 번째 책에 대해서 초안을 쓰지 않았다.

『1863-1865년 경제학 수고』를 작성할 때, (노동자들의 국제적인 결합이며, 후에 줄여서 "제1인터내셔널"로 불린) "국제노동자연합Internationale Arbeiter Assoziation" 또한 1864년 9월에 창설되었다. 맑스는 거기에서 처음부터 중심 역할을 했다. 그는 특히 인터내셔널의 「창립사Inauguraladresse」 및 「임시 규약Provisorische Statuten」을 작성했다(MEW 16; MEGA I/20).

『임금, 가격, 이윤』
Lohn, Preis, Profit

---

202 그러나 맑스의 『자본』에 대한 논쟁에서, 명확히 더 이상 이에 대해 이야기되지 않을지라도, 여섯 책의 계획과 "자본 일반" 구상이 여전히 『자본』의 서술의 근간을 이룬다고 주장되었다 (가령 Moseley, 2007 참조).

203 〔옮긴이〕 이것은 1933년 모스크바 맑스-엥엘스 연구소에서 편집한 『맑스·엥엘스 논총 Marx-Engels-Archiv』에서 처음으로 출판되었다.

맑스가 1865년 6월 인터내셔널 중앙위원회에서 한 이 강연에서 그는 『자본』에 있는 몇 가지를 미리 제시했으나, 또한 많은 것을 단지 단축해서 서술할 수 있을 뿐이었다. 이 때문에 맑스는 또한 이 글을 출판하지 않고자 했다. 이것은 1898년에서야 맑스의 딸인 엘리노어에 의해 출판되었다.[204]

『자본』 1권

Das Kapital. Erster Band

1867년—MEW 23, MEGA II/5 (『자본』 1권 1판은 MEW 23에 포함되지 않음)

『1863 - 1865년 경제학 수고』를 토대로 맑스는 1866/67년 『자본』 1권을 썼다. 이 글은 (이후의 판과 비교해) 덜 세분화된 여섯 개의 장으로만 나누어졌다.[205] 이제 『자본』 1권 1장에서 가치형태는 『정치경제학 비판을 위하여』에서보다 현저히 더 상세하게 연구된다. 교정쇄를 읽은 엥엘스와 쿠겔만의 권고에 따라 맑스는 가치형태 분석에 대한 단순화된 원고를 작성했고, 이것을 1권의 부록으로 첨부했다. 1장의 본문에 비해, 부록은 일련의

---

204 〔옮긴이〕제목이 없는 맑스의 이 강연 원고는 엥엘스 사후 발견되었다. 엘리노어(Eleanor Marx, 1855 - 1898)와 그녀의 남편 에이블링(Edward Aveling, 1849 - 1898)은 1898년 "가치, 가격, 이윤Value, price and profit"이라는 제목을 붙여 원문인 영어로 출판했다. 같은 해에 베른슈타인(Eduard Bernstein, 1850 - 1932)은 이 글을 독일어로 번역해 《신시대Die Neue Zeit》에 발표했다. 이때 제목을 "임금, 가격, 이윤"으로 붙였다.

205 〔옮긴이〕이와 달리 『자본』 1권 2판은 (1판에 없는) 편Abschnitt을 구분해 일곱 개의 편으로 나누고, 장Kapitel을 24장으로 나누었으며, 각 장도 세분화했다. 2판에 대한 본문의 뒤의 설명 참조.

문제가 있는 단순화를 내보이긴 하나, 동시에 몇 개의 개선도 존재한다. 그래서 여기에서 처음으로 "등가형태의 특성들"이 분명하게 밝혀진다. 또한 여기에서 처음으로 아리스토텔레스에 대한 보론이 존재한다.(1장에 있는 가치형태 분석의 결론 부분을 이 책에 있는 부록 3에 옮겨 놓았다.)

『자본』 1권에 대한 보충과 변경 (1871년 12월-1872년 1월)

Ergänzungen und Veränderungen zum ersten Band des „Kapitals"

(Dezember 1871 -Januar 1872)

1871년 12월-1872년 1월―MEGA II/6

1871년 말 맑스는 『자본』 1권의 출판인으로부터 책이 거의 다 팔렸다는 소식을 받았다. 『자본』 1권 2판을 위해 맑스는 [1장과 부록으로 나누어져 있는]가치형태에 대한 이중의 서술을 제거하고자 했고, 이 목적을 위해 방대한 가필 원고가 생겼다. 그것은 (2판에서는 세 개의 장으로 구분되는)『자본』 1권 1판 1장에 대한 가필과 주해를 포함하고 있다.[206] 이 원고는 가치론의 이해를 위해 중요한 의미를 가진다. 왜냐하면 그것은 『자본』 1권 1판에서도 2판에서도 찾을 수 없는 가치론에 대한 근본적인 고찰을 포함하고 있기 때문이다. 이 고찰에서 가장 중요한 것들이 이 책에 있는 부록 4에 들어 있다.

『자본』 1권 2판

Das Kapital, Erster Band, 2. Auflage

---

206 〔옮긴이〕 '1판 서문, 1) 첫머리의 어려움'에 있는 옮긴이 주 참조.

『자본』 1권 2판은 1872/73년에 몇 분책으로 나왔고, 1873년에는 완전한 책으로 발행되었다. 맑스는 1판에서는 장章이었던 것을 편篇으로 만들었고, 편을 다시 수많은 장과 절로 나누었다. 무엇보다 상품에 대한 장에서 현저한 변화가 일어났다. 맑스는 〔1장과 부록으로 나누어져 있는〕 가치형태에 대한 이중의 서술을 제거했다. 이때 〔2판의〕 새로운 서술은 1판에 있는 단순화된 부록을 강하게 지향했으나, 그것과 동일하지는 않다. 2판에서 맑스는 교환가치와 가치를 용어상 엄격하게 구분했고, 상품의 물신성을 최초로 독립적인 구분에서 상세하게 다루었다.[207](상품의 물신성에 대한 부분에 존재하는 몇몇은 또한 이미 1판에 있었던 것이나, 그 내용은 거기에서 〔즉 1판에서〕 그렇게 분명하지는 않았다.)

전통적 맑스주의에서 맑스의 이론의 발전은 연속적인 완성의 과정으로 이해되었다. 더 이후의 판본이 항상 더 나은 판본으로 평가되었다. 지난 수십 년의 비판적 맑스-독해에서 몇 저자들은 "대중화 테제"로 이러한 "완성 테제"에 맞섰다. 즉, 가치론에서 논증적인 예리함과 방법적인 엄격성을 희생해 단순화된 서술이 얻어졌다는 것이다. 이 논증은 1판에서 2판으로의 가치형태 분석의 변화와 관련해서 사용될 뿐만 아니라(그리고 이때 이 논

---

207 〔옮긴이〕『자본』 1권 1판 본문에서 상품의 물신성은 "1장 상품과 화폐"에 있는 "1절 상품"에서 서술된다. 그러나 1절은 더 이상 세분화되어 있지 않고, 따라서 상품의 물신성의 서술을 위한 독립적인 구분은 존재하지 않는다. 1판 부록에서 상품의 물신성은 비로소 독립적인 구분에서 서술되나, 그 부분은 아주 하위에 존재한다. 즉, 그것은 "Ⅰ. 단순한 가치형태", "§3. 등가형태", "c) 등가형태의 특성들", "δ) 등가형태의 네 번째 특성: 상품형태의 물신주의는 상대적 가치형태에서보다 등가형태에서 더 현저하다"에서야 서술된다. 2판에서 상품의 물신성은 "1편 상품과 화폐", "1장 상품", "3절 가치형태 혹은 교환가치", "D. 화폐형태", "4. 상품의 물신성과 그것의 비밀"에서 서술된다. 프랑스어본에서 상품의 물신성은 비로소 "1편 상품과 화폐", "1장 상품", "4절 상품의 물신성과 그것의 비밀"에서 서술된다. 독일어 3판과 4판은 이 구분을 따르고 있다.

증은 부분적으로 또한, 서문에 있는 맑스의 진술과 변경에 근거할 수 있다.[208] 부록 3에 있는 주해 참조.),『요강』에서『자본』으로의 전체 발전에 대해서도 사용된다.[209] 그러나 맑스의 발전은 사람들이 그것을 "완성" 혹은 "대중화"로 환원할 수 있는 것보다 훨씬 더 복잡하다. 이것은 특히 가치형태에 대한 연구의 세 가지 원고들에서 분명하다. 이 원고들 중에서 어떤 것도 명백하게 "최고의" 원고로 불릴 수 없는 것이다.(이에 대해서 또한 부록 4의 결론 부분에 있는 주해 참조.)

『자본』1권 프랑스어본
Le Capital, Livre Premier
1872–1875년—MEGA II/7

『자본』1권의 프랑스어 번역 또한 1872년 이래 몇 분책으로 나왔고 1875년에서야 완전한 책으로 발행되었다. 맑스는 이 번역을 끊임없이 고쳤고, 특히 축적에 대한 편(7편)에서 독일어 2판에 비해 글을 보충했다. 그래서 그는 1875년 프랑스어본을 위한 후기에서 이것이 그 자신의 학문적

---

208 〔옮긴이〕『자본』1권 1판 서문에서 맑스는 1장에 있는 가치형태에 대한 변증법적 서술이 『정치경제학 비판을 위하여』에 있는 서술보다 훨씬 더 예리하기 때문에 이해하기 어렵다고 쓰고, 변증법에 익숙하지 않은 독자는 1장에 있는 가치형태 분석을 건너뛰고 그 대신 1판에 실린 가치형태 분석에 대한 부록을 읽을 것을 추천한다(MEGA II/5: 11 - 12).『자본』1권 2판에서 맑스는 기존에 1장과 부록으로 나누어졌던 가치형태 분석을 통합해서 서술하고, 『자본』1권 1판 서문에 있는 위의 구절을 삭제한다. 즉, 2판에 실린 1판 서문에는 위의 구절이 존재하지 않는다.

209 "대중화 테제"는 무엇보다 한스-게오르크 바크하우스와 헬무트 라이헬트(Helmut Reichelt, 1939 -)에 의해 주장되었다.(예를 들어 Backhaus, 1997; Reichelt, 2002 참조.) 이 논쟁에 대해 잘 조망한 것으로는 Hoff, 2004: 21 이하 참조.

인 가치를 가진다고 말할 수 있었다(MEW 23: 32). 맑스는 프랑스어본에 있는 변경 사항을 독일어 3판과 영어 번역에 수용하려고 계획했으나, 그것은 그의 생전에 더 이상 일어나지 않았다.

1867년 『자본』 1권을 위한 원고를 끝낸 후에, 맑스는 빨리 뒤따라 나와야 할 2권과 3권을 곧장 준비했다. 그러나 이 작업은 『자본』 1권 2판과 프랑스어 번역의 준비 때문에 중단되었다. 게다가 1870년대 초 맑스는 아주 열렬히 인터내셔널에 참여했다. 특히 그는 인터내셔널의 총위원회의 보고서로 출판된, "파리 코뮌"에 대한 분석인 『프랑스에서의 내전Der Bürgerkrieg in Frankreich』을 썼다(MEW 17; MEGA Ⅰ/22).(1870/71년 독일 – 프랑스 전쟁에서 패배 후 파리의 주민들은 권력을 단기간 장악했었다.) 또한 맑스는 1869년 설립된 SDAP와 긴밀히 접촉했다. SDAP와 라살레의 노동자협회가 통합했을 때, 맑스는 고타Gotha에서 열린 통합 당대회에서 의결된 강령을 맹렬히 비판했다.[210] 이 「고타강령 비판Kritik des Gothaer Programms」은 자주 인용되는 사회주의와 공산주의의 특징에 대한 짧은 서술을 포함하고 있다(MEW 19; MEGA Ⅰ/25).[211]

1870년대에는 『자본』 3권과 특히 2권을 위한 그 이상의 원고가 생겼고, 맑스가 새 문헌과 씨름하고 계속된 연구를 착수한 것으로부터 무수히 많

---

[210] 〔옮긴이〕 베벨(August Bebel, 1840 - 1913)과 리프크네히트(Wilhelm Liebknecht, 1826 - 1900)가 이끈 사회민주주의노동자당(Sozialdemokratische Arbeiterpartei, SDAP)은 1869년 창립되었고, 라살레가 이끈 일반독일노동자협회(Allgemeine Deutsche Arbeiterverein, ADAV)는 1863년 창립되었다. 이 두 단체는 1875년 고타에서 통합 당대회를 열고 독일사회주의노동자당(Sozialistische Arbeiterpartei Deutschlands, SAP)을 만들었다. SAP는 1890년 사회민주주의당(Sozialdemokratische Partei Deutschlands, SPD)으로 이름을 바꾸었고, 이 당명은 지금까지 사용되고 있다.

[211] 〔옮긴이〕 맑스는 생전에 「고타강령 비판」을 출판하지 않았고, 1890/91년에서야 《신시대》에서 출판되었다.

은 발췌가 생겼다. 그는 특히 미국과 러시아에서의 경제적 발전을 3권에 고려하고자 했다. 한편으로 맑스의 계획이 점점 확장된 반면(존재하는 원고를 인쇄를 위해 준비하는 것은 결코 더 이상 문제가 아니었다), 맑스의 건강 상태는 점점 더 나빠져서, 그는 자신의 저작을 완성할 수 없었다.

「아돌프 바그너의 『정치경제학 교과서』에 대한 평주」

Randglossen zu Adolph Wagners „Lehrbuch der politischen Ökonomie"

1879년과 1881년 사이에 씀—MEW 19

이것은 맑스가 마지막으로 쓴 경제학적 글이다. 독일 경제학자인 아돌프 바그너(Adolph Wagner, 1835 - 1917)는 자신의 국민경제학 교과서에서 무엇보다 맑스의 『자본』을 비판했다. 맑스는 이 비판과 대결했고, 이때 특히 가치론을 위해 관심을 끄는 논평을 제시했다.

1881년 말부터 맑스의 건강 상태는 점점 더 악화되었고, 학술 작업은 더 이상 가능하지 않았다. 1881년 12월 맑스의 부인 예니(Jenny von Westphalen, 1814 - 1881)가, 1883년 1월 마찬가지로 예니로 불린 맑스의 첫째 딸(Jenny Longuet, 1844 - 1883)이 죽었다. 머지않아 1883년 3월 맑스 또한 죽었다. 맑스의 사후 프리드리히 엥엘스는 『자본』의 전 3권을 발행했다.

『자본』 1권 3판

Das Kapital. Erster Band. 3. Auflage

1883년—MEGA II /8

『자본』1권 4판

Das Kapital. Erster Band. 4. Auflage

1890년—MEW 23, MEGA II /10

엥엘스는『자본』1권 2판을 근거로 삼았고, 프랑스어 번역에 존재하는 변경 사항의 일부를『자본』1권 3판에, 그리고 그 이상의 부분을『자본』1권 4판에 삽입했다. 그러나 4판도 프랑스어본에 존재하는 모든 변경 사항을 포괄하지는 않는다.

『자본』2권

Das Kapital. Zweiter Band

1885년—MEW 24, MEGA II /12

엥엘스는 맑스가 1860년대 후반과 1870년대 쓴 다양한 원고들로부터『자본』2권을 편집했다.(이 원고들은 MEGA I /11과 MEGA II /4.3에 포함되어 있다.) 그는『1863 - 1865년 경제학 수고』에 있는 1864년에 생긴 가장 오래된 원고를 이용하지는 않았다.

『자본』3권

Das Kapital. Dritter Band

1894년—MEW 25, MEGA II /15

『1863 - 1865년 경제학 수고』(MEGA II /4.2)에 있는 1864 /65년에 생긴 원고만이『자본』3권의 전체 범위를 다룬다. 엥엘스는 그 원고를 자신의 판본(즉『자본』3권)의 기초로 삼았으나, 다수를 고쳤고 위치를 바꾸었다.(문안을 바꾸는 것과 나란히, 글을 세분화하고 표제를 단 것은 거의 모두 엥엘스가 한 것이다.) 엥엘스는 몇 개의 상당히 긴 삽입문만을 〔본인이 삽입했다고〕 표시했다. 그러나 부분적으로 또한 내용적인 결과를 가지는 다수의 변경들은 〔누가 썼는지〕 식별될 수 있게 만들어지지 않았다.

『자본』3권의 출판 후에 엥엘스는 "가치법칙과 이윤율"이라는 추기를 작성했다(MEW 25; MEGA Ⅱ/14). 거기에서 특히 그는『자본』의 수용에서 매우 큰 영향을 미친 "단순한 상품생산"이라는 자신의 구상을 발전시켰다. 즉, 맑스가『자본』1권의 1장, 2장, 3장에서 자본주의적 생산양식의 표면으로 서술한, 상품과 화폐의 "단순한 유통"이 엥엘스에 의해 전 자본주의적인 "단순한 상품생산"으로 바뀐 것이다. 그러나 맑스는『자본』에서도 그 외에 어느 곳에서도 "단순한 상품생산"에 대해 말하지 않는다. 혹은 그런 종류의 작도作圖와 관계하지 않는다.

오늘날 MEW 23, 24, 25에 그리고 또한 대부분의 번역에 존재하는『자본』전 3권에 대해서 두 가지 점이 설명되어야 한다.

첫째,『자본』전 3권은 엥엘스에 의해 편집되고 개정된 것이다.『자본』1권은『자본』1권 독일어 2판과『자본』1권의 프랑스어 번역이 혼합된 것이고, 여기에서는 텍스트에 대한 〔엥엘스의〕 직접적인 개입이 가장 적다. 그러나『자본』2권과 3권은 엥엘스에 의해 아주 많이 개정되었다. 엥엘스는 2권과 3권을 아주 많이 간결하게 하고 세분화함으로써 우선 이 책들에 구조를 부여했고, 또한 매우 포괄적으로 맑스의 텍스트에 개입했다. 그리고 이것은 여기저기에서 의미 변이를 초래했다. 이 때문에 사람들이 개별 논점들에 더 철저히 몰두하고자 한다면, MEW본을 MEGA에 들어 있는 맑스의 원래 수고와 비교해야 할 것이다.

둘째,『자본』은 완성되지 않았을 뿐만이 아니다.(이론사적인 네 번째 책이 존재하지 않는다.『잉여가치에 대한 이론들』은 이 책에 대한 대용물을 나타내지 않는다. 게다가 가령 위기 혹은 신용 체계와 같은 3권의 중요한 주제들은 불완전하게 다루어져 있다.) 개별 원고들은 상이한 기간에 생겨서, 그것들은 상이한 인식 단계들에 근거한다.『자본』1권은 맑스 스스로에 의해 가장 상세하게 작성되었고, 1872 - 1875년의 텍스트들에 기반을 둔다.『자본』2권은 1868년과 1878 - 1881년 사이에 생긴 텍스트들에 기반을 둔다. 1870년대 말의 텍스트는 가장 진척된 맑스의 인식 상태를 나타낸다. 그것들은『1863 - 1865년 경제학 수고』에 존재하는『자본』2권을 위한 원고의 근본적인 개정을 표현한다. 이와 달리『자본』3권은 거의 배타적으로 1864 /65년 수고, 따라서 가장〔시기적으로 이른, 따라서〕뒤쳐진 맑스의 인식 상태에 근거한다. 맑스의 편지 교환으로부터 유추할 수 있는 것처럼, 맑스 또한 여기에서〔즉 3권의 원고에서〕근본적인 개정이 필요하다고 보았다. 2권과 3권을 상세하게 독해할 때, 개별 텍스트 부분들의 상이한 성격을 항상 함께 고려해야만 할 것이다.

부록 2

"교환가치를 정립하는 노동"의 사회적 성격으로서 노동의 일반성

　맑스가 자신의 경제학 비판을 위한 방대한 원고를 작성한 1857년 이후의 시기부터는, 1859년의『정치경제학 비판을 위하여. 1분책』,『자본』1권의 1판, 2판, 프랑스어 번역이 맑스 스스로 출판한 유일한 글들이다.『정치경제학 비판을 위하여』는 단지 두 개의 장만으로 이루어져 있다. 1장 "상품"은『자본』1권 1장과 2장의 주제를 포괄하고, 2장은『자본』1권 3장의 주제를 포괄한다.『자본』1권과 달리『정치경제학 비판을 위하여』에서 또한 상품과 화폐에 대한 이론사적인 논의가 존재한다.『정치경제학 비판을 위하여』에서 특히 가치형태에 대한 연구는 교환과정에 대한 분석으로부터 아직 분명하게 분리되어 있지 않다. 또한 아직 용어상의 불명료함이 존재한다. 즉, 맑스는 '추상노동212의 대상화인 가치'와 '다른 상품의 일정한 양에서 표현되는 가치의 현상형태' 사이를 구별하긴 하나, 양자 모두에 대해

---

212 『정치경제학 비판을 위하여』에서 맑스는 "추상적으로 일반적인" 노동에 대해 말한다. "추상적 인간" 노동은『자본』에서야 비로소 이야기된다.
　〔옮긴이〕 "이 때문에 교환가치를 정립하는 노동은 추상적으로 일반적인 노동이다."(MEW 13: 17) "그것들은 더 이상 구별되는 것이 아니라, 모두 다 동등한 인간 노동, 추상적인 인간 노동으로 환원되어 있다."(MEW 23: 52)

자주 "교환가치"라는 개념을 사용한다. 그래서 다음 글에서도〔즉『정치경제학 비판을 위하여』에서 가져온 발췌문에서도〕"교환가치를 정립하는 노동"이 이야기된다.『자본』에서 맑스는 그 대신 더 정확하게 "가치를 형성하는" 혹은 "상품들에서 표현되는" 노동에 대해 말한다.

　다음의 텍스트 조각은『정치경제학 비판을 위하여』1장의 첫머리에 있다. 그것은 "교환가치를 정립하는 노동"의 특수하게 사회적인 성격을 요약적으로 논의한다. 이와 같은 요약은『자본』에는 더 이상 존재하지 않는다.『정치경제학 비판을 위하여』의 독자에게 이 텍스트의 독해는 어렵다. 왜냐하면 이 텍스트는 아직 전혀 서술되지 않은 결과들을 요약하기 때문이다. 그러나『자본』1권의 1장과 2장을 읽었다면, 이해하는 데 아주 큰 문제는 없을 것이다. 여기서 맑스는 물신 절에 대한 주해의 '2)'와 '6)'에서 "사후적인 사회화"로 불렸던 특수한 사회화 연관을 다룬다. 이하에서는 '이어지는 텍스트 조각'이 문제이다. 맑스의 강조는 굵게 표시했고, 맑스의 텍스트에 그은 밑줄은 나의 것이다. 텍스트에 대한 주해는 검은색으로 인쇄했다. 다음 텍스트의 출처는『정치경제학 비판을 위하여』(1859)가 실린 MEW 13의 19 - 21쪽이다.

　"교환가치에 대한 분석으로부터 나타나는 것처럼, 교환가치를 정립하는 노동의 조건들은 노동의 **사회적 규정들** 혹은 **사회적 노동**의 규정들이다. 그러나 단순히 사회적인 것이 아니라 특수한 방식으로 사회적이다. 그것은 특수한 종류의 사회성이다. 우선 노동의 구별 없는 단순성은 상이한 개인들의 노동들의 **동등성**, 그들의 노동들을 서로 동등한 노동으로 상호적으로 관련지음, 즉 모든 노동들을 동일한 종류의 노동으로 실제적으로 환원하는 것을 통해서 그들의 노동들을 서로 동등한 노동으로 상호적으로 관련지음이다. 각 개인의 노동이 교환가치에서 표현되는 한에서, 그것은 동등성이라는 이러한 사회적 성격을 지니고, 그것이 동등한 노동으로서

다른 모든 개인들의 노동에 관련되어 있는 한에서만, 그것은 교환가치에서 표현된다."(MEW 13: 19)

『자본』 1권에서 맑스는 상이한 구체적 노동들의 모든 차이들을 추상한 "동일한 종류"의 노동이라는 이러한 성격을 노동의 "추상적으로 인간적인" 성격으로 부른다. 이러한 추상노동이 또한 얼마나 "일반적인" 노동이지 않을 수 없는지는 다음에서 설명된다.

"**더** 나아가 개개인의 노동시간은 교환가치에서 직접적으로 **일반적인 노동시간**으로 나타나고, 개별적인 노동의 이러한 **일반적 성격**은 이 노동의 **사회적 성격**으로 나타난다. 교환가치에서 표현되는 노동시간은 개별자의 노동시간이다. 그러나 다른 개별자, 모든 개별자들과 구별되지 않는 개별자의 노동시간이다. 모든 개별자들이 동일한 노동을 수행하고, 따라서 한 개별자에 의해 특정한 상품의 생산을 위해 요구되는 노동시간이 다른 모든 이들이 동일한 상품의 생산을 위해 쓸 **필수적인** 노동시간인 한에서 말이다. 이 노동시간은 개별자의 노동시간이나, 모두에게 공통적인 노동시간으로서만, 이 때문에 이 노동시간이 개별자 **누구**의 노동시간인지가 상관이 없는 모두에게 공통적인 노동시간으로서만, 그의 노동시간이다. 일반적 노동시간으로서 이 노동시간은 일반적 생산물, **일반적 등가물**, 대상화된 노동시간의 일정한 양에서 표현된다. 후자는 생산물이 직접적으로 누군가의 생산물로 나타나는 '사용가치의 특정한 형태'와 상관없이, 생산물이 다른 모든 이들의 생산물로 표현되는 '사용가치의 다른 모든 형태'로 임의로 변환될 수 있는 것이다. 그런 **일반적** 크기로서만 그것은 **사회적** 크기이다. 교환가치라는 결과로 끝나기 위해서 개별자의 노동은 **일반적 등가물**이라는 결과로 끝나야 한다. 즉, 개별자의 노동시간의 일반적 노동시간으로의 표현이라는 결과로, 혹은 일반적인 노동시간의 개별자의 노동시간으로의 표현이라는 결과로 끝나야 한다. 이것은 마치 상이한 개인들이 그들의 노동시간을 마구 혼합하고, 그들이 공동으로 마음대로 쓸 수 있는 노동시간

의 상이한 양들을 상이한 사용가치들에서 표현하는 것과 같다."(MEW 13: 19-20)

"교환가치를 정립하는 노동"의 그 이상의 특징으로 여기서 맑스는 개별자의 노동시간이 일반적인 등가물에서 드러나는 "일반적인" 노동시간으로 표현되어야만 한다는 것을 제시한다.『자본』1권에서 이 맥락은 가치형태에 대한 절의 말미에서야, 즉 "일반적 가치형태"에 대한 분석에서야 거론된다. 맑스가 여기서〔즉『정치경제학 비판을 위하여』에서〕아직 가치형태에 대한 분석에 기댈 수 없었기 때문에 — 이 분석은 아직 뒤따라 나올 것이다 — 그는 약간 다른 논증을 제공한다. 즉, 개별자들의 특수성이 아니라 그들이 공통적으로 가진 것만이 중요하고, 이것이 개별자들의 일반성이라는 것이다.

"그래서 개별자의 노동시간은 사실 사회가 특정한 사용가치를 만들기 darstellen 위해, 즉 특정한 욕구의 충족을 위해 필요로 하는 노동시간이다. 그러나 여기서 단지 노동이 사회적 성격을 얻는 그러한 특수한 형태만이 문제일 뿐이다. 예를 들어, 방적공의 일정한 노동시간은 100파운드의 아마실에서 대상화된다. 직조공의 생산물인 100엘레의 아마포는 동일한 양의 노동시간을 표현한다고 하자. 이 두 생산물들이 일반적 노동시간의 동일한 크기의 양을 표현하고, 따라서 동일하게 많은 노동시간을 포함하는 **각** 사용가치에 대한 등가물들인 한에서, 그것들은 서로에 대해 등가물들이다. 방적공의 노동시간과 직조공의 노동시간이 일반적 노동시간으로 표현되고, 이 때문에 그들의 생산물들이 일반적 등가물들로 표현되는 것을 통해서만, 여기서 직조공의 노동은 방적공을 위한 것이 되고 방적공의 노동은 직조공을 위한 것이 된다. 한 사람의 노동은 다른 사람의 노동을 위한 것이 된다. 즉, 그들의 노동들의 사회적 현존은 그들 양자를 위한 것이 된다."(MEW 13: 20)

일반적 노동시간으로서만 개별자의 노동시간은 사회적인 것이 된다. 그러나 개별 노동시간은 그것의 생산물이 일반적 등가물로 전화될 때만 일반적 노동시간으로 표현될 수 있다. 이로부터 화폐의 의미가 결론으로 나온다. 즉, 화폐는 단순히 기술적인 보조물, 일상의 편의가 아니다. 화폐는 상품들을 생산하는 경제의 특수한 사회성을 매개하는 매체인 것이다. 바로 가치를 형성하는 노동의 이러한 성격을 인식하지 못했기 때문에 맑스는 (그 작업이 고전 정치경제학의 정점을 이루는) 리카도를 비판한다. 이 사람은 노동을 통한 가치규정을 분명히 알긴 했으나,

"**리카도**는 이 노동의 **성격을 연구하지 않는다**. 이 때문에 그는 **이 노동**과 **화폐**의 관계, 혹은 이 노동이 **화폐**로 표현되어야 한다는 것을 이해하지 못한다."(MEW 26.2: 161)

위에서 인용한 곳에서 맑스는 무엇이 그의 가치론을 완전히 근본적으로 고전파의 가치론으로부터 구별시켜 주는지를 최소 범위에서 요약했다.

맑스는 "교환가치를 정립하는 노동"의 특수하게 사회적인 성격을 이제 상품생산에 근거하지 않는 생산관계들과 대조한다. 이것은 『자본』1권에서 상품물신에 대한 절에서야 수행된다.[213]

"이와 달리, 방적공과 직조공이 같은 지붕 아래서 살았던, 말하자면 가족의 자기 필요를 위해 가족의 여성 구성원은 방적하고 남성 구성원은 직조했던 시골의 가부장적 산업에서, 실과 아마포는 **사회적** 생산물들이었고, 방적과 직조는 가족의 경계 내부에서 **사회적** 노동들이었다. 그러나 그것들의 사회적 성격은 일반적 등가물인 실이 일반적 등가물인 아마포와 교환되었거나, 실과 아마포가 동일한 일반적인 노동시간의 동일하게 유효하고 동일하게 간주되는 표현들로서 서로 교환되었다는 데 있지 않다. 오히려 자신의 자연발생적 분업을 가진 가족적 연관은 자신의 고유한 사회적

---

213 〔옮긴이〕 이 책에 있는 '1장 상품, 4. 상품의 물신성과 그것의 비밀, 6) 상품생산에 근거하지 않는 생산형태들' 부분 참조.

각인을 노동의 생산물에 찍었다. 혹은 중세의 부역과 현물 공납을 생각해 보자. 그것들의 현물형태로 존재하는 개별자들의 특정한 노동들이, 노동의 일반성이 아니라 특수성이 여기서 사회적 결속을 형성한다. 혹은 우리가 모든 문명화된 민족들의 역사의 문턱에서 발견하는 것처럼, 마지막으로 그것의 자연발생적 형태로 존재하는 공동체적 노동을 생각해 보자. 여기에서 명백히 노동의 사회적 성격은 개별자의 노동이 일반성의 추상적 형태를 취하거나 그의 생산물이 일반적 등가물의 형태를 취하는 것을 통해 매개되어 있지 않다. 개별자의 노동이 사적 노동이길 방해하고, 그의 생산물이 사적 생산물이길 방해하며, 개별 노동이 오히려 직접적으로 사회유기체의 일원의 기능으로 나타나도록 하는 것은 생산에 전제된 공동체이다. 〔이와 달리, 상품생산 사회에서〕 교환가치에서 표현되는 노동은 분산된 개별자의 노동으로 전제되어 있다. 그 노동은 그것이 그것의 직접적인 반대의 형태, 즉 추상적인 일반성의 형태를 취하는 것을 통해서 사회적인 것이 된다."(MEW 13: 20 - 21)

교환에 근거하는 경제는 바로 이러한 "분산된 개별자"들에 의해[분산된 개별자들은 부르주아적 사회철학에게 모델로 간주된다. 2장에 대한 주해 중에서 '2) 교환과정과 상품 소유자들(사적 소유자들)'에 있는 1857년 「서설」로부터의 인용문 참조], 그리고 그들의 "사적 노동들"에 의해 구성된다. 이 사적 노동들은 그것들의 특수성에서 유효하지ᶻᵃ̈ʰˡᵉⁿ 않는데, 왜냐하면 그것들은 이러한 특수성을 고려하는 것과 어떤 관련도 없기 때문이다. 이 사적 노동들은 단지 개별자를 '추상적으로 일반적인 것'의 구성 요소로 파악하는 시장 관련만을 가질 뿐이다. 그런 한에서만 이러한 '추상적으로 일반적인 것'이 사회적인 것으로 유효하다. 즉, 분산된 개별자들의 노동은 구체노동이 아니라 추상노동으로만 유효하다. 추상적으로 일반적인 것만이 사회적인 것으로 유효하다는 것은 〔초역사적인 의미의〕 경제를 훨씬 넘어서는 특징, 자본주의적 조건들 하에서 "사회"가 의미하는 것의 특징이다.

부록 3

역설적 가치형태

『정치경제학 비판을 위하여. 1분책』(1859)에서 가치형태는 아주 간결하게만, 그리고 교환과정에 대한 연구로부터 아직 분리되지 않은 채 서술되었다. 가치형태를 처음으로 상세하게 다룬 것은 1867년에 출판된 『자본』1권 1판의 1장에 존재한다. 그러나 거기에서 [즉 1판에서] 가치형태에 대한 논의는 두 개의 원고에 존재한다. 즉, 그것은 1장에 있고, [또한] 엥엘스와 쿠겔만의 충고를 따라서 맑스가 부록에서 단순화한 원고에 있다. 1판 서문에서 맑스는 1장에 있는 가치형태의 서술에 대해 다음과 같이 썼다. "그것은 이해하기 어렵다. 왜냐하면 변증법이 첫 번째 서술(1859년의 『정치경제학비판을 위하여』—하인리히)에서보다 훨씬 더 예리하기 때문이다."(MEGA Ⅱ/5: 11 - 12) 맑스는 "변증법적 사고에 전혀 익숙해지지 않은 독자"에게 1장에 있는 해당 구절을 건너뛰고 그 대신 부록을 읽을 것을 추천했다(MEGA Ⅱ/5: 12). 이 서문에서 맑스는 그가 무엇을 "변증법"으로 이해했는지를 더 이상 설명하지 않았다. 그러나 우리는 그가 아주 일반적인 맥락에서 개념적인, 과학적인 논증을 의미했다고 가정할 수 있다. 그러면 "변증법이 훨씬 더 예리"하다는 것은 과학적 논증이 『정치경제학 비판을 위하여』에서보다 [『자본』1권 1판의 1장에서] 훨씬 더 정확하고 엄밀하다는 것을 의미한다.

1872/73년에 출판된『자본』1권 2판은 가치형태 분석을 이제 하나의 원고에서만 〔즉 2판 본문에서만〕 지닌다. 그 원고는 1판에 있는 단순화된 부록을 아주 강하게 지향한 것이었다. 그러나 맑스가 또한 2판에 넘겨받은 '1판 서문'에서, 그는 이제 더 이상 존재하지 않는 부록에 대한 지시만이 아니라 "변증법이 훨씬 더 예리"하다는 위의 인용문을 삭제했다.[214] 맑스는 명백히 그가 논증의 예리함에서의 손실이라는 대가를 치르고 더 큰 명료함을 얻었다고 보았다. 이미 이 책에 있는 부록 1에서 거론한 것처럼, 가치형태 분석에 대한 기존의 세 가지 원고 중에서 그 어떤 것도 의심의 여지가 없는 최고의 원고로 특징지어질 수 없다. 1판 부록에서뿐 아니라 2판에서도, 이전 원고〔즉 1판 본문〕에 비해 개선이 존재한다. 그러나 이 두 가지 이후의 원고들에서, 첫 번째 원고에 비해 손실 또한 존재한다.

첫 번째 원고와 이후의 모든 원고들 사이의 차이들 중의 하나는 가치형태 분석의 결론 부분을 구상하는 것에 있다. 이후의 원고들이 "화폐형태"로 끝나는 반면, 가치형태 분석에 대한 첫 번째 원고에서는 "형태 Ⅳ"라는 역설적 가치형태가 "일반적 가치형태"에 뒤따라 나온다.[215] 화폐형태는 아직 전혀 출현하지 않는다. 이 형태 Ⅳ의 서술 및 그것에 뒤따라 나오는 맑스의 결어는 이후의 원고들에서는 마찬가지로 포함되어 있지 않다. 이것

---

214 〔옮긴이〕 다시 말해,『자본』1권 2판에 실린 '1판 서문'에는 위 두 인용문이 더 이상 존재하지 않는다(MEGA Ⅱ/6: 65). 이것은『자본』1권 3판과 4판에 실린 '1판 서문'에서도 마찬가지이다(MEW 23: 11).

215 〔옮긴이〕『자본』1권 1판에서 1장은 소제목으로 세분화되어 있지 않다. 1판 부록에서 "가치형태"는 "Ⅰ. 단순한 가치형태", "Ⅱ. 총체적 혹은 전개된 가치형태", "Ⅲ. 일반적 가치형태", "Ⅳ. 화폐형태"로 구분되어 있다. 2판에서 "3. 가치형태 혹은 교환가치"는 "A. 단순한 혹은 개별적 가치형태", "B. 총체적 혹은 전개된 가치형태", "C. 일반적 가치형태", "D. 화폐형태"로 구분되어 있다. 이것은 프랑스어본에서도 마찬가지이다. 3판에서 "3. 가치형태 혹은 교환가치"는 "A. 단순한, 개별적인 혹은 우연한 가치형태", "B. 총체적 혹은 전개된 가치형태", "C. 일반적 가치형태", "D. 화폐형태"로 구분되어 있다.

이 다음에서 재현될 것이다. 이하에서는 '이어지는 텍스트 조각'이 문제이고, 모든 강조는 맑스의 것이다. 주해는 검은색으로 인쇄했다. 다음 텍스트의 출처는『자본』1권 1판(1867)이 실린 MEGA Ⅱ/5의 42-43쪽이다.

"마치 한 상품의 등가형태가 다른 상품들에 대한 관계들의 단순한 반영인 대신에 그 자신의 물건적인dinglich 본성으로부터 발생하는 것처럼 보이는 외관은, **개별적인** 등가물이 **일반적인** 등가물로 계속 발전하는 것과 함께 확립된다. 왜냐하면 가치형태의 대립적 계기들은 더 이상 서로 관련된 상품들에게 **똑같이** 발전되지 않기 때문이다. 왜냐하면 일반적 등가형태는 한 상품을 완전히 독특한 어떤 것으로서 다른 모든 상품들로부터 분리하기 때문이고, 결국 이러한 일반적 등가형태가 사실상 더 이상 그 어떤 **개별적인** 다른 상품에 대한 관계의 산물이 아니기 때문이다."(MEGA Ⅱ/5: 42)

이러한 요약은 더 이상 개별적 등가물이 아니라 일반적 등가물이 고찰될 때, 어디에서 "등가형태의 외관"이 유래하는지(MEW 23의 72쪽에서 단순한 가치형태를 말할 때 "등가형태의 수수께끼 같음"이 이야기된다), 그리고 어느 정도로 이러한 외관이 "확립"되는지를 한 번 더 잘 분명히 한다. 이러한 "외관의 확립"은 MEW 23에 있는 가치형태에 대한 분석에서는 더 이상 명확하게 언급되지 않는다. 거기에서도 사람들이 일반적 등가형태를 보고 더 이상 일반적 등가형태가 "대립적인 상품형태"라는 것을 알아차리지 못하고, 따라서 다른 모든 상품들이 이러한 형태를 지니지 않기 때문에만 일반적 등가물이 일반적 교환 가능성의 형태를 지닌다는 것을 알아차리지 못한다는 것이 문제일지라도 말이다(MEW 23: 82와 82의 주 24). 교환과정(2장)에서만 이러한 "거짓 외관의 확립"이 짧게 이야기될 뿐이다(MEW 23: 107).

"그러나 우리의 지금의 입장에서 일반적 등가물은 아직 결코 굳어지지 않았다. 아마포는 어떻게 사실상 일반적 등가물로 전화되었는가? 아마포가 자신의 가치를 우선 개별 상품에서(형태 I), 그 다음 다른 모든 상품들에서 차례로 **상대적으로** 표현하고(형태 II), 그래서 **재귀적으로** 다른 모든 상품들이 그것들의 가치들을 아마포에서 상대적으로 표현하는 것(형태 III)을 통해서 그렇다. 단순한 상대적 가치표현은 아마포의 일반적 등가형태가 발전되는 맹아였다. 이러한 발전 내부에서 아마포는 역할을 바꾼다. 아마포는 자신의 가치크기를 다른 상품에서 표현하는 것으로 시작하고, 다른 **모든** 상품들의 가치표현을 위한 재료로 사용되는 것으로 끝난다. 아마포에 대해 타당한 것은 모든 상품에 대해서 타당하다. 아마포의 **수많은 단순한** 가치표현들로만 이루어진, 아마포의 전개된 상대적 가치표현(형태 II)에서, 아마포는 아직 일반적 등가물의 역을 맡지 않는다. 오히려 여기서 다른 모든 상품체가 **아마포의 등가물**을 형성하고, 이 때문에 아마포와 직접적으로 교환될 수 있으며, 그래서 아마포와 자리를 바꿀 수 있다."(MEGA II /5: 42 - 43)

'아마포의 전개된 가치형태'의 뒤집힘으로부터, 아마포를 일반적 등가물로 가진 일반적 가치형태가 발생한다. 그러나 아마포의 전개된 가치형태가 고찰되는 것은 결코 필연적인 것이 아니었다. 다른 모든 상품의 전개된 가치형태도 고찰될 수 있었을 것이다. 맑스가 그것을 그렇게 표현해서, 아마포의 전개된 가치표현에서 다른 모든 상품체는 아마포와 위치를 바꿀 수 있었을 것이다. 그리고 맑스는 그것을 이제 실연實演해 보인다.

"결국 이 때문에 우리는 형태 IV를 얻는다.

20엘레의 아마포 ＝ 1벌의 상의 혹은 ＝u량의 커피 혹은 ＝v량의 차 혹은
＝x량의 철 혹은 ＝y량의 밀 혹은 ＝등등

1벌의 상의 ＝ 20엘레의 아마포 혹은 ＝u량의 커피 혹은 ＝v량의 차 혹은
＝x량의 철 혹은 ＝y량의 밀 혹은 ＝등등

u량의 커피 ＝ 20엘레의 아마포 혹은 ＝ 1벌의 상의 혹은 ＝v량의 차 혹은
＝x량의 철 혹은 ＝y량의 밀 혹은 ＝등등

v량의 차 = 등등

그러나 이러한 등식들의 각각은 **재귀적으로**rückbezogen 상의, 커피, 차 등을 일반적 등가물로 만든다ergeben. 따라서 상의, 커피, 차 등에서의 가치표현을 다른 모든 상품들의 일반적인 상대적 가치형태로 만든다. 일반적인 등가형태는 언제나 다른 모든 상품과 대립하는 한 상품에만 부여된다. 그러나 일반적 등가형태는 다른 모든 상품과 대립하는 각 상품에 부여된다. 그러나 각 상품이 그것 자신의 현물형태를 다른 모든 상품들에 맞서 일반적 등가형태로 내세우면, 모든 상품들은 모든 상품들을 일반적 등가형태로부터 배제하고, 따라서 자기 자신을 모든 상품들의 가치크기들의 사회적으로 유효한 표현으로부터 배제한다."(MEGA Ⅱ/5: 43)

우리는 '한 상품 대 각 상품'이라는 수많은 전개된 가치형태들을 형태 Ⅳ로 얻는다. 이러한 전개된 가치형태들의 각각은 뒤집힐 수 있어서, 사람들은 마찬가지로 수많은 일반적 등가물들을 얻는다. 그러나 이것은 전혀 가능하지 않다. 왜냐하면 단지 **하나의** 일반적 등가물만 존재할 수 있기 때문이다. 이러한 가치형태가 (형태 지평에서) 묘사하는 것은 맑스가 2장에서 교환과정에 있는 상품 소유자들의 근본적인 문제의 개요를 적는 것과 다르지 않다. 각 상품 소유자에게 그의 상품의 가치는 그에게 맞서 있는 수많은 상품들에서 표현된다. 이 때문에 그는 그의 상품의 전개된 가치형태를 뒤집고 그의 상품을 일반적 등가물로 전환하고 싶어 한다. 그러나 각 상품 소유자가 이렇게 한다면, 어떤 상품도 일반적 등가물일 수 없다(MEW 23: 101). 가치형태 분석에 대한 이러한 처음의 원고에서, 상품 소유자들의 모순적인 출발 상황의 형태내용 또한 더 도출된다. 그런 한에서 〔1판 본문의〕이 서술은 이후의 서술보다 더 포괄적이다. 다른 한편으로 여기에서 화폐형태가 결핍되어 있다. 이 화폐형태는 1장의 형태 지평에 약간 어울리지 않는다. 즉, 일반적 가치형태로부터 화폐형태로의 이행은 (선행하는 이행들에서처럼) 가치형태의 속성들의 전개가 아니라, "사회적 관습"의 결과, 따라서 상품 소유자들의 행위의 결과이다(MEW 23: 84). 그들의 행위는 가치형태 분석 이후에서야 서술의 대상인 것이다. 이 때문에 맑스가 1867년 6월 27일 엥엘스에게 단순화된 부록의 구성에 대한 개요를 보냈을 때, 그는 또한 "IV. 화폐형태" 항목에서 미안해하면서 다음과 같이 말했다. "화폐형태에 대한 이 부분은 단지 맥락 때문에—아마도 반쪽도 안 될 것임."(MEW 31: 316)

"사람들은 다음을 본다. 즉, 상품에 대한 분석은 **가치형태**의 모든 **본질적인** 규정들을 밝힌다. 그리고 자신의 대립적 계기들을 가진 가치형태 자체를, **일반적인 상대적 가치형태**를, **일반적인 등가형태**를 밝힌다. 마지막으로 상품에 대한 분석은, 결국 **일반적인 등가물의 특수하게 상대적인 가치형태**로 바뀌기 위해서 우선 가치형태의 발전에서의 이행 국면을 형성하는, **단순한 상대적 가치표현들**의 결코 끝나지 않는 행렬을 밝힌다. 그러나 상품에 대한 분석은 이러한 형태들을 **상품형태들** 일반으로서, 따라서 또한 모든 상품에게 부여되는 상품형태들로서 단지 **대립적으로만** 밝혔을 뿐이다. 그래서 상품 A가 **하나의** 형태규정에서 존재한다면, 상품 B, C 등등은 그것에 비해 **다른** 형태규정을 취한다. 그러나 결정적으로 중요한 것은 가치**형태**, 가치**실체**, 가치**크기** 사이의 내적인 필연적 관계를 발견하는 것, 즉 **관념적으로**ideell 표현해서, 가치**형태**가 가치**개념**으로부터 발생한다는 것을 입증하는 것이었다."(MEGA Ⅱ/5: 43)

특히 마지막 문장은 가치형태를 분석할 때 맑스에게 무엇이 문제인지를 다시 한 번 분명히 한다. 즉, 가령 가치형태들의 **역사적** 발전에 대한 추상적 재구성이 아니라, 가치의 형태, 실체, 크기의 관계가 문제인 것이다.[216] 그리고 맑스는 '가치**개념**에서 이해되는 것과 같은 가치대상성'과 '가치형

---

216 〔옮긴이〕 이 책에 있는 '1장 상품, 4. 상품의 물신성과 그것의 비밀, 8) 정치경제학에서 상품과 가치' 부분 참조.

태' 사이의 이러한 **현존하는** 관계를 "관념적으로" 표현한다. 이러한 "관념적" 표현은 맑스가『자본』1권 2판 후기에서 말한, 헤겔의 표현 방식을 "가지고 논kokettieren" 예이다(MEW 23: 27).[217] 형태가 개념으로부터 "발생한다"는 생각은 개념들에서 표현되는 "정신"이 본래의 현실Wirklichkeit이며 "개념의 활동"이 능동적인 것, 역동적인 것이라는 사유에 기인한다. 그러나 맑스는『자본』1권 1판에서 헤겔의 표현 방식을 **가지고 놀았을** 뿐만 아니라, 헤겔의 '개념의 자립화'를 **비판**했다. 아마포의 가치가 상의에서 표현되고, 이때 상의를 생산하는 재단 노동이 단지 인간 노동 자체로만 간주되나, 인간 노동 자체는 단지 "외적 재료"에 맞서는 특정한 노동으로만 존재할 수 있다는 관점에서, 맑스는 다음과 같이 쓴다. "단지 헤겔의 〈개념〉만이 외적 소재 없이 객관화될objektiviren 수 있다."(MEW Ⅱ/5: 31) 그리고 맑스는 증거로 헤겔의『철학적 학문들의 엔치클로페디Enzyklopädie der philosophischen Wissenschaften』(1817년과 1830년)에 있는 다음의 문장을 인용한다. "우선 주관적일 뿐인 개념은 그것이 이를 위해 외적 재료 혹은 소재를 필요로 하는 것 없이, 그 자신의 활동에 따라서, 객관화되는 것으로 나아간다."(MEW Ⅱ/5: 31, 주 19 재인용) 따라서『자본』1권 1판의 1장에 있는 가치형태 분석을 주의 깊게 읽은 사람은 '가치형태 분석의 끝에서 "관념적"으로 표현된 것이 헤겔의 개념 사변으로의 퇴보'라는 생각을 떠올리지 않을 것이다.[218]

『자본』1권 2판에서 맑스는 이러한 관념적 표현의 합리적 핵심을 다음과 같이 표현한다. "우리의 분석은 상품의 가치형태 혹은 가치표현이 상품

---

217 〔옮긴이〕이 책에 있는 '안내의 말, 독해의 어려움들' 부분 참조.

218 〔옮긴이〕다음도 참조. "물론 서술 방식은 연구 방식과 형식적으로 구별되어야 한다. 연구는 소재를 상세하게 섭렵해야 하고, 소재의 상이한 발전 형태들을 분석해야 하며, 그것들의 내적 연관을 찾아내야 한다. 이러한 작업이 수행된 후에야, 실제적 운동이 그에 상응하게 서술될 수 있다. 이것이 성공하고, 이제 소재의 현실Leben이 관념적으로ideell 반영된다면, 마치 사람들이 선험적인a priori 구성과 관계하고 있는 것처럼 보일 수도 있다."(MEW 23: 27)

가치의 본성으로부터 발생하지, 거꾸로 가치와 가치크기가 교환가치라는 그것들의 표현 방식에서 발생하는 것이 아니라는 것을 입증했다."(MEGA II /6: 92; MEW 23: 75) 가치형태는 가치개념으로부터 발생하는 것이 아니라, 가치개념이 과학적 방식으로 표현하는 것, 즉 "상품가치의 본성"으로부터 발생하는 것이다.

부록 4

공통적인 대상성인 가치대상성

1871년 11월 28일『자본』1권의 출판인인 오토 마이쓰너(Otto Meißner, 1819-1902)는 1권이 거의 다 팔렸으며 2판의 빠른 준비를 제안한다고 맑스에게 썼다. 2판을 위해 맑스는 몇 가지 수정을 할 생각이었다. 특히 그는 (1장과 부록에 있는) 가치형태의 분석에 대한 이중적 서술을 제거하고자 했다. 게다가『자본』의 본문은 더 많이 세분화되어야 했다. 1871년 12월과 1872년 사이에 하나의 원고가 생겼다. 이것은 전체적으로 이어지는 텍스트가 아니라, 몇몇의 가필 단초들, 특히 가치형태 분석의 개작본의 여러 시도들을 포함한다. 맑스가 제목을 달지 않은 이 원고는 1987년에서야 처음으로 MEGA에서 "『자본』1권에 대한 보충과 변경"이란 편집자가 붙인 제목으로 출판되었다.

여기서 재현된 텍스트 조각은 일반적 가치형태에 대한 부분을 가필할 때 맑스에 의해 작성된 것이다. 이 글은 무엇보다 자신의 논증에 대한 자기이해를 위해 사용되었으며, 이 때문에 가필된 텍스트(『자본』1권 2판)에 직접적으로 수용되지는 않았다. 맑스는 다른 어떤 곳에서도 이렇게 상세하게 상품들에게 **공통적으로**만 부여되는 대상성으로서의 가치대상성의 성격에 대해 깊이 생각하지 않았고, 사람들이 개별적인 고립된 노동생산물을 곧장 가치대상성 혹은 상품으로 말할 수는 없다는 것을 명확히 하지 않았다. 〔이하에서는〕 '이어지는 텍스트 조각'이 문제이다. 맑스의 강조는 굵게 표시했고, 맑스의 글에 있는 밑줄은 나의 것이다. 주해는 검은색으로 인쇄했다. 다음 텍스트의 출처는 「『자본』 1권에 대한 보충과 변경(1871년 12월 - 1872년 1월)」이 실린 MEGA Ⅱ/6의 29 - 32쪽이다.

"상품들은 서로의 **관계**에서만 **가치표현**(가치형태)을 획득한다. 이 때문에 한 상품의 **가치표현**은 항상 단지 다른 상품에 대한 그 상품의 **가치관계**에서만 주어져 있다. 이것은 어디로부터 오는가? 상품의 모든 가치형태들에 공통적인 이러한 특성은 어떻게 가치개념으로부터 발생하는가?"(MEGA Ⅱ /6: 29 - 30)

여기서 바로 맑스는 그가 가치형태의 분석에 대한 첫 번째 원고의 말미에 주장했던 질문을 다시 제기한다. 〔「『자본』 1권에 대한 보충과 변경(1871년 12월 - 1872년 1월)」에서〕 이 질문은 대답되어 있고, 이때도 맑스는 헤겔의 철학을 가지고 노는 표현 방식, 가치형태가 가치개념으로부터 발생한다는 표현 방식을 이용한다.(이에 대해서 부록 3에서 재현된 텍스트의 마지막 문단에 대한 주해 참조.)

"우리는 처음에 상품의 가치개념을 다음과 같이 찾아냈다.

즉, 우리는 '**1벌의 상의 = 20엘레의 아마포**'와 같은 교환관계를 다루었고, 상의와 아마포가 여기서 **공통적인** 어떤 것을 표현하고 이것의 표현으로서 상의와 아마포는 동등한 것이라고 말했다. 이 동등한 것은 상의와 아마포의 사용가치들 혹은 사용체들이 아니다. 그 자체로서 상의와 아마포는 서로 상이한 종류의 그리고 서로 상관이 없는 물건들이다. 이 때문에 이 **공통적인** 것, 상의와 아마포를 **동일시하는** 것은 **사회적 성격**을 지니지 않을 수 없다. 여기서 고려되는 것은 사용가치들로서의 상의와 아마포의 실용적인 사회적 성격이 아니다. 상의와 아마포의 동일시에서 바로 그것이 추상되어 있다. 이 때문에 **노동생산물들**이라는 상의와 아마포의 성격이 남아 있다. 노동생산물들로서만 상의와 아마포는 동등한 것이다. 상의와 아마포가 그것들의 사용가치들을 생산하는 실제적 노동들을 표현하는 한에서, 그것들은 동등한 것이 아니다. 왜냐하면 이러한 속성에서 그것들은 바로 **사용가치들로서** 서로 다르기 때문이다. 노동생산물들로서 상의와 아마포는 동등하다. 그것들이 동등한 노동의 생산물들인 한에서, 따라서 상의가 아마포처럼 **인간 노동 자체의** 단순한 **대상화**로 간주되는 한에서 말이다. 이것이 상의와 아마포의 **가치존재**이다."(MEGA Ⅱ/6: 30)

"우리가 처음에 …… 찾아냈다"는 말은 1장의 첫머리에 있는, 아직 가치형태에 대한 분석 이전에 있는 가치의 규정과 관련된다. 이 부분은 MEW에 있는 서술이 따르는 『자본』 1권 2판에서보다 1판에서 훨씬 더 간결하게 되어 있었다(MEGA Ⅱ/5: 19 이하).[219] 맑스가 여기서 쓴 것은 MEW 23의 51/52쪽에 있는 논증의 요약이다.[220]

"그래서 가치들로서 상의와 아마포는 각자 **인간 노동 자체의 대상화**로 환원되었다. 그러나 이러한 환원에서 어떤 것도 그 자체로 <u>**그런 가치대상성**</u>이 아니라는 것, 상의와 아마포가 '그것들에게 **공통적인 대상성**인 그러한 것'일 뿐이라는 것이 잊혔다. <u>서로에 대한 그것들의 관계 밖에서 — 그것들이 동등한 것으로 간주되는 관계 밖에서 — 상의도 아마포도 **가치대상성**, 혹은 인간 노동 자체의 단순한 젤라틴들이라는 그것들의 **대상성**을 지니지 않는다.</u> 그것들은 또한 이러한 사회적 대상성을 단지 사회적 관계로

---

219 〔옮긴이〕 1판에 의하면, "사용 대상들 혹은 재화들로서 상품들은 **몸체적으로 상이한** 물건들이다. 이와 달리 그것들의 **가치존재**는 그것들의 **통일**을 형성한다. 이러한 통일은 자연이 아니라 사회에서 발생한다. 상이한 사용가치들에서 단지 상이하게 표현되는 **공통적인 사회적 실체**는 노동이다."(MEGA Ⅱ/5: 19)

220 〔옮긴이〕 이 책에 있는 '1장 상품, 1. 상품의 두 요소, 4) 가치와 가치실체' 부분 참조.

"(MEGA Ⅱ/6: 30)

"이러한 환원에서" (따라서 맑스가 방금 보고한 자신의 서술에서) "잊힌" 것은 대부분의 독자에 의해서도 잊혔다. 『자본』 1권 2판에서의 약간 더 상세한 서술 이후조차도 말이다. '교환되는 개별 물건들에게 가치대상성이 "그 자체로", 따라서 또한 "서로에 대한 그것들의 관계 밖에서" 존재한다'고 여겨졌다. 그리고 그것은 특히 다음과 같은 모든 견해들에서 일어났다. 이미 교환을 겨냥한 생산 행위에서 개별 노동생산물들이, 그것들이 아직 교환관계에 들어서기 전에, 가치대상성을 얻는다고 주장하는 견해들 말이다.

"이를테면, **가치들**로서 상품들은 **동일한 통일**Einheit의 대상적 표현들, 동**일한 노동 실체의 상이한 종류로 보이는 젤라틴들**일 뿐이다.(그러나 사람들이 무엇보다 상품들이 그 외에 표현하는 것을 도외시함으로써, 상품들은 그것들의 진정한 표현으로 환원된다. 상품체는 그것이 다른 모든 상품체들에게 '그것들에게 공동적인 것의 표현'으로 간주된다는 것을 표현할 뿐이다.) 그래서 그런 **대상성**으로서 상품들은 동일한 **통일**에 관계되어 있다. 상품들은 추상적인 인간 노동으로 환원되어 있는데, 이것은 추상적인 인간 노동이 상품들의 **공동적인 통일**로 간주되는 한에서, 상이한 상품체들에서 단지 상이하게 표현될 뿐인 **사회적 실체**로 간주되는 한에서 그렇다. 따라서 〔그런 대상성으로서〕 상품들 모두는 이미 **상대적으로** 표현되어 있다. 즉, **인간 노동에 대해**, 즉 상품들을 형성하는 사회적 노동인 인간 노동에 대해 **상대적으로** 표현되어 있다."(MEGA Ⅱ/6: 30)

여기서도 맑스는 가치들로서 상품들이, "그것들의 공동적인 통일로서" 상품들이, 추상적 인간 노동으로 환원되어 있다는 것을 강조한다. 즉, 〔가치들로서 상품들은〕 각자가 그 자체로 지니는 어떤 것으로 환원되어 있는 것이 아니라, 상품들이 "공동적으로"만 지니는 어떤 것으로 환원되어 있다는 것이다. 이 점이 또한 다음 문단에서 계속해서 추적된다.

"**가치크기**의 규정을 들여다보면, 가치개념에서 이미 상품들의 가치관계가 선취되어 있다는 것, 혹은 상품들의 가치대상성에서 이미 상품들이 **처음부터** 추상적인 인간 노동으로 환원되어 있을 뿐만 아니라 상품들의 **통일**Einheit인 추상적인 인간 노동으로, 노동의 **특정한** 사회적 **형태**인 추상적 인간 노동으로 환원되어 있다는 것이 더욱더 분명하게 나타난다. <u>추상적인 인간 노동은 상품들의 실체일 뿐만 아니라, 상품들이 상품으로서 상품과 공통적으로 가지는 실체이다.</u> 가치크기는 노동의 일정한 양을 표현하나, 이 양은 A 혹은 B가 한 상품의 생산에서 지출하는 노동의 우연한 양이 아니다. 그것은 사회적으로 규정되어 있고, 물건의 생산을 위해 **사회적으로 필요한 노동**, 따라서 물건이 사회적 평균에서 필요로 하는 노동이다. 그것은 첫째, 강도와 숙련의 평균적인 사회적 정도를 가지고 있고, 둘째, 사회적으로 정상적인 생산조건들 하에서 지출된 노동이다.(경쟁은, 모두가 각자에 대해서 그리고 각자가 모두에 대해서 행사하는 사회적 압력은, 이러한 정도를 규제한다.) 추상적인 인간 노동은 **인간 노동력**의 지출이나, 개별자의 인간 노동력은 여기서 사회적 노동력의 부분으로만 간주되고, 이 때문에 인간 노동력의 지출의 척도는 개별 노동력에서가 아니라, 〔개별자의〕인간 노동력이 사회적 노동력의 구성 요소로 작용하는 그러한 관계들에서 발견된다."(MEGA Ⅱ/6: 30 - 31)

맑스는 가치크기를 언급하고, 여기서 "가치개념에서 이미 상품들의 가치관계가 선취되어 있다는 것"이 훨씬 더 분명하게 된다고 주장한다. "가치개념"은 가치대상성에 대한 개념적 표현 방식이다. "가치개념"에서 '가치대상성이 이미 포함하고 있는 것'이 "선취"되어 있다. 그러면 그것은 〔즉 가치대상성이 이미 포함하고 있는 것은〕무엇인가? 가치대상성은 그것의 실체인 추상노동으로 환원되어 있다. 그러나 이것은 (각 상품에게 개별적으로 수반되는) 단순한 실체가 아니라, "상품들이 상품으로서 상품과 공통적으로 가지는 실체"이다. 그러면 왜 이것이 가치크기에서 훨씬 더 분명하게 표현되는가? 왜냐하면 가치크기가 노동의 일정한 양을 표현하긴 하나, "A 혹은

B가 한 상품의 생산에서 지출하는 노동의 우연한 양"을 표현하지는 않기 때문이다. 개인적으로 지출된 노동시간이 아니라 사회적으로 필요한 노동시간만이 가치를 형성하는 것이다. 그러나 이러한 사회적으로 필요한 노동시간은 결코 개별 노동생산물과 그것의 생산과정에서 확인될 수 없다. 이 때문에, '가치대상성에서 항상 이미 다른 상품에 대한 가치관계가 포함되어 있다는 것'이 가치크기에서 아주 분명하게 된다.

"문제를 요약해 보자.

상품의 가치형태는 **상이한 상품들의 가치관계**에 주어져 있다.

1) 가치들로서 노동체들Arbeitskörper의 생산은 그것들을 **동일한 통일** Einheit(그것들에게 공동적인 것, 그것들 안에 있는 동일한 것)의 표현들로, 그것들의 **공동적인 실체**인 **인간 노동 자체**로 환원한다. 이것은 다음을 포함한다. 즉, **통일**인 인간 노동에 대한 관계를 포함하고, **동일한** 통일의 표현들인 **상품들 서로의 관계**를 포함한다. 혹은 <u>**노동생산물들의 동일한 통일의 표현들**로서 **노동생산물들 서로의 관계**는 노동생산물들의 **가치존재**이다. 그리고 이러한 관계를 통해서만 단순한 **노동생산물들**, 유용한 사용 대상들이 변해 **상품들**이 된다. 따라서 그 자체로 고립적으로 고찰해서, 노동생산물은 상품이 아닌 것처럼 가치가 아니다. 노동생산물은 '**그것**'과 '다른 노동생산물'과의 **통일**에서만 **가치**가 된다. 혹은 상이한 노동생산물들이 **동일한 통일**의 결정結晶들로서, 즉 인간 노동의 결정들로서 서로 동일시된 **관계**</u>에서만 **가치**가 된다."(MEGA Ⅱ/6: 31)

여기서 그 자체로 보아서 노동생산물은 가치도 아니고 상품도 아니라는 것이 다시 한 번 분명하게 언급된다. 노동생산물의 가치존재, 노동생산물의 가치대상성은 '노동생산물'과 '다른 노동생산물' 사이의 관계에서만 존재하고, 이러한 관계는 그것들이 "서로 동일시 된" 관계, 따라서 교환이다. 교환에서만 노동생산물들이 상품이며 가치인 것이다.

"이 때문에 다음이 따라 나온다. 즉, 상품들의 **가치**가 상품들의 공동적

실체인 **노동에 대한** 상품들의 **관계** 밖에서는, 혹은 이러한 공동적 실체의 표현인 상품들 서로의 관계 밖에서는 아무것도 아니기 때문에, 상품의 이러한 가치는 또한, 상품이 다른 상품을 가치로 대하는 **관계**에서만, 혹은 상이한 상품들의 **가치관계**에서만 나타날 수 있다. 따라서 **상이한 상품들의 관계**에서만 가치표현이 발견될 수 있거나, 상품들이 가치형태를 얻을 수 있다. 이것은 우리에게 가치형태가 어떻게 가치 자체의 본성으로부터 발생하는지를 보여 준다."(MEGA Ⅱ/6: 31)

가치대상성이 이미 '노동생산물'과 '다른 노동생산물' 사이의 관계라면, 맑스가 도출한 결론에 의하면, 가치는 또한 관계에서만 "나타날" 수 있다. 즉, 감지할 수 있게 존재할 수 있다. 관계로서 가치형태는 가치에 대한 부가물이 아니라, 오히려 그 자체 이미 관계인 가치의 특수한 본성으로부터 "발생한다."

"내가 인간 노동이 노동생산물에 지출되어 있기 때문에 이 노동생산물이 가치라고 말한다면, 이것은 노동생산물을 가치개념 하에 묶는 것일 뿐이다. 이것은 그 표현이 말하는 것보다 더 많은 것을 포괄하는 그러한 추상적 표현이다. 왜냐하면 노동생산물을 다른 모든 노동생산물들과 **동일한** 실체의 **물건**으로서 환원하기 위해서만, 이 노동생산물이 이러한 가치개념으로 환원되기 때문이다. 따라서 다른 노동생산물들에 대한 관계가 가정되어 있는 것이다.

예를 들어, 내가 돌이 무겁다고 말한다면, **나는** 무게를, 고립적으로 그 자체로 고찰해서 돌에 부여된 속성으로 **표현한다**. 그러나 사실상 돌의 무게는 돌이 단지 다른 몸체들과의 관계에서만 지니는 몸체적 속성이다. 이 표현이 이 관계에 대해 어떤 것도 말하지 않을지라도, 그 표현은 그 관계를 포함한다."(MEGA Ⅱ/6: 32)

이 두 개의 문단은 사람들이 맑스에게서도 발견하는 '개별 상품의 가치'라는 말이 무엇을 의미하는지를 설명한다. 즉, 그것은 "그것이 말하는 것보다 더 많은 것을 포괄하는" 축약적 표현이다. 왜냐하면 다른 상품에 대한 관계, 따라서 교환은 항상 이미 포함되어 있는 것이기 때문이다.

"2) 대상성은 가치개념에 포함되어 있다.

노동생산물의 그것의 **가치존재**로의 환원, 그것의 가치로의 환원은 그것의 사용가치에 대한 추상을 통해서 수행된다. 혹은 그것을 특정한 물건으로, 따라서 또한 특정한 유용한 물건(**사용가치**)으로 만드는 모든 몸체적 속성들이 도외시됨으로써, 그것은 **가치대상성**으로 고정된다. 남아 있는 것은 <u>순수하게 환상적인 대상성</u>, 추상적인 인간 노동의 대상성, 추상적인 인간 노동의 **대상적 형태**이다. 따라서 유동적인 상태, 흐르는 상태, 운동의 형태 대신에 정지의 상태로 존재하는 인간 노동이다.

이때 두 가지가 언급되어야 한다.

첫째, 대상성이라는 형태는 가치개념에 포함되어 있다. 이러한 물건들, 철, 밀, 금은 가치물들, 철 가치, 밀 가치, 금 가치 등이다. 이 때문에 노동생산물들은 **가치들**로서 표현될 수 없고, 단지 노동생산물들의 가치존재가 드러날 수, 나타날 수 있을 뿐이다. —혹은 노동생산물들의 가치는 **가치형태**만을, 즉 상품의 가치존재를 상품의 사용존재로부터 구별시켜 주는 형태만을 획득할 수 있을 뿐이다. —〔노동생산물들의〕 가치존재가 대상적으로 표현되는 한에서, 따라서 단지 상품체 그 자체에서만 표현되는 한에서 말이다. 왜냐하면 상품의 유일한 대상성은 노동생산물들이라는, 상품체들이라는 '상품의 대상성'이기 때문이다.

둘째,"(MEGA Ⅱ/6: 32)

(여기서 어떤 계속되는 텍스트도 더 이상 뒤따라 나오지 않는다. 원고의 다음 쪽에서 맑스는 일반적 가치형태의 서술을 위한 새로운 시도를 시작한다.)

사람들이 노동생산물의 사용가치를 추상할 때 얻는 가치대상성을 맑스는 "순수하게 환상적인 대상성"이라고 부른다. 다음 문단에서 그는 이러한 가치대상성이 "대상적으로 표현"될 때만 "나타날" 수 있다고 밝힌다. 그런

데 가치대상성은 단지 상품체에서만 대상적으로 표현될 수 있다.

맑스는『자본』1권 1판의 1장에서 가치형태를 분석할 때도 가치대상성의 "환상적" 성격을 언급했다.

"아마포를 인간 노동의 단순히 물건적인 표현으로 밝히기 위해, 사람들은 무엇보다 아마포를 실제로 물건으로 만드는 그러한 것을 도외시해야 한다. 그 이상의 질과 내용 없는 그 자체 추상적인 인간 노동의 대상성은 필연적으로 추상적인 대상성, **사고물**Gedankending이다. 그렇게 평직물 Flachsgewebe은 환영이 된다."(MEGA Ⅱ/5: 30)

거기에서도 곧이어 맑스는 다른 상품에서의 이러한 추상적 대상성의 감지할 수 있는 대상화를 다루었고, 〔이 책에 있는〕 부록 3의 말미에 언급한, '헤겔의 개념'에 대한 비판을 정식화했다. 즉, 헤겔의 개념은 "외적 소재" 없이 — 이 경우에는 다른 상품 없이 — "객관화"될 수 있다는 것이다(MEGA Ⅱ/5: 31).

『자본』1권 1판의 1장에서만이 아니라 「『자본』1권에 대한 보충과 변경 (1871년 12월 - 1872년 1월)」에 있는 위에서 거론한 곳에서도, 맑스가 한편으로 가치의 "추상적"이고 "순수하게 환상적인" 대상성과 다른 한편으로 다른 상품의 형상에서의 가치의 감지할 수 있는 현존형태 사이의 관계가 얼마나 엄밀하게 서술되어야 하는지에 대해 완전히 확신하지 않은 것처럼 보인다. 이 관계가 헤겔의 철학의 방식에서 파악될 수 없다는 것은 분명하다. 맑스는 적절한 해결을 2판에서야 발견했다. 거기에서 맑스는 연구의 두 지평 사이의 차이를 강조한다(MEGA Ⅱ/6: 83; MEW 23: 65).

* 두 상품들의 **교환관계**의 연구. 여기서 사람들은 "가치추상"(MEGA Ⅱ/6: 83; MEW 23: 65), 개별 상품에서는 파악될 수 없는 가치대상성을 **분석의 결과**로 얻는다.
* 두 상품들의 **가치관계**의 연구. 이것은 이미 교환관계의 분석의 결과

를 가정하고, '그 가치가 표현되어야 하는 그러한 상품'의 가치의 감지할 수 있는 현존형태를 가치표현에서 제공한다.(이 차이에 관해서 MEW 23의 65쪽에 대한 주해를 참조.)[221]

맑스가 이 지평들의 차이를 이제 분명히 보기 때문에, 교환관계에 대한 연구 또한 『자본』 1권 2판의 1장의 첫머리에서 더 많은 공간을 얻고, 사람들이 상품의 모든 사용가치 속성들을 추상할 때 남게 되는 "유령 같은 대상성"(MEGA Ⅱ/6: 72; MEW 23: 52)이 이미 여기에서 이야기된다. 사람들이 어떻게 "추상적"이고 "순수하게 환상적인" 대상성으로부터 이러한 대상성의 감지할 수 있는 형상에 이르는지 (그리고 이때 헤겔의 개념 사변의 덫에 빠지지 않는지) 하는 문제는 이제 분석의 두 지평들 사이의 관계로 해소된다.

이 마지막 지점은 또한 부록 1에서 "완성 테제"와 "대중화 테제"를 대립시킬 때 내가 제기한 주장, 가치형태 분석의 세 가지 원고들 중에서 어떤 것도 명백하게 최고의 원고가 아니라는 주장에 대한 증거이다. 부록 3에서 재현된 형태 Ⅳ가 『자본』 1권 2판에서 더 이상 다뤄지지 않는다는 것은 확실히 결점이다. 이와 달리, 방금 언급한 지점은 선행하는 원고들에 비해 〖2판이 가진〗근본적인 진보이다.

---

221 〔옮긴이〕이 책에 있는 '1장 상품, 3. 가치형태 혹은 교환가치, A) 단순한, 개별적인 혹은 우연한 가치형태, a) 상대적 가치형태의 내용' 부분 참조.

용어집

『자본』1권 1장과 2장에서 사람들은 많은 독자들에게 새로울 수 있는 다수의 개념들을 만난다. 맑스는 이 개념들의 몇몇을 새로 만들었고, 다른 개념들을 찾아냈으며, 그것들에게 부분적으로 새로운 규정을 부여했다. 이 용어집에서 이러한 모든 개념들을 설명할 수는 없다. 나는 단지 상품, 가치, 노동과 밀접한 관계를 가지는 그러한 개념들만을 논할 것이다. 표제어들은 알파벳순으로 배치되지 않았다. 오히려 내용적으로 관련된 개념들이 차례로 다뤄진다.[222] 설명은 매우 간결하게 이루어졌고, 사람들이 앞의 주해를 읽었다는 것을 전제한다. 한 표제어에 대한 설명 안에 있는 굵은 표시는 또한 이렇게 굵게 표시된 개념들을 위해서 또 다른 설명이 존재한다는 것을 가리킨다. 페이지 표시는 각 개념이 이야기되는, 『자본』1권에 있는 중요한 곳들을 말한다.

---

222 〔옮긴이〕 따라서 표제어들을 한글 자음 순서가 아니라 원문의 순서를 그대로 따라 옮겼다.

상품과 가치

상품

Ware

이중적 형태로, 즉 (물질적인 사물, 사용 대상인) 현물형태로 그리고 가치대상
으로 출현하는 물건 혹은 실행(MEW 23: 62). 물건들과 실행들은 그것들이
서로 독립적인 **사적 노동들**의 생산물들이고 교환되기 때문에만 상품들이
된다(MEW 23: 87). 노동생산물들의 상품형태는 교환에 근거하는 사회들에
서만 존재하는 특수하게 사회적인 형태이다.

사용가치

Gebrauchswert

사물(혹은 실행)의 유용성이 사물을 사용가치로 만든다. 이 유용성은 사물
의 물질적인physisch 속성들을 통해 조건 지어져 있으나, 이러한 물질적인 속
성들을 이용할 수 있는 인간들의 지식을 전제한다(MEW 23: 49 이하).

(A의) 교환가치

Tauschwert (von A)

사람들이 교환에서 A 대신에 얻는 다른 사물 B의 양(MEW 23: 50). 교환가
치는 **가치**의 현상형태이다(MEW 23: 50, 53).

가치

Wert

교환되는 상품들이 가진 공통적인 것(MEW 23: 50). 가치들로서만 상품들
은 양적으로 비교될 수 있다(MEW 23: 64).

가치실체

Wertsubstanz

가치의 근간을 이루는 것. 상품들에게 "공동적인 사회적" 실체가 문제이다 (MEW 23: 52). 이 실체는 단순히 노동이 아니라, 동등한 인간 노동, **추상적 인간 노동**이다(MEW 23: 52).

가치크기

Wertgröße

가치의 크기는 상품에 포함되어 있는 "가치를 형성하는 노동"의 양에 의존한다. 이 양은 생산자가 지출한 **개인적 노동시간**과 동일하지 않다. **사회적으로 필요한 노동시간**만이 유효하다(MEW 23: 53).

가치대상성, 가치물, 노동생산물들의 가치성격

Wertgegenständlichkeit, Wertding, Wertcharakter der Arbeitsprodukte

이것으로 맑스는 상품들이 그것들의 물질적인physisch 대상성을 제외하고서도 가치대상들이라는 사태를 강조한다. 그러나 물건들은 그것들의 사용대상성과 분리된 이러한 가치대상성을 교환에서만 얻는다(MEW 23: 87). 가치가―순수하게 사회적인 속성으로서―감각적으로, 물질적으로 포착될 수 없을지라도, **가치**는 상품들의 사물적인, 대상적인 속성으로 출현한다. 이 때문에 맑스는 가치대상성을 "유령 같은" 대상성으로 말하고(MEW 23: 52), 가치를 물건들의 "초자연적" 속성으로 말하며(MEW 23: 71), 상품들을 "감각적이며 초감각적인" 사물들로 말한다(MEW 23: 85, 86).

가치추상

Wertabstraktion

우리가 상품들이 가치대상들이라고 밝히는 것은 관찰자인 우리가 수행하

용어집

는 추상이다. 그때 우리는 상품들을 상품들의 가치 속성으로 환원했던 것이다(MEW 23: 65).

가치형태 (가치표현, 교환가치)

Wertform (Wertausdruck, Tauschwert)

상품 A의 **가치**는 가치형태에서 대상적 표현을 얻는다.(가치는 더 이상 단순히 추상이 아니다.) 상품 A의 가치는 이러한 대상적 표현을 다른 상품 B의 특정한 양으로서 얻는다. 상품 A의 가치는 이제 더 이상 포착될 수 없는 것이 아니다. 즉, 그 가치는 다른 상품에 대한 관계에서 출현하고, 이러한 다른 상품의 양으로서 포착될 수 있다(MEW 23: 62, 65).

가치관계

Wertverhältnis

가치대상들로서의 상품들 서로의 관계.

상품의 물신성 (상품물신주의)

Fetischcharakter der Ware (Warenfetischismus)

상품생산의 조건들 하에서 노동의 사회적 성격들은 노동생산물들의 대상적 성격들로 출현한다. 맑스는 이러한 사태를 상품물신주의로 부른다. 이러한 물신성은 공상, 외관이 아니라, 실재적이고, "상품들을 생산하는 노동의 고유한 사회적 성격"으로부터 발생한다(MEW 23: 87). 그러나 물신성이 상품생산의 특수한 사회적 관계들로부터 발생한다는 것은 곧장 간파되지 않는다. 상품생산에만 유효한 것은 상품생산의 관계들에 구속되어 있는 인간들에 의해 최종적인 것으로 간주된다. 여기서 우리는 노동생산물들이 필연적으로 모든 사회형태에서 가치대상들이라는 거짓 외관을 상대하고 있다.

교환관계

Austauschverhältnis

교환되는 두 상품들의 관계만이 고려된다. 상품 소유자들은 여전히 추상된다. 교환관계는『자본』1권의 1장에서 연구된다.

교환과정

Austauschprozess

상품 소유자들이 수행하는 교환의 과정. **교환관계**에 대한 연구와 달리, 여기에서 상품 소유자들의 행위가 문제이다. 교환과정은『자본』1권의 2장에서 연구된다.

용어집

노동

노동력
Arbeitskraft
인간의 노동할 능력.

노동
Arbeit
이러한 능력의 사용 과정.

구체적 유용노동
Konkret nützliche Arbeit
일정한 구체적 방식으로 진행되고 유용한 어떤 것을 산출하는, 가시적인 실제적 노동과정. 구체적 유용노동은 사용가치들을 생산한다(MEW 23: 52, 56 이하).

추상적 인간 노동 (동등한 인간 노동)
Abstrakt menschliche Arbeit (gleiche menschliche Arbeit)
교환에서 다양한 노동들의 특수성은 추상되고, 이러한 상이한 노동들은 동등한 인간 노동 혹은 바로 추상적 인간 노동으로 환원된다(MEW 23: 52). **사용가치들**을 산출하는 **구체적인 유용노동**이 모든 사회형태들에서 존재하는 반면에(MEW 23: 57), 추상적인 인간 노동은 또한 특정한 사회관계에서만, 즉 교환에 근거하는 사회에서만 존재하는 노동의 특수하게 사회적인 규정이다(MEW 23: 87 이하; MEW 13: 23 이하).

'상품들에서 표현된 노동'의 이중성

Doppelcharakter der in den Waren dargestellten Arbeit

이것은 자신의 생산물이 상품인 그러한 노동이 **구체적 유용노동**일 뿐만 아니라 **추상적 인간 노동**이라는 사태를 말한다(MEW 23: 56 이하).

개인적 노동시간

Individuelle Arbeitszeit

이것은 개인적 생산자가 특정한 생산물의 생산을 위해 필요로 하는 노동 시간이다(MEW 23: 53).(개인적 생산자는 개별 인물일 필요가 없다. 하나의 전체 기업이 또한 문제일 수 있다.)

사회적으로 필요한 노동시간

Gesellschaftlich notwendige Arbeitszeit

이것은 특정한 사용가치를 당시의 사회적으로 정상적인 생산조건들로, 그리고 당시의 보통의 숙련으로 생산하기 위해 필요한 노동시간이다(MEW 23: 53). 이러한 기술적 규정은 『자본』1권의 3장에서 수요를 고려하는 것을 통해 보충된다. 즉, 생산물들을 또한 사회적 수요가 존재하는 양으로 생산하는 그런 노동시간만이 사회적으로 필요한 것이다(MEW 23: 121 이하). 정상적인 생산조건으로 간주되는 것도, 사회적으로 필요한 노동시간의 수요 측면의 규정도, 개별적 생산과정의 규정은 아니다. 사회적 규정들은 교환에서야 존재하는 규정들이다.

사적 노동

Privatarbeit

다른 생산자들로부터 독립적으로 (즉 협약과 조정 없이) 지출되는 노동. 상품들은 사적 노동의 생산물들이다(MEW 23: 57). 각 생산자는 시장 조건들을 평가하려고 시도하긴 하나, 시장에서야 비로소 그는 자신의 상품이 사회적으로 받아들여지는지, 그리고 따라서 또한 그의 사적 노동이 **사회적 총노동**의 부분으로서 유효한지를 알게 된다(MEW 23: 87). 사적으로 지출된 **구체적 유용노동**은 상품생산의 조건들 하에서, 그 노동이 교환에서 동등한 인간 노동, **추상적 인간 노동**으로 환원되는 것을 통해서야 비로소, 사회적 총노동의 구성 요소가 된다.

사회적 총노동

Gesellschaftliche Gesamtarbeit

일반화된 상품생산에서 사회적 총노동은 수많은 **사적 노동들**로 구성된다. 그러나 사적 노동들은 그것들의 생산물들이 또한 실제로 교환될 때만, 사회적 총노동의 구성 요소가 된다(MEW 23: 87).

직접적으로 사회적인 형태로 존재하는 노동

Arbeit in unmittelbar gesellschaftlicher Form

이것은 그것의 생산물이 직접적으로 사회적인 형태로 존재하는 노동이다.(따라서 생산물은 사회적 생산물이 되기 위해서 더 이상 매개를 필요로 하지 않는다.) 상품생산의 조건들 하에서 일반적 등가물을 생산하는 그런 **사적 노동**만이 동시에, 직접적으로 사회적인 형태로 존재하는 노동이다(MEW 23: 73). 상품생산에 근거하는 것이 아니라 인격적 지배관계들과 예속관계들에 근거하는 사회관계들에서, 노동은 이미 그것의 현물형태에서 특정한 **구체적 유용노동**으로서, 사회적 톱니바퀴에 들어간다. 이 때문에 그런 관계들에서 노동은 그것의 현물형태에서 이미 직접적으로 사회적인 형태로 존재하는 노동이다(MEW 23: 91).

직접적으로 사회화된 노동

Unmittelbar vergesellschaftete Arbeit

여기서도 노동은 이미 그것의 현물형태에서 **직접적으로 사회적인 형태로 존재하는 노동**이다. 노동이 공통적으로 지출되고 공동의 생산수단을 사용하는 것을 통해서, 노동은 직접적으로 사회화된 노동이 된다. 맑스는 한편으로 "농부 가족의 시골의 가부장적 산업"을, 다른 한편으로 "자유로운 인간들의 협회"를 예로 언급한다(MEW 23: 92 이하).

참고 문헌

Althusser, Louis. 1965[1968]. *Für Marx*. Frankfurt / M.: Suhrkamp.

Althusser, Louis / Balibar, Etienne. 1965[1972]. *Das Kapital lesen. 2 Bände*. Reinbek: Rowohlt.

Backhaus, Hans Georg. 1997. *Die Dialektik der Wertform*, Freiburg: ça ira.

Böhm - Bawerk, Eugen von. 1896. Zum Abschluß des Marxschen Systems. In: Friedrich Eberle
(Hg.). 1973. *Aspekte der Marxschen Theorie 1*. Frankfurt / M.: Suhrkamp. S. 25 - 129.

Elbe, Ingo. 2006. Zwischen Marx, Marxismus und Marxismen. Lesarten der marxschen Theorie.
In: Hoff / Petrioli u.a. (Hg.). 2006. S. 52 - 71.

Goethe, Johann Wolfgang von. 1999. Faust. *Kommentare*. (Hg. von Albrecht Schöne). Frankfurt /
M.: Deutscher Klassiker Verlag.

Habermas, Jürgen. 1981. *Theorie des kommunikativen Handelns. Erster Band*. Frankfurt / M.:
Suhrkamp.

Haug, Wolfgang Fritz. 2005. *Vorlesungen zur Einführung ins «Kapital»*. (6. neu bearbeitete Auf-
lage). Hamburg: Argument.

Hegel, Georg Friedrich Wilhelm. 1821[1986]. Grundlinien der Philosophie des Rechts. In:
Werke. Band 7. Frankfurt / M.: Suhrkamp.

Heinrich, Michael. 1999. *Die Wissenschaft vom Wert. Die Marxsche Kritik der politischen Ökonomie
zwischen wissenschaftlicher Revolution und klassischer Tradition*. (2. überarbeitete und er-
weiterte Auflage). Münster: Westfälisches Dampfboot.

_____. 2004. *Kritik der politischen Ökonomie. Eine Einführung*. Stuttgart: Schmetterling Ver-
lag.

Hilferding, Rudolf. 1904. Böhm - Bawerks Marx - Kritik. In: Friedrich Eberle (Hg.). 1973. *Aspekte
der Marxschen Theorie 1*. Frankfurt / M.: Suhrkamp. S. 130 - 192.

Hoff, Jan. 2004. *Kritik der klassischen politischen Ökonomie. Zur Rezeption der werttheoretischen
Ansätze ökonomischer Klassiker durch Karl Marx*. Köln: PapyRossa.

Hoff, Jan / Petrioli, Alexis u.a. (Hg.). 2006. *Das Kapital neu lesen. Beiträge zur radikalen Philoso-
phie*. Münster: Westfälisches Dampfboot.

Iber, Christian. 2005. *Gründzüge der Marxschen Kapitalismustheorie*. Berlin: Parerga.

Lafargue, Paul. 1890 / 91[1983]. Persönliche Erinnerungen an Karl Marx, In: *Mohr und General.
Erinnerungen an Marx und Engels*. Berlin: Dietz. S. 286 - 312.

Lenin, Vladimir Ilyich. 1915[1964]. Zur Frage der Dialektik. In: *Werke. Band 38*. Berlin: Dietz.

S. 338-344.

Locke, John. 1690[1977]. *Zwei Abhandlungen über die Regierung.* (übersetzt von Hans Jörn Hoffmann, herausgegeben und eingeleitet von Walter Euchner). Frankfur / M.: Suhrkamp.

Mandel, Ernest. 1968. *Marxistische Wirtschaftstheorie. 2 Bände.* Frankfur / M.: Suhrkamp.

Moseley, Fred. 2007. Kapital im Allgemeinen und Konkurrenz der vielen Kapitalien in der Theorie von Marx. Die quantitative Dimension. In: *Marx - Engels Jahrbuch 2006.* Berlin: Akademie Verlag. S. 81-117.

Polanyi, Karl. 1979. Die Semantik der Verwendung von Geld. In: ders.. *Ökonomie und Gesellschaft.* Frankfur / M.: Suhrkamp. S. 317-345.

Reichelt, Helmut. 2002. Die Marxsche Kritik ökonomischer Kategorien. Überlegungen zum Problem der Geltung in der dialektischen Darstellungsmethode im «Kapital». In: Iring Fetscher / Alfred Schmidt (Hg.). *Emanzipation als Versöhnung. Zu Adornos Kritik der «Warentausch - Gesellschaft» und Perspektiven der Transformation.* Frankfur / M.: Neue Kritik. S. 142-189.

Rubin, Isaac Iljitsch. 1973. *Studien zur Marxschen Werttheorie.* Frankfur / M. (vollständiger als die deutsche ist die englische Übersetzung. 1972. *Essays on Marx's Theory of Value.* Detroit: Black & Red).

Schmied - Kowarzik. Wolfdietrich. 1981. *Die Dialektik der gesellschaftlichen Praxis. Zur Genese und Kernstruktur der Marxschen Theorie.* Freiburg: Alber.

Sachverständigenrat zur Begutachtung der gesamtwirtschaftlichen Entwicklung. 1999. *Jahresgutachten 1999 / 2000 «Wirtschaftspolitik unter Reformdruck».* Wiesbaden: Statistisches Bundesamt.

Smith, Adam. 1776[1963]. *Eine Untersuchung über das Wesen und den Ursprung des Reichtums der Nationen. Erster Band.* (Übersetzt und eingeleitet von Peter Thai). Berlin: Akademie Verlag.

Sohn - Rethel, Alfred. 1973. *Geistige und körperliche Arbeit.* (2. überarbeitete Auflage). Frankfur / M.: Suhrkamp.

SOST (Sozialistische Studiengruppen). 1980. *Entfremdung und Arbeit. Ökonomisch - philosophische Manuskripte aus dem Jahre 1844. Kommentar.* Hamburg: VSA.

Stützle, Ingo. 2006. Die Frage nach der konstitutiven Relevanz der Geldware in Marx' Kritik der politischen Ökonomie. In: Hoff / Petrioli u.a. (Hg.). 2006. S. 254-286.

Trenkle, Norbert. 1998. Was ist der Wert? Was soll die Krise? In: *Streifzüge 3 / 1998.* S. 7-10.

Wolf, Dieter. 1985. *Ware und Geld.* (unter dem Titel: *Der dialektische Widerspruch im «Kapital»* 2002 neu aufgelegt). Hamburg: VSA.

옮긴이의 말

　소위 '4차 산업혁명'과 코로나 19 사태에서 다시 확인된 '생태 위기'를 거론하지 않더라도, 150년보다 훨씬 더 이전에 쓴 맑스의 『자본』을 오늘날 왜 읽어야 하는가? 그동안 자본주의가 변했고 따라서 분석 대상이 달라진 만큼, 『자본』은 그 유효성을 잃은 것이 아닌가? 혹시 『자본』을 읽을 필요성이 있더라도, 왜 『자본』을 '인간이 아닌 동물'도 이해할 수 있게 정리한 혹은 표지가 '팬시한' 요약서가 아니라, 『자본』 자체를 읽어야 하는가? 만약 『자본』 자체를 읽을 필요성을 인정한다 하더라도, 『자본』을 이해하기 위해서는 무엇보다 먼저 '유물론', '변증법', '독일관념론', '헤겔 철학', 그리고 '맑스가 『자본』 전에 쓴 초·중기 저작들'에 대한 공부를 미리 해야 하는 것은 아닌가? 혹은 『자본』을 이해하기 위해서는 『자본』을 읽는 별도의 '해석 틀'이 필요한 것은 아닌가? 예를 들어, 『자본』을 철학적으로, 정치적으로, 혹은 전문 경제학적으로, 그것도 아니라면 문학적으로 읽어야 하는 것 아닌가? 그리고 이를 위해, 유명한 『자본』 연구서들을 미리 혹은 최소한 『자본』 독해와 동시에 읽어야 하는 것은 아닌가? 만약 다른 준비 없이 『자본』을 곧장 읽는 것이 『자본』을 이해하기 위한 훨씬 더 나은 방법이고 『자본』을 '끝까지' 읽을 수 있는 방법이라는 것을 인정한다 하더라도, 어렵다고 알려진 『자본』을 어디부터 읽어야 하는가? 알튀세르가 말한 것처럼, 『자본』 1권의 첫머리를 제쳐 놓고 '4장 화폐의 자본으로의 전화'부터 독해를 시작해야 하는가? 아니면 조금 더 뒤에서부터, 코르쉬가 말한 것처럼, '5장 노동과정과 가치증식 과정'부터 읽어야 하는가? 그것도 아니라면, 맑스 스스로 말한 것처럼, 학문적 논증에 익숙하지 않은 사람들은 '8장 노동일', '11장 협업', '12장 분업', '13장 기계', '24장 본원적 축적'을 먼저 읽어『자본』에 친숙해 지는 것이 더 나은 방법인가? 그러나 다른 한편으로,『자본』의 첫머리가 이렇게 건너뛰고 나중에 읽어도 좋은 것이라면, 맑스는 왜『자본』1권 2판에서 목차를 바꾸지 않았는가? 첫 단추를 꿰는 것처럼『자본』의 첫머리를 제대로 이해하는 것이 이후의 독해에서 중요한 것이 아닌가?

　이처럼 우리는『자본』의 첫 페이지를 펴기도 전에 수많은 질문들에 부딪힌다. 이러한 크게 네 가지 질문들에 대한 대답을, 즉 1) 왜 오늘날『자본』을 읽어야 하는지, 2) 왜 요약서가 아니라『자본』자체를 읽어야 하는지, 3)『자본』을 직접 읽기로 했다면, 왜 사전事前 공부와 사전 해석틀 없이 먼저 텍스트 자체를 집중해서 읽어야 하는지, 4) 왜『자본』을 첫 페이지부터 읽어야 하는지에 대한 '긍정적인' 대답을, 독자는 이 책의 저자의 '안내의 말'에서 발견할 수 있을 것이다.

　그러나 이제 독자가 이렇게『자본』을 첫 페이지부터 직접 읽기로 결심했다 하더라도,『자본』의 첫머리는『자본』의 전문가들만이 아니라『자본』의 저자 스스로도 인정했을 만큼 어렵다. 따라서 특히『자본』의 첫머리를 읽을 때 주해서의 도움을 받는 것은『자본』을 가능한 정확하게 이해하기 위해서―그리고 최소한『자본』의 첫머리에서 읽기를 포기하지 않기 위해서라도―필요한 일일 것이다. 2016년 슈메털링Schmetterling 출판사에서 발행된 마하엘 하인리히의 *Wie das Marxsche《Kapital》lesen? Leseanleitung und Kommentar zum Anfang des《Kapital》Teil 1*의 3판을 우리말로 옮긴 이 책은 바로 이렇게『자본』을 처음 읽는 독자를 도울 주해서 혹은 워크북workbook이다.

　그런데 하인리히의 주해서는 다른 주해서보다 무엇이 더 나은가? 왜 굳이 하인리히의 주해서를 읽어야 하는가? 이에 대한 대답을 독자는 마찬가지로 저자의 '안내의 말'에서 발견할 수 있을 것이다. 따라서 여기에서는 다음과 같은 간략한 내용만 적어 둔다. 하인리히는 주해자의 시각이 그대로 독자에게 옮겨져 독자가 주해자의 시각대로 텍스트를 바라보게 되는 것을 극히 경계한다. 그래서 그는 이 책에서 자신의 고유한 해석을 소개하는 것을 자제한다. 그 대신 그는 주해의 초점을 '독자가 텍스트를 직접 읽을 때 가질 것이라고 예상되는 이해의 어려움과 질문'에 둔다. 또한 그는 『자본』첫머리의 구절을 독자가 아직 읽지 않은『자본』전 3권의 세부 내용과 미리 구체적으로 연결 지으면서 '선생티를 내면서' 주해하는 것이 아니라, 주해의 범위를 '독자가 그때까지 읽은 텍스트 분량'을 넘어서지 않도록 제한한다. 왜냐하면 그때만 독자가 주해의 타당성을 직접 판단할 수 있기 때문이다. 말하자면, 이 주해서를 통해 독자는 미리 주어진 지도를 가지고 숲을 탐험하기보다는 직접 숲을 탐험하면서 그때그때 필요한 만큼의 도움을 받는 식으로『자본』을 읽을 수 있을 것이다. 따라서 이 주해서는 독자에게 거침없는 질문, 자유로운 토론, 엄격한 논증의 문을 활짝 열어 둔다. 그리고 이것은 독자에게 책 읽는 재미를 줄 뿐만 아니라 주체적인 독해를 가능하게 할 것이다. 물론 이것은 독자가 저자의 '안내의 말'에 들어 있는 '『자본』과 주해서를 읽을 때 지켜야 하는 원칙들', '『자본』을 읽을 때 생각해야 하는 질문들', '『자본』을 토론할 때 지켜야 하는 규칙들'을 신중하게 받아들이는 것을 전제로 한다.

  이렇게 이 책은『자본』을 처음 읽는 사람들이 독해에서 만날 수 있는 어려움과 의문을 해결하는 데 도움을 주는 것을 목적으로 한다. 그러나 이뿐이 아니다. 이 책은『자본』을 공부하고 있거나 이미 안다고 생각하는 사람들, 더 나아가 전공자에게도『자본』에 대한 새로운 이해와 논쟁을 위한 계기를 제공한다. 위에서 말한 것처럼, 하인리히는 이 책에서 자신의 고유한 해석을 상세히 전개하지 않긴 하지만,『자본』의 첫머리에서 불가피하게 떠오르는 의문점, 모순점, 논쟁점을 지적하는 것을 회피하지도 않는다. 예를 들어, 독자는 이 책에서 다음과 같은 크게 열다섯 가지 질문을 만날 수 있고, 따라서 학문적 탐구와 논쟁의 장場으로 초대된다. 1) 『자본』의 서술의 출발점인 상품은 전前 자본주의적 상품인가, 자본주의적 상품인가, 그것도 아니라면 자본주의적 상품이긴 하나 화폐와 자본을 개념적으로 추상한 상품인가?, 2) 가치, 추상노동, 사회적 필요노동시간은 상품의 생산과정에서 형성되는가, 아니면 상품교환에서 형성되는가?, 3) 가치, 추상노동, 사회적 필요노동시간은 사고추상의 결과인가, 아니면 실재추상의 결과인가?, 4) 가치, 추상노동, 사회적 필요노동시간은 초역사적으로 존재하는 것인가, 아니면 역사적으로 특수한 사회에서만 존재하는 것인가?, 5) 가치는 가치 표현에 시간적으로 선행하는 것인가, 아니면 논리적으로만 선행하는 것인가?, 6) 화폐형태의 발생에 대한 서술은 화폐의 역사적 발전에 대한 서술인가, 아니면 단순한 가치형태에서 화폐형태로의 개념적 이행에 대한 서술인가?, 7) 만약 화폐형태의 발생에 대한 서술이 단순한 가치형태에서 화폐형태로의 개념적 이행에 대한 서술이라면, 『자본』에 존재하는 가치형태의 역사적 출현에 대한 서술은 어떻게 보아야 하는가?, 8) 단순한 가치형태에서 일반적 가치형태로의 이행과 달리, 일반적 가치형태에서 화폐형태로의 이행에서는 '형태변화'가 존재하지 않는 것은 아닌가?, 9) 2장에 있는 화폐에 대한 서술은 1장 3절에 있는 화폐형태에 대한 서술의 반복인가, 아니면 상품 소유자의 행위를 도입하는 새로운 논증 지평에서의 서술인가?, 10) 가치와 화폐 사이의 관계는 필연적인 것인가, 아닌가?, 11) 프루동의 시간 전표에 대한 맑스의 비판과 오웬의 시간 전표에 대한 맑스의 옹호 사이에 모순이 존재하는 것은 아닌가?, 12) 맑스의 '자유로운 인간들의 협회'는 공산주의사회의 구체적 원리를 보여 주는 것인가, 아니면 맑스가 상품 생산의 특징을 강조하기 위해서 서술 전략상 비교 대상으로만 가정한 것일 뿐인가?, 13) 계급과 계급투쟁은 「공산주의당 선언」에서만이 아니라 『자본』에서도 논의의 전제이자 출발점으로 아무 문제없이 받아들여질 수

옮긴이의 말

있는 것인가, 아니면 자본주의적 생산양식의 분석과 물신 비판 '후에서야' 논의될 수 있는 것인가?, 14) 가치와 화폐에 대한 맑스의 논의와 엥엘스의 해석 사이에 차이가 존재하는 것은 아닌가?, 15) 결국, 맑스는 정치경제학을 (비판적으로) 계승하려고 했는가, 아니면 정치경제학 자체를 근본적으로 전복시키고 비판하려고 했는가? 그리고―어느 쪽이든―그러한 시도는 성공했는가? 맑스의 논증에 양가성이 존재하는 것은 아닌가? 이 책은 이러한 질문들의 타당성을 검토하고 스스로의 대답을 찾도록 한다는 점에서뿐 아니라―그러나 이러한 문제에 더 몰두하기 위해서는 하인리히의 다른 연구서나 연구논문, 그리고 '새로운 맑스 – 독해Neue Marx-Lektüre' 경향에 속하는 다른 저자들의 글을 읽어야만 할 것이다―가치형태에 대한 맑스의 세 가지 원고 사이의 차이를 제시하고, 한국에서는 거의 알려지지 않은 맑스의 「『자본』 1권에 대한 보충과 변경(1871년 12월 – 1872년 1월)」의 내용을 엿볼 수 있게 한다는 점에서도, 『자본』을 보다 심층적으로 읽고 싶어 하는 사람들에게 유용할 것이다.

이 책에 대해서는 이쯤 적고―더 이상 적는 것은 저자의 서술을 불필요하게 반복하는 일일 것이다―'옮긴이의 말'에 응당 있어야 할 저자 소개로 이 짧은 글을 마치고자 한다. 이 책의 저자 미하엘 하인리히는 1957년 독일에서 태어났고, 맑스·엥겔스 전집(Marx-Engels-Gesamtausgabe, MEGA) 및 맑스의 미간행 원고에 대한 분석을 바탕으로 맑스의 정치경제학 비판이 한편으로 고전 정치경제학을 넘어선 과학혁명의 성격을 지니나 다른 한편으로 고전 정치경제학의 지평에 여전히 머물러 '양가성'을 지닌다는 테제를 제시해 1990년 베를린자유대학교Freie Universität Berlin에서 박사학위를 받았다. 그는 박사학위논문을 1991년 『가치학Die Wissenschaft vom Wert』으로 출판했고, 1999년 이 책의 내용을 확장하고 여러 비판에 응답하는 2판을 냈다. 이 책은 이후 여러 개정과 확장을 거쳐 2020년 8판까지 출판되었다. 하인리히의 주저라고 할 수 있는 이 책은 맑스 – 레닌주의, 사민주의, 일부 서구 맑스주의, 일부 알튀세르주의 등이 공유하는 '맑스의 이론에 대한 전통적 해석'을 비판하면서 1960년대 이래 서독에서 출현한 '새로운 맑스-독해' 경향 중에서도, 그 논증의 엄밀함과 독창성으로 인해 이 경향을 한 차원 더 발전시킨 것으로 평가될 수 있다. 하인리히는 또한 2004년『정치경제학 비판 개론Kritik der politischen Ökonomie. Eine Einführung』을 출판했는데, 이것은 2007년 금융위기와 이에 따른『자본』읽기 르네상스의 배경 하에서『자본』입문서의 새로운 표준으로 환영받아 2018년 14판까지 출판되었고 다수의 언어로 번역되었다. 그러나 하인리히는『자본』독해를『자본』입문서 독해로 대체하는 경향에 주의를 요구하고, 어렵다고 알려진『자본』의 첫머리를 독자가 직접 독해하는 것을 돕기 위해,『맑스의『자본』을 어떻게 읽을 것인가』1부를 2008년에, 2부를 2013년에 펴냈다. 1부는 2016년 3판까지 나왔고, 앞으로 독일어 4판과 다수의 언어로의 번역본이 출판될 예정이다. 최근 하인리히는 맑스의 삶과 이론의 불가분성에 주목하고, 맑스의 이론에 대한 정확한 이해를 위한 수단으로서 맑스에 대한 '이론적 전기傳記'를 펴내는 작업을 하고 있다. 이 작업에만 집중하기 위해, 그는 그간 공들여 활동했던 비판적 사회과학 학술지《PROKLA》의 편집위원과 베를린 경제와 기술 응용과학대학교Hochschule für Wirtschaft und Technik Berlin 국민경제학 교수의 직을 포기하기까지 했다. 2018년 나온 그 첫 번째 결과는 1818년–1841년의 맑스를 다룬『칼 맑스와 근대사회의 탄생Karl Marx und die Geburt der modernen Gesellschaft』1권이다. 이 책은 출판과 동시에 화제가 되었고, 마찬가지로 다수의 언어로 번역되었고 번역 중이다. 이외에도 하인리히는 화폐적 가치론, 신용적 자본론, 이윤율의 경향적 저하 문제에서 맑스와 엥엘스의 차이, 물신론, 국가론, 혁명론 등에 대해 수많은 논문을 발표하고 강연을 했다. 하인리히의 책과 논문은 MEGA 및 맑스의 미간행 원고에 대한 포괄적 활용, 맑스의 텍스트에 대한 엄밀하고 정직한 독해와 탈신비화, 맑스가 염두에 둔 문헌과 당시 상황에 대한 해박한 지식, 논증의 빈틈없는 철저함 등으

옮긴이의 말

로 인해, 하나의 논의가 어느 정도까지 학문적일 수 있는지를 보여 준다. 하인리히의 저작들이 다수의 언어로 번역되면서, 하인리히는 독일어권에서만이 아니라 영어권, 프랑스어권, 스페인어권, 포르투갈어권, 이탈리아 등에서도 가장 주목받는 '맑스 전문가'라 할 수 있다.

2021년 현재 한국에서, 소수의 예외를 제외하고, 맑스의 정치경제학 비판 전체, 좁게는 『자본』, 더 좁게는 '가치와 화폐에 대한 논의'는 시대착오적인 것으로 이미 그 평가가 끝난 것으로 간주되거나—이러한 인식이 없는 경우는—지적 대화를 위해 소문을 듣는 것으로 혹은 얕은 요약을 보는 것으로 충분한 것으로 간주된다. 혹은—이것도 아닌 경우는—그것이 다른 연구를 위해 이론적으로 전제해야 할 (중요한) 내용이긴 하나, 그것의 이론적 문제는 이미 해결되어 더 이상 진지하게 연구될 필요가 없으며—이것은 또한 재정을 지원할 필요가 없다는 것을 의미한다—따라서 그것을 바탕으로 다만 '현대자본주의'를 구체적으로 분석하는 것만이 문제라고 주장된다. 그러나 이 책을 통해, 독자는 이러한 생각들이 그 차이에도 불구하고 공통적으로 '얼마나 그 근거를 결핍하고' 있는지를, 사람들이 가치와 화폐에 대한 맑스의 논의를 '학문적으로 하나하나 꼼꼼히 검토하지 않은 채' 그것을 이해했다고 믿은 것은 아닌지를 물을 수 있을 것이다. 아무쪼록 이 책이 독자가 『자본』을 시작할 때 겪는 어려움을 더는 데 도움이 될 뿐만 아니라, 맑스의 가치론과 화폐론에 대한 학계와 대중의 '견고한' 편견을 극복하는 데 하나의 단초로 기여하기 바란다.

이 번역서가 나오기까지 많은 사람이 힘썼다. 우선 옮긴이의 귀찮은 여러 질문에도 상세한 답변을 주고 때론 옮긴이와 서로의 견해를 주고받음으로써, 옮긴이가 책에서 저자의 의도를 좀 더 충실히 전할 수 있도록 한 저자 하인리히에게 감사드린다. 그리고 맑스의 논의와 관련된 출판 시장의 극도로 어려운 상황에도 불구하고 이 책의 발행을 맡고 편집과 교정을 담당한 에디투스 출판사 연주희 대표님을 비롯한 관계자 여러분, 그리고 이 책의 번역을 제안한 한상원 교수님께 감사드린다. 마지막으로, 번역 기간 동안 옮긴이가 물질적으로 생존할 수 있도록 후원해 주신 부모님께 감사드린다.

2021년 1월
김원태

옮긴이의 말

맑스의 『자본』을 어떻게 읽을 것인가?
『자본』의 첫머리에 대한 독해 안내와 주해

제1판 1쇄 2021년 01월 25일

지은이 미하엘 하인리히
옮긴이 김원태
펴낸이 연주희
펴낸곳 에디투스
등록번호 제2015-000055호 (2015.06.23)
주소 경기도 성남시 분당구 황새울로351번길 10, 401호
전화 070-8777-4065
팩스 0303-3445-4065
이메일 editus@editus.co.kr
홈페이지 www.editus.co.kr

제작처 ㈜상지사 피앤비

ISBN 979-11-970045-8-2 (03300)